Internetzugang für Strafgefangene zwischen Resozialisierung und Sicherheit

**Europäische Hochschulschriften Recht**

European University Studies in Law

Publications Universitaires Européennes de Droit

Band/Volume **6127**

Lorenz Bode

# Internetzugang für Strafgefangene zwischen Resozialisierung und Sicherheit

PETER LANG

**Bibliografische Information der Deutschen Nationalbibliothek**
Die Deutsche Nationalbibliothek verzeichnet diese Publikation in der Deutschen Nationalbibliografie; detaillierte bibliografische Daten sind im Internet über http://dnb.d-nb.de abrufbar.

Zugl.: Göttingen, Univ., Diss., 2019

D 7
ISSN 0531-7312
ISBN 978-3-631-79975-8 (Print)
E-ISBN 978-3-631-80633-3 (E-PDF)
E-ISBN 978-3-631-80634-0 (EPUB)
E-ISBN 978-3-631-80635-7 (MOBI)
DOI 10.3726/b16325


Peter Lang – Berlin · Bern · Bruxelles · New York · Oxford · Warszawa · Wien



Diese Publikation wurde begutachtet.

www.peterlang.com

*Dem Andenken meines Vaters*

# Vorwort

Die vorliegende Arbeit wurde im Sommersemester 2018 von der Juristischen Fakultät der Universität Göttingen als Dissertation angenommen. Die verwendete Literatur befindet sich auf dem Stand von Dezember 2018.

Mein Dank gilt zunächst meinem Doktorvater, Herrn Prof. em. Dr. Dr. h. c. Jörg-Martin Jehle, der diese Arbeit befürwortet und betreut hat. Bei Herrn Prof. Dr. Axel Dessecker bedanke ich mich für die zügige Erstellung des Zweitgutachtens.

Darüber hinaus gebührt den ehemaligen Lehrstuhlkolleginnen und -kollegen für die vielen gemeinsamen Stunden – in Arbeit wie in Freude – mein Dank.

In ganz besonderer Weise danke ich auch meiner Familie. Meine Mutter Ulrike Bode und meine Schwester Sophie Therese Bode waren immer da und nimmer müde, dieses Vorhaben nach Kräften zu unterstützen. Sie haben mir in schweren Stunden den notwendigen Halt und die Zuversicht gegeben, weiterzumachen.

Schließlich hat meine Freundin Farina Weber mir stets fördernd zur Seite gestanden und insofern maßgeblichen Anteil am erfolgreichen Gelingen dieser Arbeit.

Meiner Familie und meiner Freundin vorbehaltlose Liebe.

*Lorenz Bode*
Düsseldorf, im Juni 2019

# Inhalt

# Abkürzungsverzeichnis

| | |
|---|---|
| a. F. | alte Fassung |
| Abs. | Absatz |
| abw. | abweichend |
| Alt. | Alternative |
| Anm. | Anmerkung |
| ARD | Arbeitsgemeinschaft der öffentlich-rechtlichen Rundfunkanstalten der Bundesrepublik Deutschland |
| Art. | Artikel |
| Aufl. | Auflage |
| Az. | Aktenzeichen |
| Beck-Rs | Beck-Rechtsprechung |
| Begr. | Begründung |
| Beschl. | Beschluss |
| Bespr. | Entscheidungsbesprechung |
| BGB | Bürgerliches Gesetzbuch |
| BGBl. | Bundesgesetzblatt |
| BGH | Bundesgerichtshof |
| bspw. | beispielsweise |
| BT-Drucks. | Bundestagsdrucksache |
| BVerfG | Bundesverfassungsgericht |
| BVerfGE | Entscheidungen des Bundesverfassungsgerichts |
| BVerfGG | Bundesverfassungsgerichtsgesetz |
| BVerfGK | Kammerentscheidungen des Bundesverfassungsgerichts |
| BVerwG | Bundesverwaltungsgericht |
| bzgl. | bezüglich |
| bzw. | beziehungsweise |
| ca. | circa |
| d. h. | das heißt |
| ders. | derselbe Autor (bei Aufzählung mehrerer Werke desselben Autors) |
| Diss. | Dissertation |
| DSL | Digital Subscriber Line |
| EDV | Elektronische Datenverarbeitung |
| EGMR | Europäischer Gerichtshof für Menschenrechte |
| Einl. | Einleitung |

| | |
|---|---|
| EMRK | Europäische Konvention zum Schutz der Menschenrechte und Grundfreiheiten |
| EU | Europäische Union |
| f. | die angegebene und die folgende Seite |
| FAZ | Frankfurter Allgemeine Zeitung |
| ff. | die angegebene und die beiden folgenden Seiten |
| Fn. | Fußnote |
| GBl. | Gesetzblatt |
| gem. | gemäß |
| GG | Grundgesetz für die Bundesrepublik Deutschland |
| ggf. | gegebenenfalls |
| GVBl. | Gesetz- und Verordnungsblatt |
| Habil. | Habilitation |
| Hg. | Herausgeber (Singular) |
| Hrsg. | Herausgeber (Plural) |
| HS. | Halbsatz |
| HTTP | Hypertext Transfer Protocol |
| i.V.m. | in Verbindung mit |
| i.R.d. | im Rahmen der/des |
| i.R.v. | im Rahmen von |
| i.S.v. | im Sinne von |
| IT | Informationstechnik |
| JVA | Justizvollzugsanstalt |
| KG | Kammergericht |
| krit. | kritisch |
| LG | Landgericht |
| LT-Drucks. | Landtagsdrucksache |
| m.w.N. | mit weiteren Nachweisen |
| ME | Musterentwurf zum Landesstrafvollzugsgesetz |
| ME-Begr. | Begründung zum Musterentwurf |
| NRW | Nordrhein-Westfalen |
| OLG | Oberlandesgericht |
| OVG | Oberverwaltungsgericht |
| Rn. | Randnummer |
| S. | Seite/Satz |
| s. | siehe |
| sog. | so genannte(r) |
| StGB | Strafgesetzbuch |
| StPO | Strafprozessordnung |

| | |
|---|---|
| StVollstrO | Strafvollstreckungsordnung |
| StVollzG | Bundesstrafvollzugsgesetz |
| StVollzÄndG | Gesetz zur Änderung des Strafvollzugsgesetzes |
| u. a. | unter anderem |
| UN | Vereinten Nationen |
| Urt. | Urteil |
| USB | Universal Serial Bus |
| usw. | und so weiter |
| v. | vom, von |
| vs. | versus |
| VG | Verwaltungsgericht |
| VGH | Verwaltungsgerichtshof |
| vgl. | vergleiche |
| VO | Verordnung |
| VV | Verwaltungsvorschriften |
| VwGO | Verwaltungsgerichtsordnung |
| VwVfG | Verwaltungsverfahrensgesetz |
| z. B. | zum Beispiel |
| z. T. | zum Teil |
| ZDF | Zweites Deutsches Fernsehen |
| ZPO | Zivilprozessordnung |

Für das Schrifttum verwendete Abkürzungen finden sich, sofern nicht explizit im Text eingeführt, im Literaturverzeichnis erklärt.

Im Interesse der Lesbarkeit wird in der Folge das generische Maskulinum verwendet.

# A. Einleitung

Kaum eine Persönlichkeit von großem politischen Einfluss dürfte so lange Zeit in Haft verbracht haben wie Nelson Mandela und die psychische und körperliche Wirkung von deren Bedingungen so klarsichtig erkannt haben. Mandelas Worte tragen daher ein großes Gewicht, wenn er feststellt: „Eine Nation kennt man erst dann wirklich, wenn man in ihren Gefängnissen gewesen ist. Eine Nation sollte nicht danach beurteilt werden, wie sie ihre höchsten Bürger behandelt, sondern ihre niedrigsten – und Südafrika behandelt seine inhaftierten Bürger wie Tiere“[1].

Nun ist zwar das im Deutschland der Gegenwart geltende Recht – glücklicherweise – weit von den Verhältnissen entfernt, die zur Zeit von Mandelas Inhaftierung in Südafrika vorherrschten. Dennoch hat Mandelas Einsicht nicht nur im Südafrika der Apartheid Geltung, sondern überall dort, wo das Sicherheitsbedürfnis der Allgemeinheit und Individualinteresse des Bürgers in ein Spannungsverhältnis treten.[2] Das ist auch im Strafvollzug der Bundesrepublik Deutschland der Fall. Der gesamte Vollzugsalltag wird begleitet von einem ständigen Konflikt zwischen zwei Zielsetzungen: dem Ziel der Resozialisierung des Gefangenen einerseits und dem des Schutzes der Allgemeinheit andererseits.[3]

Vor diesem Hintergrund ist der Umstand, dass Strafgefangene bisher kaum das Internet nutzen dürfen, kritisch zu behandeln. Auch im Falle der vollzuglichen Internetnutzung tut sich insoweit ein Spannungsverhältnis auf,[4] für dessen Auflösung es – unter Berücksichtigung verfassungsrechtlich relevanter Schutzgüter – einer sorgsamen Abwägung zwischen staatlichen Sicherheitsbedürfnissen und individuellen Rechten des Gefangenen bedarf[5].

---

1 *Mandela* 2006, S. 256.

2 *Jehle* 2014, S. 165, 167.

3 SBJL/*Jehle* 2019 (im Druck), 1 C Rn. 11; *Hohmann-Fricke/Jehle*, FS 2017, 116, 116–117; LNNV/*Neubacher*, B Rn. 26; *Kett-Straub/Streng* 2016, S. 22–23; *Kudlich*, JA 2003, 704, 705 ff.; *Kaiser/Kerner/Schöch* 1991, S. 143; Kapitel D.I.1; vgl. auch *Bode*, in: Medien – Kriminalität – Kriminalpolitik 2018, S. 84–85; *ders.*, FS 2018, 219, 219–220; *ders.*, Der Einsatz internetbasierter Medien im Strafvollzug (im Erscheinen).

4 In diesem Sinne bereits *Galli/Weilandt*, FS 2014, 14, die von einem „Urkonflikt“ sprechen; ähnlich *Knauer* 2006, S. 2 ff.; vgl. Kapitel D.III.2; vgl. auch *Bode*, in: Kriminologische Welt in Bewegung 2018, S. 579; vgl. auch *ders.*, in: Medien – Kriminalität – Kriminalpolitik 2018, S. 84–85; *ders.*, FS 2018, 219, 219–220; *ders.*, Der Einsatz internetbasierter Medien im Strafvollzug (im Erscheinen).

5 *Jehle* 2014, S. 165; SBJL/*ders.* 2019 (im Druck), 1 A Rn. 15: „auch im Strafvollzug sind grundrechtliche Garantien für den Alltag bindend“; ähnlich schon *Kaiser/Kerner/*

Dabei gelten die deutschen Haftanstalten, was den Fortschritt in Technik und Medien angeht, schon lange als vom digitalen Wandel der Gesellschaft ausgeschlossen.[6] Daraus resultierende Unterschiede zwischen „Bürgern der Außenwelt“ und „Bürgern in Haft“ wachsen mit jedem Tag beständig, weshalb sich die Frage aufdrängt, wie lange Inhaftierte noch damit leben müssen, dass sie zum „digitalen Analphabetentum“ verurteilt sind.[7]

Diese Frage ist deshalb von zentraler Bedeutung, weil sie offenbart, wie wichtig ein rationaler Diskurs zum Umgang mit dem Internet im Strafvollzug nicht nur für die betroffenen Akteure, sondern auch in gesamtgesellschaftlicher Hinsicht sein kann.[8]

Zuletzt hatte sich Florian Knauer in seiner Arbeit „Internet und Strafvollzug. Rechtsprobleme der Nutzung elektronischer Kommunikationsmittel durch Strafgefangene“ eingehend mit diesem vielschichtigen Themenfeld befasst. Zwischen dem damaligen Erkenntnisstand und der Gegenwart liegen mittlerweile 12 Jahre digitaler Fortschritt sowie eine grundlegende Novellierung[9] im Bereich des Strafvollzugs. In Anbetracht dieser tiefgreifenden Entwicklungen erscheint es – mehr denn je – notwendig, das Thema erneut zu fokussieren.[10]

---

*Schöch* 1991, S. 152–154; *Kudlich*, JA 2003, 704, 705 ff.; vgl. Kapitel F; vgl. auch *Bode*, in: Medien – Kriminalität – Kriminalpolitik 2018, S. 89, 101–102; *ders.*, BAG S 2018, 4; *ders.*, Der Einsatz internetbasierter Medien im Strafvollzug (im Erscheinen).

6 *Gruber*, Häftlinge sind offline, zeit-online vom 15.9.2013, abrufbar unter http://www.zeit.de/digital/internet/2013-09/internet-gefaengnis-jva-tegel, zuletzt abgerufen am 1.12.2018; „Kluft zwischen der digitalen und der vollzuglichen Welt“: *Theine*, FS 2014, 161, 162.

7 *Gruber*, Häftlinge sind offline, zeit-online vom 15.9.2013, abrufbar unter http://www.zeit.de/digital/internet/2013-09/internet-gefaengnis-jva-tegel, zuletzt abgerufen am 1.12.2018; Justizvollzugsbeauftragter des Landes NRW 2015, S. 2 des Vorworts sowie S. 127; „Unzweifelhaft die größte Herausforderung für den Vollzug“: *Gerlach*, FS 2014, 141; *Theine*, FS 2014, 161, 162; *Thiele* 2016, S. 192–193, 197; *Knauer* 2006, S. 2–3; vgl. auch *Bode*, Der Einsatz internetbasierter Medien im Strafvollzug (im Erscheinen).

8 Vgl. nur IBI 2011, S. 22.

9 BGBl. I 2006, S. 2035 (Neufassung von Art. 74 Abs. 1 Nr. 1 GG im Zuge der Föderalismusreform I); instruktiv *Cornel*, NK 2018, 16, 16–17; *Kett-Straub/Streng* 2016, S. 2–3 m.w.N.

10 Jüngst dazu *Esser*, NStZ 2018, 121, 127: „Internet im Strafvollzug – die Zeit ist reif!“; IBI 2011, S. 9; vgl. auch *Bode*, in: Medien – Kriminalität – Kriminalpolitik 2018, S. 84; *ders.*, Der Einsatz internetbasierter Medien im Strafvollzug (im Erscheinen).

# B. Forschungsanliegen und Untersuchungsgang

Diese Arbeit hat sich zum Ziel gesetzt, die Möglichkeit des Internetzugangs für Strafgefangene während ihrer Haftzeit im geschlossenen Vollzug systematisch zu untersuchen. Schon bei einer ersten Annäherung an das Thema wird augenfällig, dass es sich um eine hoch aktuelle Materie handelt, die nicht nur durch jüngere Pilotprojekte, sondern auch durch einen sichtbaren Reformwillen innerhalb der Länder zunehmend in Bewegung gerät[11]. Gleichzeitig bildet die Ausgestaltung des Internetzugangs nach wie vor einen Bereich des Vollzugs, der von behördlicher Seite standardmäßig restriktiv behandelt wird.[12] Im Wege der nachfolgenden Analyse gilt es, das sich hierbei auftuende Spannungsfeld zwischen Resozialisierung und Sicherheit zu erkunden.

## I. Forschungsanliegen

Auf gesellschaftlicher Ebene betrachtet liegt eine besondere Schwierigkeit zunächst darin, dass sich die generelle Akzeptanz innerhalb der Bevölkerung für die Frage des Internetzugangs für Strafgefangene erhöhen muss.[13] Die vielen erfolgreich verlaufen(d)en Pilotprojekte senden bereits wichtige Signale; problematisch ist indes, dass das medial vermittelte Bild weiterhin Vorbehalte enthält, die sich zuweilen in Form von reflexhaften Sicherheitsappellen oder populistischen Forderungen kundtun.[14] Solche polemischen Äußerungen lassen sich immer dann verstärkt beobachten, wenn bei öffentlichen Debatten in monetärer

---

11 Zu aktuellen Vorstößen vgl. etwa den Antrag der Fraktion „Die Linke" vom 3.1.2018, HH Drs. 21/11509; siehe ebenfalls *Werner*, Resozialisierung durch Digitalisierung?, welt-online vom 10.5.2017, abrufbar unter https://www.welt.de/print/die_welt/hamburg/article164429527/Resozialisierung-durch-Digitalisierung.html, zuletzt abgerufen am 1.12.2018.

12 Vgl. nur *Galli/Weilandt*, FS 2014, 142, 144; IBI 2011, S. 22 m.w.N.

13 Vgl. IBI 2011, S. 22; *Kalmbach/Krenzel* 2017, S. 346; *Esser*, NStZ 2018, 121: „ideologische Kampfansage".

14 Vgl. dazu: „Knacki in Berlin müsste man sein... Zu Weihnachten beschenkt Justizsenator Behrendt Häftlinge mit Tablet-Computern. Natürlich auf Staatskosten!", *Wedekind*, Bildzeitung vom 11.12.2017; siehe ferner Paritätischer Landesverband Berlin e.V. 2017, S. 32; *Esser*, NStZ 2018, 121: „ein Thema, das polarisiert"; vgl. auch *Bode*, Der Einsatz internetbasierter Medien im Strafvollzug (im Erscheinen).

Hinsicht vollzugliche Modernisierungsforderungen in Konkurrenz zu anderen staatlichen Projekten – etwa der technischen Ausstattung von Universitäten oder Schulen – treten.

Exemplarisch hierfür findet sich zum Artikel „Häftlinge sind offline" von Angela Gruber ein unter dem Pseudonym „Humanist" verfasster Leserkommentar mit folgendem Inhalt:

> „Internet für Straftäter
> ‚Doch wie sollen digitale Analphabeten nach der Haft zurechtkommen?'
> Viele Häftlinge haben auch kein Führerschein und nach der Haft kaum Mobilität, soll der Staat ihnen also auch ein Führerschein und Auto bezahlen? Wer im Gefängnis sitzt hat etwas verbrochen, und für dieses Verbrechen müssen sie logischerweise auch büßen. Und es ist keine Buße wenn man ein Fernseher, Spielekonsolen und Klimaanlagen bekommt, all das brauchen Hotels schon um 5 Sterne zu kriegen.
> Es gibt in Deutschland auch Schulen die weder Computer noch Internet haben, und die haben ebenfalls nichts angestellt. Alleine die Überlegung, Internet im Knast, ist absurd und entbehrt jeglicher Grundlage, eine Strafe sollte nich zu einer Belohnung umgewandelt werden. Sonst verlangt man als nächstes Massagen und Frühstück ans Bett.
> Wer also ins Internet will, der soll nicht kriminell werden."[15]

Fraglos handelt es sich um einen besonders spöttischen Affront gegen das deutsche Vollzugssystem. Gleichzeitig jedoch wird ein grundsätzliches Problem charakterisiert: Um ihrer Kritik an technischen Neuerungen im Vollzug Ausdruck zu verleihen, ist es für nicht wenige verführerisch, das gängige Ressentiment eines „Wohlfühl-Umfelds" zu wecken.

Die Veränderung des Diskussionsklimas zugunsten einer konstruktiven Atmosphäre, in der Sicherheitsbedenken und Resozialisierungsansätze gleichermaßen Platz finden, tut insofern dringend Not.[16] Dazu ist die unbefriedigende Situation der Strafgefangenen weiter publik zu machen und gleichermaßen klarzustellen, dass es bei der Versorgung mit Internet nicht um die (negativ konnotierte) Frage von zusätzlichem Luxus, sondern um eine zeitgemäße und menschenwürdige Unterbringung geht.[17]

---

15 Leserkommentar vom 15.11.2013, 17:01 Uhr, http://www.zeit.de/digital/internet/2013-09/internet-gefaengnis-jva-tegel, zuletzt abgerufen am 1.12.2018.

16 Vgl. dazu *Rehn* 2011, S. 75, der davon spricht, dass die Grundsätze einer rationalen Strafvollzugspolitik in einem Klima gefährdet und verraten werden, „in dem massenmedial geschürte und aufgeputschte Ängste Politikersessel zum Wackeln bringen".

17 *Kalmbach/Krenzel* 2017, S. 36; *Esser*, NStZ 2018, 121; in diesem Sinne auch *Galli/Weilandt*, FS 2014, 142, 146, die eine z.T. innerhalb der Bevölkerung vorherrschende mit dem Strafvollzug verbundene Illusion, wonach dieser die Lösung aller gesellschaftlichen

Eingedenk der vorgenannten Umstände ist es zentrales Anliegen dieser Arbeit, die Möglichkeit der Internetanbindung im Vollzug – unter Berücksichtigung der Spannungen zwischen allgemeinem Sicherheitsinteresse und der Resozialisierung des Gefangenen – differenziert zu betrachten sowie auf Basis der Ergebnisse Vorschläge für eine zeitgemäße rechtliche und praktische Ausgestaltung des intramuralen Onlinezugangs zu erarbeiten.

Besondere Aufmerksamkeit kommt der Verknüpfung von verfassungsrechtlichen Vorgaben und einfachgesetzlicher Umsetzung zu.[18] Diese Schwerpunktsetzung ermöglicht es, die Rechte der Gefangenen hinsichtlich einer Nutzung des Internets am Maßstab des Grundgesetzes unter Einbeziehung von einschlägiger Literatur und Rechtsprechung in konkreter Form herauszuarbeiten. Das Gefangenenrecht auf Internetzugang steht dabei unter dem Einfluss der Grundrechte sowie mit ihnen korrespondierender menschenrechtlicher Garantien.[19] Eine insoweit zu konstatierende „verfassungsrechtliche Durchwobenheit“ des Vollzugssystems bedeutet,[20] dass vollzugliche Maßnahmen stets am Maßstab des Grundgesetzes zu messen sind und nur dann gerechtfertigt sind, wenn sie mit der Verfassung im Einklang stehen;[21] schließlich prägen die Grundrechte über Art. 1 Abs. 3 GG, der alle staatliche Gewalt an ihre Garantien bindet, sowie über den in Art. 20 Abs. 3 GG gewährleisteten „Vorrang des Gesetzes“,[22] wonach der Gesetzgeber die „verfassungsmäßige Ordnung“, also grundrechtliche Anforderungen, zu beachten hat,[23] auf vielfältige Weise Vollzugsgestaltung und Rechtsstellung derjenigen, die von freiheitsentziehenden Maßnahmen betroffen sind.[24]

---

Probleme mit sich bringe, konstatieren; vgl. auch *Bode*, Der Einsatz internetbasierter Medien im Strafvollzug (im Erscheinen).

18 Vgl. *Fährmann* 2016, S. 263, der zu Recht darauf hinweist, dass bei vollzuglichen Diskussionen oftmals der verfassungsrechtliche Fokus fehlt.

19 SBJL/*Jehle* 2019 (im Druck), 1 A Rn. 15; *ders.* 2014, S. 166; vgl. *Esser*, NStZ 2018, 121, 122, 124 ff.; vgl. auch *Bode*, in: Medien – Kriminalität – Kriminalpolitik 2018, S. 101–102; *ders.*, Der Einsatz internetbasierter Medien im Strafvollzug (im Erscheinen).

20 SBJL/*Jehle* 2019 (im Druck), 1 A Rn. 15; *ders.* 2014, S. 166.

21 Ein solches Verständnis findet sich auch bei SBJL/*Jehle*, Vor § 1 Rn. 16, der dort wie folgt formuliert: „Gerade Einschränkungen von Grundrechten, die über die bloße Freiheitsentziehung hinausgehen, bedürfen der gesetzlichen Grundlage und sind am Maßstab der Grundrechte zu legitimieren“; vgl. auch *Bode*, in: Medien – Kriminalität – Kriminalpolitik 2018, S. 89, 101–102; *ders.*, Der Einsatz internetbasierter Medien im Strafvollzug (im Erscheinen).

22 Statt vieler Maunz/Dürig/*Grzeszick*, GG Art. 20 VI. Rn. 72.

23 Schlaich/*Korioth* 2015, Rn. 13; *Epping* 2017, S. 4 m.w.N.

24 SBJL/*Jehle* 2019 (im Druck), 1 A Rn. 15; *ders.* 2014, S. 165–166; *Feest/Lesting/Lindemann*, in: AK-StVollzG, Teil I Einleitung Rn. 5; *Kaiser/Kerner/Schöch* 1991, S. 152 ff.;

Für die Maßstäbe der Praxis ist daher auch auf das verfassungsrechtliche Fundament Rekurs zu nehmen. Dabei sind vor allem Judikate des BVerfG zu beachten, die maßgebliche Auswirkungen auf Reformerfordernisse haben und insoweit einen zentralen Beitrag zur heutigen Situation im Vollzug leisten.[25]

Trotz einer in jüngerer Zeit wachsenden Zahl von Publikationen ist seit Erscheinen der Monographie von Knauer im Jahre 2006 ein großes Forschungsdefizit in puncto Internetzugang für Strafgefangene zu beklagen. Eine umfassende analytische Betrachtung unter besonderer Berücksichtigung verfassungs- und menschenrechtlicher Vorgaben fehlt. Die vorliegende Arbeit will dazu beitragen, die Bewertung des Internets um den Aspekt seiner Bedeutung für die Resozialisierung perspektivisch zu erweitern. Andererseits soll erneut ein Stein ins Wasser geworfen werden, dessen Wellenschlag den Diskurs über Möglichkeiten und Chancen eines Internetzugangs für Strafgefangene weiter antreibt.[26]

## II. Untersuchungsgang

Die Arbeit gliedert sich in eine dreistufige Rechtsanalyse, mittels derer etappengeleitet überprüft wird, inwieweit Internetnutzung durch Strafgefangene auf einfachgesetzlicher Ebene zugelassen und es geboten ist, die bestehenden Beschränkungen aus verfassungs- und menschenrechtlicher Sicht abzubauen.

Dazu muss zunächst eine allgemeine Bestandsaufnahme zur derzeitigen Rolle des Internets in unserer Gesellschaft und seiner aktuellen Nutzungsmöglichkeiten erfolgen. Die dabei gewonnenen Befunde dienen sodann als Grundlage für Schlussfolgerungen über die Behandlung des Internets auf Ebene des Strafvollzugs (Kapitel C).

Um die Nutzung des Internets durch Strafgefangene rechtlich beurteilen zu können, wird im vollzugsbezogenen Teil der Arbeit zu Anfang ein allgemeiner Blick auf die übergeordneten Gestaltungsgrundlagen des Strafvollzugs sowie

---

LNNV/*Neubacher*, B Rn. 93; *Höflich/Schriever/Bartmeier* 2014, S. 17; vgl. auch *Bode*, in: Medien – Kriminalität – Kriminalpolitik 2018, S. 89, 101–102; *ders.*, Der Einsatz internetbasierter Medien im Strafvollzug (im Erscheinen).

25 *Kett-Straub/Streng* 2016, S. 3; LNNV/*Neubacher*, B Rn. 28; siehe auch *Preusker*, ZfStrVo 2005, 195, der bereits dem Titel seines Aufsatzes nach die Rechtsprechung des BVerfG als „Motor der Strafvollzugsreform“ betrachtet; fernerhin *Bachmann* 2015, S. 26, der vom BVerfG als „Lotsen des Strafvollzugs“ spricht.

26 Siehe bereits IBI 2011, S. 22; Justizvollzugsbeauftragter des Landes NRW 2015, S. 125, 129–130.

auf den Zugang zu herkömmlichen („klassischen") Medienformaten geworfen. Anschließend wird die Nutzung des Internets vor dem Hintergrund des vollzugsbedingten Zielkonflikts zwischen der Resozialisierung des Gefangenen und der Sicherheit der Allgemeinheit beurteilt. Dabei sind Resozialisierungschancen und Gefahrenpotentiale gegeneinander abzuwägen, aber auch das Verhältnis von Freiheitsstrafe und Internetfreiheit allgemein zu betrachten. Ferner enthält dieser Teil Überlegungen zu den verschiedenen Wirkbereichen von Internetanwendungen im Strafvollzug und erfasst den derzeitigen Status quo anhand von Rechtsprechungspraxis, Stellungnahmen der Literatur und rechtstatsächlichen Entwicklungen (Kapitel D).

Anknüpfend an die erarbeiteten Ergebnisse werden die einzelnen gesetzlichen Vorschriften der Bundesländer einer rechtsvergleichenden Betrachtung unterzogen. Der gewonnene Überblick über die de lege lata im deutschen Strafvollzug bestehende Lage dient der Untersuchung, ob die derzeitigen gesetzlich bestehenden Regelungen den zuvor gefundenen Ergebnissen entsprechen (Kapitel E).

In einem weiteren Schritt wird die Frage des Internetzugangs für Strafgefangene auf verfassungsrechtlicher Ebene untersucht. Ein Hauptaugenmerk liegt auf der Zusammenführung von grundrechtlichen Garantien und einfachgesetzlichen Erkenntnissen; es wird überprüft, welche Auswirkungen diese Befunde auf die Rechtsstellung des Gefangenen haben (Kapitel F).

Ergänzend zur nationalen Gesetzgebung finden Betrachtungen aus internationaler Perspektive statt. Das Internet und seine Nutzung durch Strafgefangene werden hierzu in den Kontext menschen- und europarechtlicher Vorgaben eingeordnet und schließlich an deren Maßstab gemessen. Überdies werden verschiedene Beispiele aus dem Ausland angeführt (Kapitel G).

Abschließend werden auf Basis der Untersuchungen rechtliche und praktische Schlussfolgerungen gezogen, die sowohl Vorschläge zur gesetzlichen Novellierung als auch Überlegungen zu rechtstatsächlichen Ausgestaltungsmöglichkeiten beinhalten. Aus den vorstehenden Untersuchungen wird insoweit ein Gesamtbild entwickelt, das nicht nur eine kritische Würdigung der bestehenden Lage, sondern auch Verbesserungsvorschläge für die künftige Gestaltung umfasst (Kapitel H).

# C. Internetnutzung in der Bevölkerung

Die Bedeutung des Internets für Strafgefangene lässt sich nur ermessen, wenn man weiß, in welchem Umfang und in welchen Formen das Internet im Alltag der Bevölkerung genutzt wird. Dementsprechend ist zunächst der Frage nachzugehen, inwieweit das Internet gesellschaftlichen Bedürfnissen und Notwendigkeiten Rechnung trägt.

## I. Begriffliche Klärungen

Terminologisch setzt sich der Begriff „Internet" aus den Bestandteilen „Inter" (= „zwischen") und „Net" (= „Netz") zusammen.[27] Es handelt sich beim Internet um einen globalen Verbund von Rechnernetzwerken.[28] Auf der Grundlage des sog. Transmission Control Protocol/Internet Protocol (TCP/IP) erfolgt die Kommunikation bzw. der Austausch von Daten zwischen Einzelrechnern.[29] Wenn nachfolgend vom „Internet" die Rede ist, dann ist (übergreifend) immer das weltweite Rechnernetzwerk als infrastrukturelle Voraussetzung für die Nutzung einzelner Internetdienste gemeint.[30] In Überschneidung mit dem Begriff „Neue Medien" – der allgemein zeitbezogene Medientechnik betrifft – werden im engeren Sinne zugleich Internetdienste, wie E-Mail oder das World Wide Web (WWW), erfasst.[31]

## II. Trends in der heutigen Internetnutzung

Das Internet dient nicht nur als Kommunikationsmittel, sondern auch zur Informationsbeschaffung und ist zu einem mittlerweile unverzichtbaren Bestandteil der Infrastruktur geworden. Dies zeigen aktuelle Trends zum Nutzungsverhalten der deutschen Bevölkerung, die anhand zweier repräsentativer Studien (ARD/

27 Springer Gabler Verlag (Hrsg.), Stichwort: Internet, abrufbar unter http://wirtschaftslexikon.gabler.de/Archiv/9169/internet-v16.html, zuletzt abgerufen am 1.12.2018.

28 *Kettemann* 2015, S. 14; https://de.wikipedia.org/wiki/Internet#Infrastruktur, zuletzt abgerufen am 1.12.2018.

29 Springer Gabler Verlag (Hrsg.), Stichwort: Internet, abrufbar unter http://wirtschaftslexikon.gabler.de/Archiv/9169/internet-v16.html, zuletzt abgerufen am 1.12.2018.

30 Vgl. *Kettemann* 2015, S. 14; https://de.wikipedia.org/wiki/Internet#Infrastruktur, zuletzt abgerufen am 1.12.2018.

31 https://de.wikipedia.org/wiki/Neue_Medien, zuletzt abgerufen am 1.12.2018.

ZDF-Online-Studie und Fachserie 15 Reihe 2 u. 5 des Statistischen Bundesamts) dargestellt werden.

## 1. ARD/ZDF-Online-Studie

Laut der aktuellen Ausgabe der Online-Studie von ARD und ZDF[32] ist die Zahl der Internetnutzer im Jahr 2017 im Vergleich zum Vorjahr um mehr als vier Millionen auf 62,4 Millionen Deutsche angestiegen.[33] Dies entspricht einem Bevölkerungsanteil von knapp 90 %.[34]

Gut 21 % der Bevölkerung in Deutschland nutzen Facebook täglich, 33 % zumindest wöchentlich.[35] Hierbei ist anzumerken, dass Facebook auch in den mittleren Altersschichten stärker vertreten ist (42 % bei den 30- bis 49-Jährigen), während Dienste wie Instagram oder Snapchat auf die „Domäne der Teenager" (zwischen 40 und 50 % bei den 14- bis 19-Jährigen) begrenzt bleiben.[36] Auch gerätetechnische Veränderungen haben zunehmend Einfluss auf das Nutzungsverhalten, sodass nicht nur die Zahl derer, die eine sog. Unterwegsnutzung betreiben, gegenüber 2015 um 12 Prozentpunkte auf 30 % gestiegen ist, sondern mobile Gerätschaften allgemein zu einer „häufigeren und längeren Onlinenutzung" beitragen.[37] 53 % der befragten Personen nutzen zudem mindestens einmal wöchentlich verschiedene Bewegtbildformen im Internet, wobei der Anteil der Nutzer sog. Streamingdienste (bspw. Netflix oder Maxdome) um 11 Prozentpunkte auf 23 % erheblich gestiegen ist.[38]

Im Ergebnis lässt sich festhalten, dass seit Beginn der jährlichen Studie im Jahr 1997 eine unverändert hohe Dynamik die Entwicklung der Internetnutzung

---

32 „Die ARD/ZDF-Onlinestudie ermittelt im Auftrag der ARD/ZDF-Medienkommission seit 1997 jährlich Daten zur Internetnutzung in Deutschland. Vom 6. März bis 13. April 2017 wurden gut 2.000 Personen ab 14 Jahren befragt. Die Studie ist für die deutschsprachige Bevölkerung repräsentativ." (http://www.ard-zdf-onlinestudie.de/files/2017/Artikel/Kern-Ergebnisse_ARDZDF-Onlinestudie_2017.pdf, zuletzt abgerufen am 1.12.2018); einschränkend ist jedoch festzuhalten, dass in der Studie aus 2017 eine im Vergleich zu den Vorjahren geänderte Abfrage erfolgt ist, sodass ein Teil des Anstiegs direkt mit der „neuen Operationalisierung" (u. a. nach Medientätigkeiten) zusammenhängt, *Koch/Frees*, MP 2017, 434, 435; dazu auch *Esser*, NStZ 2018, 121.

33 *Koch/Frees*, MP 2017, 434, 435.

34 *Koch/Frees*, MP 2017, 434, 435.

35 *Koch/Frees*, MP 2017, 434, 444.

36 *Koch/Frees*, MP 2017, 434, 445.

37 *Koch/Frees*, MP 2017, 434, 436.

38 *Koch/Frees*, MP 2017, 434, 443.

kennzeichnet.[39] Schon 2016 gaben knapp 45 Millionen Nutzer einen täglichen Zugriff auf Internetdienste an.[40] Dieser Anteil ist 2017 nochmals auf aktuell 50,2 Millionen (72 %) „Onliner" gestiegen.[41] Daneben ist nicht nur der Anteil sog. Offliner auf 10 % gesunken, sondern bei Differenzierung nach demographischen Gruppen zeigt sich, dass in den Altersdekaden bis 59 Jahre über 90 % der Personen angeben, das Internet zu nutzen.[42] Auch die tägliche Nutzungsdauer beträgt mit derzeit 149 Minuten im Durchschnitt knapp 21 Minuten mehr als im Vorjahr.[43]

Wird hinsichtlich der konkreten Art der Internetnutzung differenziert, ist ferner auffällig, dass auf die Individualkommunikation – über E-Mail oder Chatfunktionen – mit 59 Minuten sowie die sonstige Internetnutzung (71 Minuten), die ihrerseits vorwiegend dem Zugriff auf Informationen über das World Wide Web dient, der höchste Anteil der online verbrachten Zeit entfällt.[44]

Überdies kommt die Studie zu dem Ergebnis, dass es insbesondere „kürzere Nutzungsvorgänge und die ständige Erreichbarkeit über WhatsApp oder Facebook" sind, die „mit der Aufmerksamkeit für klassische Medien" konkurrieren.[45] Derartige Entwicklungen würden derzeit vor allem das „Nutzungsverhalten der jüngeren Generationen charakterisieren" und stünden für eine „viel stärker bedarfsorientierte Nutzung", die auch die Nutzung linearer Medien verändere.[46] Die meisten Fernseh- bzw. Radiosender hätten sich indes auf diese „neuen Konsumentenvorlieben eingestellt" und ihre Programminhalte entsprechend digitalisiert.[47]

## 2. Veröffentlichungen des Statistischen Bundesamts zur Internetnutzung

Das Statistische Bundesamt veröffentlicht im Jahresabstand eine Reihe verschiedener themenbezogener Fachserien mit empirischen Erhebungen.[48] Einige

---

39 *Koch/Frees*, MP 2017, 434, 435, 445.
40 *Koch/Frees*, MP 2016, 418.
41 *Koch/Frees*, MP 2017, 434, 436.
42 *Koch/Frees*, MP 2017, 434, 435.
43 *Koch/Frees*, MP 2017, 434, 438.
44 *Koch/Frees*, MP 2017, 434, 438–439, 441.
45 *Koch/Frees*, MP 2017, 434, 438–439, 446.
46 *Koch/Frees*, MP 2017, 434, 438–439, 446.
47 *Koch/Frees*, MP 2017, 434, 438–439, 446.
48 https://www.destatis.de/DE/Publikationen/Thematisch/Fachserie_15.html, zuletzt abgerufen am 1.12.2018.

der empirischen Ergebnisse aus der Fachserie 15 (Wirtschaftsrechnungen) mit Bezug auf das Internetnutzungsverhalten von Privathaushalten sollen nunmehr dargelegt werden.

### *a) Fachserie 15 Reihe 2*

Im Rahmen der laufenden Wirtschaftsrechnungen (LWR) geben private Haushalte in Deutschland jährlich freiwillig Auskunft über ihre Einnahmen und Ausgaben, ihre Wohnverhältnisse und die Ausstattung mit ausgewählten Gebrauchsgütern. Reihe 2 der Fachserie 15 enthält Ergebnisse zur Ausstattung privater Haushalte mit ausgewählten Gebrauchsgütern für die Jahre 2012 bis 2017. Die Ergebnisse für 2017 basieren auf den Daten von 7.874 Haushalten, die auf die Grundgesamtheit von rund 37,4 Millionen Haushalten hochgerechnet wurden.[49] Im Zeitvergleich ist der Reihe zu entnehmen, dass die Zahl der Haushalte, die einen Internetzugang besitzen, kontinuierlich steigt und im Jahr 2017 knapp 87 % erreicht hat.[50]

### *b) Fachserie 15 Reihe 4*

Seit dem Jahre 2002 werden vom Statistischen Bundesamt auch Daten zur Nutzung von Informations- und Kommunikationstechnologien in privaten Haushalten erhoben.[51] Dabei liegen die Schwerpunkte auf Fragen zu Art, Häufigkeit und Zweck der Internetnutzung. Zusätzlich werden Informationen darüber erhoben, welche Bedenken und Hindernisse Befragte von der Nutzung neuer Informations- und Kommunikationstechnologien abhalten.[52]

Hinsichtlich der Internetnutzung und -aktivitäten ist bundesweit festzustellen, dass 87 % der Bevölkerung das Internet nutzen.[53] Bei Personen im Alter von 10 bis 64 Jahre sind Nutzungswerte von über 90 % auszumachen.[54] Differenziert nach Bevölkerungsgruppen liegt die Nutzungsquote bei Schülern und Studenten sogar bei annähernd 100 %.[55] Bei den Internetaktivitäten zu privaten Zwecken (bezogen auf die letzten drei Monate im Befragungszeitraum) ist im Einzelnen zu erkennen, dass deutschlandweit vor allem E-Mail-Nutzung (90 %), die Suche

49 Statistisches Bundesamt 2015, Fachserie 15 Reihe 2, S. 5.
50 Statistisches Bundesamt 2015, Fachserie 15 Reihe 2, S. 13.
51 Statistisches Bundesamt 2015, Fachserie 15 Reihe 4, S. 4.
52 Statistisches Bundesamt 2015, Fachserie 15 Reihe 4, S. 2–4.
53 Statistisches Bundesamt 2015, Fachserie 15 Reihe 4, S. 14.
54 Statistisches Bundesamt 2015, Fachserie 15 Reihe 4, S. 14.
55 Statistisches Bundesamt 2015, Fachserie 15 Reihe 4, S. 14.

nach Informationen über Waren und Dienstleistungen (89 %) sowie das Lesen von Online-Nachrichten, Zeitungen und Zeitschriften (69 %) stark verbreitet sind.[56] Auch ist im bundesweiten Vergleich der mobile Zugang zum Internet über das Smartphone mit 68 % eine beliebte Nutzungsform.[57]

## III. Wichtige Internetdienste im Überblick

Im Laufe der Zeit haben sich mit Blick auf Kommunikation und Informationsbeschaffung verschiedenartige Anwendungsformen herausgebildet, von denen die laut den angeführten Studien am häufigsten genutzten und bekanntesten einer näheren Betrachtung bedürfen.[58]

### 1. World Wide Web

Das World Wide Web stellt einen multimedialen Internetdienst dar.[59] Es besteht aus sog. Hypertext-Systemen, Websites genannt, und folgt in seiner Funktionsweise dem klassischen „Server-Prinzip", nach dem dem Endnutzer Dokumente über sog. Web-Server Dienste bereitgestellt werden.[60] Diese „Sammlung von vielen Milliarden Einzeldokumenten", wie Sieber sie nennt, ist auf WWW-Servern in der ganzen Welt abgelegt bzw. auf sie verteilt.[61] Soll nun auf einzelne Dateien zugegriffen werden, erfolgt dies über das HTTP-Protokoll einer WWW-Seite und unter Zuhilfenahme der in den Browser eingegebenen Adresse.[62]

Mittels des World Wide Web können neben Textdateien vor allem Graphikdateien, Videos und Tondateien übermittelt werden. Generell bieten die Seiten des World Wide Web jedoch ein breitgefächertes Angebot an Informationen, das

---

56 Statistisches Bundesamt 2015, Fachserie 15 Reihe 4, S. 17–19.

57 Statistisches Bundesamt 2015, Fachserie 15 Reihe 4, S. 23.

58 Ähnlich bereits *Knauer* 2006, S. 24 ff.; vgl. auch *Esser*, NStZ 2018, 121, 122.

59 Springer Gabler Verlag (Hrsg.), Stichwort: World Wide Web (WWW), abrufbar unter http://wirtschaftslexikon.gabler.de/Archiv/74922/world-wide-web-www-v14.html, zuletzt abgerufen am 1.12.2018; das WWW ist insofern nicht mit dem Internet synonym, https://de.wikipedia.org/wiki/Internet#Infrastruktur, zuletzt abgerufen am 1.12.2018.

60 Springer Gabler Verlag (Hrsg.), Stichwort: World Wide Web (WWW), abrufbar unter http://wirtschaftslexikon.gabler.de/Archiv/74922/world-wide-web-www-v14.html, zuletzt abgerufen am 1.12.2018; vgl. ferner Auer-Reinsdorff/Conrad/*Schmidt*, § 3 Rn. 107–108.

61 Hoeren/Sieber/Holznagel/*Sieber*, Teil 1 Rn. 80.

62 Hoeren/Sieber/Holznagel/*Sieber*, Teil 1 Rn. 83.

von bspw. Sport bis Kultur reicht.[63] Aktuell ist indes zu beobachten, dass sich ein Wandel vollzieht, indem neben dem Abruf von Dokumenten zunehmend auch interaktive Elemente Einzug halten.[64] Die schon länger bestehenden Gästebücher und Diskussionsforen werden dabei vor allem durch freie Enzyklopädien (dem Begriff der sog. Wikis unterfallend)[65] und Weblogs ergänzt.[66]

## 2. E-Mail

Die elektronische Post (sog. E-Mail) ermöglicht eine mit der „Briefpost vergleichbare Kommunikation" zwischen Internetteilnehmern.[67] Zugleich handelt es sich bei E-Mail-Diensten wohl um eines der weltweit meistgenutzten Internetangebote.[68] Neben originären Textdateien sind auch der Empfang respektive das Versenden von sog. Binärdateien – Sprach-, Bild- oder Videodateien – möglich.[69] Über das Adressfeld lässt sich der Adressatenkreis individuell bestimmen, wobei sich auch größere Empfängerkreise (etwa im Wege sog. Mailinglisten) problemlos erreichen lassen.[70]

## 3. Echtzeitdienste

Der Überbegriff „Echtzeitdienste" fasst eine Gruppe von Online-Diensten zusammen, die – im Unterschied zu speicherbasierten Diensten – eine „Kommunikation in Echtzeit" zum Ziel haben.[71] Während früher zumeist Nutzformen wie Usernet-Newsgruppen als „virtuelles schwarzes Brett" bzw. Diskussionsforum im Vordergrund standen,[72] werden mittlerweile vermehrt Internet Relay Chats oder – in Kombination von text-, bild- und sprachbasierter Anwendung – Instant-Messaging-Dienste zum schriftlichen Informationsaustausch

63 *Knauer* 2006, S. 30.
64 Hoeren/Sieber/Holznagel/*Sieber*, Teil 1 Rn. 91.
65 Hoeren/Sieber/Holznagel/*Sieber*, Teil 1 Rn. 94.
66 Hoeren/Sieber/Holznagel/*Sieber*, Teil 1 Rn. 91.
67 Hoeren/Sieber/Holznagel/*Sieber*, Teil 1 Rn. 112.
68 So die Statistiken zur E-Mail-Nutzung bei https://de.statista.com/themen/2249/e-mail-nutzung/, zuletzt abgerufen am 1.12.2018.
69 Hoeren/Sieber/Holznagel/*Sieber*, Teil 1 Rn. 112.
70 Hoeren/Sieber/Holznagel/*Sieber*, Teil 1 Rn. 112; https://de.wikipedia.org/wiki/E-Mail, zuletzt abgerufen am 1.12.2018.
71 Hoeren/Sieber/Holznagel/*Sieber*, Teil 1 Rn. 117.
72 *Knauer* 2006, S. 25.

verwendet, wobei die übertragenen Daten ohne größere Verzögerung – oftmals sogar unmittelbar – ausgetauscht werden.[73]

Einen mit Blick auf die heutigen Kommunikationsbedürfnisse (besonders) beachtenswerten Unterfall der Echtzeitübertragungsdienste bildet die sog. Internettelefonie (auch Voice over IP genannt)[74]. Dabei ist der Begriff „Internettelefonie“ zunächst als Sammelbezeichnung für Anwendungen zu verstehen, die eine „Übertragung von Sprachdaten über das Internet in Echtzeit“ ermöglichen, sodass – ähnlich den normalen Telefongesprächen – eine sofortige Reaktion möglich ist.[75] Das Telefonieren erfolgt über ein rechnerbasiertes Netzwerk, bei dem die Telefondaten „IP-basiert“ übertragen werden.[76] Allerdings hat sich diese Form der Kommunikation erst mit der flächendeckenden Verbreitung von DSL- bzw. Breitbandinternetanschlüssen herausgebildet und ersetzt nun allmählich die analoge Telefonie.[77] Ein besonderer Vorteil der Internettelefonie besteht neben dem Komfort auch in der Möglichkeit, ortsbezogene Festnetznummern weiterzunutzen, und in geringen Kosten, vor allem bei internationalen Gesprächen.[78]

## 4. Soziale Netzwerke

Bei einem Sozialen Netzwerk (Social Network) handelt es sich um einen Internetdienst, der eine „lose Verbindung von Menschen in einer Online-Community“ beherbergt.[79] Die Nutzer dieses Netzwerks können dessen Inhalte mitgestalten, miteinander kommunizieren und Informationen austauschen. Dies führt auch dazu, dass häufig von „Sozialen“ Medien gesprochen wird.[80] Die Nutzer erhalten zudem die Möglichkeit, sich im Rahmen eines persönlichen Profils selbst darzustellen und zu beschreiben.[81] Zu den bekanntesten Plattformen gehören Twitter,

---

73 Hoeren/Sieber/Holznagel/*Sieber*, Teil 1 Rn. 118, 127.

74 Auer-Reinsdorff/Conrad/*Förster*, § 4 Rn. 32; https://www.nfon.com/de/loesungen/ressourcen/glossar/internet-telefonie/, zuletzt abgerufen am 1.12.2018.

75 *Schmidl* 2014, zum Begriff „Internettelefonie“.

76 https://www.nfon.com/de/loesungen/ressourcen/glossar/internet-telefonie/, zuletzt abgerufen am 1.12.2018; dazu ferner Auer-Reinsdorff/Conrad/*Förster*, § 4 Rn. 32.

77 BeckOK StPO/*Graf*, StPO § 100a Rn. 65.

78 http://www.telespiegel.de/voip/internettelefonie.php, zuletzt abgerufen am 1.12.2018.

79 Auer-Reinsdorff/Conrad/*Sobola*, § 42 Rn. 160; https://de.wikipedia.org/wiki/Soziales_Netzwerk_(Internet), zuletzt abgerufen am 1.12.2018.

80 Auer-Reinsdorff/Conrad/*Sobola*, § 42 Rn. 160; vgl. auch *Redeker* 2017, Rn. 1171.

81 *Redeker* 2017, Rn. 1171.

Instagram, Pinterest, Facebook (mit Nutzerzahlen im Milliardenbereich) für vorwiegend private und bspw. LinkedIn oder XING für berufliche Zwecke.[82]

## 5. Zusammenfassung

Wie die Trends der Internetnutzung in Zusammenschau mit den verschiedenen Internetdiensten zeigen, sind neben dem World Wide Web als Informationsquelle vor allem soziale Netzwerke und sonstige (Echtzeit-)Kommunikationsdienste sehr verbreitet. Dieser Umstand lässt erkennen, dass das Internet im Nutzungsverhalten der deutschen Bevölkerung sowohl zu Kommunikations- als auch zu Informationszwecken gleichermaßen wichtig geworden ist. Zu konstatieren ist ferner, dass inzwischen nahezu alle Altersschichten als Endnutzer erreicht werden. Das Internet findet also sehr breite Anwendung in der Bevölkerung bei gleichzeitig hohen Nutzungsraten.

# IV. Zur gesellschaftlichen Bedeutung des Internets

Ein (schon längst) wichtiges Thema ist die sog. Digitalisierung[83]. Welche weitreichenden Konsequenzen sich aus einer mit diesem schlagwortartigen Begriff belegten Entwicklung für das gesellschaftliche Zusammenleben ergeben können, lässt sich kaum genau prognostizieren. Sicher ist jedoch, dass das Internet eine zentrale Rolle im Digitalisierungsprozess spielen wird; es soll helfen, „analoge" Hürden zu überwinden und insofern vor allem bürokratische Prozesse weiter beschleunigen.[84] Im Fokus stehen dabei die zunehmende Vernetzung der Bürger untereinander, der Bevölkerung mit dem Staat und auch die Vernetzung der Bürger mit Unternehmen (z. B. mit Amazon oder Facebook) sowie die daraus resultierenden Fragen des Datenschutzes.[85]

Jener durch das Internet verursachte tiefgreifende Wandel erstreckt sich – darüber sind auch Politik[86] und Medien[87] zunehmend einig – künftig in alle

82 Auer-Reinsdorff/Conrad/*Sobola*, § 42 Rn. 160; https://de.wikipedia.org/wiki/Soziales_Netzwerk_(Internet), zuletzt abgerufen am 1.12.2018.

83 Siehe dazu http://www.bmwi.de/Redaktion/DE/Dossier/digitalisierung.html, zuletzt abgerufen am 1.12.2018.

84 http://www.bmwi.de/Redaktion/DE/Dossier/digitalisierung.html, zuletzt abgerufen am 1.12.2018.

85 Vgl. http://www.bmwi.de/Redaktion/DE/Dossier/digitalisierung.html, zuletzt abgerufen am 1.12.2018.

86 Vgl. nur das Grußwort des ehemaligen Bundesjustizministers *Heiko Maas* (2018, S. 9–10).

87 Exemplarisch: *Braunberger*, Digitale Revolution. Macht der Maschinen, FAZ-online vom 27.4.2014, http://www.faz.net/aktuell/wirtschaft/menschen-wirtschaft/digitale-revolution-macht-der-maschinen-12910372.html, zuletzt abgerufen am 1.12.2018.

Lebensbereiche, wobei zuweilen gar von einer „digitalen Revolution“ gesprochen wird.[88] Umso wichtiger erscheint es, diese Entwicklungen genau zu beobachten und angemessen auf sie zu reagieren. Der prägende Einfluss des Internets hat zu geänderten Bedürfnissen der Bürger geführt und stellt sie vor neue Handlungsnotwendigkeiten. Um festzustellen, welche Konsequenzen sich für Strafgefangene durch einen Ausschluss von der Internetnutzung ergeben, sind deshalb zunächst wesentliche vom Internet verursachte Veränderungen zu identifizieren und in ihrer Bedeutung für das gesellschaftliche Zusammenleben einzuschätzen. Eine genaue, möglicherweise quantifizierende Einordnung der Wirkung dieser Veränderungen ist allerdings kaum möglich; vielmehr erfordern die Fülle an Informationen und ihre Vielfalt einen kursorischen Streifzug durch verschiedene gesellschaftliche Bereiche, um so zumindest exemplarisch Wirkungsfelder des Internets kenntlich zu machen. Um diesen Streifzug zu systematisieren, wird in Anlehnung an die aus der Gesellschaftslehre bekannte „Vier-Sektoren-Hypothese“[89] zunächst angenommen, dass jedes Mitglied der Gesellschaft ein Recht und – zum Teil – eine Pflicht zur Teilnahme an vier Sphären hat: der staatsbürgerlichen (Verhältnis Einzelner und Staat), der wirtschaftlichen (als Arbeitnehmer und Konsument), der zivilgesellschaftlichen (u. a. Vereine, Parteien, politische oder kulturelle Informationsbedürfnisse) und der privaten Sphäre (familiäre und freundschaftliche soziale Kontakte). Dabei steht der durch das Internet bereitgestellte „Möglichkeitsraum“[90] dem Bürger in allen Sphären zur Verfügung. Darauf aufbauend lässt sich, was einzelne Inhalte des „Möglichkeitsraums“ angeht, zwischen den Bereichen Kommunikation und Information differenzieren.

So betrachtet ist vor dem Hintergrund des sinnbildlichen Vergleichs zwischen „Bürgern der Außenwelt“ und „Bürgern in Haft“ konkret der Frage nachzugehen, inwiefern das Internet mittlerweile auf Kommunikations- sowie

---

88 *Braunberger*, Digitale Revolution. Macht der Maschinen, FAZ-online vom 27.4.2014, http://www.faz.net/aktuell/wirtschaft/menschen-wirtschaft/digitale-revolution-macht-der-maschinen-12910372.html, zuletzt abgerufen am 1.12.2018.

89 Näher dazu http://www.management-infocenter.de/dict/vier-sektoren-hypothese.php, zuletzt abgerufen am 1.12.2018.

90 Zur Begrifflichkeit *Kettemann*, Das Internetgrundrecht zwischen Völkerrecht, Staatsrecht und Europarecht (I), Völkerrechtsblog vom 7.10.2015, http://voelkerrechtsblog.org/das-recht-auf-internet-zwischen-voelkerrecht-staatsrecht-und-europarecht/, zuletzt abgerufen am 1.12.2018.

Informationsprozesse innerhalb der Gesellschaft Einfluss entfaltet. Dieses Vorgehen bietet die Möglichkeit, anhand ausgewählter Beispiele Hinweise auf Leistungsumfang und -fähigkeit des Internets zu erhalten und auf dieser Grundlage Aussagen über seine gesellschaftliche Bedeutung treffen zu können.

## 1. Veränderungen der Informationswelt

Überblicksartig werden mit den Themenfeldern „Wirkung des Internets auf andere Massenmedien“ und „Entwicklung hin zur internetbasierten Informationsgesellschaft“ verschiedene Aspekte isoliert, die kennzeichnend für den Einflusszuwachs von internetbasierter Informationstechnik sind und zugleich einen Ausblick auf weitere Tendenzen der Digitalisierung erlauben. Es geht dabei sowohl um den Zugang zu Informationen als auch um Art und Umfang ihrer Darstellung.

### *a) Wirkung des Internets auf andere Informationsmedien*

Das Internet ist von zunehmender Bedeutung und hat entscheidende Auswirkungen auf Meinungsbildungs- und Informationsprozesse in der Gesellschaft, wie sich mithilfe des Gutachtens von Neuberger/Lobigs zur Ermittlung der Konzentration im Medienbereich darlegen lässt.[91] Eine daraus resultierende „Strahlkraft“ lässt sich anschaulich anhand medienunabhängiger Eigenschaften messen, in denen sich das Internet von anderen zur Information bestimmten Massenmedien abhebt. Im Vergleich zu anderen Informationsquellen wie Rundfunk- oder Printmedien weist das Internet wohl die größere Breitenwirkung, also einen höheren Verbreitungsgrad, auf.[92] Dies liegt vor allem in der Lebendigkeit seiner Inhalte und Darstellungsformen begründet, die von Schrift über Ton zum (Bewegt-)Bild reichen und damit weit jenseits der technischen Möglichkeiten von Rundfunk und Printmedien liegen.[93] Daneben spielt auch die Aktualität der Inhalte eine wichtige Rolle.[94] Die „zeitliche Differenz zwischen Ereignis und Berichterstattung“ ist beim Internet wohl am geringsten.[95] Anbieter von Internetinhalten können dieselben mitunter sekundenschnell aktualisieren und somit fortlaufend auf Ereignisse reagieren.[96] Auch deshalb weist das Internet

91 *Neuberger/Lobigs* 2010, S. 9, 27 ff.
92 *Neuberger/Lobigs* 2010, S. 24–25, siehe auch S. 34–35.
93 *Neuberger/Lobigs* 2010, S. 19–20, 25, 34 ff.
94 *Neuberger/Lobigs* 2010, S. 22, 35.
95 *Neuberger/Lobigs* 2010, S. 22.
96 *Neuberger/Lobigs* 2010, S. 22–25.

eine mittlerweile hohe politische und publizistische Relevanz auf.[97] Einer Partizipation und den Möglichkeiten zur Interaktivität sind – anders als bspw. bei Zeitschriften – keine oder nur geringe Grenzen gesetzt.[98]

Das Internet trägt ferner dazu bei, dass analoge Medien zunehmend „digitalisiert" werden.[99] E-Paper (Onlinezeitschriften), Online-Radio oder auch Online-TV sind nunmehr gängige Formate.[100] Im Vergleich zu „traditionellen" Massenmedien ist daher festzuhalten, dass das Internet diese nicht nur an technischen Möglichkeiten übertrifft, sondern auch einen prägenden Einfluss auf sie nimmt und sie teilweise sogar absorbiert.[101]

### *b) Entwicklung hin zur internetbasierten Informationsgesellschaft*

Das Internet hat wesentlichen Einfluss auf das gesellschaftliche Informationsverhalten.[102] Einerseits werden Informationen über das Internet zu einem digitalen und somit „ubiquitären Gut".[103] Andererseits kommt es immer häufiger vor, dass zentrale Inhalte nur noch über das Internet abrufbar sind. Dieser aktuelle Wandel hin zu einer internetbasierten Informationsgesellschaft zeigt sich an vielen Stellen.[104] Er findet seinen Ausdruck darin, dass der Bürger – oftmals staatlicherseits veranlasst – nicht mehr umhinkommt, „das Internet zum Informationsaustausch zu nutzen".[105] In einem Aufsatz von Mecklenburg aus dem Jahr 1997 wird dieser Trend bereits erkannt:

---

97 *Neuberger/Lobigs* 2010, S. 62.

98 *Neuberger/Lobigs* 2010, S. 25, 61–62.

99 *Pasch*, Digitalisierung der Medien, bpb-online vom 6.10.2003, abrufbar unter http://www.bpb.de/apuz/27366/digitalisierung-der-medien?p=all, zuletzt abgerufen am 1.12.2018.

100 Vgl. *Pasch*, Digitalisierung der Medien, bpb-online vom 6.10.2003, abrufbar unter http://www.bpb.de/apuz/27366/digitalisierung-der-medien?p=all, zuletzt abgerufen am 1.12.2018.

101 Zu ähnlichen Ergebnissen gelangte bereits *Mecklenburg*, ZUM 1997, 525, 528–530.

102 Vgl. nur *Cornelius*, NJW 2016, 582, 583–584; *Hufen* 2017, § 26 Rn. 21 m.w.N.

103 *Venker*, Utopische Entwürfe zur Zukunft von IuD, open Password-online vom 24.7.2017, abrufbar unter http://www.password-online.de/?wysija-page=1&controller=email&action=view&email_id=300&wysijap=subscriptions, zuletzt abgerufen am 1.12.2018.

104 *Hufen* 2017, § 26 Rn. 21: „Ungeahnte Dimensionen allgemein zugänglicher Informationsquellen eröffnet das Internet."; weiterführend dazu BeckOK InfoMedienR/*Kühling*, GG Art. 5 Rn. 3 ff.

105 *Cornelius*, NJW 2016, 582, 583.

> „Für Informationen, die staatlicherseits vorhanden sind, treibt das Internet einen Strukturwandel in Richtung auf mehr Öffentlichkeit: Vorhandene Informationen sind in erhöhtem Umfange verfügbar zu machen; dies gilt um so mehr, als derartige Informationen internetfähig oder gar schon auf dem Internet vorhanden sind.“[106]

Auf die heutigen Verhältnisse bezogen finden sich in den Ausführungen von Cornelius weitere Beispiele, die als Beleg dafür dienen können, dass der Zugang zu Informationsinhalten des Internets obligat geworden ist:

> „So ist die verbindliche Information über die Geltung europäischer Rechtsnormen nur über die allein gültige elektronische Version des Amtsblatts der EU möglich (vgl. VO [EU] Nr. 216/2013 v. 7.3.2013), das 2007 in Kraft getretene Gesetz über elektronische Handelsregister und Genossenschaftsregister sowie das Unternehmensregister (EHUG) stellt das Handels- und Unternehmensregister auf die elektronische Publizitätsform um, und Gewerbetreibende müssen ihre Umsatzsteuererklärung online abgeben. Dies sind nur einige Beispiele!“[107]

Auch ein erster Blick auf den Bereich des Strafvollzugs zeigt, dass das Internet – von internen Prozessen abgesehen – bereits bei der „Zuständigkeit für den Strafvollzug“ eine Rolle spielt: Sofern sich ein Betroffener nicht schon in Untersuchungshaft oder aus anderen Gründen in Strafhaft befindet, wird er gem. § 27 StVollstrO „in die zuständige Justizvollzugsanstalt zum Strafantritt geladen“.[108] Die Bestimmung der konkreten Anstalt erfolgt wiederum nach dem Vollstreckungsplan des Bundeslandes, in dem die Verurteilung stattfand.[109] Diese „Vollstreckungspläne der Länder“ sind vielfach (u. a. im Fall von Bayern, Bremen, Berlin und Nordrhein-Westfalen) online einsehbar.[110]

Darüber hinaus zählt – nach Ansicht von Bär – die sog. Informationsindustrie in den westlichen Industrienationen „zu den wachstumsstärksten Bereichen der Wirtschaft“.[111] Computer und digitale Informationstechnologie seien zu einem Produktionsfaktor geworden, der die Wettbewerbsfähigkeit einer Volkswirtschaft entscheidend präge, so Bär weiter.[112] Dieser durch die Informationstechnik

---

106 *Mecklenburg*, ZUM 1997, 525, 543.

107 *Cornelius*, NJW 2016, 582, 583–584.

108 BeckOK StGB/*von Heintschel-Heinegg*, StGB § 56f Rn. 33.

109 BeckOK StGB/*von Heintschel-Heinegg*, StGB § 56f Rn. 33.

110 BeckOK StGB/*von Heintschel-Heinegg*, StGB § 56f Rn. 33.1.

111 Wabnitz/Janovsky/*Bär*, A. Einleitung und Begriff der Computer- und Internetkriminalität, Rn. 1.

112 Wabnitz/Janovsky/*Bär*, A. Einleitung und Begriff der Computer- und Internetkriminalität, Rn. 1

hervorgerufene „epochale Wandel in der wirtschaftlichen Entwicklung" könne gar als „zweite industrielle Revolution" beschrieben werden.[113]

Der besondere Stellenwert des Internets im Informationsbereich wird schließlich auch anhand der Berichte der Enquete-Kommission „Internet und digitale Gesellschaft" deutlich, die vom 5.5.2010 bis 5.4.2013 Auswirkungen des Internets auf Politik und Gesellschaft identifiziert sowie Empfehlungen für den Bundestag erstellt hat.[114] Die Arbeit der Kommission fand in 12 themenbezogenen Projektgruppen statt. Bereits anhand der Auswahl der Themen wird deutlich, dass weite Teile des gesellschaftlichen Lebens berührt sind, da für sie unter dem Einfluss des Internets eine Digitalisierung zu erwarten ist. Bei den Themenfeldern handelt es sich im Einzelnen um „Bildung und Forschung; Datenschutz, Persönlichkeitsrechte; Demokratie und Staat; Internationales und Internet Governance; Interoperabilität, Standards, Freie Software; Kultur, Medien, Öffentlichkeit; Medienkompetenz; Netzneutralität; Urheberrecht; Verbraucherschutz; Wirtschaft, Arbeit, Green IT" sowie Netzzugang und Struktur und Sicherheit des Netzes.[115] Die Zusammensetzung der Kommission lässt erkennen, dass sich das Parlament in seiner Diskussionskultur geöffnet hat und neben Sachverständigen aus den Parteien als sog. 18. Sachverständige auch die Internetnutzer über eine quasi-offizielle Online-Plattform (www.enquetebeteiligung.de) motivieren sollte, eigene Vorschläge und Ideen einzubringen.[116] Ein Blick auf die vorgelegte Bestandsaufnahme (sechster Zwischenbericht) des Themenfeldes „Forschung und Bildung"[117] macht deutlich, dass über das World Wide Web geschätzt etwa 2,5 Milliarden Dokumente abrufbar sind.[118] Ferner ist bezüglich des heutigen Rechercheverhaltens von Schülern oder Studenten zu konstatieren, dass vorwiegend Internetsuchmaschinen herangezogen werden. Vor allem für Universitäten ist das Thema E-Learning ein zentraler Diskussionsgegenstand.[119] Außerdem

---

113 Wabnitz/Janovsky/*Bär*, A. Einleitung und Begriff der Computer- und Internetkriminalität, Rn. 1.

114 Schlussbericht der Enquete-Kommission „Internet und digitale Gesellschaft" (BT-Drs. 17/12550); https://www.bundestag.de/dokumente/textarchiv/2010/29545289_kw18_de_enquete/201626, zuletzt abgerufen am 1.12.2018.

115 http://webarchiv.bundestag.de/cgi/show.php?fileToLoad=2944&id=1223, zuletzt abgerufen am 1.12.2018.

116 *Reißmann*, Adhocracy-Versuch. Bundestag bittet zur Bürger-Beteiligung, abrufbar unter http://www.spiegel.de/netzwelt/netzpolitik/adhocracy-versuch-bundestag-bittet-zur-buerger-beteiligung-a-747655.html, zuletzt abgerufen am 1.12.2018.

117 BT-Drs. 17/12029, S. 7.

118 BT-Drs. 17/12029, S. 8.

119 BT-Drs. 17/12029, S. 23 ff.

wird im Bereich der digitalen Medien in Forschung und Wissenschaft deutlich, dass „Open Access“ und „Open Data“, Bezeichnungen für den freien, unentgeltlichen, technisch und rechtlich unbeschränkten Zugang zu wissenschaftlichen Publikationen und Forschungsdaten auf digitalem Weg,[120] wichtige (weltweite) Zukunftsprojekte darstellen.[121] Hierzu gehört auch die sog. Langzeitarchivierung bzw. die Sicherstellung einer dauerhaften Nachnutzbarkeit der Daten.[122] Darüber hinaus werden digitale Informations- und Kommunikationstechnologien als Gegenstand von Forschung und Innovation evaluiert.[123] Den hierzu erstellten Handlungsempfehlungen lässt sich entnehmen, dass internetbasierte Informationstechnik „in nahezu allen gesellschaftlichen Bereichen Bedeutung erlangt hat, in allen wirtschaftlichen Branchen zum Rückgrat geworden ist, auch die Lebens- und Arbeitswelt massiv verändert hat und noch weitere fundamentale Neuerungen nach sich ziehen wird […].“[124] Im Blickwinkel der Potentiale des Internets wird daher nicht nur ein weiteres Vorantreiben von Aufbau- und Ausbau der IT-Infrastruktur, sondern auch die Förderung von virtuellen Forschungsumgebungen und die Etablierung neuer Berufsprofile wie „data curator“ oder „data librarian“ gefordert.[125]

Die vorstehenden Befunde lassen in der Gesamtschau den Schluss zu, dass der regelmäßige Zugriff auf Informationsinhalte des Internets mittlerweile mehr als eine „gesellschaftliche Konvention“ ist und vor allem staatlicherseits zunehmend zur Notwendigkeit erhoben wird.[126] So sind einerseits die Informationen selbst z. T. ausschließlich über das Internet verfügbar. Andererseits sind Fälle denkbar, in denen die Notwendigkeit des Rückgriffs auf Internettechnik so weit reichen kann, dass zur Gewährleistung des Informationsflusses sowohl der Informationsempfänger als auch der Absender direkten Onlinezugang besitzen müssen. Um an der heutigen Informationsgesellschaft teilhaben zu können, ist es daher unabdingbar, Zugang zum Internet zu haben.

---

120 Zur Definition siehe die sog. Berliner Erklärung, abrufbar unter https://openaccess.mpg.de/, zuletzt abgerufen am 1.12.2018.

121 BT-Drs. 17/12029, S. 49 ff., 95–97.

122 BT-Drs. 17/12029, S. 97.

123 BT-Drs. 17/12029, S. 70 ff.

124 BT-Drs. 17/12029, S. 97.

125 BT-Drs. 17/12029, S. 99–100.

126 Weiterführend zum Zugang zu sog. Onlinearchiven der EGMR, https://hudoc.echr.coe.int/eng#{%22languageisocode%22:[%22ENG%22],%22documentcollectionid2%22:[%22JUDGMENTS%22],%22itemid%22:[%22001-177697%22]}, zuletzt abgerufen am 1.12.2018; vgl. auch Newsdienst-Redaktion, MMR Aktuell 2017, 395572.

## 2. Veränderungen durch internetbasierte Kommunikation

Auch das Kommunikationsverhalten der Menschen ist durch Internettechnik erheblich beeinflusst. Die Ergebnisse der Trendstudien von ARD/ZDF[127] sind eindrucksvoller Beleg hierfür. Dabei hat sich herauskristallisiert, dass internetbasierte Kommunikation nicht nur zu einem Umbruch im Nutzungsverhalten elektronischer Dienste führt, sondern so weit reichen kann, dass sie prägenden Einfluss auf Sprachgebrauch sowie zwischenmenschliche Beziehungen nimmt.

### *a) Internetsprache und digitale Kommunikation*

Immer wieder ist das Phänomen zu beobachten, dass der allgemeine Sprachgebrauch durch Einflüsse des Internets geprägt wird. Dabei hat sich neben internetspezifischen Bezeichnungen für typische Handlungen im Zusammenhang mit der Nutzung von sozialen Netzwerken (bspw. „Posten", „Liken" oder „Teilen") sogar ein eigener „Netzjargon" (insbesondere in Form einer häufigen Verwendung von für die internetbasierte Kommunikation spezifischen Abkürzungen)[128] verbunden mit dem Gebrauch netzeigener Akronyme („lol" = „laughing out loud", als Ausdruck von Verwunderung)[129] in Chats oder Instant Messengern etabliert. Aber auch bestimmte Digitalisierungsprozesse sind bereits mit Idiomen belegt (Industrie 4.0, Hacker oder BigData). Ein besonderer Aspekt dieser „digitalisierten Kommunikationsweise" ist, dass es sich bei den entstehenden Redewendungen und Begriffen – im Unterschied zu sonstigen jugendsprachlichen oder zeitabhängigen Entwicklungen – vermehrt um Neologismen handelt, mithin die linguistischen Gepflogenheiten bei Wortneuschöpfungen oftmals denen des Digitalisierungsprozesses folgen.[130]

Im Lichte der empirischen Befundlage zu den Nutzungstrends bei Internetdiensten ist festzustellen, dass sich die Kommunikationskultur unterdessen dahin gehend verändert hat, dass häufiger und intensiver der Austausch via

---

127 Kapitel C.II.1.

128 https://de.wikipedia.org/wiki/Netzjargon, zuletzt abgerufen am 1.12.2018.

129 „Auf den Spuren des ‚vong'-Hypes", faz-online vom 13.6.2017, abrufbar unter http://www.faz.net/aktuell/gesellschaft/internetsprache-auf-den-spuren-des-vong-hypes-15058922.html, zuletzt abgerufen am 1.12.2018.

130 *Von Gehlen*, Wie die Digitalisierung unsere Kommunikation umkrempelt, vocer-online vom 6.12.2013, abrufbar unter http://www.vocer.org/wie-die-digitalisierung-unsere-kommunikation-umkrempelt/, zuletzt abgerufen am 1.12.2018; vgl. ferner https://de.wikipedia.org/wiki/Netzjargon, zuletzt abgerufen am 1.12.2018.

Messenger- bzw. Chatdienste gesucht wird.[131] Das Schreiben („Texten"), das oftmals mit dem Senden von Bildtexten oder Kurzvideos einhergeht, ersetzt zunehmend die verbale Kommunikation.[132] Das Internet hält hierbei eine Vielzahl unterschiedlicher Kommunikationsdienste bereit, die für eine hohe „Dynamik der Netzwerkkommunikation" sorgen.[133] Aber nicht nur Vielfalt und Geschwindigkeit spielen eine Rolle, vor allem die Tatsache, dass entgegen „analoger" Vorgänge die internetbasierte Kommunikation eine bisher starre „Sender-Empfänger-Beziehung" aufbricht, ist von Bedeutung.[134] Soziale Medien respektive Communities, Foren oder Blogs sorgen für ein weitgehendes Verschmelzen von Kommunikation und Informationsverbreitung. Dabei verbindet sich eng die Pflege zwischenmenschlicher Kontakte mit der persönlichen Außendarstellung, bspw. über die Pflege individueller Accounts oder Nutzerprofile.[135] Internetbasierte Kommunikationsvorgänge nehmen zugleich entscheidenden Einfluss auf Informationsinhalte im „Netz".[136] Diese Umstände führen nach Ansicht von Meckel inzwischen sogar so weit, dass infolge eines „triangulären

---

131 *Von Gehlen*, Wie die Digitalisierung unsere Kommunikation umkrempelt, vocer-online vom 6.12.2013, abrufbar unter http://www.vocer.org/wie-die-digitalisierung-unsere-kommunikation-umkrempelt/, zuletzt abgerufen am 1.12.2018.

132 *Von Gehlen*, Wie die Digitalisierung unsere Kommunikation umkrempelt, vocer-online vom 6.12.2013, abrufbar unter http://www.vocer.org/wie-die-digitalisierung-unsere-kommunikation-umkrempelt/, zuletzt abgerufen am 1.12.2018.

133 *Meckel*, Aus Vielen wird das Eins gefunden – wie Web 2.0 unsere Kommunikation verändert, bpb-online vom 19.8.2008, abrufbar unter http://www.bpb.de/apuz/30964/aus-vielen-wird-das-eins-gefunden-wie-web-2-0-unsere-kommunikation-veraendert?p=all, zuletzt abgerufen am 1.12.2018.

134 *Meckel*, Aus Vielen wird das Eins gefunden – wie Web 2.0 unsere Kommunikation verändert, bpb-online vom 19.8.2008, abrufbar unter http://www.bpb.de/apuz/30964/aus-vielen-wird-das-eins-gefunden-wie-web-2-0-unsere-kommunikation-veraendert?p=all, zuletzt abgerufen am 1.12.2018.

135 *Meckel*, Aus Vielen wird das Eins gefunden – wie Web 2.0 unsere Kommunikation verändert, bpb-online vom 19.8.2008, abrufbar unter http://www.bpb.de/apuz/30964/aus-vielen-wird-das-eins-gefunden-wie-web-2-0-unsere-kommunikation-veraendert?p=all, zuletzt abgerufen am 1.12.2018.

136 *Meckel*, Aus Vielen wird das Eins gefunden – wie Web 2.0 unsere Kommunikation verändert, bpb-online vom 19.8.2008, abrufbar unter http://www.bpb.de/apuz/30964/aus-vielen-wird-das-eins-gefunden-wie-web-2-0-unsere-kommunikation-veraendert?p=all, zuletzt abgerufen am 1.12.2018.

Kommunikationsmodus“ Informationen im Internet „ein gemeinschaftlich produziertes Gut“ werden, das „dem Open-source-Prinzip unterliegt“.[137]

### *b) Soziale Interaktion und gesellschaftliche Integration*

Die weltweite Verbreitung kostenfreier internetbasierter Kommunikationsdienste beeinflusst soziale Interaktionen schließlich so stark, dass sich eine eigene „Netzöffentlichkeit“ herausgebildet hat.[138] Diese neue Form gesellschaftlicher Öffentlichkeit erlangt zunehmend auch für politische Vorgänge Bedeutung und ist, wie Matthias Kettemann in seinem Aufsatz „Das Internet als internationales Schutzgut: Entwicklungsperspektiven des Internetvölkerrechts anlässlich des Arabischen Frühlings“[139] eindrucksvoll aufzeigt, mittlerweile als schützenswerter Bestandteil eines demokratischen Staates anzusehen. Das Internet erfüllt durch sein Kommunikationsangebot mithin eine wichtige Vermittlerrolle, wobei es sowohl um eine Erleichterung der Kommunikation an sich geht als auch um einen durch das Internet eintretenden „Demokratisierungseffekt“ sowie die damit verbundene gesellschaftliche Integration in Form von aktiver Teilhabe am Sozialleben.[140]

Diese Aspekte finden unterdessen auch in der Debatte um die Unterbringung von Schutzsuchenden Anklang.[141] Die wachsende Anzahl von Geflüchteten in Europa und insbesondere in Deutschland hat dazu geführt, dass sich

---

137 *Meckel*, Aus Vielen wird das Eins gefunden – wie Web 2.0 unsere Kommunikation verändert, bpb-online vom 19.8.2008, abrufbar unter http://www.bpb.de/apuz/30964/aus-vielen-wird-das-eins-gefunden-wie-web-2-0-unsere-kommunikation-veraendert?p=all, zuletzt abgerufen am 1.12.2018.

138 *Holznagel*, K&R 2010, 95, 99; *Meckel*, Aus Vielen wird das Eins gefunden – wie Web 2.0 unsere Kommunikation verändert, bpb-online vom 19.8.2008, abrufbar unter http://www.bpb.de/apuz/30964/aus-vielen-wird-das-eins-gefunden-wie-web-2-0-unsere-kommunikation-veraendert?p=all, zuletzt abgerufen am 1.12.2018.

139 *Kettemann*, ZaöRV 2012, 469–482.

140 https://www.globalisierung-fakten.de/globalisierung-informationen/gruende/globalisierung-durch-kommunikation-und-internet/, zuletzt abgerufen am 1.12.2018; *Holznagel*, K&R 2010, 95, 99; *Kissau*, Internetnutzung von Migranten – ein Weg zur Integration?, APuZ-online vom 19.9.2008, abrufbar unter http://www.bpb.de/apuz/30968/internetnutzung-von-migranten-ein-weg-zur-integration?p=all, zuletzt abgerufen am 1.12.2018.

141 Vgl. *Kettemann*, Das Internetgrundrecht zwischen Völkerrecht, Staatsrecht und Europarecht (I), Völkerrechtsblog vom 7.10.2015, http://voelkerrechtsblog.org/das-recht-auf-internet-zwischen-voelkerrecht-staatsrecht-und-europarecht/, zuletzt abgerufen am 1.12.2018.

hinsichtlich ihrer Grundversorgung wichtige Fragen auftun.[142] Dabei geht es – mit Blick auf die „Gewährleistung eines Mindestmaßes an Teilhabe am sozialen Leben“ – auch um die Erwägung, Flüchtlingsunterkünfte mit kabellosem Internetzugang (WLAN) kostenfrei auszustatten.[143] Denn man hat erkannt, dass der freien und globalen Kommunikation zugleich eine wichtige Integrationsfunktion zukommt.[144] Um den Neuankömmlingen also eine Partizipation am gesellschaftlichen Leben zu ermöglichen und sie angemessen zu integrieren, ist es notwendig, auch über eine Grundversorgung in digitaler Hinsicht nachzudenken.[145] Seit 2012 läuft deshalb die Aktion „Lieber FÜR Menschen als GEGEN irgendwas!“, in der verschiedene Freifunkgruppen aus ganz Deutschland versuchen, Flüchtlingsheime bzw. Flüchtlinge zu vernetzen.[146] Auf der Homepage des Freifunk-Bündnisses findet sich eine Vielzahl von Städten aufgelistet, in denen bereits Flüchtlingsunterkünfte mit kostenlosem Internet versorgt werden konnten.[147] Exemplarisch für die Entwicklungen ist im Raum Dortmund Folgendes zu erkennen:

---

142 Vgl. *Kettemann*, Das Internetgrundrecht zwischen Völkerrecht, Staatsrecht und Europarecht (I), Völkerrechtsblog vom 7.10.2015, http://voelkerrechtsblog.org/das-recht-auf-internet-zwischen-voelkerrecht-staatsrecht-und-europarecht/, zuletzt abgerufen am 1.12.2018.

143 *Kettemann*, Das Internetgrundrecht zwischen Völkerrecht, Staatsrecht und Europarecht (III), Völkerrechtsblog vom 12.10.2015, http://voelkerrechtsblog.org/das-internetgrundrecht-zwischen-voelkerrecht-staatsrecht-und-europarecht-iii/, zuletzt abgerufen am 1.12.2018; *Kettemann*, Das Internetgrundrecht zwischen Völkerrecht, Staatsrecht und Europarecht (I), Völkerrechtsblog vom 7.10.2015, http://voelkerrechtsblog.org/das-recht-auf-internet-zwischen-voelkerrecht-staatsrecht-und-europarecht/, zuletzt abgerufen am 1.12.2018.

144 *Kettemann*, Das Internetgrundrecht zwischen Völkerrecht, Staatsrecht und Europarecht (III), Völkerrechtsblog vom 12.10.2015, http://voelkerrechtsblog.org/das-internetgrundrecht-zwischen-voelkerrecht-staatsrecht-und-europarecht-iii/, zuletzt abgerufen am 1.12.2018.

145 *Kettemann*, Das Internetgrundrecht zwischen Völkerrecht, Staatsrecht und Europarecht (III), Völkerrechtsblog vom 12.10.2015, http://voelkerrechtsblog.org/das-internetgrundrecht-zwischen-voelkerrecht-staatsrecht-und-europarecht-iii/, zuletzt abgerufen am 1.12.2018.

146 https://freifunk.net/blog/2015/01/lieber-fuer-menschen-als-gegen-irgendwas/, zuletzt abgerufen am 1.12.2018.

147 https://freifunk.net/blog/2015/01/lieber-fuer-menschen-als-gegen-irgendwas/, zuletzt abgerufen am 1.12.2018.

„Im Dezember 2014 wurde die Flüchtlingsunterkunft, eine ehemalige Schule in Dortmund mit drei Freifunk Knoten versorgt. DOKOM21 stellte der Einrichtung einen DSL Anschluss bereit.

Im Januar 2015 haben die Aktivist_innen die drei bestehenden Geräte durch leistungsfähigere Technik ersetzt. In der Unterkunft sind über 100 Flüchtlinge untergebracht, die das Angebot gern nutzen.

Mehrere neue Flüchtlingsheime werden im Frühjahr 2015 in Dortmund eröffnet. Bereits während Planungsphase nahmen Freifunker_innen Kontakt mit den Trägern auf und können Dank der positiven Erfahrungen alle weiteren Einrichtungen mit Freifunk versorgen.

Der überwiegende Teil der Geräte – mehr als 70 Router – wurde von PING e.V. gespendet. Die Piratenpartei will in jeder Einrichtung mindestens einen Desktop-PC aufstellen, um auch Menschen ohne Mobilgerät den Kontakt mit der Heimat zu ermöglichen.“[148]

Mittlerweile haben aber auch private Anbieter – wie die Telekom[149] – und einige Länder, u. a. Baden-Württemberg[150], sich dieses Problems angenommen.[151]

Dass dem Internet besondere gesellschaftlich integrative Kräfte zuzusprechen sind, lässt sich zudem anhand der Ergebnisse der „Untersuchung zur politischen Online-Aktivität von Migranten aus der ehemaligen Sowjetunion in Deutschland“ belegen; das genutzte Datenmaterial wurde von Hunger/Kissau im Rahmen des Forschungsprojektes „Politisches Potential des Internets. Die virtuelle Diaspora der Migranten aus Russland und der Türkei in Deutschland“ erhoben.[152] Im Fazit des PPI-Working-Papers 5 heißt es insofern:

---

148 https://freifunk.net/blog/2015/01/lieber-fuer-menschen-als-gegen-irgendwas/, zuletzt abgerufen am 1.12.2018.

149 *Karabasz*, Der schwierige Kontakt zur alten Welt, handelsblatt-online vom 26.9.2015, abrufbar unter http://www.handelsblatt.com/unternehmen/it-medien/wlan-fuer-fluechtlinge-verschiedene-betreiber-verschiedene-regeln/12366146-2.html, zuletzt abgerufen am 1.12.2018.

150 „Kostenfreies Wlan für Flüchtlinge“, süddeutsche-online v. 17.8.2015, http://www.sueddeutsche.de/digital/baden-wuerttemberg-kostenfreies-wlan-fuer-fluechtlinge-1.2610850, zuletzt abgerufen am 1.12.2018.

151 https://freifunk.net/blog/2015/01/lieber-fuer-menschen-als-gegen-irgendwas/, zuletzt abgerufen am 1.12.2018; *Kettemann*, Das Internetgrundrecht zwischen Völkerrecht, Staatsrecht und Europarecht (III), Völkerrechtsblog vom 12.10.2015, http://voelkerrechtsblog.org/das-internetgrundrecht-zwischen-voelkerrecht-staatsrecht-und-europarecht-iii/, zuletzt abgerufen am 1.12.2018.

152 http://ivv7srv15.uni-muenster.de/ppi/Materialien/workingpaper_5.pdf, zuletzt abgerufen am 1.12.2018.

> „Generell ist das Interesse an politischer Teilhabe bei Personen mit Migrationshintergrund vorhanden, wie das herkunftslandorientierte Online-Engagement zeigt. Das Fehlen konkreter Teilhabe-Angebote von Seiten der politischen Institutionen in Deutschland, das bereits außerhalb des Internet festgestellt wurde, (...) wird nun durch diese Studie auch für das Internet bestätigt. So wird auch online ein zentrales Problem politischer Integration von Migranten nicht gelöst, denn die Ansprache und Repräsentation von Migranten ist online wie offline bislang erst in geringem Umfang im politischen System institutionalisiert."[153]

Diese Aussagen sind eindeutig: Auch staatlicherseits ist anzuerkennen, dass sich durch gezielte Internetanbindung ein Abbau kultureller wie sprachlicher Barrieren weiter fördern lässt. Dabei spielt das Internet, wie Kissau es formuliert, „insgesamt für die Integration von Migranten eine wichtige Rolle, indem es diese Gesellschaftsmitglieder über die im Internet möglichen Prozesse der Information, Kommunikation und Partizipation in die Informationsgesellschaft Deutschland einbindet."[154]

## 3. Internetzugang als Teil der Grundversorgung

Die zuvor in den Bereichen von Kommunikation und Information aufgezeigten Einflüsse der Internettechnik führen zu einer geänderten Bedürfnislage innerhalb der Bevölkerung. Die Notwendigkeit einer – zeitgemäßen – Wahrung individueller Kommunikations- und Informationsbedürfnisse durch Internetzugang hat insoweit auch in der deutschen Rechtsprechung zunehmend Berücksichtigung erfahren. Bereits in mehreren Gerichtsentscheidungen wurde dem Internet ein zentraler Bedeutungsgehalt für die bürgerliche Grundversorgung zugeschrieben; gleichzeitig wurde der Schutzbereich auf internetfähige Medien sukzessive ausgeweitet.

### *a) Entscheidung des BVerfG vom 27.2.2008*

Wichtige Hinweise liefert eine vielbeachtete Entscheidung des BVerfG aus dem Jahr 2008. So ließen die Verfassungsrichter zur Fortentwicklung der Informationstechnik im Kontext ihrer Entscheidung zur gesetzlichen Regelung von „Online-Durchsuchungen" verlauten:

---

153 http://ivv7srv15.uni-muenster.de/ppi/Materialien/workingpaper_5.pdf, zuletzt abgerufen am 1.12.2018.

154 *Kissau*, Internetnutzung von Migranten – ein Weg zur Integration?, APuZ-online vom 19.9.2008, abrufbar unter http://www.bpb.de/apuz/30968/internetnutzung-von-migranten-ein-weg-zur-integration?p=all, zuletzt abgerufen am 1.12.2018.

„Die Relevanz der Informationstechnik für die Lebensgestaltung des Einzelnen erschöpft sich nicht in der größeren Verbreitung und Leistungsfähigkeit von Personalcomputern. Daneben enthalten zahlreiche Gegenstände, mit denen große Teile der Bevölkerung alltäglich umgehen, informationstechnische Komponenten. So liegt es beispielsweise zunehmend bei Telekommunikationsgeräten oder elektronischen Geräten, die in Wohnungen oder Kraftfahrzeugen enthalten sind.
Der Leistungsumfang informationstechnischer Systeme und ihre Bedeutung für die Persönlichkeitsentfaltung nehmen noch zu, wenn solche Systeme miteinander vernetzt werden. Dies wird insbesondere auf Grund der gestiegenen Nutzung des Internet durch große Kreise der Bevölkerung mehr und mehr zum Normalfall.“[155]

Folgt man dieser Sichtweise, dann bildet der Zugang zu digitalen Informationen eine wesentliche Voraussetzung für die freie Persönlichkeitsentfaltung des Einzelnen.

### *b) Entscheidung des BGH vom 24.1.2013*

Aber auch die Entscheidung des Bundesgerichtshofs vom 24.01.2013[156] zum Anspruch auf Schadensersatz für den Ausfall eines Internetanschlusses im Privathaushalt vermag als Beleg für die Relevanz des Internets zu dienen. Dort führt der BGH zur Bedeutung des Internets für den privaten Bereich allgemein aus:

„Die Nutzbarkeit des Internets ist ein Wirtschaftsgut, dessen ständige Verfügbarkeit seit längerer, jedenfalls vor dem hier maßgeblichen Jahreswechsel 2008/2009 beginnender Zeit auch im privaten Bereich für die eigenwirtschaftliche Lebenshaltung typischerweise von zentraler Bedeutung ist und bei dem sich eine Funktionsstörung als solche auf die materiale Grundlage der Lebenshaltung signifikant auswirkt. Das Internet stellt weltweit umfassende Informationen in Form von Text-, Bild-, Video- und Audiodateien zur Verfügung. Dabei werden thematisch nahezu alle Bereiche abgedeckt und verschiedenste qualitative Ansprüche befriedigt. So sind etwa Dateien mit leichter Unterhaltung ebenso abrufbar wie Informationen zu Alltagsfragen bis hin zu hochwissenschaftlichen Themen. Dabei ersetzt das Internet wegen der leichten Verfügbarkeit der Informationen immer mehr andere Medien, wie zum Beispiel Lexika, Zeitschriften oder Fernsehen. Darüber hinaus ermöglicht es den weltweiten Austausch zwischen seinen Nutzern, etwa über E-Mails, Foren, Blogs und soziale Netzwerke. Zudem wird es zunehmend zur Anbahnung und zum Abschluss von Verträgen, zur Abwicklung von Rechtsgeschäften und zur Erfüllung öffentlich-rechtlicher Pflichten genutzt (von der unübersehbaren Vielfalt z. B. nur: Fernabsatzkäufe, Hotel-, Bahn- und Flugbuchungen, Erteilung von Überweisungsaufträgen, Abgabe von Steuererklärungen, An- und Abmeldung der Strom-, Gas- und Wasserversorgung sowie der Müllabfuhr, Verifikation von Bescheinigungen). Nach dem unbestritten gebliebenen Sachvortrag des Klägers bedienen sich nahezu 70 % der Einwohner Deutschlands des Internets, wobei dreiviertel hiervon es

155 BVerfG, NJW 2008, 822, 824.
156 BGH, NJW 2013, 1072.

sogar täglich nutzen. Damit hat sich das Internet zu einem die Lebensgestaltung eines Großteils der Bevölkerung entscheidend mitprägenden Medium entwickelt, dessen Ausfall sich signifikant im Alltag bemerkbar macht. Die Unterbrechung des Internetzugangs hat typischerweise Auswirkungen, die in ihrer Intensität mit dem Fortfall der Möglichkeit, ein Kraftfahrzeug zu nutzen, ohne weiteres vergleichbar sind."[157]

Gemessen an den vorstehenden Darlegungen des BGH wird der zentrale Stellenwert von internetbasierter Technik für das gesellschaftliche Zusammenleben erneut offenkundig. Es sind vor allem Passagen wie: „Dabei ersetzt das Internet wegen der leichten Verfügbarkeit der Informationen immer mehr andere Medien, wie zum Beispiel Lexika, Zeitschriften oder Fernsehen. Darüber hinaus ermöglicht es den weltweiten Austausch zwischen seinen Nutzern, etwa über E-Mails, Foren, Blogs und soziale Netzwerke."[158], anhand derer die besondere Bedeutung des Internets zum Ausdruck kommt; es befriedigt in besonders umfassender Weise die aktuellen Informations- und Kommunikationsbedürfnisse.

### c) *Pfändungsschutz*

Ein weiteres Indiz für den Status des Internets als Teil der Grundversorgung ergibt sich (jedenfalls mittelbar) aus dem Umstand, dass inzwischen auch der „internetfähige" Computer dem Pfändungsschutz des § 811 Nr. 1 ZPO unterfällt.[159] Entscheidend für die Unpfändbarkeit ist eine „angemessen bescheidene Lebens- und Haushaltsführung".[160] Dabei zeichnet sich ab, dass der gegenwärtige Wandel der Lebensverhältnisse auch in Bezug auf die Nutzung internetfähiger Medien im Recht Berücksichtigung findet. Eindrücklich resümiert insofern Gruber:

„Einigkeit besteht weiter darin, dass im Rahmen des § 811 in besonderer Weise auf den allgemeinen Wandel der Lebensverhältnisse Rücksicht zu nehmen ist. So lässt sich etwa die Frage, welcher Gegenstände der Schuldner zu einer ‚angemessenen' Lebensführung iSd Abs. 1 Nr. 1 bedarf, immer nur vor dem Hintergrund des mittlerweile erreichten technischen Standards und bestehender gesellschaftlicher Anschauungen beurteilen. Paradigmatisch hierfür ist die Diskussion der Frage, ob ein Farbfernsehgerät zu den unpfändbaren Gegenständen iSd Abs. 1 Nr. 1 gehört. Mittlerweile wird in der Rechtsprechung zutreffend darauf abgestellt, dass die Preise für gewöhnliche Farbfernsehgeräte

157 BGH, NJW 2013, 1072, 1073.
158 BGH, NJW 2013, 1072, 1073.
159 AG Wuppertal, Beschl. v. 15.5.2008 – 44 M 6516/08, BeckRS 2008, 21949; BeckOK ZPO/*Forbriger*, ZPO § 811 Rn. 11.1.
160 MüKoZPO/*Gruber*, ZPO § 811 Rn. 25; BeckOK ZPO/*Forbriger*, ZPO § 811 Rn. 10.

zwischenzeitlich stark gesunken sind – Fernsehgeräte also nicht mehr als besonders wertvolle oder gar als Luxusgegenstände eingestuft werden können –, und dass das Fernsehen andere Informations- und Unterhaltungsquellen wie vor allem das Radio weitgehend verdrängt hat. Dies alles führt dazu, dass ein Farbfernsehgerät – anders als früher – zu den unpfändbaren Gegenständen zu zählen ist. Ähnliches zeichnet sich für die Pfändbarkeit von Computern ab."[161]

Diese Sichtweise wird durch eine Entscheidung des VG Gießen aus dem Jahr 2011 gestützt. Das Gericht hatte darüber zu entscheiden, ob im Wege der einstweiligen Anordnung ein in den Wohnräumen gepfändeter Laptop unverzüglich herauszugeben ist. Mit Blick auf die Pfändbarkeit des internetfähigen Geräts führt das VG Gießen näher aus:

„Das BVerfG hat mit Urteil vom 27. 2. 2008 (BVerfGE 270, 274 (303) = NJW 2008, 822) entschieden, die jüngere Entwicklung der Informationstechnik habe dazu geführt, dass informationstechnische Systeme allgegenwärtig und ihre Nutzung für die Lebensführung vieler Bürger von zentraler Bedeutung seien. Dem hat sich das OLG München (BayVBl 2010, 546 (547) = BeckRS 2010, 07737) in der Sache im Wesentlichen angeschlossen, indem es ausführt, es sei diskutabel, dass die ständige Verfügbarkeit eines Computers im Privathaushalt mittlerweile zum notwendigen Lebensbedarf gehöre.
Auch wenn die Rechtsprechung insoweit noch nicht zu einer einhelligen Ansicht gefunden hat, geht die beschließende Kammer mit Blick auf die zuvor genannten Entscheidungen davon aus, dass Computer und Laptops nach § 811 Abs. 1 Nr. 1 ZPO grundsätzlich unpfändbar sind."[162]

Nach diesen von der Rechtsprechung entwickelten Maßstäben erfolgt eine Erweiterung des Pfändungsschutzes auf internetfähige Computer bzw. Laptops („notwendiger Lebensbedarf"). Dadurch wird der Zugang zum „Möglichkeitsraum Internet" sichergestellt, was einen weiteren wichtigen Schritt zur zeitgemäßen Sicherung eines „soziokulturellen Existenzminimums"[163] bedeutet.

### *d) Beschlagnahme*

Auch im Rahmen von Entscheidungen zu Strafverfolgungsmaßnahmen wurde bereits auf internetfähige Geräte Bezug genommen. Die fehlende Nutzungsmöglichkeit eines internetfähigen Computers wird, da dieser dem „notwendigen Lebensbedarf" unterfällt, insoweit als Vermögensschaden eingestuft. Dem Sachverhalt einer Entscheidung des Oberlandesgerichts München nach begehrte

161 MüKoZPO/*Gruber*, ZPO § 811 Rn. 7.
162 VG Gießen, NJW 2011, 3179.
163 BeckOK SozR/*Groth*, SGB XII § 1 Rn. 8.

die Antragstellerin Prozesskostenhilfe für eine Klage auf Entschädigung für eine 77-tägige Beschlagnahme eines Laptops und eines PCs (Personal Computer) im Rahmen eines staatsanwaltschaftlichen Ermittlungsverfahrens. Mit Beschluss vom 2.10.2009 hatte das Landgericht den Antrag zurückgewiesen.[164] Zur Frage der Kriterien eines Vermögensschadens stellt das OLG München in seiner Entscheidung vom 23.3.2010 Folgendes fest:

> „Maßgeblich ist demnach, ob es sich um Lebensgut handelt, dessen ständige Verfügbarkeit für die eigenwirtschaftliche Lebenshaltung von zentraler Bedeutung ist. Bejaht wird dies in der Rechtsprechung – abgesehen vom Kfz – für die Wohnung, elementare Haushaltsgegenstände (Kühlschrank, Herd) und wohl auch für den Fernseher [...]. Angesichts der zunehmenden Bedeutung, die die Nutzung eines Computers in Privathaushalten hat, hält es der Senat zumindest für diskutabel, dass die ständige Verfügbarkeit eines solchen Gerätes mittlerweile zum notwendigen Lebensbedarf gehört. Maßgebliche Aspekte sind hierbei der hohe Grad der Verbreitung, vor allem aber die ständig zunehmende Internet-Nutzung im privaten Alltag, sei es zur Informationsbeschaffung, zur Kommunikation, zur Abwicklung von Geschäften oder als Unterhaltungsmedium [...], die in aller Regel einen Computer erfordert. Vorliegend hat die Antragstellerin auch geltend gemacht, dass sie die sichergestellten Geräte hierfür genutzt hat und dass ihr dies in der Zeit der Beschlagnahme nicht möglich war."[165]

Dabei nimmt das OLG München mit seiner Rechtsprechung unmittelbar auf eine Entscheidung des LG Stuttgart vom 15.5.2009 Bezug. Dieses hatte bereits – sehr umfassend – in einem ähnlichen Beschlagnahmefall ausgeführt:

> „Die Möglichkeit, einen Computer zu nutzen, ist demnach eine entschädigungsfähige Vermögensposition. Nach den heutigen Lebensumständen ist die Nutzung eines Computers wesentlicher Bestandteil der eigenwirtschaftlichen Lebenshaltung. Ein Computer ist als Endgerät für den Zugang zum Internet erforderlich. Ohne diesen Zugang sind angesichts der heutigen Bedeutung dieses Mediums zahlreiche Besorgungen des Alltags – etwa die vom Kläger angeführte Internet-Telefonie, das Online-Banking und der Abschluss vieler privater Geschäfte von Internetauktionen bis hin zu Tickets für Flugreisen – erschwert oder gänzlich unmöglich. Das Internet vermittelt dem Computer auch eine wesentliche Funktion als Informationsbeschaffungs-, Kommunikations- (Email) und Unterhaltungsmedium. Letzteres ist als ähnlich gewichtig zu bewerten wie die Nutzung eines Fernsehgeräts, dessen Ausfall schon 1993 als ersatzfähig angesehen wurde [...]"[166]

---

164 OLG München, CR 2010, 450.

165 OLG München, CR 2010, 450.

166 LG Stuttgart, Urt. v. 26.5.2009 – 15 O 306/08, BeckRS 2010, 01167.

Der besondere Stellenwert des Internets für das gesellschaftliche Zusammenleben wird schließlich auch anhand der gerichtlichen Wertungen bei Maßnahmen der Beschlagnahme deutlich. Man wird deshalb mit der Rechtsprechung davon ausgehen dürfen, dass das Internet mittlerweile prägenden Einfluss auf die privaten Lebensverhältnisse entfaltet; es ist insoweit Teil der Grundversorgung geworden.

## 4. Wertende Zusammenfassung

Das Internet ist im Zuge der Digitalisierung zum Massenmedium des 21. Jahrhunderts aufgestiegen; es konstituiert einen wesentlichen Teil des heutigen Alltags. Dabei wurde vorstehend zur gesellschaftlichen Bedeutung des Internets auf einem allgemeinen Streifzug durch die Felder der Information und Kommunikation Folgendes deutlich:

Wesentliche Informationen sind teilweise ausschließlich über das Internet der Bevölkerung zugänglich. Wie der Vergleich mit anderen Massenmedien zeigt, nimmt das Internet eine exponierte Stellung ein, die sich noch steigern wird. Kommunikation und Informationsgewinnung, politische Meinungsbildung, kulturelle Erfahrungen sowie die Pflege zwischenmenschlicher Beziehungen[167] gehören zu den alltäglichen Nutzungsangeboten des Internets.[168] Die Möglichkeit einer kostengünstigen, direkten und weltweiten Vernetzung bietet einzigartige Vorteile, die bislang durch kein anderes Medium oder keinen anderen Verbund von Medien gleich wirksam bereitgestellt werden. Das Internet schafft mit seinen Kommunikations- und Informationsmöglichkeiten daher einen unvergleichbaren Zugang zur Gesellschaft; seine Vorteile sind unverzichtbar geworden.[169] So betrachtet ist eine Teilhabe am öffentlichen Leben – wie Theine es formuliert – „ohne die Internetnutzung deshalb wohl nur noch eingeschränkt möglich".[170] Diese Auffassung findet – wie bereits der Bericht der Enquete-Kommission

167 Vgl. *Kettemann*, Das Internetgrundrecht zwischen Völkerrecht, Staatsrecht und Europarecht (II), Völkerrechtsblog vom 9.10.2015, http://voelkerrechtsblog.org/das-internetgrundrecht-zwischen-voelkerrecht-staatsrecht-und-europarecht-ii/, zuletzt abgerufen am 1.12.2018.

168 Treffend *Theine*, FS 2014, 161; IBI 2011, S. 13: Internetzugang als „Alltagsnormalität"; *Galli*, in: AK-StVollzG, § 21 Rn. 8: Umgang mit dem Internet als „unverzichtbarer Bestandteil von gesellschaftlicher Teilhabe".

169 IBI 2011, S. 17: „alltägliche Nutzung von digitalen Medien und Internet ist gesellschaftliche Realität"; Justizvollzugsbeauftragter des Landes NRW 2015, S. 127: „Der Strafvollzug darf keine digitalen Analphabeten zurücklassen".

170 *Theine*, FS 2014, 161; Justizvollzugsbeauftragter des Landes NRW 2015, S. 127.

„Internet und digitale Gesellschaft" zeigt – zusätzlich dadurch Bestätigung, dass inzwischen auch staatliches Handeln durch die Möglichkeiten des Internets beeinflusst wird. In Bezug auf demokratische Teilhabeprozesse[171], das Existenzminimum oder auch zugunsten eines (zensur-)freien Meinungs- und Informationsflusses erscheint eine Grundversorgung mit Internet demzufolge obligat. Es gehört nunmehr zur Lebensgrundlage von Privatpersonen und hat sich – so heißt es im Antrag der Fraktionen CDU/CSU, SPD, FDP und Bündnis 90/Die Grünen auf Einsetzung der besagten Enquete-Kommission – zu einem „integralen Bestandteil des Lebens vieler Menschen" entwickelt, da gesellschaftliche Veränderungen „maßgeblich im und mit dem Internet" stattfinden.[172] Folgt man dem Wortlaut dieses Antrags, dann muss dem Internet letztlich sogar eine tragende Rolle für den Prozess der modernen Gesellschaftsbildung konzediert werden.

## V. Gefahren des Internets

Das Internet schafft durch seine Einsatzmöglichkeiten besondere Freiräume, die neben vielgestaltigen Vorteilen freilich auch Gefahren für die Nutzer bergen. Denn in dem Maße, in dem das Internet für das gesellschaftliche Zusammenleben an Bedeutung gewinnt, erlebt es ebenso in negativer Hinsicht einen Aufstieg und wird vor allem als Plattform für illegale Aktivitäten zunehmend interessant.[173] Abgesehen von rein „kriminogenen Gefahrenlagen"[174] kann die Nutzung des Internets weitere Risiken bergen und somit die (virtuelle) Sicherheit der Nutzer in vielerlei Hinsicht in Frage stellen. Dabei gilt es nach Buermeyer zu beachten, „dass ein Rechner die an seine IP-Adresse gerichteten Datenpakete prinzipbedingt zunächst empfangen muss – man kann im Internet ‚nicht nicht kommunizieren'."[175] Das Internet bedingt also – unabhängig seiner konkreten Nutzart – stets einen elektronischen Datenaustausch.

171 Vgl. IBI 2011, S. 17.

172 BT-Drs. 17/950, S. 1, wo es auch heißt, dass angesichts dieser Entwicklungen dem Staat die Aufgabe zukomme, „das Internet als freiheitliches Medium zu schützen".

173 *Schober* 2017, S. 262–263; vgl. *Sander/Knab*, Sachanalyse, bpb-online vom 18.7.2014, abrufbar unter http://www.bpb.de/lernen/grafstat/rechtsextremismus/172901/sachanalyse?p=all, zuletzt abgerufen am 1.12.2018; *Goger/Stock*, ZRP 2017, 10, 10–12.

174 Vgl. *Schober* 2017, S. 263.

175 *Buermeyer*, HRRS 2007, 154, 155.

## 1. Internet als Medium für Straftaten

Einen ersten Eindruck davon, welchen Kreis krimineller Gefahren das Internet umfasst, vermittelt das Programm „Polizeiliche Kriminalprävention der Länder und des Bundes (ProPK)"[176]. Dabei zeigt sich, dass es nicht nur zu einer zunehmenden Verlagerung von Kriminalitätsphänomenen aus dem realweltlichen in den digitalen Raum kommt (bspw. die Begehung von Betrügereien mittels sog. Abofallen), sondern sich auch weitere „internetspezifische" Gefährdungslagen bei der Nutzung auftun (z. B. Hackerangriffe oder Schadsoftware[177]).[178] Schober erweitert im Rahmen seiner Ausführungen diesen Kreis sogar noch und spricht von insgesamt „vier unterschiedlichen Ausprägungen von Internetkriminalität".[179] So könne das Internet ferner als „Kommunikationsweg" dienen, über den kriminelle Taten abgesprochen werden.[180] Zudem sei das Internet für die „Verbreitung inkriminierter Inhalte", wie „kinderpornographischen Materials, verfassungsfeindlichen Gedankenguts oder unter Verletzung von Urheberrechten erlangten Materials" besonders geeignet.[181]

Aus kriminologischer Sicht stellt sich hierbei eine Vielzahl neuer Herausforderungen, die sowohl aus der hohen „Zahl der Internetnutzer bzw. -angebote" als auch aus der „Anonymität" und der „Unabhängigkeit von Tat- und Handlungsort" resultieren.[182] Diese (Grund-)Annahme aufgreifend formuliert Hamm prägnant:

> „Dass sich auch die Straftaten selbst den neuen Kommunikations- und Informationsbearbeitungstechniken angepasst haben, ist allgemein bekannt. Ein Räuber überfällt heute keine Postkutsche mehr, sondern er hackt sich unter der geklauten Identität des wahren Kontoinhabers in das Onlinebanking ein. Wer eine Lust dabei verspürt, wenn er nackte Kinder betrachtet, braucht nicht mehr unter der Theke im Bahnhofskiosk ein Heftchen zu kaufen, sondern er wird sich im den nicht allgemein über Google zugänglichen dunklen Räumen des Internets (im sog. ‚Darknet') über die dort verfügbaren und für die Polizei schwer einsehbaren Handelsplattformen innerhalb von Sekunden eines Massendelikts schuldig machen."[183]

---

176 https://www.polizei-beratung.de/themen-und-tipps/gefahren-im-internet/, zuletzt abgerufen am 1.12.2018.

177 Ausführlich dazu *Buermeyer*, HRRS 2007, 154 ff.

178 Vgl. https://www.polizei-beratung.de/themen-und-tipps/gefahren-im-internet/, zuletzt abgerufen am 1.12.2018; *Schober* 2017, S. 263.

179 *Schober* 2017, S. 263.

180 *Schober* 2017, S. 263.

181 *Schober* 2017, S. 263.

182 *Gercke*, MMR 2008, 291, 293–296; weiterführend dazu *ders.*, ZUM 2016, 825–834.

183 *Hamm* 2018, S. 15.

Das jährlich vom Bundeskriminalamt herausgegebene „Bundeslagebild Cybercrime“ zeigt für das Jahr 2016 an, dass es 82.649 Fälle von Cybercrime[184] im „engeren Sinne“ (dies umfasst folgende Delikte: §§ 263, 263a, 202a-c, 269, 270, 303a u. b StGB)[185] gab.[186] Die Aufklärungsquote lag bei 38,7 %.[187] Unter allen in der polizeilichen Kriminalstatistik erfassten Straftaten befanden sich ferner 253.290 Fälle, in denen das Internet als Tatmittel eine besondere Rolle gespielt hat.[188] Dies bedeutet zugleich einen Anstieg um 3,6 % gegenüber dem Vorjahr (2015).[189] Ergänzend weisen die Herausgeber darauf hin, dass „nicht mehr ausschließlich hoch spezialisierte Täter mit umfassenden IT-Kenntnissen, sondern zunehmend auch Kriminelle ohne spezifische Fachkenntnisse, die für eine Tatbegehung erforderliches Know-how und Ressourcen käuflich erwerben“, zu einer „Erweiterung des Täterspektrums“ bei Cybercrime-Straftaten beitragen.[190] Dem folgend konstatierten erst jüngst Goger/Stock:

> „Das der Menschheit ungeahnte Entwicklungsmöglichkeiten bietende ‚Internet of Things‘ oder ‚Internet of Everything‘ der nahen Zukunft sowie die Verfügbarkeit mobiler Computer wird Tatgelegenheiten für Kriminelle bieten, wie wir sie in Art, Umfang und Auswirkungen auf moderne Gesellschaften noch nicht gesehen haben.“[191]

Neben „Internetkriminalität“[192] im Allgemeinen ist vor dem Hintergrund aktueller Ereignisse noch exemplarisch auf das Phänomen extremistischer Hetze „im Netz“ (sog. Hate Speech) einzugehen.[193] Dieses Themenfeld gewinnt nicht nur im Rahmen islamistischer Radikalisierungen zunehmend an Relevanz, sondern auch rechtsextremistische Hassreden greifen, oft im Zusammenhang mit

---

184 Eine entsprechende Definition findet sich auf der Homepage des Bundeskriminalamts: „Cybercrime umfasst die Straftaten, die sich gegen das Internet, Datennetze, informationstechnische Systeme oder deren Daten richten (Cybercrime im engeren Sinne) oder die mittels dieser Informationstechnik begangen werden.“, https://www.bka.de/DE/UnsereAufgaben/Deliktsbereiche/Internetkriminalitaet/internetkriminalitaet_node.html, zuletzt abgerufen am 1.12.2018.

185 Bundeskriminalamt 2016, S. 4–5.

186 Bundeskriminalamt 2016, S. 6.

187 Bundeskriminalamt 2016, S. 5.

188 Bundeskriminalamt 2016, S. 7.

189 Bundeskriminalamt 2016, S. 7.

190 Bundeskriminalamt 2016, S. 27.

191 *Goger/Stock*, ZRP 2017, 10, 14.

192 Zur begrifflichen Differenzierung *Schmidl* 2014, Begriff „Internetkriminalität“.

193 Vgl. *Kuntz*, ZD-Aktuell 2017, 05658; *Paal/Hennemann*, ZRP 2017, 76, 77.

absichtlichen Falschmeldungen (sog. Fake News)[194], verstärkt im virtuellen Raum um sich.[195] Zwar wird versucht, extremistische Hetze etwa durch die Aufstellung von Verhaltensleitlinien (sog. Kodizes) in Sozialen Netzwerken einzudämmen.[196] Bisher jedoch erscheint eine wirksame Bekämpfung sowohl auf rechtlicher als auch technischer Ebene schwierig.[197] Die Gründe für eine zunehmende Verbreitung über Soziale Netzwerke oder Plattformen wie YouTube und Twitter sind wohl vor allem darin zu sehen, dass die Zielgruppen dieser Extremisten ihrem Nutzerverhalten nach (z. B. junge User) vorwiegend dort zu finden sind und der Verbreitungsgrad über digitale Kanäle deutlich höher zu sein scheint als etwa über Printmedien oder reine Mundpropaganda.[198] Daneben spielt die Anonymität im Internet – ähnlich wie für den Einsatz sog. Social Bots[199] – eine wichtige Rolle.[200] Durch sie wird einer „ungehemmte[n] Diffamation von Individuen und Institutionen" Vorschub geleistet.[201] Die von den „Hetzern" ausgehenden Gefahren sorgen mithin für zusätzliche Probleme im Rahmen der virtuellen Sicherheit. Zugleich sind sie anschaulicher Beleg für eine sich in ständiger Bewegung befindliche Gefahrenlage, die der Freiraum Internet mit sich bringt.

Daran gemessen muss dem Internet im Verhältnis zu seinen Vorteilen eine ebenso exponierte Stellung als Medium für Straftaten konzediert werden, von denen Bürger und Gesellschaft auf unterschiedlichste Weise nachteilig betroffen sein können. Bei Schober findet sich dieser Umstand dergestalt beschrieben, dass dem Internet gleichermaßen eine Rolle als „virtuelle Tatgelegenheit", „virtuelles Tatmittel" und „virtuelles Mittel der Tatkommunikation" einzuräumen ist, wobei auch eine „Internationalisierung der Kriminalität" als Tendenz festzuhalten sei.[202]

---

194 https://www.duden.de/rechtschreibung/Fake_News, zuletzt abgerufen am 1.12.2018.

195 Vgl. https://www.jugendschutz.net/politischer-extremismus/, zuletzt abgerufen am 1.12.2018.

196 *Kuntz*, ZD-Aktuell 2017, 05658.

197 *Kuntz*, ZD-Aktuell 2017, 05658; siehe ferner zum sog. NetzDG, das zu einem wirksameren Beschwerdemanagement verpflichten soll: *Höld*, MMR 2017, 791 ff.

198 https://www.jugendschutz.net/politischer-extremismus/, zuletzt abgerufen am 1.12.2018; weiterführend zum Gebiet des Rechtsextremismus *Sander/Knab*, Sachanalyse, bpb-online vom 18.7.2014, abrufbar unter http://www.bpb.de/lernen/grafstat/rechtsextremismus/172901/sachanalyse?p=all, zuletzt abgerufen am 1.12.2018.

199 Nach *Paal/Hennemann*, ZRP 2017, 76, 77 ist damit „die automatisierte (und mannigfache) ‚Meinungskundgabe' von Informationen" gemeint.

200 *Paal/Hennemann*, ZRP 2017, 76, 77.

201 *Paal/Hennemann*, ZRP 2017, 76, 77.

202 *Schober* 2017, S. 263.

Was praktische Sicherungsmöglichkeiten gegen kriminelles Verhalten im Internet anbelangt, liefert die umfassende Studie von Brodowski/Freiling „Cyberkriminalität. Computerstrafrecht und die digitale Schattenwirtschaft" wichtige Hinweise. Dort heißt es unter der ersten von neun als Handlungsempfehlungen zu verstehenden Thesen:

> „Eine Vielzahl von Gefahren im Internet entstehen durch unzureichend geschützte Rechner, durch unsicheres Verhalten im Netz und durch unsicheres Verhalten an lokalen Arbeitsplatzrechnern. Das gilt selbst dann, wenn auf einem lokalen Computer (vermeintlich) keine ‚interessanten Daten' für Cyberkriminelle zu finden sein mögen, denn die feindliche Übernahme dieses Rechners und die Einbindung dieses Rechners in ein Botnetz ist ein wesentliches Werkzeug für die Begehung von Cyberkriminalität. Dieses Risiko – und die tatsächlichen Gefahren durch Cyberkriminalität – gilt es weitaus besser als bisher zu vermitteln. Es ist für jeden Einzelnen dringend erforderlich, auf die Sicherheit seines Arbeitsplatzrechners, seiner privaten Computer und neuerdings auch seiner Smartphones zu achten. Hierzu dient unter anderem die häufig gepredigte Verwendung von Antiviren- und Sicherheitssoftware, die rasche Aktualisierung von Software, sobald Sicherheitslücken festgestellt wurden, und die Verwendung von verschiedenen, sicheren Passwörtern. Man sollte Software aus zweifelhaften Quellen sowie fremde USB-Sticks oder sonstige Datenträger nur zurückhaltend verwenden. Schließlich mag es auch nützlich sein, auf weniger häufig genutzte Hardware, Betriebssysteme und sonstige Software zurückzugreifen, denn je unterschiedlicher die Systeme, desto schwieriger wird es für Angreifer, eine Vielzahl von Computern erfolgreich anzugreifen. […]
> Dieselben Grundsätze gelten auch für Behörden und Unternehmen: Durch automatisierte Sicherheitsaktualisierungen, durch best practises im Umgang mit informationstechnischen Systemen, durch die Beschäftigung von oder die externe Unterstützung durch IT-Sicherheitsexperten und auch durch eine ausreichende Schulung der Mitarbeiter lassen sich die Angriffspotentiale reduzieren. Zudem sollten Behörden und Unternehmen in Erwägung ziehen, sensible Daten komplett von Rechnern fernzuhalten, die auch mit dem Internet verbunden sind: So könnte etwa eine Arztpraxis die Patientendaten in einem lokalen Netzwerk zur Verfügung stellen; ein weiterer Rechner, der nicht an das lokale Netzwerk angeschlossen ist, mag dann für die Internetnutzung dienen. Die zu beobachtenden Trends – etwa im Zuge der ‚elektronischen Gesundheitskarte' – sind jedoch gegenläufig, hin zu mehr Vernetzung über das Internet, und damit auch zu mehr Angriffsflächen"[203]

Ein Hauptaugenmerk bei der Vermeidung krimineller Gefahren im Internet sollte also auf der sicherheitstechnischen Ausstattung des genutzten Computers liegen. Vor allem die Verwendung von Sicherheitssoftware sowie der vorsichtige Umgang mit fremden Datenträgern bzw. Speichermedien (bspw. USB-Sticks) können zu einer Reduzierung tatsächlicher Gefahren beitragen. Für Behörden

---

203 *Brodowski/Freiling* 2011, S. 187–188.

wird dabei die Empfehlung ausgesprochen, flankierend entweder auf externe IT-Experten oder auf umfassende Mitarbeiterschulungen zurückzugreifen. Auch wäre zu erwägen, sensible Daten gänzlich von lokalen Netzwerken zu trennen. Was die Gefährdung durch Schadsoftware (Trojaner, Viren) angeht, wird anhand der Ausführungen von Buermeyer ersichtlich, dass Schutzkonzepte für EDV-Anlagen regelmäßig auch Antivirus-Software bereithalten bzw. mittels sog. Virenscanns arbeiten sollten.[204]

## 2. Weitere Risiken der Internetnutzung

Nach den zuvor beschriebenen Trendstudien von ARD/ZDF[205] wird, was schädliche Einflüsse des Internets anbelangt, zudem an ein gesteigertes (gesundheitsgefährdendes) Suchtpotential bezogen auf das Nutzungsverhalten sowie an datenschutzrechtliche Probleme – vor allem für Nutzer Sozialer Netzwerke – zu denken sein.

Hinsichtlich des Internetsuchtpotentials wird aktuell von „Internetsucht-Prävalenzen zwischen 0,8 % und 26,7 %" berichtet, wobei eine „pathologische Internetnutzung" vornehmlich in den Bereichen „Computerspiele", „sexuelle Inhalte" und „schriftliche Kommunikation" auftreten kann.[206] Jüngere Altersschichten sind hierbei besonders gefährdet, wie die aktuelle Studie „So süchtig machen WhatsApp, Instagram und Co." der DAK-Gesundheit zeigt.[207] Demnach erfüllen bereits „2,6 Prozent der Kinder und Jugendlichen in Deutschland die Kriterien für eine Abhängigkeit nach der sogenannten ‚Social Media Disorder Scale'", was knapp 100.000 Betroffene deutschlandweit ausmacht.[208] Auch die Bundesdrogenbeauftragte Marlene Mortler hat sich angesichts steigender Zahlen unlängst zu Wort gemeldet und fordert u. a. eine verstärkte Aufklärung über derartige Risiken bei der Nutzung digitaler Medien.[209] Als Folgen einer Sucht

---

204 *Buermeyer*, HRRS 2007, 154, 158.

205 Kapitel C.II.1.

206 https://de.wikipedia.org/wiki/Internetabh%C3%A4ngigkeit, zuletzt abgerufen am 1.12.2018.

207 https://www.dak.de/dak/bundes-themen/studie-so-suechtig-machen-whatsapp-instagram-und-co--1968568.html, zuletzt abgerufen am 1.12.2018.

208 https://www.dak.de/dak/bundes-themen/studie-so-suechtig-machen-whatsapp-instagram-und-co--1968568.html, zuletzt abgerufen am 1.12.2018.

209 https://www.drogenbeauftragte.de/presse/pressekontakt-und-mitteilungen/2018/2018-1quartal/studie-so-suechtig-machen-whatsapp-instagram-und-co/, zuletzt abgerufen am 1.12.2018.

werden allgemein die „Vernachlässigung üblicher Lebensgewohnheiten, sozialer Kontakte, der persönlichen Versorgung“ sowie Persönlichkeitsstörungen angeführt.[210]

Wie einem Bericht auf der Homepage der Bundesdatenschutzbeauftragten Andrea Voßhoff zu entnehmen ist, birgt die Nutzung Sozialer Netzwerke in steter Regelmäßigkeit datenschutzrechtliche Risiken.[211] So wird insbesondere darauf hingewiesen, dass sich jeder bewusst sein solle, „welche Konsequenzen die Preisgabe von persönlichen Informationen über sich selbst oder über andere Menschen im Internet“ haben könne.[212] Nicht nur mit Blick auf potentielle Arbeitgeber, sondern auch zur angemessenen Wahrung der Persönlichkeitsrechte Dritter sei die Preisgabe von Informationen durch den Nutzer genau zu ventilieren.[213] Schließlich können persönliche Angaben oftmals leicht über Suchmaschinen des World Wide Web aufgefunden werden und verlassen mithin regelmäßig den – vermeintlich – privaten Bereich eines Sozialen Netzwerks.[214] Die Anonymität des Internets wird in eben jenen Fällen zum Nachteil der Nutzer immer wieder durchbrochen.

So gesehen birgt das Internet neben Kriminalitätsgefahren eine Vielzahl weiterer Risiken, wobei die angerissenen Bereiche „Suchtpotential“ und „Datenschutz“ nur einen Ausschnitt des möglichen Gefahrenumfelds darstellen.

## 3. Wertende Zusammenfassung

Nach den zuvor entwickelten Maßstäben bietet das Internet heutzutage die Chance eines einzigartigen Weltkontakts, wodurch seine Nutzer zugleich auf die Probe gestellt werden. Denn das Internet bleibt – vice versa – auch ein Hort für kriminelle Aktivitäten, in dem stets neue Gefährdungsphänomene auftauchen können; selbst vor sozialen Risiken bei Onlinezugang muss sich der Nutzer inzwischen aktiv schützen.

---

210 https://de.wikipedia.org/wiki/Internetabh%C3%A4ngigkeit, zuletzt abgerufen am 1.12.2018.

211 https://www.bfdi.bund.de/DE/Datenschutz/Themen/Telefon_Internet/InternetArtikel/DatenschutzInSozialenNetzwerken.html, zuletzt abgerufen am 1.12.2018.

212 https://www.bfdi.bund.de/DE/Datenschutz/Themen/Telefon_Internet/InternetArtikel/DatenschutzInSozialenNetzwerken.html, zuletzt abgerufen am 1.12.2018.

213 https://www.bfdi.bund.de/DE/Datenschutz/Themen/Telefon_Internet/InternetArtikel/DatenschutzInSozialenNetzwerken.html, zuletzt abgerufen am 1.12.2018.

214 https://www.bfdi.bund.de/DE/Datenschutz/Themen/Telefon_Internet/InternetArtikel/DatenschutzInSozialenNetzwerken.html, zuletzt abgerufen am 1.12.2018.

Diese Herausforderung lässt sich als Zumutung für den Einzelnen verstehen. Dabei hängt das Erreichen einer verträglichen Nutzung maßgeblich vom verantwortungsvollen Umgang mit Möglichkeiten und Gefahren des Internets ab. Eine Vielzahl der geschilderten Problemlagen bei Internetnutzung aber lässt sich grundsätzlich vermeiden, sofern die Gefahren im Vorhinein richtig bedacht und durch ein Mindestmaß an technischen Sicherheitsvorkehrungen begleitet werden.

# D. Herkömmlicher Medienzugang im Strafvollzug

Mediennutzung durch Strafgefangene betrifft naturgemäß einen Bereich des deutschen Strafvollzugsystems, der in hohem Maße Restriktionen unterliegt.[215] Dabei sorgen vor allem die vollzuglichen Sicherheitsinteressen für erhöhte Zulassungsvoraussetzungen und sind der Grund dafür, dass im Bereich der Außenkontakte des Gefangenen sowie bei der Freizeitgestaltung eine Mediennutzung nur in begrenztem Umfang Anwendung findet.[216] Andererseits wird zu berücksichtigen sein, dass Freiheitsentzug nicht nur stets eine Trennung vom gewohnten Umfeld und von freundschaftlichen Beziehungen bedeutet, sondern die Teilhabe am gesellschaftlichen Leben insgesamt stark einschränkt.[217] Gefangene, die von außenweltlichen Trends und Entwicklungen im digitalen Bereich abgeschnitten werden, drohen zu Abgehängten der Gesellschaft zu werden.[218] Deshalb zählt es wiederum zu den Grundvoraussetzungen einer menschenwürdigen Vollzugsgestaltung[219], eine angemessene und vor allem zeitgemäße Interaktion mit der Außenwelt zuzulassen.[220]

Mit Blick auf die aktuelle Rechtslage muss man jedoch anmerken, dass der Strafvollzug inzwischen Ländersache ist. Das bundeseinheitliche Strafvollzugsgesetz von 1976[221] wurde nach dem im Jahre 2006 erfolgten Übergang der

---

215 *Theine*, FS 2014, 161; *Galli/Weilandt*, FS 2014, 142; *Laubenthal* 2015, Rn. 483; weiterführend IBI 2011, S. 21–22; vgl. auch *Bode*, ZIS 2017, 348.

216 *Theine*, FS 2014, 161: „bei allen Außenkontakten sind vielfältige Sicherheitsbelange zu beachten"; *Laubenthal* 2015, Rn. 483, 486; *Thiele* 2016, S. 197; vgl. auch *Bode*, Der Einsatz internetbasierter Medien im Strafvollzug (im Erscheinen).

217 *Gerlach*, FS 2014, 141; *Feest/Wegner*, in: AK-StVollzG, § 25 Rn. 2; *Laubenthal* 2015, Rn. 483: „Dilemma des Behandlungsvollzugs".

218 *Theine*, FS 2014, 161, 161–162; Justizvollzugsbeauftragter des Landes NRW 2015, S. 127; *Feest/Wegner*, in: AK-StVollzG, § 25 Rn. 2; *Thiele* 2016, S. 192–193; vgl. auch *Bode*, ZIS 2017, 348; *ders.*, BAG S 2018, 4, 6.

219 „Humane und menschenwürdige Ausgestaltung": *Laubenthal* 2015, Rn. 484.

220 *Müller-Dietz* 1978, S. 131; *Laubenthal* 2015, Rn. 484; *Feest/Wegner*, in: AK-StVollzG, § 25 Rn. 2; IBI 2011, S. 5 ff.; LG Fulda, Beschl. v. 16.7.2007 – 5 StVK 214/07, BeckRS 2007, 15659, Rn. 2; vgl. ferner Justizvollzugsbeauftragter des Landes NRW 2015, S. 128: „neue Großzügigkeit"; vgl. auch *Bode*, Der Einsatz internetbasierter Medien im Strafvollzug (im Erscheinen).

221 Siehe BGBl. I S. 581.

Gesetzgebungskompetenz vom Bund auf die Länder durch – inzwischen – 16 landeseigene Gesetze abgelöst (s. näher u. Kapitel E).[222]

Vor diesem Hintergrund sind nunmehr die Landesgesetzgeber aufgefordert, im Sinne einer humanen und resozialisierungsfördernden Gestaltung[223] des intramuralen Lebens auch die vollzugsrechtliche Öffnung für neue Medienformate ins Auge zu fassen.[224]

## I. Gestaltungsgrundlagen

Die Öffnung des Vollzugs zugunsten von Resozialisierungsbemühungen ist ein Thema, das den Strafvollzug und die Anwendung der hierzu bestehenden einfachgesetzlichen Vorschriften ständig begleitet.[225] Grundproblem aller vollzugsrechtlichen Öffnungen aber ist und bleibt ein allgemeiner (Ziel-)Konflikt zwischen Vollzugsziel und Vollzugsaufgabe.[226]

### 1. Vollzugsziel und Vollzugsaufgabe

Auch heute stehen sich in allen Landesgesetzen das Gebot der Resozialisierung und der Schutz der Allgemeinheit gegenüber.[227] Dass es sich bei diesem „Terrain" nach wie vor um ein „ideologisches Minenfeld" handelt, zeigt sich allein schon daran, wie unterschiedlich akzentuiert beide Kernanliegen in den Gesetzesmaterialien wiederzufinden sind:[228] Während etwa Baden-Württemberg in § 1 JVollzGB (Buch III) unter der Überschrift „Vollzugsziel" eine Ausgestaltungsform

---

222 Umfassend dazu *Cornel*, NK 2018, 16 ff.

223 „Humane und menschenwürdige Ausgestaltung": *Laubenthal* 2015, Rn. 484; ähnlich SBJL/*Jehle*, § 2 Rn. 12: „resozialisierungsfreundliches Klima"; *Kett-Straub/Streng* 2016, S. 20; vgl. auch Justizvollzugsbeauftragter des Landes NRW 2015, S. 132.

224 Justizvollzugsbeauftragter des Landes NRW 2015, S. 125: „Sehr aktuelle Frage, ob und ggf. wie Gefangene (vermehrt) Zugang zu sogenannten neuen Medien erhalten sollen"; in diesem Sinne wohl auch *Laubenthal* 2015, Rn. 483: „weitestmögliche Öffnung der Institution".

225 *Müller-Dietz* 2001, S. 100–101; SBJL/*Jehle* 2019 (im Druck), 1 C Rn 11 ff.; *Kudlich*, JA 2003, 704, 705 ff.; vgl. auch *Laubenthal* 2015, Rn. 483–485.

226 SBJL/*Jehle*, § 2 Rn. 8; *Arloth/Krä*, § 2 StVollzG Rn. 10; LNNV/*Neubacher*, B Rn. 26; *Hohmann-Fricke/Jehle*, FS 2017, 116, 116–117; *Kudlich*, JA 2003, 704, 705.

227 *Hohmann-Fricke/Jehle*, FS 2017, 116, 116–117; *Lindemann*, in: AK-StVollzG, § 2 Rn. 1–2; *Laubenthal* 2015, Rn. 174; LNNV/*Neubacher*, B Rn. 31–39; vgl. *Kett-Straub/Streng* 2016, S. 20–21.

228 LNNV/*Neubacher*, B Rn. 26.

wählt, die ausschließlich den Aspekt der Resozialisierung betont,[229] findet sich im Gegensatz dazu in Art. 2 S. 1 des BayStVollzG der Schutz der Allgemeinheit an erster Stelle geregelt; in Satz 2 folgt das insofern als bloßer „Behandlungsauftrag" bezeichnete Resozialisierungsgebot.[230] Eine beide Zielsetzungen gleichordnende Ausgestaltungsform enthält schließlich § 2 HmbStVollzG.[231] Vollzugsziel und Sicherungsaufgabe sind dort nicht nur durch die Formulierung „gleichermaßen" verbunden, sondern in Satz 3 wird ergänzend klargestellt: „Zwischen dem Vollzugsziel und der Aufgabe, die Allgemeinheit vor weiteren Straftaten zu schützen, besteht kein Gegensatz." Nicht wenige Länder (vgl. nur § 2 StVollzG Bln, § 2 BbgJVollzG oder § 2 SLStVollzG) orientieren sich mit ihrer Ausgestaltung dagegen weiterhin eng an der ehemaligen bundesgesetzlichen Regelung (§ 2 StVollzG) und setzen zunächst die Resozialisierung des Gefangenen als Vollzugsziel und in zweiter Linie den Schutz der Allgemeinheit als Vollzugsaufgabe fest.[232]

Die daraus resultierenden Interessenlagen und der Ausgleich zwischen ihnen bilden wiederum das Zentrum von Entwicklungsprozessen innerhalb des Strafvollzugs.[233] Alle wichtigen Neuerungen lassen sich als Versuch einer Balance beider – Verfassungsrang genießender – Prinzipien Resozialisierung und Sicherheit verstehen.[234] Das BVerfG legt dabei in seiner Leitentscheidung – dem sog. Lebach-Urteil aus dem Jahr 1973 – ein Gefangenenbild zugrunde, nach dem der betroffene Gefangene „Sozialisations- und Ausbildungsdefizite aufweist";[235] seine Stellung als (Straf-)Täter steht nicht im Vordergrund.[236] Die diesbezüglichen Ausführungen des BVerfG lauten:

> „[…] nach allgemeiner Auffassung wird die Resozialisierung oder Sozialisation als das herausragende Ziel namentlich des Vollzuges von Freiheitsstrafen angesehen […].

229 Vgl. LNNV/*Neubacher*, B Rn. 31.

230 LNNV/*Neubacher*, B Rn. 36; *Kett-Straub/Streng* 2016, S. 20.

231 Krit. dazu LNNV/*Neubacher*, B Rn. 33: „Gleichrangigkeit", wodurch eine „Relativierung" des „Resozialisierungsziels" erfolgt.

232 LNNV/*Neubacher*, B Rn. 39; dazu auch *Lindemann*, in: AK-StVollzG, § 2 Rn. 1–2; SBJL/*Jehle* 2019 (im Druck), 1 C Rn. 1, 11.

233 *Kett-Straub/Streng* 2016, S. 22–23; SBJL/*Jehle*, § 2 Rn. 18; vgl. *Laubenthal* 2015, Rn. 174.

234 *Kett-Straub/Streng* 2016, S. 22–23; *Laubenthal* 2015, Rn. 174; SBJL/*Jehle*, § 2 Rn. 20; *Lindemann*, in: AK-StVollzG, § 2 Rn. 7.

235 *Kett-Straub/Streng* 2016, S. 21; *Lindemann*, in: AK-StVollzG, § 2 Rn. 15; SBJL/*Jehle*, § 2 Rn. 15.

236 *Kett-Straub/Streng* 2016, S. 21; *Laubenthal* 2015, Rn. 142; SBJL/*Jehle*, § 2 Rn. 15.

> Dem Gefangenen sollen Fähigkeit und Willen zu verantwortlicher Lebensführung vermittelt werden, er soll es lernen, sich unter den Bedingungen einer freien Gesellschaft ohne Rechtsbruch zu behaupten, ihre Chancen wahrzunehmen und ihre Risiken zu bestehen.“[237]

Um aber „fähig [zu] werden, künftig in sozialer Verantwortung ein Leben ohne Straftaten zu führen“ (§ 2 S. 1 StVollzG), muss der Gefangene im Strafvollzug Möglichkeiten vorfinden, identifizierte persönliche Problemlagen zu beheben („problemlösende Gemeinschaft“).[238]

Diese Möglichkeiten werden dem Gefangenen in Form von individuell abgestimmten Resozialisierungsmaßnahmen an die Hand gegeben,[239] wobei der Staat nach Auffassung des BVerfG „ungeachtet finanzieller und organisatorischer Schwierigkeiten“ den Vollzug so auszustatten hat, „wie es zur Realisierung des Vollzugszieles erforderlich ist“.[240] Hierzu führt das BVerfG im Lebach-Urteil weiter aus:

> „Ein so verstandener Strafvollzug kann jedoch nur die Grundlage für die Resozialisierung schaffen; das entscheidende Stadium beginnt mit der Entlassung. Nicht nur der Straffällige muß auf die Rückkehr in die freie menschliche Gesellschaft vorbereitet werden; diese muß ihrerseits bereit sein, ihn wieder aufzunehmen.“[241]

Somit besteht zwar das Vollzugsziel der Resozialisierung, kraft dessen die Gefangenen während der Haftzeit durch Behandlungsmaßnahmen auf ihre gesellschaftliche Wiedereingliederung vorzubereiten sind.[242] Allerdings unterliegen die Maßnahmen der Resozialisierung immer dann einer Einschränkung, wenn sie mit dem spezialpräventiven Strafzweck, „dem Schutz der Allgemeinheit vor weiteren Straftaten“ (§ 2 S. 2 StVollzG), in Konflikt treten.[243] Zugunsten dieses allgemeinen Sicherheitsbedürfnisses sind resozialisierungsfördernde Maßnahmen immer wieder mit Blick auf sich ergebende Gefahrenlagen zu überprüfen.[244]

---

237 BVerfGE 35, 202, 235; *Kett-Straub/Streng* 2016, S. 21.

238 *Kett-Straub/Streng* 2016, S. 21; *Laubenthal* 2015, Rn. 143 m.w.N.

239 *Kett-Straub/Streng* 2016, S. 21; *Laubenthal* 2015, Rn. 143; SBJL/*Jehle* 2019 (im Druck), 1 C Rn. 15.

240 BVerfGE 35, 202, 235; *Kett-Straub/Streng* 2016, S. 21.

241 BVerfGE 35, 202, 236.

242 *Laubenthal* 2015, Rn. 171; ebenso *Kett-Straub/Streng* 2016, S. 22 f.

243 *Laubenthal* 2015, Rn. 171; *Kett-Straub/Streng* 2016, S. 22–23; *Steindorfner*, ZfStrVo 2003, 3, 6, der im Übrigen ein „bürgernahes, fortschrittliches Sicherheitsverständnis“ fordert; SBJL/*Jehle*, § 2 Rn. 18; *Lübbe-Wolff* 2016, S. 58: „Sicherheits- und Resozialisierungsfunktion des Strafvollzugs hängen zusammen“.

244 *Kett-Straub/Streng* 2016, S. 22–23; vgl. *Laubenthal* 2015, Rn. 171; *Arloth/Krä*, § 2 StVollzG Rn. 2.

Wie zuvor gesehen haben nicht alle Bundesländer die Konzeption des StVollzG beibehalten, nach der das Vollzugsziel der Resozialisierung der Vollzugsaufgabe der Sicherung der Allgemeinheit übergeordnet war. Gleichwohl ist der entstehende Zielkonflikt in allen Gesetzen abgebildet.[245] Die Formulierungen unterscheiden sich insofern nur mit Blick auf die Bedeutung der Sicherheit als weiteres Vollzugsziel oder als Vollzugsaufgabe.[246] Die tatsächliche Ausgestaltung der Haftbedingungen wird aber stets am Resozialisierungsgedanken auszurichten sein.[247] Dies gilt – wie Kett-Straub/Streng zeigen – unabhängig davon, wie stark die Landesstrafvollzugsgesetze die Sicherheit der Allgemeinheit betonen.[248]

Dass beide Kerninteressen des Vollzugs letztlich aber gar keinen Gegensatz bilden, zeigt sich dort, wo es um die Zeit nach der Entlassung, also die Phase in der es auf eine sog. Legalbewährung des Entlassenen ankommt, geht.[249] In diesem Zeitpunkt fallen das Vollzugziel der Resozialisierung und die Aufgabe des Strafvollzugs, für Sicherheit zu sorgen, schließlich zusammen,[250] wie bereits das BVerfG in der Lebach-Entscheidung aufgezeigt hat:

> „Von der Gemeinschaft aus betrachtet verlangt das Sozialstaatsprinzip staatliche Vor- und Fürsorge für Gruppen der Gesellschaft, die auf Grund persönlicher Schwäche oder Schuld, Unfähigkeit oder gesellschaftlicher Benachteiligung in ihrer persönlichen und sozialen Entfaltung behindert sind; dazu gehören auch die Gefangenen und Entlassenen. Nicht zuletzt dient die Resozialisierung dem Schutz der Gemeinschaft selbst: diese hat ein unmittelbares eigenes Interesse daran, daß der Täter nicht wieder rückfällig wird und erneut seine Mitbürger oder die Gemeinschaft schädigt."[251]

Somit ist Jehles Schlussfolgerung zuzustimmen, wonach die Sicherheit der Allgemeinheit vor weiteren Straftaten des Entlassenen nur dann gewährleistet sei, „wenn er in der Tat fähig (geworden) ist", draußen in sozialer Verantwortung ein

---

245 *Kett-Straub/Streng* 2016, S. 20 f., 22–23; vgl. *Lindemann*, in: AK-StVollzG, § 2 Rn. 1–2; SBJL/*Jehle* 2019 (im Druck), 1 C Rn. 1, 11; *Hohmann-Fricke/Jehle*, FS 2017, 116, 116–117.

246 *Laubenthal* 2015, Rn. 151; krit. dazu LNNV/*Neubacher*, B Rn. 32, 38 ff.; zur Rangfolge auch *Jehle* 1999, S. 243.

247 SBJL/*Jehle* 2019 (im Druck), 1 C Rn. 8, 12 f.; *Kett-Straub/Streng* 2016, S. 20; „Ranghöchste Aufgabe": *Lindemann*, in: AK-StVollzG, § 2 Rn. 7.

248 *Kett-Straub/Streng* 2016, S. 20; dazu auch *Laubenthal* 2015, Rn. 151 ff.; SBJL/*Jehle* 2019 (im Druck), 1 C Rn. 11.

249 *Jehle* 2016, S. 71; *Hohmann-Fricke/Jehle*, FS 2017, 116.

250 *Jehle* 2016, S. 71.

251 BVerfGE 35, 202, 236.

Leben ohne Straftaten zu führen.[252] Dies bedeutet jedoch nicht, wie bei Arloth/Krä vertreten, dass der Schutz der Allgemeinheit nunmehr als „oberstes Ziel" des Strafvollzugs gilt.[253] Das BVerfG stellt grundlegend klar:

> „Der Vollzug der Freiheitsstrafe muss auf das Ziel ausgerichtet sein, dem Inhaftierten ein künftiges straffreies Leben in Freiheit zu ermöglichen [...]. Dieses – oft auch als Resozialisierungsziel bezeichnete – Vollzugsziel der sozialen Integration [...], für den Erwachsenenstrafvollzug einfachgesetzlich in § 2 Satz 1 StVollzG festgeschrieben, ist im geltenden Jugendstrafrecht als Erziehungsziel verankert (§ 91 Abs. 1 JGG). Der Verfassungsrang dieses Vollzugsziels beruht einerseits darauf, dass nur ein auf soziale Integration ausgerichteter Strafvollzug der Pflicht zur Achtung der Menschenwürde jedes Einzelnen [...] entspricht. Mit dem aus Art. 1 Abs. 1 GG folgenden Gebot, den Menschen nie als bloßes Mittel zu gesellschaftlichen Zwecken, sondern stets auch selbst als Zweck – als Subjekt mit eigenen Rechten und zu berücksichtigenden eigenen Belangen – zu behandeln [...], und mit dem Grundsatz der Verhältnismäßigkeit ist die Freiheitsstrafe als besonders tiefgreifender Grundrechtseingriff nur vereinbar, wenn sie unter Berücksichtigung ihrer gesellschaftlichen Schutzfunktion konsequent auf eine straffreie Zukunft des Betroffenen gerichtet ist. Zugleich folgt die Notwendigkeit, den Strafvollzug am Ziel der Resozialisierung auszurichten, auch aus der staatlichen Schutzpflicht für die Sicherheit aller Bürger. Zwischen dem Integrationsziel des Vollzugs und dem Anliegen, die Allgemeinheit vor weiteren Straftaten zu schützen, besteht insoweit kein Gegensatz."[254]

Insofern entfaltet der bestehende Zielkonflikt schwerpunktmäßig nur dann Einfluss, wenn es um die Vollzugsgestaltung und die „Auslegung und Anwendung" vollzugsgesetzlicher Vorschriften geht.[255] Das praktische Austarieren des Verhältnisses „Sicherheit contra Resozialisierung"[256] in einzelnen Gestaltungsbereichen und in individuellen Konfliktfällen steht also im Vordergrund und fällt in den Aufgabenbereich der Vollzugsbehörde.[257] Allen Entscheidungen im Strafvollzug ist – wie auch Lübbe-Wolff feststellt – daher immanent, dass sie zu Abwägungsfragen führen, sofern die Belange der Wiedereingliederung des

---

252 *Jehle* 2016, S. 71; siehe ferner LNNV/*Neubacher*, A Rn. 29; so wohl auch *Steindorfner*, ZfStrVo 2003, 3, 6, der in diesem Kontext die Aussage „Sicherheit schützt Freiheit" für zutreffend hält.

253 *Arloth/Krä*, § 2 StVollzG Rn. 10; klarstellend SBJL/*Jehle* 2019 (im Druck), 1 C Rn. 13.

254 BVerfG, Urt. v. 31.5.2006 – 2 BvR 1673 u. 2 BvR 2402/04, BeckRS 9998, 36467; *Lübbe-Wolff* 2016, S. 46–47.

255 *Lübbe-Wolff* 2016, S. 52; SBJL/*Jehle*, § 2 Rn. 12.

256 *Müller-Dietz* 2001, S. 100.

257 *Arloth/Krä*, § 2 StVollzG Rn. 4, 10; *Kett-Straub/Streng* 2016, S. 22–23; SBJL/*Jehle*, § 2 Rn. 12: „im Einzelfall als Leitlinie für den Umgang mit Gefangenen".

Gefangenen berührt sind.[258] Es kommt für konkrete Vollzugsfragen, in denen Sicherheitsbedenken mit Resozialisierungsbestrebungen kollidieren, also immer wieder darauf an, einzelfallbezogene Interessenabwägungen vorzunehmen.[259]

Daran gemessen müssen die strafvollzugsrechtlichen Einzelnormen zur weitergehenden Konkretisierung stets im Zusammenhang mit den Grundsätzen des Vollzugs gelesen werden.[260] Diese Leitfunktion der „Antinomie von Sicherung und Resozialisierung“[261] führt wiederum dazu, dass „einfachgesetzliche Vorschriften, die gerade der Erfüllung des Resozialisierungsziels dienen“, nunmehr „eigene verfassungsrechtliche Relevanz“ erfahren bzw. grundgesetzlich „aufgeladen“ werden.[262]

Demgemäß hat das BVerfG in einer Entscheidung von 2009 im Rahmen der Auferlegung von Haftkosten festgehalten:

> „Wird eine einfachgesetzliche Bestimmung, die sich als konkretisierende Ausprägung der verfassungsrechtlichen Pflicht zur Ausrichtung des Strafvollzuges auf das Ziel der Resozialisierung [...] darstellt, in nicht nachvollziehbarer Weise – insbesondere ohne Berücksichtigung des Resozialisierungszieles, dem sie dienen soll – ausgelegt und angewendet, so ist der Betroffene in seinem grundrechtlichen Anspruch auf einen am Resozialisierungsziel orientierten Strafvollzug verletzt [...].“[263]

Eine so verstandene Bedeutung des Zielkonflikts im Strafvollzug führt im Ergebnis dazu, den „erzwungenen Haftaufenthalt“[264] jederzeit an den vorerwähnten Leitgedanken von Wiedereingliederung und Sicherheit zu orientieren und zugunsten einer weiteren Öffnung des Vollzugs das entstehende Spannungsverhältnis einzelfallbezogen auszubalancieren.[265]

---

258 *Lübbe-Wolff* 2016, S. 52; LNNV/*Neubacher*, B Rn. 29; SBJL/*Jehle* 2019 (im Druck), 1 C Rn. 25.

259 *Kett-Straub/Streng* 2016, S. 22–23; *Feest/Lesting/Lindemann*, in: AK-StVollzG, Einleitung Teil I Rn. 3; *Lübbe-Wolff* 2016, S. 52, 58; *Hohmann-Fricke/Jehle*, FS 2017, 116, 116–117; SBJL/*Jehle* 2019 (im Druck), 1 C Rn. 8 ff., 27.

260 *Feest/Lesting/Lindemann*, in: AK-StVollzG, Einleitung Teil I Rn. 3; SBJL/*Jehle* 2019 (im Druck), 1 C Rn. 25.

261 Zur Begrifflichkeit: *Kaiser/Kerner/Schöch* 1991, § 4 Rn. 34.

262 *Lübbe-Wolff* 2016, S. 52–53; vgl. auch SBJL/*Jehle* 2019 (im Druck), 1 C Rn 16: „Bei der Auslegung des Gesetzes und bei der Ausübung des Ermessens spielt das Vollzugsziel eine wichtige Rolle“.

263 BVerfG, Beschl. v. 17.3.2009 – 2 BvR 1466, 1766/07, BeckRS 2009, 32751; *Lübbe-Wolff* 2016, S. 53.

264 *Haberstroh*, Jura 1982, 617, 618.

265 *Kett-Straub/Streng* 2016, S. 22–23; vgl. *Hohmann-Fricke/Jehle*, FS 2017, 116.

## 2. Mindestgrundsätze für die Vollzugsgestaltung

In allen Landesgesetzen[266] finden sich sog. Gestaltungsgrundsätze, die ihrerseits einfachgesetzliche Konkretisierungen des Resozialisierungsgebots darstellen.[267] Diese Grundsätze sind darauf gerichtet, die Verhältnisse im Strafvollzug entsprechend der Vorgabe des BVerfG, „dem Gefangenen die Fähigkeiten und den Willen zu verantwortlicher Lebensführung zu vermitteln“[268], so zu gestalten, dass sie möglichst wenig von Bedingungen der Außenwelt abweichen und zur besseren Resozialisierung schädlichen Wirkungen der Inhaftierung entgegenwirken.[269] Sie dienen einer Übertragung der abstrakt-generell formulierten Leitgedanken des Vollzugs auf die konkrete Anwendung im Vollzugsalltag und sind mithin als rechtliches Fundament und als verbindliche Weisungen an die Vollzugsbehörden zu interpretieren.[270] Subjektive Rechte des Gefangenen begründen sie indes nicht.[271] Vielmehr erfüllen die Gestaltungsgrundsätze eine sog. Doppelfunktion („normatives Programm für die Vollzugsgestaltung“)[272] und sind deshalb sowohl bei der Auslegung anderer Bestimmungen des Gesetzes als auch bei der konkreten Ermessensentscheidung zu berücksichtigen.[273] Folgen aber aus den Gestaltungsgrundsätzen solche verbindlichen Leitlinien für die Praxis, dann soll „jeder, der mit dem Vollzug befasst ist, sein Handeln an diesen Grundsätzen ausrichten“.[274]

### *a) Angleichungsgrundsatz*

Der Angleichungsgrundsatz stellt sich als Konkretisierung des Vollzugsziels dar.[275] Er betrifft dabei zwei Aspekte und dient neben der Zurückdrängung

---

266 Ausführlich hierzu SBJL/*Jehle* 2019 (im Druck), 1 D Rn. 2 ff.; ferner *Feest/Lesting*, in: AK-StVollzG, § 3 Rn. 1 ff.

267 *Kett-Straub/Streng* 2016, S. 24; *Feest/Lesting*, in: AK-StVollzG, § 3 Rn. 1; LNNV/*Neubacher*, B Rn. 50; SBJL/*Jehle* 2019 (im Druck), 1 D Rn. 1–2.

268 BVerfGE 35, 202, 235.

269 SBJL/*Jehle*, § 3 Rn. 2.

270 SBJL/*Jehle*, § 3 Rn. 2; SBJL/*ders.* 2019 (im Druck), 1 D Rn. 3; BeckOK Strafvollzug Bayern/*Arloth*, BayStVollzG Art. 5 Rn. 1.

271 *Arloth*, JuS 2003, 1041, 1044; SBJL/*Jehle* 2019 (im Druck), 1 D Rn. 3; KG, ZfStrVo 1998, 307, 308.

272 LNNV/*Neubacher*, B Rn. 49.

273 *Arloth/Krä*, § 3 StVollzG Rn. 1; BeckOK Strafvollzug Bayern/*Arloth*, BayStVollzG Art. 5 Rn. 1.

274 SBJL/*Jehle*, § 3 Rn. 1.

275 SBJL/*Jehle* 2019 (im Druck), 1 D Rn. 4.

schädlicher „Besonderheiten des Anstaltslebens“ im positiven Sinne einer „Reduzierung der Unterschiede zwischen dem Leben in Freiheit und dem Freiheitsentzug“.[276] Seine Bedeutung darf allerdings nicht überbewertet werden.[277] Denn der Angleichungsgrundsatz steht einerseits unter der gesetzlichen Einschränkung „soweit als möglich“ (vgl. § 3 Abs. 1 StVollzG).[278] Nach Arloth/Krä ergeben sich daraus neben Einschränkungen zugunsten von Sicherheitsaspekten auch solche, die aus „finanziellen oder organisatorischen Grenzen“ herrühren.[279] Andererseits erweist sich der Angleichungsgrundsatz als nicht eindeutig:[280] Insofern wird (auch) von den Landesgesetzen offen gelassen, wie weit die Angleichung im Einzelfall gehen muss und was die „allgemeinen Lebensverhältnisse“ speziell ausmacht.[281] Derartige Unsicherheiten in der praktischen Umsetzung des Angleichungsgrundsatzes müssen regelmäßig zur Nachrangigkeit des Grundsatzes gegenüber dem Gegensteuerungsgrundsatz führen.[282]

### *b) Gegensteuerungsgrundsatz*

Der Gegensteuerungsgrundsatz ist der für die Praxis bedeutsamste Grundsatz.[283] Er zielt darauf ab, dass schädliche Einwirkungen des Freiheitsentzugs, die eine Erreichung des Vollzugsziels der Wiedereingliederung erschweren, abgewendet werden.[284] Der Freiheitsentzug birgt allerlei Gefahren, die sich mit den vollzuglichen Fachbegriffen „Prisonisierung“ und „Subkultur“ erfassen lassen.[285] Sie bezeichnen einerseits problematische Verhaltensweisen, die aus der Zwangsgemeinschaft resultieren sowie durch „Haftdeprivation“ und den Mangel an Konsumgütern ausgelöst werden können.[286] Andererseits soll diesem Grundsatz nach schädlichen Wirkungen in Form von „Persönlichkeitsveränderungen“[287],

276 SBJL/*Jehle* 2019 (im Druck), 1 D Rn. 4.
277 SBJL/*Jehle*, § 3 Rn. 3 f.; BeckOK Strafvollzug Bayern/*Arloth*, BayStVollzG Art. 5 Rn. 2.
278 LNNV/*Neubacher*, B Rn. 53; *Arloth/Krä*, § 3 StVollzG Rn. 5; SBJL/*Jehle* 2019 (im Druck), 1 D Rn. 10.
279 *Arloth/Krä*, § 3 StVollzG Rn. 5.
280 SBJL/*Jehle* 2019 (im Druck), 1 D Rn. 5.
281 SBJL/*Jehle* 2019 (im Druck), 1 D Rn. 8 f.
282 SBJL/*Jehle* 2019 (im Druck), 1 D Rn. 10.
283 SBJL/*Jehle* 2019 (im Druck), 1 D Rn. 11: „in der Praxis das wichtigste Prinzip“.
284 SBJL/*Jehle*, § 3 Rn. 11; in diesem Sinne auch *Arloth/Krä*, § 3 StVollzG Rn. 6, die von einem im Gegensatz zum Angleichgrundsatz verbindlichen „Gebot“ sprechen; siehe auch BeckOK Strafvollzug Bayern/*Arloth*, BayStVollzG Art. 5 Rn. 8.
285 SBJL/*Jehle*, § 3 Rn. 12; *Arloth/Krä*, § 3 StVollzG Rn. 6.
286 SBJL/*Jehle*, § 3 Rn. 12; weitere Beispiele finden sich bei LNNV/*Neubacher*, B Rn. 55 f.
287 SBJL/*Jehle* 2019 (im Druck), 1 D Rn. 13.

wie dem Verlernen beruflicher Fähigkeiten oder dem Verlust von sozialen Bindungen, während der Haftzeit entgegengewirkt werden.[288]

### c) *Integrationsgrundsatz*

Der Integrations- bzw. Eingliederungsgrundsatz geht über die eigentlichen Inhalte des Vollzugsziels hinaus.[289] Eingedenk dessen werden auch solche Hilfen bei der Wiedereingliederung erfasst, die nicht unmittelbar die künftige Straffreiheit sicherstellen.[290] Im Regelfall wird sich allerdings kaum ausschließen lassen, dass Schwierigkeiten bei der Wiedereingliederung zugleich ein Leben ohne weitere Straftaten erschweren. Zudem richtet sich dieser Grundsatz ebenfalls an die Vollzugsgestaltung für diejenigen Gefangenen, bei denen das Vollzugsziel nicht erreicht werden kann.[291] Dabei ist zu betonen, dass die Hilfe in jeder Phase des Vollzugs und nicht erst gegen Haftende zu gewähren ist.[292] Ein insofern „wichtiger Baustein“ für die erfolgreiche Reintegration des Gefangenen ist die Ermöglichung von Außenkontakten, sodass ein „Bezug zur Außenwelt“ während der gesamten Haftzeit erhalten bleibt.[293]

### d) *Öffnungsgrundsatz*

Einige Landesgesetze (vgl. nur § 3 Abs. 6 BremStVollzG, § 3 Abs. 6 SLStVollzG, § 3 Abs. 5 StVollzG Bln) gehen laut Jehle „indessen über die bundesgesetzlichen Bestimmungen hinaus“[294] und statuieren mit dem sog. Öffnungsgrundsatz[295] scheinbar ein weiteres Gestaltungsprinzip; beispielhaft dazu heißt es im Entwurf des Berliner Strafvollzugsgesetzes[296], dass „die vorstehenden Gestaltungsgrundsätze [ergänzt werden] und [...] die Anstalt [verpflichtet wird], die Gefangenen dem gesellschaftlichen Leben während ihrer Inhaftierung nicht zu entfremden, sondern ihre Bezüge nach draußen zu fördern und zu wahren. [...]“. Gemessen

---

288 *Feest/Lesting*, in: AK-StVollzG, § 3 Rn. 34.

289 SBJL/*Jehle*, § 3 Rn. 13; *Arloth/Krä*, § 3 StVollzG Rn. 7; ähnlich auch *Neubacher*, LNNV, B Rn. 57, der von einer „engen Korrespondenz“ zwischen Integrationsgrundsatz und dem Vollzugsziel der Resozialisierung ausgeht.

290 LNNV/*Neubacher*, B Rn. 58.

291 BeckOK Strafvollzug Bayern/*Arloth*, BayStVollzG Art. 5 Rn. 9.

292 SBJL/*Jehle*, § 3 Rn. 13; vgl. BeckOK Strafvollzug Bayern/*Arloth*, BayStVollzG Art. 5 Rn. 9; LNNV/*Neubacher*, B Rn. 58.

293 SBJL/*Jehle* 2019 (im Druck), 1 D Rn. 15.

294 SBJL/*Jehle* 2019 (im Druck), 1 D Rn. 2.

295 Näher dazu LNNV/*Neubacher*, B Rn. 62.

296 Bln-Drs. 17/2442, S. 190.

an den vorstehenden Erwägungen handelt es sich bei diesen inhaltlichen Aspekten, wonach es primär um eine Stärkung des Bezugs zur Außenwelt geht, jedoch nicht um „Novitäten", sondern lediglich „um die Akzentuierung und Hervorhebung bestimmter Gestaltungsaspekte, die bereits bisher von den Vollzugsaufgaben und allgemeinen Gestaltungsprinzipien abgeleitet worden sind".[297] Seinem wesentlichen Inhalt nach kann der Öffnungsgrundsatz also den bisherigen Grundsätzen – vor allem dem Angleichungs- und Gegensteuerungsgrundsatz – zugeordnet werden. Sofern dies aber der Fall ist, kommt es für die Vollzugsgestaltung innerhalb der Bundesländer entscheidend darauf an, dass sie den „klassischen"[298] Gestaltungsgrundsätzen (Angleichungsgrundsatz, Gegensteuerungsgrundsatz und Integrationsgrundsatz) angemessen Rechnung trägt.[299]

## II. Klassische Medienformate

Das Strafvollzugsgesetz des Bundes hatte für die Internetnutzung bis zuletzt keine eigenständige Regelung.[300] Allerdings war bereits vor Übergang der Gesetzgebungskompetenz vom Bund auf die Länder der Zugang zu bestimmten, in der vorliegenden Arbeit daher als „klassisch" bezeichneten Medien gesetzlich vorgesehen: Dem Gefangenen standen in den Bereichen „Außenkontakte" und „Freizeitgestaltung" insoweit nach § 32 StVollzG das Telefon, gem. § 68 StVollzG Zeitungen und Zeitschriften, gem. § 69 StVollzG Hörfunk und Fernsehen sowie nach der Auffangnorm des § 70 StVollzG sonstige Gegenstände zur Freizeitbeschäftigung zur Verfügung.

Der diesbezügliche, seit Einführung des StVollzG stattfindende Entwicklungsprozess, der in der Fassung der jeweiligen Landesbestimmungen endete, soll in einer retrospektiven Betrachtung nachvollzogen werden.[301] Dabei steht es in Zweifel, ob die bisherigen, klassischen Kommunikations- und Informationsmittel ausreichen bzw. noch der gängigen Lebenspraxis entsprechen oder nicht vielmehr auch dem Massenmedium Internet ein adäquater Raum zu bieten ist.[302]

---

297 SBJL/*Jehle* 2019 (im Druck), 1 D Rn. 2; zu Recht weisen *Feest/Lesting*, in: AK-StVollzG § 3 Rn. 1 noch auf den Umstand hin, dass diese ergänzenden landesgesetzlichen Vorgaben von dem Gedanken geeint werden, den Fokus stärker zugunsten einer resozialisierungsfördernden Behandlung im Vollzug zu verschieben.

298 So die – treffende – Bezeichnung von *Feest/Lesting*, in: AK-StVollzG § 3 Rn. 1.

299 SBJL/*Jehle* 2019 (im Druck), 1 D Rn. 2.

300 Umfassend dazu *Knauer* 2006; IBI 2011, S. 20–21.

301 Dazu auch *Esser*, NStZ 2018, 121, 122–124.

302 Vgl. *Gerlach*, FS 2014, 141; IBI 2011, S. 7 m.w.N.

Im Anschluss an die Darstellung der medialen Ausgangslage[303] des Zugangs zu Informations- und Kommunikationsmitteln für Strafgefangene gilt es, der Frage nachzugehen, inwieweit sich hieraus Erkenntnisse für die Implementierung des Internets ableiten lassen.

## 1. Telefonische Kommunikation

Ferngespräche (und Telegramme) waren gem. § 32 StVollzG möglich:

> „Dem Gefangenen kann gestattet werden, Ferngespräche zu führen oder Telegramme aufzugeben. Im Übrigen gelten für Ferngespräche die Vorschriften über den Besuch und für Telegramme die Vorschriften über den Schriftwechsel entsprechend. Ist die Überwachung der fernmündlichen Unterhaltung erforderlich, ist die beabsichtigte Überwachung dem Gesprächspartner des Gefangenen unmittelbar nach Herstellung der Verbindung durch die Vollzugsbehörde oder den Gefangenen mitzuteilen. Der Gefangene ist rechtzeitig vor Beginn der fernmündlichen Unterhaltung über die beabsichtigte Überwachung und die Mitteilungspflicht nach Satz 3 zu unterrichten."

Telefonische Kommunikation ist Strafgefangenen – in begrenztem Umfang (§ 32 S. 2 u. 3 StVollzG) – bereits länger gestattet.[304] Dabei dienen Telefonkontakte dem Angleichungsgrundsatz und Gegensteuerungsgrundsatz entsprechend sowie mit Blick auf die Förderungspflicht der Anstalt (§ 32 S. 2 i.V.m. § 23 S. 2 StVollzG) zur Gewährleistung der Möglichkeit von Aufrechterhaltung und Pflege sozialer Kontakte.[305] Gefangene erhalten mittels Telefongesprächen die Gelegenheit zum direkten persönlichen Kontakt zu nahen Angehörigen.[306] So formulierte es bereits das OLG Frankfurt in einer Entscheidung aus dem Jahr 2001:

> „Dabei ist insbesondere zu bedenken, dass sowohl nach dem Angleichungsgrundsatz (§ 3 Abs. 1 StVollzG) als auch aus der Förderungspflicht der Anstalt (§ 23 S. 2 StVollzG) Telefonkontakte der Aufrechterhaltung und Pflege sozialer Beziehungen dienen und die damit gegebenen direkten Kontaktmöglichkeiten dem Gefangenen die Chance bieten, Beziehungen zu erhalten, sich trotz Inhaftierung einzubringen und am Leben der

303 Dazu bereits Justizvollzugsbeauftragter des Landes NRW 2015, S. 127–130; *Knauer* 2006, S. 38 ff.

304 Umfassend *Ebert* 1999, S. 346, der „die Einführung öffentlicher Telefonie in die geschlossenen Justizvollzugsanstalten" als „Durchbruch des Einzuges der vermittelten Telekommunikation in den Strafvollzug" ansieht; vgl. auch *Bode*, HRRS 2018, 72 ff.

305 SBJL/*Schwind*, § 32 Rn. 1; *Laubenthal* 2015, Rn. 505; vgl. auch *Bode*, HRRS 2018, 72, 72–73.

306 SBJL/*Schwind*, § 32 Rn. 1; *Laubenthal* 2015, Rn. 504; zum Stellenwert des Telefonierens für Gefangene vgl. auch *Schroven*, FS 2014, 147, 148: „Für ein Handy zum freien Telefonieren würde ich meinen Fernseher hergeben".

Angehörigen oder ähnlich nahestehender Personen teilnehmen zu können. Außerdem kann das Telefon vor allem in Krisensituationen ein wichtiges Element psychischer Entlastung sein [...]. Gerade im Rahmen der Zielsetzung einer sozialtherapeutischen Anstalt kann die Möglichkeit des Telefonierens für den Strafgefangenen von besonderer Bedeutung sein."[307]

Die Fähigkeit zur Bewältigung haftbedingter Probleme wird also in besonderem Maße durch telefonische Kontakte unterstützt, da diese eine wichtige Rolle für die Stabilität zwischenmenschlicher Beziehungen („wichtiges Element psychischer Entlastung")[308] spielen.[309] Dabei wurde die Gestattung von Telefongesprächen vom Bundesgesetzgeber bis zuletzt in das Ermessen der Anstalt („kann") gestellt.[310] Ein unmittelbarer gesetzlicher Anspruch des Gefangenen bestand nicht.[311] Diese Form der Ausgestaltung erfuhr jedoch auch durch das BVerfG Bestätigung, als es in seiner Entscheidung vom 7.11.2008 Folgendes hervorgehoben hat:

„Soweit die Justizvollzugsanstalt und das Landesjustizvollzugsamt sich zur Rechtfertigung ihrer ablehnenden Entscheidungen darauf beriefen, dass im Hafthaus des Beschwerdeführers Telefonate der Gefangenen einer Überwachung bedürften, die wegen des personellen Aufwandes nicht in dem Umfang leistbar sei, in dem sie bei einer dem Antrag des Beschwerdeführers stattgebenden Entscheidung – auch im Hinblick auf vergleichbare Wünsche anderer Gefangener – erforderlich wären, ist das Landgericht zu Recht davon ausgegangen, dass § 32 Abs. 1 StVollzG die Erteilung einer Telefonerlaubnis in das Ermessen der Anstalt stellt [...] und dass diese nicht grundsätzlich gehindert ist, bei ihrer Entscheidung Gesichtspunkte des personellen Aufwandes für die Gewährleistung der notwendigen Sicherheit zu berücksichtigen [...]. Das Gericht hat es jedoch versäumt, die gegebene Begründung daraufhin zu befragen, ob sie auch und gerade im Hinblick auf die praktizierten Unterschiede in der Behandlung der männlichen Gefangenen und der weiblichen Gefangenen tragfähig war."[312]

In einem Beschluss aus dem Jahr 2012 betonte das BVerfG dies erneut:

„§ 32 S. 1 StVollzG stellt die Gestattung von Ferngesprächen der Gefangenen in das Ermessen der Justizvollzugsanstalt und räumt den Gefangenen damit zwar keinen

---

307 OLG Frankfurt, NStZ 2001, 669, 670.

308 OLG Frankfurt, NStZ 2001, 669, 670; SBJL/*Schwind*, § 32 Rn. 1.

309 *Ebert* 1999, S. 111; umfassend dazu *Laubenthal*, in: FS Rössner, S. 271–273; weiterführend *Perwein*, ZfStrVo 1996, 16 ff.

310 SBJL/*Schwind*, § 32 Rn. 2.

311 SBJL/*Schwind*, § 32 Rn. 2; *Laubenthal* 2015, Rn. 505.

312 BVerfG, Beschl. v. 7.11.2008 – 2 BvR 1870/07, BeckRS 2008, 40988, Rn. 23; vgl. SBJL/*Schwind*, § 32 Rn. 2.

> unmittelbaren gesetzlichen Anspruch auf die Genehmigung bestimmter Ferngespräche, wohl aber einen Anspruch auf ermessensfehlerfreie Entscheidung ein […].“[313]

Freilich war mit zunehmendem Gesellschaftswandel auch zu erkennen, dass eine restriktive, da auf anstaltsseitigem Ermessen beruhende Zulassungsregelung für Gefangenentelefonie mit Blick auf Veränderungen im außenweltlichen Nutzungsverhalten kritisch zu betrachten ist, weil Telefongespräche – so formuliert es Bosch – „heutzutage vielfach an die Stelle des Schriftverkehrs getreten sind“.[314] Die Anstalten waren deshalb explizit dazu angehalten, bei ihren Entscheidungen über die Zulassung von Telefongesprächen „in besonderem Maße dem Angleichungsgrundsatz aus § 3 Abs. 1 StVollzG und ihrer Förderungspflicht aus § 23 S. 2 StVollzG Rechnung zu tragen“.[315] So hat etwa das LG Fulda im Jahr 2007 unter wörtlicher Zitierung eines Urteils des OLG Frankfurt vom 15.3.2001[316] Folgendes dargetan:

> „Nach dem Willen des Gesetzgebers sowie von Verfassungs wegen ist zu Gunsten jedes Gefangenen das herausragende Ziel seiner Resozialisierung (§ 2 S. 1 StVollzG) zu berücksichtigen. ‚Dabei ist insbesondere zu bedenken, dass sowohl nach dem Angleichungsgrundsatz (§ 3 Abs. 1 StVollzG) als auch aus der Förderungspflicht der Anstalt (§ 23 S. 2 StVollzG) Telefonkontakte der Aufrechterhaltung und Pflege sozialer Beziehungen dienen und die damit gegebenen direkten Kontaktmöglichkeiten dem Gefangenen die Chance bieten, Beziehungen zu erhalten, sich trotz Inhaftierung einzubringen und am Leben der Angehörigen oder ähnlich nahestehender Personen teilnehmen zu können. Außerdem kann das Telefon vor allem in Krisensituationen ein wichtiges Element psychischer Entlastung sein‘ […].
>
> Die Kommunikation mit der Außenwelt ist eine Notwendigkeit zur Sicherstellung eines humanen und menschenwürdig ausgestalteten Strafvollzugs. Im Hinblick auf § 3 StVollzG kommen ihr folgende Funktionen zu: Zumindest die partielle Angleichung des Daseins innerhalb der Anstalt an die allgemeinen Lebensverhältnisse, Vermeiden der schädlichen Folgen des Freiheitsentzugs, Erhöhung der Chancen einer gesellschaftlichen Wiedereingliederung […]. Diesbezüglich ist die Anstalt gem. § 23 S. 2 StVollzG zur Förderung des Verkehrs mit Personen außerhalb der Anstalt verpflichtet.
>
> Dabei ist zu beachten, dass sich nur dann, wenn den Gefangenen gestattet wird, sich jedenfalls mit den Personen, die zu ihrer Wiedereingliederung beitragen können, länger

---

313 BVerfG, Beschl. v. 29.2.2012 – 2 BvR 309/10, BeckRS 2012, 51068, Rn 24; vgl. SBJL/*Schwind*, § 32 Rn. 2.

314 BeckOK Strafvollzug Bund/Walter/*Bosch*, StVollzG § 32 Rn. 1; vgl. LNNV/*Laubenthal*, E Rn. 101.

315 BeckOK Strafvollzug Bund/Walter/*Bosch*, StVollzG § 32 Rn. 1; vgl. LNNV/*Laubenthal*, E Rn. 101.

316 OLG Frankfurt, NStZ 2001, 669, 670.

> und ausführlicher auszutauschen, menschliche Bindungen erhalten und pflegen lassen. Im Hinblick auf Telefonate ist die gestiegene Bedeutung der Telekommunikation zu berücksichtigen und in Bezug auf § 3 Abs. 1 StVollzG der Entwicklung Rechnung zu tragen, dass das Telefon heute in vielen Bereichen den Brief als Kommunikationsmedium abgelöst hat […].“[317]

Zugleich bestanden schon im Bundesgesetz in § 32 S. 3 u. 4 StVollzG gewisse „Mitteilungs- und Unterrichtungspflichten“, die dem Schutz des informationellen Selbstbestimmungsrechts des Strafgefangenen dienen sollten.[318] Der Bundesgesetzgeber hatte also erkannt, dass Überwachungsmaßnahmen oftmals mit hoher Intensität wirken und insoweit auch personenbezogene Daten betreffen können.[319] Strafgefangene waren (und sind) deshalb vor übermäßigen Eingriffen in ihre Persönlichkeitssphäre („Recht auf informationelle Selbstbestimmung“) durch anstaltsseitige Kontrollen zu schützen.[320]

Die meisten Landesgesetzgeber haben sich bei der gesetzlichen Ausgestaltung an den Vorgaben des § 32 StVollzG orientiert und sehen im Wege einer sog. Kann-Regelung einen Anspruch auf ermessensfehlerfreie Bescheidung des Gefangenen im Bereich telefonischer Außenkontakte vor.[321] Nur Bremen bietet mit der Vorschrift des § 30 Abs. 1 S. 2 BremStVollzG für den Kontakt mit nahen Angehörigen dem Gefangenen einen unmittelbaren Anspruch.[322] Sachsen-Anhalt dagegen hat mit § 37 JVollzGB LSA eine kombinierte Lösung gewählt: Nach Absatz 1 besteht eine Soll-Vorschrift für dringende Fälle und in Absatz 2 wurde für alle übrigen Telefoniebegehren eine offene Ermessensreglung („kann“) implementiert. In Niedersachsen „sollen“ Gespräche in „dringenden Fällen“ zugelassen werden, während Bayern in Art. 35 BayStVollzG die Einschränkung „in dringenden Fällen“ mit einer Kann-Reglungen verbindet.[323] Dem zuvor identifizierten, gestiegenen Bedeutungsgehalt[324] von Telefongesprächen für Strafgefangene wird mit diesen größtenteils auf der Konzeption des Bundesgesetzes zurückbleibenden Regelungen wohl kaum angemessen Rechnung getragen.[325]

---

317 LG Fulda, Beschl. v. 16.7.2007 – 5 StVK 214/07, BeckRS 2007, 15659, Rn. 2–3.

318 BeckOK Strafvollzug Bund/Walter/*Bosch*, StVollzG § 32 Rn. 6.

319 Vgl. *Goerdeler*, in: AK-StVollzG, Teil III Rn. 2.

320 *Goerdeler*, in: AK-StVollzG, Teil III Rn. 1.

321 *Knauer*, in: AK-StVollzG, § 30 Rn. 2; SBJL/*Dessecker* 2019 (im Druck), 9 D Rn. 3.

322 *Knauer*, in: AK-StVollzG, § 30 Rn. 2; SBJL/*Dessecker* 2019 (im Druck), 9 D Rn. 3; vgl. auch *Bode*, HRRS 2018, 72 f.

323 *Knauer*, in: AK-StVollzG, § 30 Rn. 2; SBJL/*Dessecker* 2019 (im Druck), 9 D Rn. 3.

324 *Laubenthal* 2015, Rn. 504: „Das Telefonieren im Vollzug nimmt für die Betroffenen einen hohen Stellenwert ein“.

325 Treffend *Knauer*, in: AK-StVollzG, § 30 Rn. 3 f.

## 2. Bezug von Zeitungen und Zeitschriften

Die Regelung über den Bezug von Zeitungen und Zeitschriften (§ 68 StVollzG) besagte ihrem Wortlaut nach:

„(1) Der Gefangene darf Zeitungen und Zeitschriften in angemessenem Umfang durch Vermittlung der Anstalt beziehen.

(2) Ausgeschlossen sind Zeitungen und Zeitschriften, deren Verbreitung mit Strafe oder Geldbuße bedroht ist. Einzelne Ausgaben oder Teile von Zeitungen oder Zeitschriften können dem Gefangenen vorenthalten werden, wenn sie das Ziel des Vollzuges oder die Sicherheit oder Ordnung der Anstalt erheblich gefährden würden."

Mit Einführung der Vorschrift über den Bezug von Zeitschriften und Zeitungen hatte der Bundesgesetzgeber die Ausübung der Informationsfreiheit, die das Recht beinhaltet, „sich aus allgemein zugänglichen Quellen ungehindert zu unterrichten", soweit es Medien des § 68 StVollzG betrifft, geregelt.[326] Das Strafvollzugsgesetz markierte dabei – wie das BVerfG[327] festgestellt hat – „in verfassungsrechtlich zulässiger Weise" Grenzen der in Art. 5 Abs. 1 S. 1 2. Alt. GG erfassten Informationsrechte des Gefangenen.[328] Gleichwohl dürfen „das Tagesgeschehen sowie die politischen, wirtschaftlichen und kulturellen Entwicklungen" dem Strafgefangenen (aus Resozialisierungsgründen) nicht gänzlich verborgen bleiben;[329] er muss mit derartigen Vorgängen auch in der Haft konfrontiert werden.[330]

Aufgrund dieser besonderen Bedeutung der grundrechtlich verbrieften Informationsfreiheit und um ihren prägenden Einfluss auch auf Gefangene sicherzustellen, wurde dem Gefangenen mithin ein Rechtsanspruch auf den Bezug von Zeitungen und Zeitschriften gewährt.[331] Einschränkungen waren nur zulässig, sofern sie sich als „unerlässlich" erwiesen.[332]

Hierzu hat das OLG Frankfurt in seiner Entscheidung vom 12.9.1991 grundsätzlich festgehalten:

„Handelt es sich jedoch bei dem einmaligen oder nur gelegentlich zugesandten Druckwerk um eine allgemein zugängliche Zeitschrift oder Zeitung, so geht § 68 Abs. 2

---

326 BeckOK Strafvollzug Bund/*Knauss*, StVollzG § 68 Rn. 2; *Laubenthal* 2015, Rn. 611.
327 BVerfG, ZfStrVo 1981, 63; vgl. SBJL/*Schwind*/*Goldberg*, § 68 Rn. 1.
328 SBJL/*Schwind*/*Goldberg*, § 68 Rn. 1; vgl. BVerfG, ZfStrVo 1981, 63.
329 SBJL/*Schwind*/*Goldberg*, § 68 Rn. 1.
330 SBJL/*Schwind*/*Goldberg*, § 68 Rn. 1.
331 BeckOK Strafvollzug Bund/*Knauss*, StVollzG § 68 Rn. 4; vgl. *Arloth/Krä*, § 68 StVollzG Rn. 1; *Knauer*, in: AK-StVollzG, § 50 Rn. 2.
332 SBJL/*Schwind*/*Goldberg*, § 68 Rn. 2.

> StVollzG als die speziellere und weitergehende Eingriffsvoraussetzungen enthaltende Vorschrift vor, da in diesen Fällen das Anhalten des ‚Schreibens' einen Eingriff in das Grundrecht der Informationsfreiheit darstellt […]. Art. 5 Abs. 1 GG will eine möglichst umfassende Unterrichtung des einzelnen, die auch aus Quellen möglich ist, die ohne Zutun des Empfängers in seinen Wahrnehmungsbereich gelangen, gewährleisten […]. Eine allgemein zugängliche Informationsquelle, die für die verfassungsrechtlich garantierte Informationsfreiheit gewährleistet sein muß, verliert diese Eigenschaft auch nicht, wenn sie den Inhalt einer Postsendung bildet; in diesen Fällen ist allein auf die gesamte Auflage einer Zeitschrift, die die Quelle i.S. des Art. 5 Abs. 1 GG bildet, abzustellen […].“[333]

Nach diesen vom OLG entwickelten Maßstäben ist bei anstaltsseitigen Eingriffen in die Rechte des Gefangenen aus Art. 5 Abs. 1 S. 1 2. Alt. GG ein besonders behutsames Vorgehen zu fordern. Die Informationsfreiheit leistet für eine „möglichst umfassende Unterrichtung des einzelnen“ insoweit auch im Strafvollzug Gewähr.[334]

Um dem Informationsinteresse des Gefangenen auch weiterhin angemessen Rechnung zu tragen, haben sich die Landesgesetzgeber „sehr stark“ an der Bundesvorschrift und den hierzu erfolgten Vorgaben durch das BVerfG orientiert.[335] Insofern „dürfen“ Gefangene in allen Bundesländern „Zeitungen und Zeitschriften in angemessenem Umfang durch Vermittlung der Anstalt beziehen“.[336]

## 3. Hörfunk und Fernsehen

Die betreffende Vorschrift des § 69 StVollzG lautete in ihrer letztgültigen Fassung:

> „(1) Der Gefangene kann am Hörfunkprogramm der Anstalt sowie am gemeinschaftlichen Fernsehempfang teilnehmen. Die Sendungen sind so auszuwählen, daß Wünsche und Bedürfnisse nach staatsbürgerlicher Information, Bildung und Unterhaltung angemessen berücksichtigt werden. Der Hörfunk- und Fernsehempfang kann vorübergehend ausgesetzt oder einzelnen Gefangenen untersagt werden, wenn dies zur Aufrechterhaltung der Sicherheit oder Ordnung der Anstalt unerläßlich ist.
>
> (2) Eigene Hörfunk- und Fernsehgeräte werden unter den Voraussetzungen des § 70 zugelassen.“

---

333 OLG Frankfurt, NStZ 1992, 208.

334 OLG Frankfurt, NStZ 1992, 208; vgl. *Knauer*, in: AK-StVollzG, § 50 Rn. 2.

335 SBJL/*Goldberg* 2019 (im Druck), 5 B Rn. 5.

336 SBJL/*Goldberg* 2019 (im Druck), 5 B Rn. 6; *Laubenthal* 2015, Rn. 612: „Rechtsanspruch auf den fortlaufenden Bezug von Zeitungen und Zeitschriften“.

Fernsehempfang für Strafgefangene besteht nun schon seit knapp 30 Jahren und hat – nach dem Wechsel in der Gesetzgebungskompetenz – ebenfalls Einzug in alle landesrechtlichen Regelungen gefunden.[337] Viele Länder gewähren dem Gefangenen insofern ein „subjektiv-öffentliches Recht auf Teilnahme am Fernsehempfang".[338] Dies liegt nicht zuletzt in der wegweisenden Entscheidung des BVerfG vom 11.10.1988 begründet, in der festgestellt wurde, dass der Fernsehempfang auf verfassungsrechtlicher Ebene durch das Recht auf Informationsfreiheit (Art. 5 Abs. 1 S. 1 2. Alt. GG) geschützt wird und ihm eine besondere Bedeutung für die psychische Gesundheit des Gefangenen zukommt.[339] Eindrücklich hat das BVerfG formuliert:

> „Die Anstaltsunterbringung auf engem Raum, eine im Vergleich zum Leben in Freiheit ungewohnte Konzentration von Arbeits-, Wohn- und Freizeitbereichen sowie verringerte Kommunikation mit der Außenwelt durch reglementierten Besucherverkehr bringen die Gefahr der Isolation, des Verlernens autonomer Lebenstechniken und der geistigen Verarmung mit sich. Dem in § 69 Abs. 1 StVollzG ausgestalteten, durch Art. 5 Abs. 1 Satz 1 GG grundsätzlich garantierten Radio- und Fernsehkonsum kommt dabei die Aufgabe eines wichtigen Ersatzkommunikationsmittels mit besonderer Bedeutung für die psychische Gesundheit der Gefangenen zu […]. Das gilt nicht nur für Informations-, sondern im besonderen Maße auch für Musiksendungen. Denn der Musikgenuß ist geeignet, die durch den Freiheitsentzug hervorgerufenen inneren Spannungen abzubauen und das seelische Gleichgewicht zu festigen. Solche Sendungen stellen zugleich ein wichtiges akustisches Bindeglied zur Welt außerhalb der Strafvollzugsanstalt dar und erleichtern dem Gefangenen, nach der Entlassung mitreden zu können."[340]

Dabei nimmt das Medium des Fernsehens auf dem Gebiet der Unterhaltung und Meinungsbildung nach Grube „eine so bedeutende Stellung ein, dass das Grundrecht der Informationsfreiheit in seinem Kernbereich berührt würde, wenn einem Gefangenen selbst eine eingeschränkte Teilnahme am Fernsehprogramm verwehrt würde".[341] Dieser Sichtweise liegt wiederum eine Entscheidung des OLG Koblenz zugrunde, das Folgendes kundgetan hat:

> „Denn das Grundrecht auf Informationsfreiheit ist auf eine ungehinderte Unterrichtung aus allgemein zugänglichen Quellen gerichtet (Art. 5 Abs. 1 GG). Das Fernsehen nimmt auf dem Gebiet der Unterrichtung und Meinungsbildung in staatsbürgerlichen Angelegenheiten eine so bedeutende Stellung ein, daß das Grundrecht in seinem Kernbereich

---

337 *Knauer*, in: AK-StVollzG, § 51 Rn. 7.
338 SBJL/*Goldberg* 2019 (im Druck), 5 C Rn. 6.
339 *Lübbe-Wolff* 2016, S. 211.
340 BVerfG, NJW 1992, 1307, 1308.
341 BeckOK Strafvollzug BW/Spieth/*Grube*, JVollzGB III § 59 Rn. 2.

berührt würde, wollte man einem Gefangenen selbst eine eingeschränkte Teilnahme an seinem Programm verwehren. Überdies ist gerade das Fernsehen als Medium dazu geeignet, Menschen, die von der Außenwelt abgeschnitten sind, das Geschehen in der Allgemeinheit im eigentlichen Sinne des Wortes bildhaft zu vermitteln und damit auch geistig einfach strukturierten Menschen das Verständnis zu erleichtern."[342]

Großes Aufsehen erregte überdies die Novellierung der Vorschrift zum Fernsehempfang (§ 69 Abs. 2 StVollzG) mit Wirkung zum 1.1.1998[343].[344] Zentraler Gegenstand dieser Änderung war das Entfallen der Einschränkung, dass eigene Fernsehgeräte nur in „begründeten Ausnahmefällen"[345] zugelassen sind.[346] Insofern ging der Bundesgesetzgeber früher davon aus, „dass eine hinreichende Information des Gefangenen durch die anderen Informationsmittel gewährleistet sei".[347] Diese Änderung (im Zuge des 4. StVollzÄndG) wurde durch den Umstand herbeigeführt, dass der Gesetzgeber „der herausragenden Bedeutung des Fernsehens im Freizeitverhalten von Menschen in Freiheit wie in Haft im Sinne des Angleichungsgrundsatzes Rechnung tragen" wollte.[348] Der diesbezügliche Verständniswechsel war also gleichermaßen Ausdruck eines „gesellschaftlichen Wandels" wie das Ergebnis „vollzugspraktischer Erwägungen".[349] Abgesehen davon sollte durch die Zulassung eigener Fernsehgeräte aber auch ein „Ausgleich für das zum Teil zu geringe Freizeitangebot in den Anstalten" geschaffen werden.[350]

Ähnliche Maßstäbe ergeben sich für den Bereich des Hörfunks. So hat das BVerfG – zeitlich jedoch früher – klargestellt:

---

342 OLG Koblenz, NStZ 1988, 199.

343 BGBl. 1998 I, S. 2461 ff.

344 BeckOK Strafvollzug Bund/*Knauss*, StVollzG § 69 Rn. 2; Justizvollzugsbeauftragter des Landes NRW 2015, S. 128.

345 BT-Drs. 7/918, S. 18.

346 SBJL/*Schwind/Goldberg*, § 69 Rn. 2; BeckOK Strafvollzug Bund/*Knauss*, StVollzG § 69 Rn. 2 m.w.N.

347 BeckOK Strafvollzug Bund/*Knauss*, StVollzG § 69 Rn. 2; vgl. ferner BT-Drs. 7/918, S. 74.

348 BT-Drs. 13/3129, S. 4; SBJL/*Schwind/Goldberg*, § 69 Rn. 2; *Knauer*, in: AK-StVollzG, § 51 Rn. 3.

349 BeckOK Strafvollzug Bund/*Knauss*, StVollzG § 69 Rn. 2; vgl. *Kaiser/Schöch* 2002, § 7 Rn. 196, die von einer Kapitulation des Gesetzgebers vor der „Macht des Faktischen" sprechen; dazu auch *Beyler*, ZfStrVo 2001, 142.

350 BT-Drs. 13/3129, S. 5; SBJL/*Schwind/Goldberg*, § 69 Rn. 2; dazu auch BeckOK Strafvollzug Bund/*Knauss*, StVollzG § 69 Rn. 2; *Knauer*, in: AK-StVollzG, § 51 Rn. 3.

> „Der Rundfunk gehört zu den allgemein zugänglichen Quellen [...], aus denen sich gemäß Art. 5 Abs. 1 GG jedermann ungehindert unterrichten darf. Dieses Grundrecht wird für Untersuchungshäftlinge durch das besondere Gewaltverhältnis nicht aufgehoben, sondern kann nur Beschränkungen unterworfen werden [...].“[351]

Bei Inkrafttreten des StVollzG am 1.1.1977 war der Besitz eigener Hörfunkgeräte noch die Ausnahme, während Gemeinschaftshörfunk den Regelfall bildete.[352] Parallel zur Gestattung eigener Fernsehgeräten wurde mit der Gesetzesnovellierung im Jahr 1998 jedoch auch die Zulassung von eigenen Hörfunkgeräten in den Hafträumen üblich.[353] Kaiser/Schöch konstatieren unter Verweis auf eine Entscheidung des OLG Koblenz[354], dass bereits vor Änderung der Rechtslage immer mehr Strafanstalten auf das Angebot des gemeinschaftlichen Rundfunkempfangs verzichtet hätten und mittellosen Gefangenen sogar ein anstaltseigenes Radiogerät zur Verfügung gestellt worden sei.[355] Auch hier sehen die meisten Landesgesetze deshalb „ein subjektiv-öffentliches Recht auf Teilnahme am Hörfunk“ zugunsten des Gefangenen vor.[356]

Die Möglichkeit sicherheitsbedingter Einschränkungen des Hörfunk- und Fernsehempfangs hatte im StVollzG indes bis zuletzt Bestand. Über den in § 69 Abs. 2 StVollzG enthaltenen Verweis auf § 70 StVollzG („unter den Voraussetzungen des § 70“) war insoweit auch die anstaltsseitige Zulassungsverweigerung von Eigengeräten möglich.[357] Für die aktuellen Landesregelungen ist dabei zu erkennen, dass bis auf Baden-Württemberg, Bayern, Hamburg und Nordrhein-Westfalen alle Länder ihre Anstaltsleitungen unmittelbar verpflichten („werden zugelassen“), eigene Fernsehgeräte oder Radios der Gefangenen zuzulassen, sofern keine Ausschlussgründe eingreifen.[358] Baden-Württemberg, Bayern, Hamburg und Nordrhein-Westfalen bleiben mit ihren Vorschriften unterdessen auf dem Regelungsstand des StVollzG stehen.[359]

---

351 BVerfG, Beschl. v. 19.2.1963 – 1 BvR 610/62, BeckRS 9998, 114559, im Fall bezogen auf die Untersuchungshaft.

352 *Laubenthal* 2015, Rn. 616; vgl. BeckOK Strafvollzug Bayern/*Arloth*, BayStVollzG Art. 71 Rn. 1.

353 BeckOK Strafvollzug Bayern/*Arloth*, BayStVollzG Art. 71 Rn. 1; LNNV/*Laubenthal*, G Rn. 15.

354 OLG Koblenz, NStZ 1994, 103.

355 *Kaiser/Schöch* 2002, § 7 Rn. 196.

356 SBJL/*Goldberg* 2019 (im Druck), 5 C Rn. 6.

357 Vgl. *Knauer*, in: AK-StVollzG, § 51 Rn. 7; *Laubenthal* 2015, Rn. 615.

358 *Knauer*, in: AK-StVollzG, § 51 Rn. 7; vgl. SBJL/*Goldberg* 2019 (im Druck), 5 C Rn. 12.

359 *Knauer*, in: AK-StVollzG, § 51 Rn. 7; SBJL/*Goldberg* 2019 (im Druck), 5 C Rn. 12.

Als Ausschlussgründe für die Zulassung kommen damals wie heute vor allem Sicherheitsbelange der Anstalt und die Gefährdung der Erreichung des Vollzugsziels in Betracht.[360] Ganz generell aber bleiben Radio- und Fernsehgeräte – im Vergleich – „wegen ihrer Bedeutung für das Grundrecht auf Informationsfreiheit nach Art. 5 Abs. 1 GG [...] gegenüber anderen Gegenständen sogar noch privilegiert".[361]

## 4. Gegenstände zur Freizeitbeschäftigung

Über die Regelung des § 70 StVollzG war dem Gefangenen der Besitz von Gegenständen zur Fortbildung oder zur Freizeitbeschäftigung möglich. Die Vorschrift besaß folgenden Inhalt:

> „(1) Der Gefangene darf in angemessenem Umfang Bücher und andere Gegenstände zur Fortbildung oder zur Freizeitbeschäftigung besitzen.
> (2) Dies gilt nicht, wenn der Besitz, die Überlassung oder die Benutzung des Gegenstands 1. mit Strafe oder Geldbuße bedroht wäre oder 2. das Ziel des Vollzuges oder die Sicherheit oder Ordnung der Anstalt gefährden würde.
> (3) Die Erlaubnis kann unter den Voraussetzungen des Absatzes 2 widerrufen werden."

Gem. § 70 Abs. 1 StVollzG war der Gefangene im Stande, auch über die Spezialregelungen in §§ 68 f. StVollzG hinaus Gegenstände zur Freizeitbeschäftigung („Bücher und andere Gegenstände zur Fortbildung oder zur Freizeitbeschäftigung")[362] zu beanspruchen.[363] Darunter konnten freilich schon damals auch solche technischen Geräte fallen, mittels derer Internetzugang möglich wurde (bspw. WLAN-fähige Fernseher)[364].[365]

Nach Absatz 1 bestand insoweit ein („subsidiärer") Rechtsanspruch des Gefangenen.[366] Dieser implizierte mit der Einschränkung „in angemessenem Umfang" zugleich ein für die praktische Abwägung notwendiges Auffüllen mit – so formulieren es Höflich/Schriever/Bartmeier – „allen entscheidungserheblichen

---

360 *Knauer*, in: AK-StVollzG, § 51 Rn. 8; SBJL/*Goldberg* 2019 (im Druck), 5 C Rn. 14; vgl. auch LNNV/*Laubenthal*, G Rn. 30 ff.

361 SBJL/*Goldberg* 2019 (im Druck), 5 C Rn. 13.

362 Zur Reichweite der Begrifflichkeit siehe BeckOK Strafvollzug Bund/*Knauss*, StVollzG § 70 Rn. 6.

363 SBJL/*Schwind*/*Goldberg*, § 70 Rn. 2; *Höflich/Schriever/Bartmeier* 2014, S. 113.

364 OLG Naumburg, Beschl. v. 20.7.2011 – 1 Ws 70/11, BeckRS 2011, 21728; SBJL/*Goldberg* 2019 (im Druck), 5 C Rn. 16: „WLAN-Ready".

365 Vgl. nur Kapitel D.III.4.

366 *Höflich/Schriever/Bartmeier* 2014, S. 113; SBJL/*Schwind*/*Goldberg*, § 70 Rn. 5.

Aspekten",[367] wobei jedoch über Absatz 2 vor allem Gefahrengesichtspunkte („Sicherheit oder Ordnung der Anstalt gefährden") in die Entscheidung einflossen.[368] Vor diesem Hintergrund erschien immer wieder fraglich, ob eine abstrakte Gefährlichkeit des Gegenstands ausreicht oder konkrete Anhaltspunkte in der Person des Gefangenen bestehen müssen, die wiederum eine reale Gefährlichkeit des Gegenstandes begründen können.[369]

Das BVerfG stellte hierzu in einem Beschluss aus dem Jahr 1994 fest, dass die Zulassung von Freizeitgegenständen unter Berücksichtigung des sog. Verhältnismäßigkeitsgebots zu beurteilen ist:

> „Allerdings werden Auslegung und Anwendung des § 70 Abs. 1 und 2 StVollzG dadurch bestimmt, daß der Strafvollzug die Menschenwürde des Gefangenen zu achten und zu schützen und bei der Verwirklichung seiner Zielsetzung [...] die Grundrechtspositionen des Gefangenen zu beachten hat [...], dementsprechend also dem Verhältnismäßigkeitsgebot unterliegt. Daraus folgt, daß die einem Gegenstand generell-abstrakt zukommende Eignung, in einer die Sicherheit oder Ordnung der Anstalt gefährdenden Weise eingesetzt zu werden, in Beziehung zu den der Anstalt zu Gebote stehenden und von ihr im Rahmen einer ordnungsgemäßen Aufsicht auch angewendeten Kontrollmittel gesetzt werden muß."[370]

Die vorstehenden Ausführungen geben ebenso Grund zu der Annahme, dass die Anforderungen an die Feststellung der persönlichen Unzuverlässigkeit des Gefangenen bzw. einer konkreten Missbrauchsgefahr desto geringer sind, je gefährlicher der Gegenstand an sich ist.[371] Im Zuge dessen hat sich – insbesondere was die Beurteilung elektronischer Gerätschaften anbelangt – in der Rechtsprechung ein umfassender Kriterienkatalog herausgebildet.[372] Im Vergleich einzelner gerichtlicher Entscheidungen kam es in puncto Gefahrenbewertung

---

367 *Höflich/Schriever/Bartmeier* 2014, S. 113; SBJL/*Schwind/Goldberg*, § 70 Rn. 5; BeckOK Strafvollzug Bund/*Knauss*, StVollzG § 70 Rn. 7 m.w.N.

368 Vgl. SBJL/*Schwind/Goldberg*, § 70 Rn. 6–7; BeckOK Strafvollzug Bund/*Knauss*, StVollzG § 70 Rn. 14.

369 *Höflich/Schriever/Bartmeier* 2014, S. 113–114; BeckOK Strafvollzug Bund/*Knauss*, StVollzG § 70 Rn. 22–23; SBJL/*Goldberg* 2019 (im Druck), 5 C Rn. 14; vgl. ferner *Laubenthal* 2015, Rn. 618.

370 BVerfG, NStZ 1994, 453.

371 *Höflich/Schriever/Bartmeier* 2014, S. 114; vgl. SBJL/*Goldberg* 2019 (im Druck), 5 C Rn. 14.

372 SBJL/*Schwind/Goldberg*, § 70 Rn. 9; aus verfassungsrechtlicher Perspektive *Hufen* 2017, § 26 Rn. 20; *Laubenthal* 2015, Rn. 620 m.w.N.

aber auch schon zu gegenläufigen Wertungen, was wohl nicht zuletzt auf einen Verständniswandel in der Beurteilung von Medientechnik zurückzuführen ist.[373]

Alle Landesgesetze mit Ausnahme des bayerischen haben sich auch weiterhin für eine explizite Regelung der „Zulassung von anderen Geräten der Informations- und Unterhaltungselektronik" entschieden.[374] Die auftretenden Problemfelder im Bereich der Zulassungsvoraussetzungen sind dabei nahezu identisch geblieben. Es geht – wie zuvor erörtert – vor allem um Sicherheitsfragen vor dem Hintergrund nutzungsbedingter Gefahren.[375]

## 5. Bewertung

Für eine Implementierung neuer Medienformate sind die im bundesgesetzlichen Zugangsbereich dargestellten Entwicklungen schon deshalb von Bedeutung, weil sie im historischen Kontext betrachtet aufzeigen, wie sich als alltäglich etablierende Medien sukzessive Einzug in den Vollzug erhielten.[376] So gesehen lässt sich ihre heutige Präsenz im Haftalltag als Ergebnis eines stetigen Prozesses der Annäherung der Mediennutzung im Vollzug an die Mediennutzung in der außervollzuglichen Welt charakterisieren.

### *a) Erweiterung des Medienzugangs*

Am deutlichsten wird die zuvor beschriebene „Vollzugsassimilation außenweltlicher Medienformate" an der Einführung eigener Fernsehgeräte im Haftraum.[377] Obwohl bereits im Jahr 1980 der Fernseher in deutschen Haushalten zum Alltag gehörte, hielt das BVerfG[378] hinsichtlich § 69 a. F. StVollzG immer noch daran fest, dass „nur in begründeten Ausnahmefällen" ein Fernsehgerät zugelassen werden könne.[379] Erst im Jahr 1998 erfolgte durch gesetzliche Novellierung eine

---

373 BeckOK Strafvollzug Bund/*Knauss*, StVollzG § 70 Rn. 27, 32–34; SBJL/*Goldberg* 2019 (im Druck), 5 C Rn. 24; LNNV/*Laubenthal*, G Rn. 32 ff.

374 SBJL/*Goldberg* 2019 (im Druck), 5 C Rn. 25.

375 SBJL/*Goldberg* 2019 (im Druck), 5 C Rn. 26.

376 Dazu auch *Knauer*, in: AK-StVollzG § 51 Rn. 3; *Esser*, NStZ 2018, 121, 127.

377 Siehe Justizvollzugsbeauftragter des Landes NRW 2015, S. 128–129; *Knauer*, in: AK-StVollzG, § 51 Rn. 3.

378 Justizvollzugsbeauftragter des Landes NRW 2015, S. 128; BVerfG, Justiz 1980, 489; *Knauer*, in: AK-StVollzG, § 51 Rn. 3.

379 Justizvollzugsbeauftragter des Landes NRW 2015, S. 128; *Knauer*, in: AK-StVollzG, § 51 Rn. 3.

weitergehende Öffnung des Strafvollzugs auch zugunsten der Nutzung eigener Fernseher.[380] Bei Knauer heißt es daher zutreffend:

> „An der historischen Entwicklung der Gesetzgebung speziell zum Rundfunk im Strafvollzug lassen sich anschaulich gesellschaftliche und vollzugliche Wandlungen der Mediennutzung in den letzten Jahrzehnten ablesen."[381]

Parallel dazu gab es – wie die Ausführungen des LG Fulda[382] gezeigt haben – Entwicklungen im Bereich der Gefangenentelefonie. Inzwischen ist es zur einhelligen Auffassung geworden, dass dem Telefon bei der Pflege sozialer Kontakte eine größere Relevanz als dem Schrift- bzw. Briefverkehr zukommt.[383] Bei Abwägungsentscheidungen im Rahmen von § 32 S. 1 StVollzG waren aufgrund des Angleichungsgrundsatzes, demzufolge eine weitgehende Angleichung der Haftbedingungen an „allgemeine Lebensverhältnisse" der Außenwelt zu fordern ist, kommunikationstechnische Veränderungen anstaltsseitig vermehrt zu berücksichtigen.[384] Knauer konstatiert, dass „auf diese Weise im Einzelfall doch einmal ein echter Anspruch des Gefangenen auf das Führen eines Telefongespräches bestehen kann".[385] Anschaulich wurde dieser Umstand aber auch schon im Jahr 1999 (!) von Ebert beschrieben:

> „Aufgrund der Tatsache, daß das Telefon heute [im Jahr 1999] aus der Welt der Kommunikation gar nicht mehr hinwegzudenken ist und dadurch auch das Interesse der Inhaftierten bezüglich eines Telefongespräches einem ganz alltäglichen Bedürfnis gleichkommt, geht die Tendenz auch wegen der nunmehr bestehenden technischen Möglichkeiten immer mehr in Richtung eines gebundenen Ermessens hinsichtlich einer positiven Bescheidung von Telefonanträgen."[386]

Werden diese früheren Befunde ins Verhältnis zu dem heutigen Nutzungsverhalten bei Internetanwendungen innerhalb der (deutschen) Bevölkerung gesetzt,[387] ist auch für das Internet eine angemessene Berücksichtigung bei

---

380 Justizvollzugsbeauftragter des Landes NRW 2015, S. 128; *Knauer*, in: AK-StVollzG, § 51 Rn. 3; Kapitel D.II.3; vgl. auch *Bode*, Der Einsatz internetbasierter Medien im Strafvollzug (im Erscheinen).

381 *Knauer*, in: AK-StVollzG § 51 Rn. 3.

382 LG Fulda, NStZ-RR 2007, 387.

383 BeckOK Strafvollzug Bund/Walter/*Bosch*, StVollzG § 32 Rn. 1; *Gerlach*, FS 2014, 141; *Knauer*, in: AK-StVollzG, § 30 Rn. 13.

384 Vgl. BeckOK Strafvollzug Bund/Walter/*Bosch*, StVollzG § 32 Rn. 1; zu den Veränderungen im praktischen Umgang mit Gefangenentelefonie siehe auch *Laubenthal*, in: FS Rössner, S. 271, 287–289.

385 *Knauer*, in: AK-StVollzG, § 30 Rn. 13.

386 *Ebert* 1999, S. 348.

387 Vgl. Kapitel C.II.1.

Außenweltkontakten von Gefangenen zu fordern. Denn unter Zugrundelegung vorstehender Maßstäbe kommt dem Internet – angesichts der ihm inhärenten Informations- und Kommunikationsmöglichkeiten –[388] in der heutigen Zeit eine enorme gesellschaftliche Bedeutung zu.[389]

### *aa) Telefonische Außenkontakte*

Anhand der dargestellten Entwicklungen im Bereich von Gefangenentelefonie wurde deutlich, dass das bereits zur Geltungszeit des StVollzG verfügbare Telefon als Außenkontaktmedium speziell in „Krisensituationen als ein Element psychischer Entlastung“[390] dient sowie die „Pflege sozialer Kontakte“ erheblich erleichtert.[391] Es hat sich also ein besonderer Stellenwert von Telefonkontakten für die Wiedereingliederung des Gefangenen herausgebildet –[392] oder wie Knauer es formuliert: „Das Führen von Telefongesprächen mit Personen außerhalb der Anstalt ist für die Gefangenen von außerordentlich großer Bedeutung“.[393] Gleichzeitig haben andere Kontaktformen, vor allem Fax- und Briefverkehr, an Bedeutung verloren.[394] Schon früh wurde hierin ein Entwicklungsverlauf erkannt, den Ebert wie folgt beschreibt:

> „Durch die neuen Techniken werden teilweise grundlegende Prinzipien menschlicher Kommunikation beeinflußt. Für deren Durchsetzung kommt es ganz wesentlich auf die Nützlichkeit des technischen Geräts oder dessen Veränderung an.“[395]

Fasst man den Telefongebrauch daher als besonders förderlich für die Resozialisierung des Gefangenen auf, so lassen sich hieraus – in Anbetracht der thematischen Nähe – zugleich wichtige Hinweise für die Stellung des Internets im Normgefüge „Außenkontakte“ ableiten.[396] Denn es sind mittlerweile vor allem Internetanwendungen, die als Voraussetzung einer zeitgemäßen zwischenmenschlichen Kommunikation gelten.[397] Ferner ist zu erkennen, dass

---

388 Vgl. Kapitel C.IV.

389 Vgl. *Thiele* 2016, S. 193; Kapitel C.IV.4; vgl. auch *Bode*, in: Kriminologische Welt in Bewegung 2018, S. 585–586; *ders.*, Der Einsatz internetbasierter Medien im Strafvollzug (im Erscheinen).

390 OLG Frankfurt, NStZ 2001, 669, 670.

391 SBJL/*Schwind*, § 32 Rn. 1.

392 *Fährmann/Oelbermann*, FS 2014, 387.

393 *Knauer*, in: AK-StVollzG, § 30 Rn. 3.

394 *Gerlach*, FS 2014, 141; *Knauer*, in: AK-StVollzG, § 30 Rn. 3.

395 *Ebert* 1999, S. 335.

396 *Bode*, in: Kriminologische Welt in Bewegung 2018, S. 586–587.

397 Vgl. Kapitel C.IV.4.

Internetkommunikation – bspw. Internetbildtelefonie via Skype – nicht nur weltweite und gegenüber dem Telefon wohl kostengünstigere Möglichkeiten des Kontakts zu Angehörigen und Freunden bietet, sondern auch einen emotional differenzierteren Austausch zulässt, als mittels Telefon möglich ist.[398] Internetdienste lassen sich daher nicht durch Telefonkontakte substituieren; sie erweisen sich als leistungsstärker.

Gemessen an seinen Kommunikationsangeboten dürfte das Internet inzwischen jedenfalls die Rangstufe von telefonischen Außenkontakten erreicht haben.[399]

### *bb) Freizeitmedien*

Einen weiteren Anknüpfungspunkt bietet der Regelungsbereich Freizeit. Auf der Grundlage vorstehender Betrachtungen lässt sich konstatieren, dass Rundfunkmedien[400] wie Radio oder Fernsehen vor allem wegen ihrer besonderen Bedeutung für den Zugang zu aktuellen Informationen einen wesentlichen Beitrag zum Gelingen des Resozialisierungsprozesses von Gefangenen leisten.[401] Es geht insoweit um das Grundbedürfnis des Gefangenen auf „Teilhabe am öffentlichen Leben“[402] – z.B. an Entwicklungen wirtschaftlicher oder kultureller Natur.[403] Aktuellen Tendenzen nach werden die bisher strafvollzugsrechtlich geregelten Freizeitmedien die Bedürfnisse der Gefangenen indes nur noch unzureichend befriedigen können.[404] Was Information und Kommunikation angeht, bilden mittlerweile vor allem Anwendungsmöglichkeiten wie E-Mail, Soziale Netzwerke oder Recherchefunktionen über das World Wide Web die gesellschaftliche Realität ab.[405] Das Internet ist ähnlich dem Fernseher in den 1980er Jahren fester

---

398 *Holt*, FS 2014, 149, 149–150, *Thiele* 2016, S. 193; vgl. auch *Bode*, HRRS 2018, 72, 76.

399 Vgl. Kapitel C.IV; vgl. auch *Bode*, in: Kriminologische Welt in Bewegung 2018, S. 585–586.

400 Zur Begrifflichkeit siehe *Knauer*, in: AK-StVollzG, § 51 Rn. 5, wonach „Rundfunk“ als Obergriff für Hörfunk und Fernsehen zu verstehen ist.

401 SBJL/*Goldberg*, § 67 Rn. 27; vgl. auch *Bode*, in: Kriminologische Welt in Bewegung 2018, S. 586–587.

402 *Theine*, FS 2014, 161.

403 SBJL/*Goldberg*, § 68 Rn. 1; vgl. *Holt*, FS 2014, 149, 149–150; *Theine*, FS 2014, 161; *Bode*, in: Kriminologische Welt in Bewegung 2018, S. 586.

404 Vgl. *Theine*, FS 2014, 161; Kapitel C.IV.4 und D.II.5; vgl. auch *Bode*, in: Kriminologische Welt in Bewegung 2018, S. 586–587.

405 SBJL/*Goldberg*, § 67 Rn. 27; vgl. Kapitel C.II; vgl. auch *Bode*, in: Kriminologische Welt in Bewegung 2018, S. 586–587.

Bestandteil des gesellschaftlichen Alltags geworden.[406] Daraus folgt ein digitales Gefälle, was Nutzung und Inhalte gleichermaßen betrifft, zwischen Strafvollzug und Außenwelt.[407] Übertragt man diese Gedanken nunmehr auf das Angebot der Freizeitmedien, so ist eine Lücke entstanden, die nur durch das Internet – in Anbetracht der von ihm gebotenen Vielzahl an Interaktionsmöglichkeiten mit der Außenwelt – sinnvoll geschlossen werden kann.[408]

### *b) Zulassungsvoraussetzungen*

Wie anhand vorstehender Ausführungen zu erkennen ist, unterliegt die vollzugliche Ausgestaltung des Medienzugangs in besonderem Maße der Fortentwicklung durch die Rechtsprechung. Nicht nur verfassungsrechtliche Erwägungen, etwa zum Bedeutungsgehalt des Rundfunkempfangs für Strafgefangene, sondern auch obergerichtliche Entscheidungen bei Zulassungen nach § 70 StVollzG haben immer wieder dazu geführt, dass die Voraussetzungen des Zugangs zu einzelnen Medien Veränderungen unterliegen.[409] Eine Einflussnahme der Gerichte auf die vollzugsinterne Gestaltung kann zuweilen sogar Gesetzesnovellierungen zur Folge haben: Die Entwicklung bei Fernsehgeräten im Strafvollzug hat gezeigt, dass zur angemessenen Wahrung der Rechte aus Art. 5 Abs. 1 S. 1 2. Alt. GG eine Neuregelung des § 69 StVollzG notwendig wurde.[410]

Einen beachtenswerten Gesichtspunkt bilden in diesem Kontext Wertungen zugunsten der verfassungsrechtlich verbrieften Informationsfreiheit.[411] Art. 5 Abs. 1 S. 1 2. Alt. GG prägt (mittlerweile) in zentraler Weise die Ausgestaltung des Medienzugangs im Vollzug. Die – auch gerichtlicherseits anerkannte – hohe Bedeutung der Informationsfreiheit führt insoweit zu einer Privilegierung ihrer Ausübung dienender Gegenstände.[412] Hierin zeigt sich aber auch

---

406 Justizvollzugsbeauftragter des Landes NRW 2015, S. 128; vgl. IBI 2011, S. 13: „Alltagsnormalität"; Kapitel C.II; vgl. auch *Bode*, Der Einsatz internetbaseirter Medien im Strafvollzug (im Erscheinen).

407 *Theine*, FS 2014, 161, 162: „Kluft"; ferner IBI 2011, S. 18.

408 *Theine*, FS 2014, 161, 162; vgl. auch *Bode*, in: Kriminologische Welt in Bewegung 2018, S. 587; *ders.*, Der Einsatz internetbaseirter Medien im Strafvollzug (im Erscheinen).

409 Vgl. nur SBJL/*Goldberg* 2019 (im Druck), 5 C Rn. 26.

410 Kapitel D.II.3; vgl. auch *Bode*, Der Einsatz internetbasierter Medien im Strafvollzug (im Erscheinen).

411 SBJL/*Goldberg* 2019 (im Druck), 5 C Rn. 1; *Knauer*, in: AK-StVollzG, § 50 Rn. 2; vgl. auch *Bode*, Der Einsatz internetbasierter Medien im Strafvollzug (im Erscheinen).

412 SBJL/*Goldberg* 2019 (im Druck), 5 C Rn. 13; speziell in Bezug auf Zeitungen und Zeitschriften *Knauer*, in: AK-StVollzG, § 50 Rn. 2 f; vgl. auch vgl. auch *Bode*,

die grundrechtliche Relevanz von Verbindungen zum außenweltlichen Geschehen.[413] Daran gemessen existieren im Interesse der Informationsfreiheit nicht nur Rechtsansprüche auf Zulassung einzelner Medien,[414] sondern es erscheint geboten, die Rahmenbedingungen ihrer Nutzung stets vor dem Hintergrund aktueller Entwicklungen in der Außenwelt zu evaluieren;[415] insofern ist auch der Frage einer Implementierung neuer Medienformate nachzugehen (s. u. III.2).[416]

### *c) Sicherheitsbedingte Einschränkungen*

Nutzung und Besitz einzelner Medien werden zugunsten von Sicherheits- und Ordnungsgesichtspunkten („Gefahr für Sicherheit und Ordnung der Anstalt")[417] immer wieder kritisch zu prüfen sein. Dabei lassen die Ausführungen des BVerfG zum Verhältnismäßigkeitsgebot erkennen, dass den Möglichkeiten zur Eindämmung und Reduzierung potentieller Sicherheitsrisiken mit Blick auf die praktische Handhabung im Vollzug verstärkt Beachtung zukommt.[418] Dies bedeutet aber auch, dass eine – angemessene – Gefahrenbewertung nur unter Berücksichtigung der Fortschritte in der Sicherheitstechnik sowie vor dem Hintergrund des vom Medium ausgehenden Resozialisierungspotentials vorgenommen werden kann.[419] Eine Betrachtung der bestehenden Mediennutzungsmöglichkeiten zeigt, dass schon der Bundesgesetzgeber bereit war, zugunsten von Resozialisierungsgesichtspunkten – etwa beim Telefongebrauch oder der Nutzung elektronischer Freizeitmedien – Risiken einzugehen und den Gefangenen gewisse Spielräume zu belassen, in denen auch für missbräuchliches Verhalten Platz ist.[420] Einschränkungen zugunsten von Sicherheitsaspekten bleiben dem Vollzugssystem somit zwar immanent. Nach den vorstehenden Ausführungen darf jedoch

---

in: Kriminologische Welt in Bewegung 2018, S. 587 f.; *ders.*, Der Einsatz internetbasierter Medien im Strafvollzug (im Erscheinen).

413 *Esser*, NStZ 2018, 121, 123.

414 Kapitel D.II.2.

415 Vgl. nur SBJL/*Goldberg* 2019 (im Druck), 5 C Rn. 6; vgl. auch *Bode*, Der Einsatz internetbasierter Medien im Strafvollzug (im Erscheinen).

416 Vgl. *Feest/Lesting/Lindemann*, in: AK-StVollzG, Teil I Einleitung Rn. 27; vgl. auch *Bode*, Der Einsatz internetbasierter Medien im Strafvollzug (im Erscheinen).

417 Ausführlich *Knauer*, in: AK-StVollzG, § 48 Rn. 11 ff.

418 Kapitel D.II.4.

419 Kapitel D.II.4; vgl. auch *Bode*, in: Medien – Kriminalität – Kriminalpolitik 2018, S. 89–90.

420 Dazu bereits *Knauer* 2006, S. 92 ff.

erwartet werden, dass sie zugleich dem Verhältnismäßigkeitsgebot (umfassend) Rechnung tragen.[421]

## 6. Thesen für die Internetnutzung im Strafvollzug

Wie an der Integration einzelner Medienformate in den Strafvollzug gezeigt wurde, kann auch die Implementierung des Internets in den Haftalltag der Gefangenen inzwischen als Notwendigkeit betrachtet werden. Diese Einschätzung beruht im Wesentlichen auf folgenden Erwägungen:

- These 1: Gesetzgeber und Gerichte erkennen den besonderen Bedeutungsgehalt von Medien an, die den Gefangenen mit den außenweltlichen Lebensverhältnissen vertraut halten[422] – auch zeittypische Tendenzen finden dabei Berücksichtigung.[423]

Eingedenk aktueller Nutzungstrends im Bereich moderner Informations- und Kommunikationsmittel erscheint der bisherige Zugang zu Medien im Strafvollzug nicht mehr zeitgemäß. Es bedarf seiner Erweiterung. Gerlach bringt diesen Umstand mit der Frage auf den Punkt:

> „Wer schreibt heute noch – außer Gefangenen – Briefe?“[424]

Angesichts seines aktuellen gesellschaftlichen Stellenwerts übertrifft das Internet nicht nur alle bisher im Strafvollzug zugelassenen Medien oder digitalisiert diese, sondern bietet zusätzliches Anwendungspotential.[425] Der Vielzahl seiner Inhalte nach ist das Internet zugleich in besonderem Maße der Ausübung des Grundrechts auf Informationsfreiheit zu dienen bestimmt. Lässt sich dem Internetzugang aber eine solch immense Bedeutung bei der Wahrung der Informationsbedürfnisse des Gefangenen zuschreiben, wird es als weiteres Medienformat – wie vormals Fernsehen oder Telefon – im Strafvollzug dringend gebraucht. Andernfalls ist davon auszugehen, dass durch Nichtbefriedigung aktueller Informations- und Kommunikationsbedürfnisse die Gefahr einer zunehmenden Entfremdung von der Außenwelt entsteht, kraft derer sich

---

421 Siehe dazu Kapitel F.IV.1; vgl. auch *Bode*, Der Einsatz internetbasierter Medien im Strafvollzug (im Erscheinen).

422 *Haberstroh*, Jura 1982, 617, 625.

423 Zur besonderen Bedeutung von Kommunikations- und Informationsfreiheit im Strafvollzug bereits *Hoffmeyer* 1979, S. 218–219; vgl. Kapitel D.II.5.

424 *Gerlach*, FS 2014, 141.

425 Vgl. Kapitel C.IV.4.

die aufgezeigte Entwicklungslücke zum Nachteil der Gefangenen weiter vergrößert.[426]

- These 2: Die Einführung des Internets im Strafvollzug gilt als wichtiger Baustein eines zeitgemäßen Resozialisierungskonzepts.

Das Internet vereint auf sich viele Resozialisierungsvorteile klassischer Medien. Zugleich trägt es mit seiner Vielzahl an Anwendungsmöglichkeiten der im Bereich der Außenweltkontakte geltenden Förderungspflicht in besonderem Maße Rechnung.[427] Im Einklang damit heißt es bei Hirsch:

> „Der Vorschrift [§ 23 StVollzG] kann nicht entnommen werden, dass sie den Verkehr mit der Außenwelt auf die zur Zeit der Schaffung des StVollzG gebräuchlichsten Kommunikationsmittel beschränkt. Die weite Formulierung lässt eher den Schluss zu, sie wolle einer diesbezüglichen Entwicklung nicht entgegenstehen."[428]

Schon Kaiser/Schöch gaben angesichts der Möglichkeit des Fernseh- und Rundfunkempfangs zu bedenken auf, dass es „weiteren Verkümmerungen des Freizeit- und Fortbildungsangebots" vorzubeugen gilt, sodass damit verbundene Abstriche im Bereich der Resozialisierung gar nicht erst kompensiert werden müssen.[429]

Dem folgend beginnt eine erfolgreiche Resozialisierung, also die Wiedereingliederung des Gefangenen in die Gesellschaft, bereits mit einer angemessenen Wahrung der Informations- und Kommunikationsbedürfnisse während der Haftzeit. Hoffmeyer formuliert abschließend:

> „Dennoch wird im StVollzG dieses Element freiheitlichen Lebens [Art. 5 GG] nur unter den §§ 68 ff. angesprochen, obwohl die Meinungs- und Informationsfreiheit nicht nur ein ‚Stück sittlich notwendiger Lebensluft' für den Verfassungsbürger beinhaltet, sondern gerade die existenzielle Situation des Individuums im geschlossenen Vollzug bestimmt […]"[430]

Internetbasierte Technik kann einen entscheidenden Beitrag zur Reintegration des Gefangenen leisten, indem vollzugsbedingte Nachteile durch einen engeren und vor allem fortschrittlichen Außenweltkontakt zielgerichtet überwunden

---

426 Vgl. SBJL/*Goldberg* 2019 (im Druck), 5 A Rn. 31; *Theine*, FS 2014, 161, 162; vgl. auch *Bode*, in: Medien – Kriminalität – Kriminalpolitik 2018, S. 87, 100–101; *ders.*, Der Einsatz internetbasierter Medien im Strafvollzug (im Erscheinen).

427 Vgl. nur IBI 2011, S. 9 f, 17–18.

428 *Hirsch* 2003, S. 122.

429 *Kaiser/Schöch* 2002, § 7 Rn. 196.

430 *Hoffmeyer* 1979, S. 218.

werden.[431] Zugunsten eines wirkungsvollen Resozialisierungskonzepts sollte dieser Umstand bei kriminalpolitischen Entscheidungen stets mitgedacht werden.

- These 3: Die durch einen Internetzugang entstehenden Gefahren im Bereich von Sicherheit und Ordnung lassen sich auf ein moderates Maß reduzieren.

Einerseits wird die fortschreitende Digitalisierung stets von Weiterentwicklungen im Bereich technischer Sicherungslösungen begleitet; andererseits steht der Anstalt aus dem Umgang mit bisherigen Medienformaten bereits ein umfangreicher Pool an Erfahrungen zur Verfügung.[432] Wie zuvor erörtert, muss dabei aber auch das Recht des Gefangenen auf informationelle Selbstbestimmung ausreichend Beachtung finden.[433] Für die Implementierung internetbasierter Formate ist deshalb auf eine sorgfältige Aktualisierung des vollzuglichen Schutzniveaus zu achten. Potentielle Gefahrenaspekte lassen sich nur durch die Schaffung angemessener Rahmenbedingungen erheblich reduzieren und sind zugleich von tatsächlichen Problemlagen zu unterscheiden.[434] Dabei lässt sich aus der vom BVerfG vorgezeichneten Verhältnismäßigkeitsabwägung ableiten, dass Einschränkungen bei der Zulassung von internetbasierter Technik stets an einer „persönlichkeitsbezogenen Prognose“[435] zu orientieren sind. Befolgt man diese Kriterien, bleibt die Nutzung des Internets zwar mit Gefahren verbunden; diese lassen sich jedoch in einem handhabbaren Rahmen halten. Im Vergleich zu den bisherigen Medienformaten ergeben sich daher gerade keine (gänzlich) anderen Sicherheitsmaßstäbe.[436] Ein mutiges Vorgehen im sensiblen Bereich der Außenweltkontakte erscheint bezogen auf den Einsatz digitaler Medien also keineswegs ausgeschlossen.[437]

Abgeleitet von der Entwicklung klassischer Medienformate im Vollzug wurden vorstehend Folgerungen für den Internetzugang gezogen – in Form von thesenartigen Aussagen, die im Folgenden näher überprüft werden sollen (III).

---

431 IBI 2011, S. 18.

432 Dazu auch *Knauer* 2006, S. 94 f.

433 Kapitel D.II.1.

434 *Theine*, FS 2014, 161, 161–162; vgl. auch *Bode*, in: Medien – Kriminalität – Kriminalpolitik 2018, S. 92; *ders.*, FS 2018, 219, 220.

435 *Laubenthal* 2015, Rn. 618.

436 *Knauer* 2006, S. 92; Justizvollzugsbeauftragter des Landes NRW 2015, S. 133.

437 Vgl. in Bezug auf Sicherheitsfragen Kapitel C.V.1; vgl. auch *Bode*, Der Einsatz internetbasierter Medien im Strafvollzug (im Erscheinen).

## III. Errichtung eines Internetzugangs für Strafgefangene

In seiner Monographie aus dem Jahre 2006 entwickelt Knauer einen innovativen Ansatz: Er hat nachgewiesen, dass – zur Zeit der Geltung des StVollzG – der Zugang zum Internet trotz fehlender strafvollzugsrechtlicher Spezialregeln durchaus möglich gewesen wäre.[438] Damit war für das natürliche Spannungsverhältnis[439] von Sicherheitsinteressen und Resozialisierungsbestrebungen ein neues Diskussionsfeld eröffnet. Und die Debatte über den Zugang zu Medien in Haftanstalten erreichte spätestens an diesem Punkt ein neues Niveau.[440] Inzwischen sind weitere Jahre vergangen und das Internet ist zum wichtigsten Kommunikations- und Informationsmittel der Gesellschaft aufgestiegen.[441] Freilich verlief dieser Vorgang in den Haftanstalten nicht synchron, sodass der Zugang zum Internet im Strafvollzug weiterhin Anlass zur Diskussion bietet.[442] Davon sowie von der Annahme ausgehend, dass sich aus dem Stellenwert des Internets im gesellschaftlichen Leben zwangsläufig auch Konsequenzen für die Vorbereitung der Reintegration von Strafgefangenen ergeben, werden bei der Einführung eines „neuen Mediums", wie des Internets, in den Strafvollzug sowohl die spezifischen Auswirkungen auf den Vollzug abzuwägen als auch die Einordnung der Nutzung in den bisherigen Kontext zu beachten sein.[443]

Um ein insofern realitätsnahes Bild vom Internetzugang für Strafgefangene zu erhalten, soll der von Knauer initiierte und in Literatur und Praxis rezipierte Ansatz einer aktuellen Betrachtung unterzogen werden.[444] Der Status quo des Internetzugangs in der Haft wird, ausgehend von einer Standortbestimmung im Konzept der Freiheitsstrafe dabei nicht nur unter Bezugnahme auf die Behandlung in der Vollzugsrechtsprechung, sondern auch auf rechtstatsächliche Fortschritte in der Ermöglichung einer Internetnutzung im Vollzug sowie auf die Abwägung zwischen Chancen und Risiken seiner Nutzung untersucht.

---

438 *Knauer* 2006, S. 111–154; vgl. Justizvollzugsbeauftragter des Landes NRW 2015, S. 129; siehe auch *Bachmann* 2015, S. 275.

439 Vgl. *Hohmann-Fricke/Jehle*, FS 2017, 116.

440 Vgl. Justizvollzugsbeauftragter des Landes NRW 2015, S. 129.

441 *Feest/Lesting/Lindemann*, in: AK-StVollzG, Teil I Einleitung Rn. 27; vgl. Kapitel C.IV.4.

442 Vgl. Justizvollzugsbeauftragter des Landes NRW 2015, S. 129.

443 Justizvollzugsbeauftragter des Landes NRW 2015, S. 130.

444 Dazu bereits Justizvollzugsbeauftragter des Landes NRW 2015, S. 127 ff.

## 1. Zum Verhältnis von Freiheitsstrafe und digitalen Freiheiten

Moderne Kommunikationsmittel eröffnen einen sehr weiten Interaktionsradius. Die sich daraus ergebenden Freiheiten zur Kommunikation und Informationsgewinnung sind in der heutigen Gesellschaft zwar von besonderer Bedeutung.[445] Werden diese Vorteile jedoch auch zugunsten von Strafgefangenen fruchtbar gemacht, entsteht die Gefahr, dass sie mit dem strafrechtlichen Sanktionssystem und dem Verständnis von Freiheitsstrafe in Konflikt treten. Eine in diesem Kontext vermehrt anzutreffende Sichtweise besagt, dass die Nutzung internetbasierter Technik schlechterdings zu einem „Hotelvollzug der Freiheitsstrafe"[446] beitragen würde.[447]

Von daher ist zu klären, ob die Ausrichtung des heutigen Strafvollzugsrechts ein Sanktionsverständnis erkennen lässt, das einer Nutzung des Internets durch Strafgefangene dem Grunde nach entgegensteht.[448]

### *a) Grundsätzliches zur historischen Entwicklung von Freiheitsstrafe und Strafvollzug*

Die vorgenannte Frage findet ihren Ausgangspunkt zunächst im materiellen Strafrecht. Im Fokus steht danach die schuldhaft begangene Straftat des Einzelnen, vgl. § 46 Abs. 1 S. 1 StGB.[449] Diese wird vom Staat durch die Verhängung einer sog. Kriminalstrafe sanktioniert, wobei als vom StGB vorgesehene Hauptstrafen Freiheitsstrafe (§§ 38–39 StGB) oder Geldstrafe (§§ 40–43 StGB) in Betracht kommen.[450] Dabei soll die Verhängung einer Freiheitsstrafe – nach heutigem Verständnis – die persönliche Schuld des Täters ausgleichen und zudem präventiv auf ihn einwirken, um Rück- bzw. Straffälligkeit zu verhindern.[451]

---

445 Siehe Kapitel C.IV.

446 Siehe nur *Rehn* 2011, S. 76.

447 Vgl. *Esser*, NStZ 2018, 121; siehe auch Kapitel B.I.

448 Dazu bereits *Wawzyniak*, KritV 2012, 198, 200–201; *Knauer* 2006, S. 32–37.

449 BVerfG, Urt. v. 4.5.2011 – 2 BvR 2365/09, BeckRS 2011, 50108, wo es heißt: „Die Berechtigung des Staates, Freiheitsstrafen zu verhängen und zu vollziehen, beruht wesentlich auf der schuldhaften Begehung der Straftat."

450 Weiterführend dazu Kindhäuser/Neumann/Paeffgen/*Villmow*, StGB Vorbm. zu §§ 38 ff., Rn. 7 ff.

451 *Kubink*, Strafe und Strafvollzug, bpb-online vom 14.6.2012, abrufbar unter http://www.bpb.de/politik/innenpolitik/innere-sicherheit/76670/strafe-und-strafvollzug?p=all, zuletzt abgerufen am 1.12.2018; Kindhäuser/Neumann/Paeffgen/*Dünkel*, StGB § 38 Rn. 23; *Lindemann*, in: AK-StVollzG, § 2 Rn. 5; *Hohmann-Fricke/Jehle*, FS 2017, 116.

Insofern zählt ebenso die Entfaltung einer spezialpräventiven Wirkung zu den „wichtigsten Aufgaben“ des Strafrechts.[452]

Mit dieser Ausrichtung, so Kubink, unterliegt das deutsche Strafrecht seit seinen Anfängen im „späten 19. Jahrhundert einem Entwicklungsprozess“.[453] Es ist nicht nur eine graduelle Abkehr von der eigentlichen Freiheitsstrafe respektive einer nach dem RStGB erfolgten Dreiteilung in Zuchthaus, Haft und Gefängnis zu erkennen, sondern auch der anschließende Vollzug hat sich vom bloßen „Verwahrvollzug“ zu „einem am Gedanken der Resozialisierung orientierten System“ entwickelt.[454]

Ein Verständniswandel in puncto Freiheitsstrafe ist ferner darin zu sehen, dass mit Erlass des Bundesstrafvollzugsgesetzes als Ziel des Vollzuges der Freiheitsstrafe die Wiedereingliederung des Gefangenen in die Gesellschaft festgesetzt wurde (vgl. § 2 S. 1 StVollzG).[455] Im Vergleich zur bis dato geltenden Dienst- und Vollzugsordnung (DVollzO) wurde somit ein deutliches und vor allem neues Gewicht auf das Ziel der Resozialisierung gelegt.[456] Dieser Wertungsentscheidung nach, die später im berühmten Lebach-Urteil des BVerfG weitgehende Bestätigung als verfassungsmäßiges Prinzip fand, ist die Freiheitsentziehung heutzutage vor allem unter Aspekten der Wiedereingliederung zu sehen, was in der Folge freilich auch „gewisse Leistungen“ zugunsten des Gefangenen notwendig macht.[457] Auszugsweise heißt es in der Lebach-Entscheidung hierzu wie folgt:

---

452 *Hohmann-Fricke/Jehle*, FS 2017, 116; vgl. *Lindemann*, in: AK-StVollzG, § 2 Rn. 5; SBJL/*Jehle*, § 2 Rn. 5.

453 *Kubink*, Strafe und Strafvollzug, bpb-online vom 14.6.2012, abrufbar unter http://www.bpb.de/politik/innenpolitik/innere-sicherheit/76670/strafe-und-strafvollzug?p=all, zuletzt abgerufen am 1.12.2018; eine umfassende Bewertung der bisherigen Reformen des Sanktionensystems findet sich bei Kindhäuser/Neumann/Paeffgen/*Villmow*, Vorbm. zu §§ 38 ff. Rn. 85 ff.

454 *Kubink*, Strafe und Strafvollzug, bpb-online vom 14.6.2012, abrufbar unter http://www.bpb.de/politik/innenpolitik/innere-sicherheit/76670/strafe-und-strafvollzug?p=all, zuletzt abgerufen am 1.12.2018; grundlegend auch *ders.* 2002, S. 482–484; ferner *Lindemann*, in: AK-StVollzG, Vor § 2 Rn. 3; dazu auch LNNV/*Neubacher*, A Rn. 1–8.

455 *Ortmann* 1987, S. 10; *Kubink*, Strafe und Strafvollzug, bpb-online vom 14.6.2012, abrufbar unter http://www.bpb.de/politik/innenpolitik/innere-sicherheit/76670/strafe-und-strafvollzug?p=all, zuletzt abgerufen am 1.12.2018.

456 *Ortmann* 1987, S. 10; BT-Drs. 71/73, S. 8; vgl. ferner *Kaiser/Schöch* 2002, § 2 Rn. 62.

457 *Kett-Straub/Streng* 2016, S. 20–21.

> „Vom Täter aus gesehen erwächst dieses Interesse an der Resozialisierung aus seinem Grundrecht aus Art. 2 Abs. 1 in Verbindung mit Art. 1 GG. Von der Gemeinschaft aus betrachtet verlangt das Sozialstaatsprinzip staatliche Vor- und Fürsorge für Gruppen der Gesellschaft, die auf Grund persönlicher Schwäche oder Schuld, Unfähigkeit oder gesellschaftlicher Benachteiligung in ihrer persönlichen und sozialen Entfaltung behindert sind; dazu gehören auch die Gefangenen und Entlassenen."[458]

In Relation zum früheren Verständnis, das Vergeltungsgesichtspunkte in den Vordergrund stellte, bleibt also eine verfassungsrechtliche Wandlung der Idee von Freiheitsstrafe zu konstatieren, die verstärkt auf eine Resozialisierung der Straftäter abzielt.[459] Goerdeler spricht in Bezug auf diese Veränderung – „Trennung zwischen den Strafzwecken und dem Vollzugsziel" – zu Recht von einer „großen zivilisatorischen Leistung der Strafvollzugsreform".[460]

### *b) Internetfreiheit trotz Freiheitsstrafe?*

Zwar sind mit den dargestellten Entwicklungen grundlegende Veränderungen in der Konzeption sowie dem praktischen Vollzug von Freiheitsstrafe eingetreten. Gleichwohl ist damit explizit noch nichts für die Gewährung von Internetfreiheiten während der Haftzeit entschieden. Fraglich bleibt somit, ob das heutige Grundverständnis von Freiheitsstrafe einer Nutzbarmachung des Internets im Strafvollzug entgegensteht.

#### *aa) Inhaltliche Konzeption*

Ausgehend von den Vorschriften des Strafgesetzbuchs existiert bis dato keine Legaldefinition von Freiheitsstrafe. Zwar ist die Freiheitsstrafe bereits für die Anwendbarkeit einzelner Straftatbestände von zentraler Bedeutung – dies zeigt etwa eine Zusammenschau von § 23 Abs. 1 StGB, der die Versuchsstrafbarkeit von Verbrechen regelt, mit § 12 Abs. 1 StGB, wonach Verbrechenstatbestände durch das Mindestmaß von einem Jahr Freiheitsstrafe gekennzeichnet sind. Zur Auslegung des Regelungsinhalts von Freiheitsstrafe finden sich jedoch nur die

---

458 BVerfGE 35, 202, 235.

459 *Kaiser/Schöch* 2002, § 2 Rn. 3, 51–53; *Kubink*, Strafe und Strafvollzug, bpb-online vom 14.6.2012, abrufbar unter http://www.bpb.de/politik/innenpolitik/innere-sicherheit/76670/strafe-und-strafvollzug?p=all, zuletzt abgerufen am 1.12.2018; siehe auch *Haberstroh*, Jura 1982, 617; vgl. ferner den RegE, BT-Drs. 7/918, S. 41; zur Resozialisierung im Strafvollzug allgemein *Lindemann*, in: AK-StVollzG, Vor § 2 Rn. 3, 5.

460 *Goerdeler*, in: AK-StVollzG, § 4 Rn. 9.

zuvor erwähnten Vorschriften § 38 und § 39 StGB, die ihrerseits auf Aussagen zu Dauer und Bemessung der Freiheitsstrafe beschränkt bleiben.

### (1) Auffassungen im Schrifttum

Es erscheint hilfreich, für die Inhaltsbestimmung zunächst auf Hinweise aus dem Schrifttum einzugehen: Nach den Ausführungen von Dünkel, der sich seinerseits auf Walters Lehrbuch „Strafvollzug“ aus dem Jahr 1999 stützt, geht es beim „materiellen Gehalt“ der Freiheitsstrafe um eine „Übelzufügung durch anstaltsmäßige Einschränkungen der Bewegungsfreiheit“.[461] Eine ähnliche Sichtweise findet sich bei Goerdeler, der wie folgt formuliert: „Das Wesen der Freiheitsstrafe liegt in dem zeitlich befristeten Entzug der persönlichen Freiheit (Art. 2 Abs. 2 S. 2 GG)“.[462] Schließlich spricht auch Di Fabio davon, dass „Freiheitsstrafe und deren Vollzug“ grundsätzlich „Einschränkungen der Freiheit der Person“ vorsehen.[463] In der Kommentarliteratur wird zudem vielfach erwähnt, dass die Begriffsbestimmung „im engeren Sinne“ von einer Auslegung der jeweils betroffenen Vorschrift abhängig sei.[464]

### (2) Internationale und verfassungsrechtliche Vorgaben

Ganz im Sinne der vorherrschenden Auffassung im Schrifttum lautet auch Ziffer 102.2 der vom Europarat 2006 beschlossenen Europäischen Strafvollzugsgrundsätze:[465]

> „Die Freiheitsstrafe ist allein durch den Entzug der Freiheit eine Strafe. Der Strafvollzug darf daher die mit der Freiheitsstrafe zwangsläufig verbundenen Einschränkungen nicht verstärken.“[466]

Weiterhin gilt es, verfassungsrechtliche Vorgaben in die Auslegung einzubeziehen. Bereits dem Rechtsstaatsprinzip aus Art. 20 Abs. 3 GG, demzufolge die Rechtsprechung „an Gesetz und Recht gebunden“ ist, wohnt die Notwendigkeit inne, dass die schuldangemessene Strafe seitens der Gerichte festgelegt wird.[467]

---

461 Kindhäuser/Neumann/Paeffgen/*Dünkel*, StGB § 38 Rn. 23; vgl. *Lindemann*, in: AK-StVollzG, § 2 Rn. 3; SBJL/*Jehle*, § 2 Rn. 4.

462 *Goerdeler*, in: AK-StVollzG, § 4 Rn. 22; Kapitel D.II.6.

463 Maunz/Dürig/*Di Fabio*, GG Art. 2 Abs. 2 Nr. 2 Rn. 61.

464 Lackner/Kühl/*Kühl*, § 38 Rn. 1; BeckOK StGB/*von Heintschel-Heinegg*, § 38 Rn. 7; Schönke/Schröder/*Stree*/*Kinzig* StGB § 38 Rn. 1.

465 *Lindemann*, in: AK-StVollzG, § 2 Rn. 3.

466 Bundesministerium der Justiz et al. 2006, S. 36; Kindhäuser/Neumann/Paeffgen/*Dünkel*, StGB § 38 Rn. 23.

467 Vgl. BeckOK Grundgesetz/*Huster*/*Rux* GG Art. 20 Rn. 159.2.

Das Strafgericht verhängt also die jeweils für angemessen erachtete Freiheitsstrafe auf Grundlage der Vorschriften des Strafgesetzbuches.[468] Wird insoweit von einer Strafaussetzung zur Bewährung abgesehen,[469] kommt es zur Vollstreckung der Freiheitsstrafe. Wiederum von den Vorgaben des Art. 104 Abs. 2 S. 1 GG ausgehend, wonach „über die Zulässigkeit und Fortdauer einer Freiheitsentziehung" nur der Richter zu entscheiden hat, bedeutet dies eine Freiheitsentziehung durch Aufenthalt im Strafvollzug.[470] Greift man diesen grundgesetzlich in Art. 104 Abs. 2 S. 1 verwendeten Terminus auf, so ist für die Umsetzung der Sanktion Freiheitsstrafe die richterlich bestimmte „Freiheitsentziehung" maßgeblich. Ihrer Definition nach ist Freiheitsentziehung auf „jede Beeinträchtigung der körperlichen Bewegungsfreiheit ohne Rücksicht auf Art und Intensitätsgrad" angelegt.[471] Ein ähnliches Verständnis wird deshalb auch bei einer gerichtlichen Verurteilung zu Freiheitsstrafe zugrunde zu legen sein,[472] wenngleich der verfassungsrechtliche Begriff etwas weiter ausgelegt sein dürfte als der strafrechtliche. Dies gilt schließlich umso mehr, als in den Ausführungen des BVerfG zum Recht der Sicherungsverwahrung für die in Rede stehenden Beschränkungen durch Freiheitstrafe maßgeblich auf Art. 2 Abs. 2 S. 2 GG, also das von Freiheitsentziehung per definitionem betroffene Grundrecht, Bezug genommen wird.[473]

#### *bb) Vollzugssystematische Implikationen*

Nach der vorgezeichneten Konzeption von Freiheitsstrafe geht es nunmehr um die Frage, ob während ihres Vollzugs neben der Fortbewegungsfreiheit weitere Freiheiten zu entziehen sind.[474] Dabei ist einerseits zu beachten, dass trotz Verurteilung zu „einheitlicher Freiheitsstrafe" kein sog. Einheitsvollzug gefordert ist; es kann mithin eine differenzierte Gestaltung der Freiheitsentziehung erfolgen, wie bereits die Vorgaben zur Verlegung in den offenen Vollzug zeigen.[475] Andererseits unterliegt die mit einem Aufenthalt in der Justizvollzugsanstalt

468 *Ortmann* 1987, S. 12; SBJL/*Jehle*, § 1 Rn. 2.

469 Kindhäuser/Neumann/Paeffgen/*Ostendorf*, StGB § 56 Rn. 1.

470 Vgl. SBJL/*Jehle*, § 1 Rn. 2; *Hohmann-Fricke/Jehle*, FS 2017, 116.

471 Maunz/Dürig/*Dürig*, GG Art. 104 Rn. 5; vgl. SBJL/*Jehle*, § 4 Rn. 27: „Die durch den Freiheitsentzug behinderte Bewegungsfreiheit".

472 *Meier* 2006, S. 80; siehe auch *Wawzyniak*, KritV 2012, 198, 200; vgl. ferner LNNV/*Neubacher*, B Rn. 97.

473 Vgl. BVerfG, Urt. v. 4.5.2011 – 2 BvR 2365/09, BeckRS 2011, 50108.

474 Vgl. *Knauer* 2006, S. 32.

475 Kindhäuser/Neumann/Paeffgen/*Dünkel*, StGB § 38; dazu auch *Wawzyniak*, KritV 2012, 198, 199–201.

verbundene Freiheitsstrafe – stets – den Beschränkungen des jeweilig geltenden Vollzugsgesetzes.[476] Dies führt im Ergebnis zu einer gewissen Form der „Anstaltsgebundenheit" von Freiheitsstrafe – oder nach Jehle: „Die durch den Freiheitsentzug behinderte Bewegungsfreiheit entfaltet Annexwirkungen".[477]

Gemessen daran ist zweischrittig vorzugehen: Zunächst gilt es, nach der Zielsetzung des Vollzugs von Freiheitsstrafe und einer Vereinbarkeit mit Internetnutzungsbegehren von Strafgefangenen zu fragen. Daran anknüpfend ist zu prüfen, ob in den Bundesländern vollzugsrechtliche Regelungen existieren, die für eine Zulassung des Internets in geschlossenen Haftanstalten sprechen.

### (1) Teleologische Konkretisierung des Vollzugsziels

Dass im Vollzug der Freiheitsstrafe vor allem Möglichkeiten des Kontakts mit der Außenwelt dem Strafgefangenen zu erhalten sind, lässt sich bereits aus einer – notwendigerweise – vollzugszielorientierten Ausrichtung ableiten.[478] Dabei ist allgemein anerkannt, dass Außenweltkontakte einer Resozialisierung des Täters in besonderem Maße zu dienen bestimmt sind.[479] Haberstroh pointiert diesen Aspekt mit der Aussage:

> „Ginge dem Gefangenen bei längerer Inhaftierung jeder Kontakt zur Außenwelt verloren, so müßte sich sein Weltbild und sein Erleben der Wirklichkeit fast zwangsläufig immer mehr an der Scheinwelt der (geschlossenen) Vollzugsanstalt orientieren – ein Versagen gegenüber den Realitäten der Außenwelt nach seiner Entlassung würde gleichsam programmiert."[480]

Auch Feest/Wegner äußern sich plakativ:

> „Im Grundsatz gilt, dass je mehr Außenkontakte bestehen, desto eher ein konformes Verhalten eintritt."[481]

Ein solches Verständnis vom Vollzug der Freiheitsstrafe ist zudem anhand der Aussagen von Jehle zu ersehen, wenn er schreibt:

---

476 SBJL/*Jehle*, § 4 Rn. 27.

477 SBJL/*Jehle*, § 2 Rn. 4, § 4 Rn. 27; *Walter* 1999, Rn. 23.

478 *Laubenthal* 2015, Rn. 483; weiterführend dazu *Müller-Dietz* 1999, S. 17, der betont, „daß die Freiheitsstrafe schon wegen ihrer Auswirkungen auf Betroffene und Angehörige eine überaus problematische Kriminalsanktion darstellt"; Kapitel D.I.1.

479 Statt vieler *Laubenthal* 2015, Rn. 483; weiterführend *Galli* 2018, S. 79–80.

480 *Haberstroh*, Jura 1982, 617, 625.

481 *Feest/Wegner*, in: AK-StVollzG, § 25 Rn. 2.

> „Untersuchungen deuten jedenfalls darauf hin, dass ein Vollzug, der sich durch eine besondere Fülle und Dichte resozialisierender Angebote auszeichnet, bessere Erfolge hat als ein ‚Verwahrvollzug'."[482]

An anderer Stelle heißt es ferner:

> „Solange es allerdings der Schuld entsprechende zeitlich befristete Freiheitsstrafen gibt, solange also Gefangene wieder in die Freiheit entlassen werden müssen und in die Gesellschaft zurückkehren, so lange gibt es auch keine vernünftige Alternative zum Wiedereingliederungsziel."[483]

Hierzu betont (nicht nur spezifisch für Außenkontakte) auch der Justizvollzugsbeauftragte des Landes Nordrhein-Westfalen, Michael Kubink, in seinem Tätigkeitsbericht aus dem Jahr 2015 die besondere Resozialisierungswirkung internetbasierter Medien:

> „Sinnbild für einen modernen Strafvollzug ist die ‚Nutzung neuer Medien durch Gefangene'. Uns ist sehr bewusst, dass ein Spannungsverhältnis entsteht, wenn man beispielsweise die Offenheit des Internets unter Sicherheitsaspekten einerseits und Wiedereingliederungsbelangen, die sich den gesellschaftlichen Wandlungen anpassen müssen, andererseits miteinander vereinbaren will. Nach meiner Auffassung dürfen wir im Strafvollzug nicht sehenden Auges ein digitales Analphabetentum fördern, was den Prozess der Resozialisierung erheblich erschweren würde. Die umfassende Ausarbeitung zu diesem Thema appelliert daher dringlich daran, anstehende Planungen weitsichtig zu gestalten."[484]

Aus heutiger Sicht zeichnet es deshalb ein fortschrittliches, der besonderen Stellung des Resozialisierungsgebots Ausdruck verleihendes Strafvollzugssystem aus, dass der Freiheitsentzug in angemessenem Rahmen von Kontakten zur Außenwelt begleitet wird, wobei auch zeittypische Tendenzen in der Wahl der Kommunikationsmittel Berücksichtigung finden müssen.[485]

### (2) Vollzugsrechtliche Regelungen

Die neuerlassenen Vorschriften der Bundesländer bilden ein unmittelbares Regelungskorsett für den Haftalltag und schaffen insoweit das Bedingungsumfeld für den Vollzug der Freiheitsstrafe. Es kann festgestellt werden, dass die meisten Landesgesetzgeber die vollzugliche Nutzung Neuer Medien bzw. des Internets bereits durch Schaffung eigenständiger Regelungen ausdrücklich

---

482 SBJL/*Jehle*, § 2 Rn. 14.

483 *Jehle* 1999, S. 243.

484 Justizvollzugsbeauftragter des Landes NRW 2015, S. 2 des Vorworts.

485 In diesem Sinne *Galli/Weilandt*, FS 2014, 142; Kapitel D.II.6.

anerkannt haben.[486] Selbst Länder, die bisher keine eigenständige Vorschrift zur Nutzung des Internets vorsehen (Bayern und Baden-Württemberg), bestätigen diesen Trend jedenfalls implizit. Denn auch sie gestatten – in der Vollzugspraxis – den Zugang zum Internet bereits in einigen Haftanstalten.[487] Ergänzend laufen in Bayern Bestrebungen zur Gesetzesänderung (BayLT-Drs. 17/10429)[488]. In Baden-Württemberg findet sich im Vorschriftenbereich zur Freizeit sogar der gesetzliche Hinweis, dass „moderne Technologie (Neue Medien)" zur sinnvollen Freizeitgestaltung nutzbar zu machen ist, § 57 JVollzGB (Buch III).

### *cc) Zusammenfassung*

Gemessen an den vorstehenden Erwägungen ist es weder nach der inhaltlichen Konzeption von Freiheitsstrafe noch hinsichtlich ihres Vollzugs erforderlich, dass ein prinzipieller Abschluss gegenüber internetbasierten Außenweltverbindungen zu erfolgen hat.[489]

Aus der historischen Entwicklung, wonach die Abschaffung einer Differenzierung in Zuchthaus, Gefängnis und Haft stattgefunden hat, kann geschlossen werden, dass der Strafvollzug – wie aktuell in den Europäischen Strafvollzugsgrundsätzen gefordert – die mit der Freiheitsstrafe verbundenen Einschränkungen nicht noch verstärken soll.[490]

In diese Richtung sind neben den im Schrifttum vertretenen Auffassungen schließlich auch die Erwägungen des BVerfG zu deuten. Flankierend dazu heißt es in einer Entscheidung aus dem Jahre 2010 zur Kostenhöhe vollzuglicher Telefongebühren mit Blick auf die „ultima ratio"-Wirkung[491] von Freiheitsstrafe:

> „Auch mit dem verfassungsrechtlichen Grundsatz der Verhältnismäßigkeit, der es gebietet, Strafe nur als ein in seinen negativen Auswirkungen auf die Persönlichkeit des Betroffenen nach Möglichkeit zu minimierendes Übel zu vollziehen […], wäre dies nicht vereinbar."[492]

---

486 Ausführlich dazu in Kapitel E.I.

487 Vgl. Kapitel E.I.

488 Dabei geht es um die Einführung eines Art. 35a BayStVollzG, wodurch das Internet „als digitales Kommunikationsmedium" auch zugunsten von Gefangenen nutzbar gemacht werden soll, BayLT-Drs. 17/10429, S. 1.

489 Grundlegend dazu *Böhm* 2003, Rn. 12, 247, in Bezug auf die Gefangenenarbeit Rn. 291–292; vgl. ferner RegE, BT-Drs. 7/918, S. 57; Kapitel E.III.

490 *Lindemann*, in: AK-StVollzG, § 2 Rn. 3.

491 Weiterführend dazu *Laubenthal* 2015, Rn. 155.

492 BVerfG, Beschl. v. 15.7.2010 – 2 BvR 328/07, BeckRS 2010, 51329.

Die Befunde zeigen in der Gesamtschau, dass dem Begriff der Freiheitsstrafe ein Verständnis zugrundeliegt, nach dem diese maßgeblich auf eine „Übelzufügung durch anstaltsmäßige Einschränkungen der Bewegungsfreiheit“[493] abzielt. Freilich sei bereits jetzt betont, dass Beschränkungen, sofern sie den vollzuglichen Realitäten und dem Sicherheitsaspekt geschuldet sind, auch in diesem Fall zulässig bleiben (s. näher unter III.2).

#### *c) Ergebnis*

Grundsätzlich bezieht sich das Strafübel bei Verurteilungen zur Freiheitsstrafe auf den Entzug der physischen Fortbewegungsfreiheit im Sinne von Art. 2 Abs. 2 S. 2 GG.[494] Mit einer Einschränkung der Bewegungsfreiheit, wie sie die Freiheitsstrafe vorsieht, gehen während der Haftzeit darüber hinaus zwar weitere Einschränkungen einher. Gleichwohl ist eine Beschränkung digitaler Freiheiten über das zur Wahrung von Sicherheitsinteressen sowie zu einer gedeihlichen Resozialisierung erforderliche Maß nicht begründbar. Die Implementierung des Internets im Strafvollzug ist, sofern sie diesen Maßgaben entspricht, als allgemein zulässig zu werten.

### 2. Vereinbarkeit des Internetzugangs für Strafgefangene mit Vollzugsziel und Vollzugsaufgabe

Wie oben (D.I.1) dargestellt, ist das gesamte Vollzugssystem am Spannungsverhältnis zwischen Resozialisierung und Sicherheit auszurichten.[495] Alle vollzuglichen Einzelfallfragen lassen sich auf diesen Ausgleich zurückführen. Dies gilt umso mehr, wenn es darum geht, neue Handlungsspielräume das intramurale Leben betreffend zu eröffnen.[496]

Eine weitergehende Zulassung des Internets in den Haftanstalten ist vor diesem Hintergrund keinesfalls unproblematisch, sondern im Sinne des bestehenden Zielkonflikts gründlich mit Blick auf mögliche Vor- und Nachteile abzuwägen.[497] Zumal nicht unberücksichtigt bleiben darf, dass bei der Implementierung

---

493 *Walter* 1999, Rn. 22–23.

494 Vgl. *Wawzyniak*, KritV 2012, 198, 200; *Goerdeler*, in: AK-StVollzG, § 4 Rn. 22.

495 Vgl. Kapitel D.I.1.

496 Justizvollzugsbeauftragter des Landes NRW 2015, S. 125, 130; *Kudlich*, JA 2003, 704, 707; vgl. *Kett-Straub/Streng* 2016, S. 22–23.

497 So bereits Justizvollzugsbeauftragter des Landes NRW 2015, S. 125, 130; vgl. *Galli/Weilandt*, FS 2014, 142: „Urkonflikt von Recht und Praxis“; vgl. auch *Bode*, FS 2018, 219, 219–220; *ders.*, in: Medien – Kriminalität – Kriminalpolitik 2018, S. 86–91.

moderner Technik Sicherheitsrisiken und Missbrauchsgefahren entstehen; folglich kann sowohl die – externe – Sicherheit der Allgemeinheit als auch die – interne – Sicherheit und Ordnung der Anstalt auf dem Spiel stehen.[498]

Resozialisierungschancen und Sicherheitsrisiken neuer Gestaltungsmöglichkeiten müssen aus vollzugspraktischer Sicht also stets in ein ausgeglichenes Verhältnis gebracht werden.[499] Dabei tendiert die Praxis zwar häufig dazu, die Sicherungsaufgabe übermäßig stark zu betonen.[500] Um jedoch dem Kernanliegen des Vollzugs nach bestmöglicher Resozialisierung gerecht zu werden, muss es gleichwohl möglich sein, bei der Lösungsfindung einen Schritt nach vorne zu wagen und gewisse Risiken in Kauf zu nehmen.[501] Dies wird selbst im Hinblick auf Lockerungsentscheidungen gefordert; insoweit macht Jehle den Vorschlag, dass zur Lösung des bestehenden Zielkonflikts eine am „Rechtsgedanken von § 57 StGB" orientierte Prüfung stattfinden soll, im Rahmen derer das Sicherheitsinteresse der Allgemeinheit je nach „Gewicht des bedrohten Rechtsguts" unterschiedlich zu berücksichtigen ist.[502] Es geht also nicht nur darum, das Verhältnis von Chancen und Risiken näher zu analysieren, sondern dezidiert zu klären, ob es mit Blick auf eine resozialisierende Behandlung zulässig und erforderlich ist, Strafgefangenen eine Nutzung des Internets zu gestatten.[503]

Eine solche Prüfung hat sich mit einer Vielzahl von Veröffentlichungen auseinanderzusetzen, die sich allesamt ausführlich mit dem Für und Wider von Internetnutzung im Strafvollzug beschäftigen. Besonders zu erwähnen sind der wegweisende Tätigkeitsbericht des Justizvollzugsbeauftragten des Landes NRW aus dem Jahr 2015, der Bericht über die Fachtagung am 7.4.2011 „Digitale Medien und Internetanwendungen im Strafvollzug" des Instituts für Bildung in der Informationsgesellschaft e.V., die Zusammenfassung des Fachgesprächs der Fraktion Bündnis 90/Die Grünen im Berliner Abgeordnetenhaus vom 23.5.2012 sowie die Dokumentation der Fachtagung „Digitaler Wandel im Justizvollzug?" des Paritätischen Landesverbands Berlin e.V. vom 9.11.2017 – sie üben einen

498 Vgl. Justizvollzugsbeauftragter des Landes NRW 2015, S. 130 ff.; IBI 2011, S. 22.

499 Vgl. Justizvollzugsbeauftragter des Landes NRW 2015, S. 130, der eine „mediale Vollzugslockerung" erwägt; vgl. auch *Bode*, in: Medien – Kriminalität – Kriminalpolitik 2018, S. 89; *ders.*, FS 2018, 219, 219–220.

500 SBJL/*Jehle*, § 2 Rn. 19; ferner dazu *Hohmann-Fricke/Jehle*, FS 2017, 116, 117.

501 Ähnlich bereits Justizvollzugsbeauftragter des Landes NRW 2015, S. 136: „entsprechenden staatlichen Gestaltungswillen" vorausgesetzt.

502 SBJL/*Jehle*, § 2 Rn. 20.

503 Umfassend dazu bereits Justizvollzugsbeauftragter des Landes NRW 2015, S. 130–136; vgl. auch IBI 2011, S. 22.

prägenden Einfluss auf Verlauf und Ausgang der Debatte über die Zulassung des Internets in der Haft aus.

### *a) Resozialisierungschancen*

Im Sinne des Vollzugsziels der Resozialisierung erscheint es aktuell unausweichlich, moderne Außenweltkontakte über das Internet auch in geschlossenen Haftanstalten vermehrt zuzulassen. Nur durch eine weitergehende Öffnung des Vollzugssystems für – gesichertes – Internet können die notwendigen Voraussetzungen für eine wirklichkeitsnahe Teilhabe der Gefangenen am gesellschaftlichen Meinungs- und Informationsfluss geschaffen werden.[504] Eingedenk der zuvor aufgezeigten Bedürfnisse des „Bürgers der Außenwelt“ nimmt der Einsatz des Internets zentralen Einfluss auf die Resozialisierung des Gefangenen, wie anhand nachstehender Chancenpotentiale gezeigt werden soll.

#### *aa) Arbeit und Bildung*

Einen ersten wichtigen Anknüpfungspunkt bilden die digitalen Realitäten der Außenwelt, wonach vor allem die Wahrnehmung von Fortbildungsangeboten, Behördenkontakte oder auch die Recherche von Wohnungs- und Stellenanzeigen Tätigkeiten darstellen, die heutzutage am einfachsten und teilweise sogar ausschließlich über das Internet möglich sind.[505] Zu bedenken ist außerdem, dass die Digitalisierung der Gesellschaft beständig fortschreitet und dass Strafgefangene bei längerer Isolierung vom Internet diesen Prozess verpassen.[506] Das Internet entfaltet insofern für die Wahrnehmung von alltäglichen Pflichten eine konstitutive Wirkung. Bei einer Entlassung in die Außenwelt fehlen dem Inhaftierten dann unerlässlich gewordene Fertigkeiten im Bereich von Internetanwendungen.[507] Dies kann nicht nur in die soziale Isolation führen, sondern allem voran berufliche Nachteile mit sich bringen.[508] Medienkompetenz ist daher neben der Vermittlung von schulischer und beruflicher Bildung ein wichtiger

504 *Theine*, FS 2014, 161, 161–162; IBI 2011, S. 17–18; *Dathe-Morgeneyer/Pfeffer-Hoffmann*, BewHi 2010, 42, 55; siehe ferner Justizvollzugsbeauftragter des Landes NRW 2015, S. 131–132.

505 Vgl. *Dathe-Morgeneyer/Pfeffer-Hoffmann*, BewHi 2010, 42, 55; IBI 2011, S. 13; Kapitel C.IV.4.

506 Vgl. *Theine*, FS 2014, 161; Kapitel C.IV.

507 *Theine*, FS 2014, 161; *Galli*, in: AK-StVollzG, § 21 Rn. 8; vgl. auch IBI 2011, S. 16–17.

508 *Dathe-Morgeneyer/Pfeffer-Hoffmann*, BewHi 2010, 42, 55; Justizvollzugsbeauftragter des Landes NRW 2015, S. 132.

Aspekt für das Gelingen einer gesellschaftlichen Wiedereingliederung.[509] Diesem Ansatz treten Dathe-Morgeneyer/Pfeffer-Hoffmann unterstützend zur Seite:

> „Referenz für Bildung und Arbeit im Strafvollzug ist die gesellschaftliche Realität, in die sich Haftentlassene (re-)integrieren sollen. Diese gesellschaftliche Realität wird seit Jahrzehnten zunehmend von Informations- und Kommunikationstechnologien geprägt."[510]

Hinzu kommt, dass sich – einem Bericht des Justizvollzugsbeauftragten des Landes NRW zufolge – mittlerweile sogar entlastende Effekte für den allgemeinen Vollzugsdienst dergestalt einstellen, dass sich Gefangene im Rahmen des „Übergangsmanagements"[511] in gewissem Umfang selbst über Arbeitsmarktsituation oder Therapie- und Hilfseinrichtungen informieren oder auf soziale Dienste zurückgreifen können.[512] Die Gefangenen würden dadurch mehr Eigenverantwortung übernehmen und könnten – im Wege des sog. Selbstmanagements – für ein Zurechtfinden in der Außenwelt notwendige Handlungskompetenzen frühzeitig erlernen.[513]

Als weiterer wichtiger Resozialisierungsaspekt sind internetbasierte Aus- und Weiterbildungsmöglichkeiten der Gefangenen anzusprechen.[514] Durch sog. E-Learning-Programme – „Lernen mit digitalen Medien im Strafvollzug" – lassen sich gezielt Bildungslücken schließen und dem Gefangenen neue Kompetenzen vermitteln.[515] Darüber hinaus ist an berufliche Fortbildungen im Wege eines

---

509 Paritätischer Landesverband Berlin e.V. 2017, S. 20, wo ferner von der Möglichkeit berichtet wird, den sog. Europäischen Computerführerschein abzulegen; Justizvollzugsbeauftragter des Landes NRW 2015, S. 132; IBI 2011, S. 17; *Galli*, in: AK-StVollzG, § 21 Rn. 8.

510 *Dathe-Morgeneyer/Pfeffer-Hoffmann*, BewHi 2010, 42, 55; *Galli*, in: AK-StVollzG, § 21 Rn. 8: „kompetenter Umgang" mit dem Internet als „notwendige Bedingung zur Reintegration von Haftentlassenen".

511 Zum Begriff *Bahl/Pollähne*, in: AK-StVollzG, Vor § 42 Rn. 14 ff.

512 Justizvollzugsbeauftragter des Landes NRW 2015, S. 132–133; BeckOK Strafvollzug Berlin/*Paster* StVollzG Bln § 40 Rn. 6: „Augenmerk auf Entlassungsvorbereitung und Übergangsmanagement legen".

513 Justizvollzugsbeauftragter des Landes NRW 2015, S. 132–133; vgl. dazu den Bericht von *Michael Weber* aus der JVA Glasmoor, Paritätischer Landesverband Berlin e.V. 2017, S. 29; zu den Möglichkeiten der „Zusammenarbeit bei der (Vorbereitung der Wieder-)Eingliederung" siehe ausführlich *Bahl/Pollähne*, in: AK-StVollzG, § 42 Rn. 23 ff.; vgl. auch *Bode*, in: Medien – Kriminalität – Kriminalpolitik 2018, S. 86–87; *ders.*, FS 2018, 219, 220–221.

514 IBI 2011, S. 16; vgl. auch *Bode*, FS 2017, 353, 355.

515 Hierbei ist vor allem an das breitgefächerte Angebot der eLiS-Plattform zu denken, näher dazu *Dathe-Morgeneyer/Pfeffer-Hoffmann*, BewHi 2010, 42, 45 ff.; *Galli*,

Online-Fernstudiums (bspw. in Kooperation mit der FernUniversität Hagen) zu denken.[516] Zu dieser Möglichkeit heißt es bei Galli:

> „Ein Fernstudium kann von der Anstalt nicht pauschal mit der Begründung verweigert werden, dass dazu ein Zugang zum Internet erforderlich ist. Angesichts der Tatsache, dass sich die meisten Fernstudienangebote mittlerweile dieses Mediums bedienen, sind vielmehr die Justizvollzugsanstalten gehalten, geeignete Maßnahmen zu treffen, um die Sicherheitsinteressen der Anstalt (beispielsweise einen unkontrollierten Kontakt mit der Außenwelt betreffend) und das Weiterbildungsinteresse der Inhaftierten in Einklang zu bringen."[517]

In diesem Zusammenhang könnten auch Online-Sprachkurse für die steigende Zahl ausländischer Gefangener oder Alphabetisierungsprogramme zusätzliche Resozialisierungswirkung entfalten.[518]

### *bb) Soziale Außenkontakte*

Das Internet bietet den Gefangenen gleichfalls die besondere Möglichkeit, nahezu alle räumlichen Distanzen zu überwinden und dadurch Angehörige und Freunde zu erreichen, zu denen sonst – aus gesundheitlichen, finanziellen oder zeitlichen Gründen – ein direkter Kontakt oftmals unmöglich wäre.[519] Theine formuliert hierzu:

> „Bei der Pflege und Herstellung von Außenkontakten zur Reintegration Gefangener in die Gesellschaft werden digitale Medien absehbar unverzichtbar werden."[520]

Besonders ist dabei auf die steigende Zahl ausländischer Inhaftierter[521] hinzuweisen, für die nicht nur Kontaktmöglichkeiten via Skype oder Internettelefonie mit entfernten Angehörigen unersetzlich sind. Vor allem die internetgestützte

---

in: AK-StVollzG, § 21 Rn. 8; vgl. auch *Bode*, in: Medien – Kriminalität – Kriminalpolitik 2018, S. 86.

516 *Galli*, in: AK-StVollzG, § 21 Rn. 8; *Theine*, FS 2014, 161, 162; vgl. auch *Bode*, FS 2017, 353, 355.

517 *Galli*, in AK-StVollzG, § 21 Rn. 8.

518 *Theine*, FS 2014, 161, 162; weiterführend *Knauer*, in: AK-StVollzG, § 36 Rn. 10, vgl. auch *Bode*, in: Medien – Kriminalität – Kriminalpolitik 2018, S. 86–87.

519 Justizvollzugsbeauftragter des Landes NRW 2015, S. 131; *Bung*, FS 2016, 348, 350; vgl. auch BeckOK Strafvollzug Berlin/*Paster* StVollzG Bln § 40 Rn. 7.

520 *Theine*, FS 2014, 161, 162.

521 *Knauer*, in: AK-StVollzG, § 36 Rn. 10; vgl. dazu auch *Laubenthal* 1999, S. 313, der den Sozialisationsauftrag auch für nichtdeutsche Verurteilte betont – speziell mit Blick auf die Problematik mangelnder Sprachkenntnisse sowie fehlender familiärer Bindungen im Inland; ferner *Bung*, FS 2016, 348, 350.

Live-Bild-Telefonie bietet einen emotional differenzierteren Austausch als Telefon oder Schriftwechsel.[522] Eindrücklich schreibt Holt zu den in der JVA Lingen gewonnenen Erfahrungen im Bereich von Skype-Telefonie:

> „Ein litauischer Inhaftierter hat dadurch Kontakt zu seiner in Polen lebenden Mutter herstellen können. Er zeigte sich nachhaltig beeindruckt und sehr glücklich, diese nach über einem Jahr einmal wiedergesehen zu haben."[523]

Auch bei Bung findet sich dieser Umstand thematisiert:

> „Die Nutzung des Internetdienstes Skype wird darüber hinaus auch als ein Baustein bei der Umsetzung des familienorientierten Vollzuges gesehen. Viele Angehörige haben weder die Zeit noch die finanziellen Mittel, um das Besuchskontingent in der Justizvollzugsanstalt ausschöpfen zu können. Diese virtuelle Besuchsmöglichkeit kann daher eine Lücke schließen und bietet im Gegensatz zum Telefon eine Kommunikationsmöglichkeit von Angesicht zu Angesicht."[524]

Weitere Vorteile ergeben sich daraus, dass oftmals dringend benötigte Dolmetscher leichter erreichbar sind, da sie für Gesprächstermine nunmehr auch „online" hinzugezogen werden können.

Schließlich ist an einen unkomplizierteren Verteidigerkontakt zu denken: Via Email etwa lassen sich notwendige Unterlagen schneller austauschen und dem Gefangenen so leichter kenntlich machen.

### *cc) Freizeitgestaltung*

Auch auf dem Gebiet der Freizeitgestaltung, das „für eine gelungene Resozialisierung von großer Bedeutung" ist,[525] bietet das Internet wichtige Vorteile: Es beinhaltet aufgrund seiner Nutzungsvielfalt nicht nur alle bereits von den übrigen „Vollzugsmedien" – z. B. die von Radio oder Fernsehen – bekannten Vorteile, sondern auch weitergehende Möglichkeiten in puncto Teilhabe am gesellschaftspolitischen Geschehen, Zugriff auf Nachrichtendienste, Onlinekataloge von Bibliotheken oder Kultur- bzw. Freizeitangebote.[526] Das Internet

---

522 Vgl. Paritätischer Landesverband Berlin e.V. 2017, S. 27, wo *Anja Hartmann-Schmidt* unter dem Titel „Unmögliche Besuche möglich machen" zu den Erfahrungen mit Skype-Kontakten in der JVA Lübeck berichtet; Justizvollzugsbeauftragter des Landes NRW 2015, S. 131; vgl. auch *Bode*, in: Medien – Kriminalität – Kriminalpolitik 2018, S. 86–87.

523 *Holt*, FS 2014, 149, 150; *Bung*, FS 2016, 348, 350.

524 *Bung*, FS 2016, 348, 350.

525 *Knauer*, in: AK-StVollzG, § 54 Rn. 1.

526 *Theine*, FS 2014, 161; IBI 2011, S. 17–18; *Galli*, in: AK-StVollzG, § 21 Rn. 8; in Bezug auf die Bedürfnisse von Strafgefangenen vgl. *Muth/Schwämmlein/Bethge/Tietz*, FS

trägt daher in besonderer Weise dem Recht des Gefangenen auf Informationsfreiheit gem. Art. 5 Abs. 1 S. 1 2. Alt. GG Rechnung.[527] Aber auch strukturelle Defizite – insbesondere die Desozialisationswirkung des Strafvollzugs – werden besser abgebaut.[528] Eine Internetnutzung kann auf Ebene der Freizeitgestaltung somit weitere Entlastung zugunsten des Behördenpersonals – etwa bei der Verwendung von Lernspielen – schaffen und den Haftbediensteten dergestalt ihre Arbeit erleichtern, dass dafür gesorgt ist, dass die Strafgefangenen einer sinnvollen Beschäftigung zugeführt sind.[529] Gleichzeitig kann freizeitbezogene Internetnutzung als wichtiger Aspekt einer wirksamen Suizidprävention gesehen werden.

### *dd) Zusammenfassung*

Nach alledem ist im Interesse einer bestmöglichen Resozialisierung des Gefangenen für eine Zulassung des Internets zu plädieren. Die aufgezeigte Vielfalt an Anwendungsmöglichkeiten des Internets ist in diesem Kontext ein nicht zu unterschätzender Resozialisierungsfaktor.[530]

### *b) Sicherheitsrisiken*

Die Risiken einer Internetnutzung sind die Kehrseite des ausgedehnten „Möglichkeitsraums", der über das Internet zur Verfügung steht.[531] Dabei bleiben digitale Strukturen stets fragil und stellen aufgrund verschiedenartiger Einflüsse, denen der Gefangene während der Nutzung unterliegen kann, zugleich besondere Herausforderungen an die Vollzugsbehörden.[532] Überlegungen zu möglichen Sicherheitsrisiken im Vollzug werden insoweit unmittelbar von den für „Bürger der Außenwelt" aufgezeigten Gefahren angestoßen.[533] Dem folgend birgt

---

2014, 157; Kapitel C.IV.4 und D.II.5; vgl. auch *Bode*, FS 2018, 219, 220–221; *ders.*, in: Medien – Kriminalität – Kriminalpolitik 2018, S. 86–87.

527 IBI 2011, S. 17; *Theine*, FS 2014, 161; Kapitel C.IV, D.II.5 und F.IV.2; vgl. auch *Bode*, BAG S 2018, 4, 5; *ders.*, Der Einsatz internetbasierter Medien im Strafvollzug (im Erscheinen).

528 Justizvollzugsbeauftragter des Landes NRW 2015, S. 132; vgl. auch *Bode*, BAG S 2018, 4, 6.

529 Vgl. Justizvollzugsbeauftragter des Landes NRW 2015, S. 132; vgl. auch *Bode*, in: Medien – Kriminalität – Kriminalpolitik 2018, S. 86–87, 90.

530 *Muth/Schwämmlein/Bethge/Tietz*, FS 2014, 157, 158; vgl. auch *Bode*, in: Medien – Kriminalität – Kriminalpolitik 2018, S. 86–87, 90.

531 Vgl. Kapitel C.V.3; vgl. auch *Bode*, ZIS 2017, 348, 352.

532 Justizvollzugsbeauftragter des Landes NRW 2015, S. 130; *Thiele* 2016, S. 197.

533 Vgl. Kapitel C.V.

unkontrollierter Kontakt zur Außenwelt in vielerlei Hinsicht Gefahren sowohl für den Schutz der Allgemeinheit (externe Sicherheit) als auch für Sicherheit und Ordnung der Anstalt (interne Sicherheit).[534]

*aa) Externe Sicherheit*

Bereits unter dem Gesichtspunkt einer opferorientierten Vollzugsbehandlung ist der Umstand, dass Strafgefangene Zugang zum „Netz" erhalten, Grund genug, das Gefahrenpotential näher zu betrachten und die verschiedenen Gefährdungsmöglichkeiten auszudifferenzieren.[535] Dazu ergeben sich aus dem weiten Aktionsradius und aus der hohen Zahl von Internetanwendungen verschiedene Gefahren:

Der Missbrauch durch Strafgefangene kann sich auf personenbezogene Daten oder vertrauliche Informationen beziehen.[536] Neben dem Ausspähen intimer Details erscheint hierbei vor allem die Beeinträchtigung der Privatsphäre von Opfern oder Zeugen durch Strafgefangene möglich.[537] Hinzu kommt, dass auch an die Nutzung des Internets zur Verübung strafrechtlich relevanter Taten, bspw. zum Hacking, zum Zugriff auf kinderpornographische Inhalte,[538] für illegale Downloads von Film- und Musikdateien oder zur Begehung von Internetbetrug, zu denken ist.[539]

Nicht zuletzt ist auch das Verhalten in Sozialen Netzwerken zu problematisieren.[540] Gefangene können mittels privater Dienste ungehindert mit einer Vielzahl von Nutzern in Kontakt treten.[541] Dabei lassen sich nicht nur in Bezug

---

534 *Arloth/Krä*, § 2 StVollzG Rn. 2; BeckOK Strafvollzug Bayern/*Arloth*, BayStVollzG Art. 35 Rn. 1; ausführlich dazu bereits *Knauer* 2006, S. 85 ff.; IBI 2011, S. 21; siehe ferner Justizvollzugsbeauftragter des Landes NRW 2015, S. 133–134, 136.

535 *Laubenthal* 2015, Rn. 172; vgl. auch BeckOK Strafvollzug Bayern/*Arloth*, BayStVollzG Art. 35 Rn. 1; ferner dazu Justizvollzugsbeauftragter des Landes NRW 2015, S. 136; vgl. auch *Bode*, in: Medien – Kriminalität – Kriminalpolitik 2018, S. 88–89.

536 Vgl. Kapitel C.V.

537 *Greis/Austen*, Gefahren des Internets, abrufbar unter http://www.wiwi.uni-frankfurt.de/professoren/ritter/veranstalt/ws9596/thema3.htm, zuletzt abgerufen am 1.12.2018; vgl. auch *Bode*, in: Medien – Kriminalität – Kriminalpolitik 2018, S. 88–89.

538 Vgl. OLG Hamm, Beschl. v. 10.11.2015 – 1 Ws 507, 508/15, BeckRS 2015, 20256; Justizvollzugsbeauftragter des Landes NRW 2015, S. 133.

539 Justizvollzugsbeauftragter des Landes NRW 2015, S. 133; BeckOK Strafvollzug Bayern/*Arloth*, BayStVollzG Art. 35 Rn. 1; IBI 2011, S. 22; Kapitel C.V.1.

540 Vgl. Justizvollzugsbeauftragter des Landes NRW 2015, S. 133, 136; BeckOK Strafvollzug Bayern/*Arloth*, BayStVollzG Art. 35 Rn. 1; Kapitel C.V.2.

541 Dazu auch Justizvollzugsbeauftragter des Landes NRW 2015, S. 136; *Thiele* 2016, S. 197; vgl. auch *Bode*, in: Medien – Kriminalität – Kriminalpolitik 2018, S. 88–89.

auf Sexualverbrechen leicht potentielle Opfer ausfindig machen,[542] sondern auch der Kontakt zu religiösen Fanatikern (sog. Hasspredigern oder extremistischen Gruppen) ist zu befürchten.[543]

### *bb) Interne Sicherheit und Gefahren für den Gefangenen*

Das Gefahrenpotential des Internets ist mit Blick auf die mögliche Bandbreite von anstaltsinternem Missbrauch nicht zu unterschätzen. Strafgefangene haben schließlich eine gewisse kriminelle Karriere hinter sich und stellen, sofern man sie mit „gewöhnlichen Usern" vergleicht, bereits eine besondere Risikogruppe dar.[544] In praktischer Hinsicht bietet die Kommunikation über das Internet selbstverständlich die Möglichkeit, Fluchtversuche zu planen.[545] Aber auch das Risiko einer Radikalisierung des Gefangenen durch den Zugriff auf (rechts-)extremistische Inhalte ist zu thematisieren.[546] Eine weitere Gefahr neben sog. Vandalismusschäden – vor allem in Bezug auf mobile Endgeräte (sog. Tablets), wie in der JVA Heidering aktuell im Test[547] – sind unerwünschte Umbaumaßnahmen an den Geräten, um zusätzliche (unkontrollierte) Speichermöglichkeiten zu erreichen.[548] Gleichfalls wäre es denkbar, dass Gefangene durch manipulierte Rechner versuchen, das Behördennetzwerk zu „infizieren" oder sich auf anstaltsinterne Server Zugang verschaffen.[549] Bei einer übertriebenen Nutzung kann das Internet auch zur „persönlichen Gefahr" für den Gefangenen dergestalt werden, dass Suchterscheinungen auftreten und soziale Vereinsamung droht.[550]

---

542 Justizvollzugsbeauftragter des Landes NRW 2015, S. 134–135: „Risikohäftling"; vgl. BeckOK Strafvollzug Bayern/*Arloth*, BayStVollzG Art. 35 Rn. 1; vgl. auch *Bode*, in: Medien – Kriminalität – Kriminalpolitik 2018, S. 88–89.

543 *Wehrmeier*, FS 2014, 155; *Thiele* 2016, S. 197.

544 Vgl. dazu Justizvollzugsbeauftragter des Landes NRW 2015, S. 135; vgl. auch *Bode*, in: Medien – Kriminalität – Kriminalpolitik 2018, S. 88–89.

545 Justizvollzugsbeauftragter des Landes NRW 2015, S. 133; BeckOK Strafvollzug Bayern/*Arloth*, BayStVollzG Art. 35 Rn. 1; vgl. auch *Bode*, ZIS 2017, 348, 352.

546 *Knauer* 2006, S. 90; *ders.* 2012, S. 29; Kapitel C.V.1; vgl. auch *Bode*, in: Medien – Kriminalität – Kriminalpolitik 2018, S. 88–89.

547 Vgl. Paritätischer Landesverband Berlin e.V. 2017, S. 10–11; siehe ferner die Vorstellung des Projekts unter http://www.ibi.tu-berlin.de/projekte/aktuelle-projekte/199-resozialisierung-durch-digitalisierung-heidering, zuletzt abgerufen am 1.12.2018.

548 Vgl. Paritätischer Landesverband Berlin e.V. 2017, S. 10–11; *Knauer* 2006, S. 86; vgl. auch *Bode*, in: Medien – Kriminalität – Kriminalpolitik 2018, S. 88–89.

549 Vgl. Justizvollzugsbeauftragter des Landes NRW 2015, S. 136; vgl. auch *Bode*, in: Medien – Kriminalität – Kriminalpolitik 2018, S. 88–89.

550 Kapitel C.V.2; Justizvollzugsbeauftragter des Landes NRW 2015, S. 134, wonach sich die Gefahr einer Internetsucht auch dergestalt äußern kann, dass ein „Einigeln" auf

### *cc) Zusammenfassung*

Eine sehr anschauliche Zusammenstellung möglicher Gefahren findet sich in der Kommentierung von Arloth zu Art. 35 BayStVollzG. Dort fasst er eben jene Gefahrenaspekte, die bei einer Internetnutzung durch Strafgefangene berührt sind, wie folgt zusammen:

> „Eine Gefährdung von Sicherheit und Ordnung der betroffenen Justizvollzugsanstalten droht insbesondere dadurch, dass Gefangene aus der Anstalt mithilfe elektronischer Kommunikation unter Einbeziehung dritter Personen Fluchtvorbereitungen treffen könnten. Auch steht zu befürchten, dass Lücken in der Kommunikationsüberwachung dazu genutzt werden könnten, die Einschleusung verbotener Gegenstände in die JVA zu koordinieren. Besonders gefährlich erweist sich hierbei die im Rahmen des Internets bestehende Möglichkeit zur Übermittlung von Bildmaterial. So könnte etwa kaum ausgeschlossen werden, dass Anleitungen zum Bau oder Abbildungen von Waffen übermittelt werden, anhand dieser von Gefangenen sodann der Versuch eines Nachbaus unternommen werden könnte. Eine Gefährdung der Sicherheit der Allgemeinheit droht insbesondere im Hinblick auf zwei Aspekte. Zum einen geriete durch Überwachungslücken der Opferschutz in Gefahr. Denn es wäre Opfern von Straftaten nicht vermittelbar, wenn Gefangene aus der Justizvollzugsanstalt heraus mit ihnen in Kontakt treten und sie beispielsweise verhöhnen würden. Zum anderen bestünde durch Überwachungslücken die Gefahr, dass Gefangene aus der Anstalt mithilfe elektronischer Kommunikation neue Straftaten begehen."[551]

Arloth hebt sowohl auf externe als auch interne Sicherheitsaspekte ab und zeigt damit eindrücklich auf, wie wichtig es ist, die Gewährung eines Internetzugangs für Strafgefangene vor dem Hintergrund potentieller Missbrauchsgefahren kritisch zu begleiten.

### *c) Abwägende Gegenüberstellung*

Bei Betrachtung des Chancenpotentials auf der einen und der Missbrauchsmöglichkeiten auf der anderen Seite lässt sich dem Vollzugsziel der Resozialisierung ein Übergewicht zusprechen.[552] Dies liegt nicht nur darin begründet, dass der Wiedereingliederung des Gefangenen in die Gesellschaft im heutigen Strafvollzugssystem ein besonderer Stellenwert zukommt,[553] sondern auch, dass der

---

der Zelle bei Gefangenen ohne Arbeit stattfindet; vgl. auch *Bode*, in: Medien – Kriminalität – Kriminalpolitik 2018, S. 88–89.

551 BeckOK Strafvollzug Bayern/*Arloth*, BayStVollzG Art. 35 Rn. 1.

552 So bereits Justizvollzugsbeauftragter des Landes NRW 2015, S. 134–136; vgl. auch *Bode*, in: Medien – Kriminalität – Kriminalpolitik 2018, S. 93; *ders.*, BAG S 2018, 4, 5.

553 *Köhne*, ZRP 2003, 207, 209.

„Möglichkeitsraum" des Internets bei positiver Nutzung dem Gefangenen so viel zu bieten im Stande ist wie der keines anderen Mediums. Mithin erweist sich das Internet im Vergleich zu den analogen Vollzugsmedien als besonders resozialisierungstauglich, da es neben verschiedensten Kommunikationsanwendungen auch ein reichhaltiges Angebot an Informations- bzw. Weiterbildungsmöglichkeiten bereithält.[554] Wawzyniak illustriert dies wie folgt:

> „Es muss nämlich davon ausgegangen werden, dass ohne die Möglichkeit des Zugangs zum Internet gerade kein ‚Zurechtfinden im normalen Leben' nach der Entlassung aus dem Strafvollzug möglich wäre. Genau hier liegt der zentrale Unterschied zu Fernseher, Spielkonsole etc., welche der Freizeitbeschäftigung dienten. Der Zugang zum Internet geht darüber hinaus, er ist notwendig, um sich Fähigkeiten und Fertigkeiten anzueignen, die für das Leben außerhalb des Strafvollzuges unerlässlich sind."[555]

Bedingt durch diese Möglichkeitsvielfalt mag zugleich das Gefahrenpotential abstrakt betrachtet hoch erscheinen; jedoch gilt es zu beachten, dass ebenso weitreichende Sicherungsmöglichkeiten bestehen.[556] Viele Gefahren lassen sich bereits durch praktische Umsetzungsmaßnahmen (es werden u. a. „Tunnelungen" des Zugangs, die Spiegelung bzw. Festlegung von Websites, der Einsatz von Filterprogrammen, das Auslesen des Browserverlaufs, die Internetnutzung unter direkter Aufsicht, die Verschlüsselung der Datenübertragung über WPA2-Enterprise sowie die Freischaltung unbedenklicher Inhalte vorgeschlagen) beheben (s. näher u. H.I.5).[557] Flankierend ließe sich der Zugang zum Internet darüber hinaus an der persönlichen Eignung des Inhaftierten festmachen.[558] Dabei könnte, sofern an eine spezielle „Internet-Tauglichkeitsprüfung" (bei der

---

554 Vgl. erneut die besondere Bedeutung von weltweitem Bildkontakt zu Angehörigen, wie *Holt* sie in FS 2014, 149, 150 beschreibt, sowie die umfassende Darstellung von *Dathe-Morgeneyer/Pfeffer-Hoffmann* zum eLearning in BewHi 2010, 42 ff.; so im Ergebnis bereits *Knauer* 2012, S. 30; *Galli*, in: AK-StVollzG, § 21 Rn. 8; vgl. auch *Bode*, in: Medien – Kriminalität – Kriminalpolitik 2018, S. 92.

555 *Wawzyniak*, KritV 2012, 198, 207.

556 Vgl. Kapitel C.V.1 und D.II.6; Justizvollzugsbeauftragter des Landes NRW 2015, S. 135; vgl. *Esser*, NStZ 2018, 121, 126–127.

557 IBI 2011, S. 9 f.; Justizvollzugsbeauftragter des Landes NRW 2015, S. 135; siehe ferner *Wehrmeier*, FS 2014, 155, 156, mit weiterem praktischen „Input"; vgl. darüber hinaus auch Paritätischer Landesverband Berlin e.V. 2017, S. 21–22, wo ebenfalls eine Vielzahl praktischer Sicherungsmöglichkeiten vorgestellt wird; ausführlich bereits *Knauer* 2006, S. 94 ff.; vgl. auch *Bode*, in: Medien – Kriminalität – Kriminalpolitik 2018, S. 92.

558 Kapitel D.II.6; in diesem Sinne wohl auch Justizvollzugsbeauftragter des Landes NRW 2015, S. 135; vgl. auch *Bode*, in: Medien – Kriminalität – Kriminalpolitik 2018, S. 92; *ders.*, FS 2018, 219, 220–221.

es schwerpunktmäßig um die charakterliche Eignung des Gefangenen, mithin eine „persönlichkeitsbezogene Prognose“[559] gehen sollte) angeknüpft wird, ein abgestuftes Sicherheitsniveau gelten, das an dem vom Gefangenen ausgehenden Gefährdungsgrad zu orientieren ist.[560] Passend dazu führt Jehle mit Verweis auf die herrschende Ansicht in der Rechtsprechung aus, dass „bei Entscheidungen in Vollzugsfragen neben der Persönlichkeitsentwicklung, den Straftaten und zurückliegenden Auffälligkeiten im Vollzug immer und besonders sorgfältig auf die Entwicklung im Vollzug und neuere Beobachtungen und Einstellungsänderungen des Insassen eingegangen werden muss. Die Ablehnung von Vollzugsmaßnahmen allein mit dem Hinweis auf länger zurückliegende Vorfälle ist grundsätzlich unzulässig.“[561]

Der Vielzahl potentieller Missbrauchsmöglichkeiten kann aber auch durch das Zusammenspiel von technischer Überwachung und personellen Kontrollmechanismen sinnvoll entgegenwirkt werden.[562] Es geht, wie die Auswertung der Studie von Brodowski/Freiling insofern gezeigt hat, um die Implementierung eines angepassten Sicherheitskonzepts, dass stetiger Aktualisierung unterliegt.[563] Auf Anstaltsseite ist auf sich bietende Gefahren deshalb auch durch besondere Schulungen der Mitarbeiter, netzwerktechnische Trennungen (Behördennetzwerk/Gefangenennetzwerk) sowie die Installation von Sicherheitssoftware zu reagieren.[564]

Ein den Verhältnissen im Vollzug angemessener Ausgleich der Gefahren des Internets erscheint unter diesen Voraussetzungen bereits jetzt möglich. Das tatsächlich bestehende Risiko lässt sich also im Vergleich zur oben angeführten abstrakten Gefährdungslage erheblich reduzieren.[565] Theine stellt hierzu fest:

> „Nach mehr als anderthalb Jahrzehnten Erfahrung im Rahmen von Bildungsarbeit und Arbeitsmarktintegration kann behauptet werden, dass die Nutzung der Neuen Medien

559 SBJL/Schwind/*Goldberg*, §70 Rn. 11; *Laubenthal* 2015, Rn. 618.

560 Justizvollzugsbeauftragter des Landes NRW 2015, S. 135; *Knauer*, Zeitschrift für soziale Strafrechtspflege 2015, 54, 64, der ein „abgestuftes System von Kontrollmöglichkeiten“ fordert; IBI 2011, S. 21; vgl. auch *Bode*, in: Medien – Kriminalität – Kriminalpolitik 2018, S. 92.

561 SBJL/*Jehle* 2019 (im Druck), 1 C Rn 18.

562 IBI 2011, S. 21; *Esser*, NStZ 2018, 121, 127.

563 Kapitel C.V.1; IBI 2011, S. 21.

564 Kapitel C.V.1, 3.

565 *Theine*, FS 2014, 161, 161–162; Justizvollzugsbeauftragter des Landes NRW 2015, S. 135: „regelmäßig praktikabel“; vgl. Kapitel C.V.3 und D.II.6; vgl. auch *Bode*, in: Medien – Kriminalität – Kriminalpolitik 2018, S. 93; *ders.* BAG S 2018, 4, 5–6.

> und einzelner Internetanwendungen im Strafvollzug umfänglich erprobt worden ist und dass wesentlichen Sicherheitsbedürfnissen des Vollzugs differenziert Rechnung getragen werden kann."[566]

Auch Dessecker bringt in kritischer Absicht Folgendes zum Ausdruck:

> „Die undifferenzierte Behauptung, die Nutzung des Internets komme aus Sicherheitsgründen nicht in Betracht, lässt sich angesichts etlicher Erprobungen im deutschen und ausländischen Vollzugsanstalten kaum mehr nachvollziehen. Es ist selbstverständlich, dass Einschränkungen aus Sicherheitsgründen unter den Bedingungen des Strafvollzugs bei allen technisch möglichen Anwendungen eine wesentliche Rolle spielen werden."[567]

Es kann deshalb nicht mehr länger um die Frage des „ob", sondern es muss vielmehr um die praktische Umsetzung, also um das „wie" der Internetnutzung durch Strafgefangene gehen.[568] Kompetenzen sowie der – vielfach geforderte – verantwortungsvolle Umgang mit Neuen Medien können den Inhaftierten nur sinnvoll näher gebracht werden, wenn die Möglichkeit der Internetnutzung besteht.[569] Ferner verbietet sich nach Ansicht von Knauer die pauschale Annahme, dass das Internet im Vergleich zu weiteren Formen des Außenkontakts (z. B. Telefon, Schriftwechsel oder Besuche) eine besonders gefahrenaffine Rolle einnimmt, da alle aufgezählten Kommunikationsmittel eine Grundgefahr bergen und sich das Internet letztlich in diesen Gefahrbereich einreiht.[570] Dies heißt im Umkehrschluss zwar nicht, dass es weniger „gefahrenträchtig" als andere Medien wäre.[571] Indes lässt sich für die Internetnutzung bei praxisreifer Ausgestaltung der Sicherheitsvorkehrungen eine weitgehende „Resilienz" der technischen Strukturen erwirken. Gemessen am Sicherheitsaufwand ist wohl bereits ein fest im Gemeinschaftsraum der Haftanstalt installierter Stand-PC leichter gegen eine erlaubniswidrige Nutzung zu sichern als private Laptops im persönlichen Haftraum der Gefangenen.[572] Ferner ist zu beachten, dass ein Großteil der betroffenen Insassen nicht wegen schwerer Verbrechen wie Vergewaltigung oder Mord inhaftiert ist, sondern häufig wegen Diebstahls- oder kleinerer Gewaltdelikte in Haft sitzt,

---

566 *Theine*, FS 2014, 161, 162.

567 SBJL/*Dessecker* 2019 (im Druck), 9 D Rn. 10.

568 *Theine*, FS 2014, 161; IBI 2011, S. 18; vgl. Justizvollzugsbeauftragter des Landes NRW 2015, S. 135; vgl. auch *Bode*, in: Medien – Kriminalität – Kriminalpolitik 2018, S. 92.

569 *Heger* 2012, S. 40–41.

570 *Knauer* 2006, S. 92; vgl. ferner Justizvollzugsbeauftragter des Landes NRW 2015, S. 133; Kapitel D.II.6.

571 Vgl. Justizvollzugsbeauftragter des Landes NRW 2015, S. 136.

572 Siehe dazu *Knauer* 2006, S. 161.

sodass sich die Gefahren für Opfer (bzw. Angehörige), über das Internet erneut ihren Peinigern ausgesetzt zu sein, in überschaubaren Grenzen halten.[573]

Auch an den Beitritt der einzelnen JVAen in länderübergreifende Verbundsysteme – wie den sog. eLiS-Verbund – ist zu denken.[574] Hierdurch wird sowohl die weitergehende Freisetzung von technischem Know-how zur Gefahrenbekämpfung als auch eine sinnvolle Kostenteilung durch die gemeinsame Nutzung von Infrastrukturen sowie eine Standardisierung des Sicherheitsniveaus möglich.[575] Diese Vernetzungsbestrebungen zugunsten einer aktiven Verbesserung der Sicherheitsstrukturen im Vollzug sollten sowohl auf nationaler wie internationaler Ebene Platz greifen.[576]

Was abschließend die von Arloth dezidiert erwähnten Opferschutzaspekte anbelangt, so greifen auch hinsichtlich einer Gefährdung durch ungewollte Kontaktaufnahmen alle vorgenannten Sicherungsmöglichkeiten. Für einen der Lage angemessenen Kontrollaufwand kommt es, sofern die oben angeführten Sicherungsmöglichkeiten zur Anwendung gelangen, lediglich auf die richtige Kombination von technischer und personeller Überwachung an. Im Fall eines verurteilten Sexualverbrechers ist deshalb neben technischen Sicherungen wie der „Tunnelung" des Zugangs und des Auslesens des Browserverlaufs speziell eine Prüfung der charakterlichen Eignung des betreffenden Gefangenen notwendig.[577] Ferner lassen sich – dies wird in den Landesgesetzen über entsprechende Rechtsgrundverweisungen sichergestellt[578] – die im Bereich anderer Formen des Außenkontakts bekannten Kontrollmöglichkeiten fruchtbar machen.[579] Dabei wird schließlich auch an die Untersagung bestimmter Nutzungsmöglichkeiten

---

573 Vgl. dazu Statistisches Bundesamt 2016, Fachserie 10, Reihe 4.1, S. 15–16; ähnlich bereits Justizvollzugsbeauftragter des Landes NRW 2015, S. 135; vgl. auch *Bode*, in: Medien – Kriminalität – Kriminalpolitik 2018, S. 91.

574 Zu den Sicherheitsvorkehrungen bei der Nutzung von eLiS-Angeboten vgl. Paritätischer Landesverband Berlin e.V. 2017, S. 21–23; IBI 2011, S. 10; siehe auch *Dathe-Morgeneyer/Pfeffer-Hoffmann*, BewHi 2010, 42, 45–48; vgl. auch *Bode*, in: Medien – Kriminalität – Kriminalpolitik 2018, S. 92.

575 IBI 2011, S. 10: „Gesamtkonzept"; vgl. auch *Bode*, in: Medien – Kriminalität – Kriminalpolitik 2018, S. 92.

576 Vgl. Kapitel G.III; vgl. auch *Bode*, in: Medien – Kriminalität – Kriminalpolitik 2018, S. 92.

577 Vgl. *Knauer* 2012, S. 30; Justizvollzugsbeauftragter des Landes NRW 2015, S. 136.

578 Justizvollzugsbeauftragter des Landes NRW 2015, S. 134–135; vgl. Kapitel E.I.

579 Vgl. Justizvollzugsbeauftragter des Landes NRW 2015, S. 134–135.

des Internets zu denken sein.[580] So gesehen ist zugunsten einer opferorientierten Vollzugsbehandlung zwar besondere Vorsicht bei einzelnen Gefangenen geboten.[581] Dieser Umstand steht jedoch der Möglichkeit einer – notfalls unter direkter Aufsicht erfolgenden – Internetnutzung nicht per se entgegen.[582]

Bei einer Zusammenschau aller maßgeblichen Erwägungen lässt sich feststellen, dass der Zielkonflikt zwischen Resozialisierung des Gefangenen und Sicherheit der Allgemeinheit bei Internetnutzung zugunsten des Resozialisierungsinteresses aufgelöst werden kann.[583] Durch sicherheitstechnische Anpassungen sowie bei einer entsprechend engen Orientierung an der persönlichen Eignung des Gefangenen können die tatsächlichen Missbrauchsgefahren auf ein den vollzuglichen Bedingungen angemessenes Maß reduziert werden;[584] „vertretbare Risiken“ sind weiterhin einzugehen.[585]

Das Internet sollte daher als fester Bezugspunkt in das bestehende Resozialisierungskonzept der Anstalten und dessen Förderungsangebot für Strafgefangene aufgenommen werden.[586] Schließlich bietet das Internet dem Verurteilten zu jeder Phase seiner Inhaftierung (bis hin zur Unterstützung einer individuellen Entlassungsvorbereitung) geeignetes Resozialisierungspotential – vor allem in den angesprochenen Bereichen der (sozialen) Außenkontakte, der Bildung und Arbeit sowie einer sinnvollen Freizeitgestaltung.[587]

Im Sinne dieser Bewertung hat sich auch der Leiter der JVA Moabit, Wolfgang Fixson, am 30.1.2018 auf Reso-Infoportal.de geäußert. Zur Nutzung Neuer Medien im Vollzug führt er aus:

> „Ein Inhaftierter, der diese [modernen] Medien noch nicht einmal partiell beherrscht, wird bei der Entlassung benachteiligt sein und seine vom Gesetz vorgegebene zu fördernde Wiedereingliederung ist erheblich erschwert. Soll der Resozialisierungsanspruch

---

580 Justizvollzugsbeauftragter des Landes NRW 2015, S. 135: „bestimmte Möglichkeiten ausnehmen“.

581 Justizvollzugsbeauftragter des Landes NRW 2015, S. 136.

582 Justizvollzugsbeauftragter des Landes NRW 2015, S. 136.

583 Vgl. Justizvollzugsbeauftragter des Landes NRW 2015, S. 135–136; vgl. auch *Bode*, FS 2018, 219, 220–221; *ders.*, in: Medien – Kriminalität – Kriminalpolitik 2018, S. 93.

584 Vgl. Kapitel D.II.6; krit. BeckOK Strafvollzug Berlin/*Paster* StVollzG Bln § 40 Rn. 1.

585 SBJL/*Jehle*, § 2 Rn. 18.

586 Vgl. Kapitel D.II.6; vgl. auch *Bode*, FS 2018, 219, 220–221.

587 IBI 2011, S. 13, 17; siehe auch *Dathe-Morgeneyer/Pfeffer-Hoffmann*, BewHi 2010, 42, 55; ferner *Theine*, FS 2014, 161, 162; weiterhin dazu Paritätischer Landesverband Berlin e.V. 2017, S. 34; abw. BeckOK Strafvollzug Bayern/*Arloth*, BayStVollzG Art. 35 Rn. 1; vgl. auch *Bode*, in: Medien – Kriminalität – Kriminalpolitik 2018, S. 92.

> wirklich ernst genommen werden, so muss in Zukunft bundesweit eine moderne Medieninfrastruktur aufgebaut werden, wobei unstrittig dem Gesichtspunkt Sicherheit, also dem Ausschluss von Manipulation durch Insassen und Dritte, ein absoluter Schwerpunkt eingeräumt werden muss."[588]

Daraus folgt, dass es vor dem Hintergrund des übergeordneten Vollzugsziels der Resozialisierung zur Schaffung eines Internetzugangs für Strafgefangene in deutschen Haftanstalten kommen muss.[589]

## 3. Bedeutung der Gestaltungsgrundsätze

Nachdem die grundsätzliche Vereinbarkeit mit Vollzugsziel und Vollzugsaufgabe geprüft wurde, soll es nunmehr darauf ankommen, die Möglichkeit eines Internetzugangs für Strafgefangene am Maßstab der – in allen Bundesländern – einfachgesetzlich kodifizierten[590] Vollzugsgrundsätze Angleichungsgrundsatz, Gegensteuerungsgrundsatz und Integrationsgrundsatz zu messen sowie den ihnen diesbezüglich inhärenten Bedeutungsgehalt herauszustellen.

### *a) Internetnutzung und Angleichungsgrundsatz*

Der Angleichungsgrundsatz dient nach den bisherigen Feststellungen dazu, die mit dem Freiheitsentzug notwendigerweise verbundenen Beschränkungen durch eine an die außervollzugliche Lebenswelt angepasste Gestaltung abzumildern.[591] Internetnutzung ist in der Außenwelt zwar obligat geworden[592] und – so fordern es Feest/Lesting/Lindemann unter der Überschrift Angleichungsherausforderungen – „dem wird sich der Strafvollzug nicht mehr lange verschließen können"[593]. Dieser Umstand lässt sich jedoch bezogen auf den Angleichungsgrundsatz nicht unmittelbar im Strafvollzug widerspiegeln. Nicht nur Sicherheitsbelange der Anstalt können weiterhin ein Hindernis für die Nutzung neuer

588 http://reso-infoportal.de/kurz-und-buendig/1342-kurz-und-buendig-nr-11-30-01-2018-wir-brauchen-fuer-den-strafvollzug-eine-moderne-und-bezahlbare-medieninfrastruktur, zuletzt abgerufen am 1.12.2018.

589 Justizvollzugsbeauftragter des Landes NRW 2015, S. 136; vgl. auch *Bode*, FS 2018, 219, 220–221.

590 Vgl. SBJL/*Jehle* 2019 (im Druck), 1 D Rn. 1–2; *Feest/Lesting*, in: AK-StVollzG § 3 Rn. 1; siehe auch Kapitel D.I.2.

591 SBJL/*Jehle*, § 3 Rn. 4; *Feest/Lesting*, in: AK-StVollzG, § 3 Rn. 22: „den allgemeinen Lebensverhältnissen anzugleichen".

592 Siehe nur *Theine*, FS 2014, 161; Kapitel C.IV.4.

593 *Feest/Lesting/Lindemann*, in: AK-StVollzG, Teil I Einleitung Rn. 27.

Informations- und Kommunikationsformen bilden, sondern bereits für die Entscheidung darüber, wie weit tatsächlich anzugleichen ist, steht kein hinreichend konkreter Maßstab bereit.[594] Eine Annäherung an die „allgemeinen Lebensverhältnisse" kann daher nur einzelfallabhängig erfolgen:

So entspricht es einerseits dem Angleichungsgrundsatz, dass eine „Playstation 2" aufgrund einer abstrakten Gefahrenlage für die Sicherheit und Ordnung der Anstalt nicht besessen werden darf. Denn es bestehe bei diesem (internetfähigen) Gegenstand u. a. die Möglichkeit, dass Daten unkontrollierbar in die Außenwelt gelangen.[595] Andererseits entspricht es einer Entscheidung des OLG Naumburg[596] zufolge dem Angleichungsgrundsatz, wenn sich die Überwachungsmethoden der Anstalt dem technischen Fortschritt der medialen Geräte weiter anpassen.[597]

Beide zuvor geschilderten Sichtweisen eint zunächst der Umstand, dass im Rahmen der Entscheidungsfindung explizit auf den Angleichungsgrundsatz Bezug genommen wird. Gleichwohl führt dies im Ergebnis nicht dazu, dass wertungsmäßig eine einheitliche Tendenz zu erkennen ist. Daran gemessen bildet der Angleichungsgrundsatz ein zu ungenaues Maß[598] und ist für sich genommen jedenfalls nicht in der Lage, einzelfallbezogen direkt einen Anspruch auf Internetzugang zu begründen. Dies bedeutet im Ergebnis, dass die Berufung auf den Angleichungsgrundsatz zwar tauglich sein kann, um eine weitergehende medientechnische Angleichung an die Bedingungen der Außenwelt zu fordern. Sein Bedeutungsgehalt bleibt jedoch vor dem Hintergrund individueller Gefahrenbewertungen sowie mangels eines konkreten Angleichungsmaßstabs als beschränkt einzustufen.[599]

### *b) Internetnutzung und Gegensteuerungsgrundsatz*

Beim Gegensteuerungsgrundsatz liegt der Fall anders. Es besteht bereits ein deutlich konkreterer Maßstab als beim Angleichungsgrundsatz. Denn nach Maßgabe des Vollzugsziels der Resozialisierung müssen die Rechte des Gefangenen

594 Vgl. SBJL/*Jehle*, § 3 Rn. 7; *Feest/Lesting*, in: AK-StVollzG, § 3 Rn. 26.

595 SBJL/*Jehle*, § 3 Rn. 6; KG, ZfStrVo 2005, 306 ff.; weiterführend OLG Frankfurt, 28.4.2008 – 3 Ws 279/08, BeckRS 2008, 13121; siehe auch Kapitel D.III.4.

596 OLG Naumburg, 20.7.2011 – 1 Ws 70/11, BeckRS 2011, 21728.

597 SBJL/*Jehle*, § 3 Rn. 6.

598 Vgl. SBJL/*Jehle*, § 3 Rn. 7.

599 Anders *Knauer*, Zeitschrift für soziale Strafrechtspflege 2015, 55, 64, der den Angleichungsgrundsatz in diesem Zusammenhang als besonders bedeutsam einschätzt.

respektive seine Bedürfnisse besondere Beachtung bei der praktischen Vollzugsgestaltung finden.[600] Diese Vorgaben wiederum sollen sicherstellen, dass Gefangene durch ihre Haftzeit („schädliche Einwirkungen des Freiheitsentzugs")[601] nicht ins gesellschaftliche Abseits geraten.[602] Dadurch wird es möglich, anhand eines Folgenvergleichs kompensatorisch wirkende Einzelmaßnahmen zu identifizieren,[603] die besonders geeignet sind, resozialisierungsfördernd auf den Gefangenen einzuwirken. Bezogen auf die Internetnutzung lässt sich insofern Folgendes erkennen:

Da das Internet in der heutigen Gesellschaft nicht nur das wichtigste Kommunikations- und Informationsmedium darstellt, sondern der gesellschaftliche Alltag vermehrt „online" stattfindet, droht die Gefahr, dass Inhaftierte bei fehlendem Zugang zu diesem Medium nicht mehr reibungslos in der Außenwelt Fuß fassen können.[604] Zwar sind auch diesem Grundsatz zugunsten von Sicherheitsgefahren Grenzen zu setzen. Jedoch wird der verbreiteten Nutzung des Internets in der Gesellschaft und seiner daraus resultierenden Bedeutung für eine gelingende Resozialisierung des Gefangenen verstärkt Rechnung zu tragen sein.[605] Der sichere Umgang mit modernen Medien ist nach den zuvor entwickelten Maßstäben im Hinblick auf den technischen Fortschritt sowie einer alle gesellschaftlichen Bereiche durchdringende Digitalisierung unerlässlich.[606] Schließt der Strafvollzug das Internet vollständig aus, ist künftig mit erheblichen Nachteilen für die Resozialisierung des Gefangenen zu rechnen.[607] Einer zu starken Entfremdung von den außenweltlichen Verhältnissen ist also entgegenzuwirken. Ein sinnvolles Entgegenwirken ist aber nur möglich, sofern die Gefangenen auch tatsächlichen Umgang mit dem Internet haben.

Bei Feest/Lesting wird bezogen auf Gegensteuerungsmaßnahmen im Wohnbereich deshalb auch Folgendes hervorgehoben:

---

600 Vgl. Kapitel D.I.2.

601 *Feest/Lesting*, in: AK-StVollzG, § 3 Rn. 34.

602 Vgl. SBJL/*Jehle*, § 3 Rn. 11; *Feest/Lesting*, in: AK-StVollzG, § 3 Rn. 35: „Minimierung schädlicher Vollzugsfolgen"; in Bezug auf Internetnutzung vgl. auch *Bode*, ZIS 2017, 348, 352; *ders.*, FS 2018, 219, 220–221.

603 Vgl. *Feest/Lesting*, in: AK-StVollzG, § 3 Rn. 35.

604 *Theine*, FS 2014, 161, 161–162; *Feest/Lesting/Lindemann*, in: AK-StVollzG, Teil I Einleitung Rn. 27; Kapitel D.III.2; vgl. auch *Bode*, FS 2017, 353, 355.

605 Vgl. IBI 2011, S. 18; vgl. auch *Bode*, FS 2018, 219, 221.

606 Vgl. Kapitel C.IV.4 und D.III.2.

607 Vgl. IBI 2011, S. 17–18; Kapitel D.II.6.

> „Gefangene, die auf ihren Haftraum beschränkt sind, müssen verstärkt Kontakte mit anderen Gefangenen (Umschluss) und mit der Außenwelt (Medien, Telefon, Internet, Besuch etc.) ermöglicht werden.“[608]

Danach spricht der Gegensteuerungsgrundsatz auf einfachgesetzlicher Ebene in besonderem Maße dafür, Gefangenen die Internetnutzung generell zu ermöglichen. Gleichzeitg wird, was die einzelnen Vollzugsbereiche anbelangt, stets zu prüfen sein, ob wirksames „Gegensteuern“ nicht auch Internetzugang voraussetzt.

### *c) Internetnutzung und Integrationsgrundsatz*

Der Integrationsgrundsatz soll seiner Bestimmung nach eine Wiedereingliederung des Gefangenen in die Gesellschaft fördern und entspricht somit dem Vollzugsziel.[609] Um diese „Entlassung“[610] in die Außenwelt möglichst effektiv zu gestalten, wird auch eine Öffnung des Vollzugsalltags zugunsten von Internetanwendungen zu erwägen sein. Schließlich ist eine erfolgreiche Reintegration keinesfalls so vorzubereiten, dass dem Gefangenen erst mit zeitlich unmittelbar bevorstehender Entlassung – abrupt – weitergehende integrative Freiheiten gewährt werden.[611] Es sollte sich vielmehr um einen kontinuierlichen Prozess (zugunsten eines „fließenden Übergangs“)[612] handeln,[613] wobei der Internetzugriff auch bereits in einer frühen Phase der Inhaftierung angemessen auf den späteren außenweltlichen Alltag vorbereiten und einer sozialen Isolation vorgebeugt werden kann.[614] Die Reintegration des Gefangenen durch derartige Maßnahmen bereits während der Haft schrittweise zu fokussieren, erscheint daher im Grundsatz wünschenswert.[615] Allgemeine Sicherheitserwägungen stehen erneut jedoch einer unbeschränkten Anwendung des Integrationsgrundsatzes entgegen. Dies wird vor allem dann deutlich, wenn man die kommunikative Seite der Internetnutzung betrachtet und insofern schädliche Kontakte zur Außenwelt einbezieht.[616] Zugleich bleibt das Gelingen einer Eingliederung „in

608 *Feest/Lesting*, in: AK-StVollzG, § 3 Rn. 38.
609 SBJL/*Jehle*, § 3 Rn. 13; Kapitel D.I.2.
610 *Feest/Lesting*, in: AK-StVollzG, § 3 Rn. 7.
611 Vgl. Kapitel D.I.2; vgl. auch *Bode*, FS 2018, 219, 221.
612 *Bahl/Pollähne*, in: AK-StVollzG, § 42 Rn. 43.
613 Siehe SBJL/*Jehle*, § 2 Rn. 20; *Feest/Lesting*, in: AK-StVollzG, § 3 Rn. 7 f m.w.N.
614 Vgl. *Feest/Lesting*, in: AK-StVollzG, § 3 Rn. 11; SBJL/*Jehle* 2019 (im Druck), 1 D Rn. 25: „Bezug zur Außenwelt“; vgl. auch *Bode*, FS 2018, 219, 221.
615 Vgl. *Feest/Lesting*, in: AK-StVollzG, § 3 Rn. 7–8.
616 Vgl. Kapitel D.III.2.

das Leben in Freiheit“ stark von den individuellen Voraussetzungen des Gefangenen abhängig.[617]

Aufs Ganze gesehen ist auch der Integrationsgrundsatz brauchbar, um weiteren Handlungsbedarf hinsichtlich einer Zulassung des Internets im Strafvollzug aufzuzeigen; er stößt jedoch aufgrund von Sicherheitsbeschränkungen sowie mangels hinreichender Konkretisierungsmöglichkeiten auf Einzelmaßnahmen in der Praxis zu schnell an seine Grenzen.

#### *d) Ergebnis*

Nach den vorstehenden Untersuchungen zeigt sich, dass alle drei Gestaltungsgrundsätze zur Begründung der Forderung nach digitaler Aufrüstung im Strafvollzug taugen. Denn zugunsten einer wirksamen Resozialisierung ist es auch in ihrem Sinne bedeutsam, den Gefahren fehlender Kompetenz im Umgang mit moderner Technik entgegenzutreten.[618] Die Vollzugsanstalten sind daher zunächst nach Maßgabe sämtlicher Gestaltungsgrundsätze angehalten, Abhilfe zu schaffen. Gleichwohl erscheint, was den Wunsch nach Internetzugang in einzelnen Vollzugsbereichen anbelangt, eine Berufung auf den Gegensteuerungsgrundsatz als stärkstes Argument. Nur dieser Grundsatz gibt der Praxis einen hinreichend konkreten Handlungsmaßstab („kompensatorisch entgegenwirken“)[619] je nach Nutzungsart vor.[620]

### 4. Rechtsprechungsübersicht

Wie ein Blick auf die zuvor dargestellten Entwicklungen im Bereich des Zugangs zu klassischen Medien zeigt, hat die Rechtsprechung schon immer Einfluss auf die konkrete Gestaltung der haftinternen Verhältnisse genommen.[621] Vor dem Hintergrund einer umfassenden Digitalisierung der Außenwelt muss(te) insoweit auch die praktische Handhabung des Internetzugangs im Vollzug beleuchtet werden.[622] Eine nähere Betrachtung der Rechtspraxis erfolgt dabei mit der Intention, den bisherigen Umgang mit dem Internet in der Vollzugsrechtsprechung zu veranschaulichen sowie ihn kritisch an der zuvor dargestellten Abwägung von Chancen und Risiken zu messen. Soll aber eine in diesem Sinne aktuelle

---

617 *Feest/Lesting*, in: AK-StVollzG, § 3 Rn. 8.

618 Vgl. *Theine*, FS 2014, 161, 162.

619 *Feest/Lesting*, in: AK-StVollzG, § 3 Rn. 35.

620 Abw. *Knauer*, Zeitschrift für soziale Strafrechtspflege 2015, 55, 64.

621 Vgl. nur Kapitel D.II.5.

622 Vgl. Justizvollzugsbeauftragter des Landes NRW 2015, S. 129.

Bilanz der Vollzugsrechtsprechung im Umgang mit internetfähigen Geräten gezogen werden, ist als Einschränkung zunächst vorauszuschicken, dass sich alle bisher erfolgten Entscheidungen im Wesentlichen auf Vorschriften des Bundesstrafvollzugsgesetzes beziehen.[623]

## *a) Spielekonsolen*

Nach den vorstehenden Maßstäben darf man davon ausgehen, dass die mediale Gestaltung des Haftraums einem stetigen Entwicklungsprozess unterliegt und somit dem modernen Menschen („Bürger der Außenwelt") und seinen Bedürfnissen weiter angepasst werden muss.[624] In jüngster Zeit ist zwar noch keine Entscheidung unter Bezug auf landesrechtliche Vorschriften zur Internetnutzung ergangen. Gleichwohl sind die Gefahren des Internets schon länger (über § 70 StVollzG) im Rahmen der Zulassung internetfähiger Spielekonsolen – angefangen mit Playstation 2-Modellen[625] – gerichtlich diskutiert worden.[626] Denn mit fortschreitender technischer Entwicklung wurde es möglich, dass auch mittels Spielekonsolen Zugang zum Internet zu erreichen war. Die Behörden sehen sich also bereits seit Längerem bei Entscheidungen über die Zulassung elektronischer Freizeitgeräte mit Fragen der Internetfähigkeit konfrontiert.[627] Insoweit gilt es, wesentliche Tendenzen dieser Rechtsprechungslinie anhand ausgewählter Entscheidungen aufzuzeigen:

Bereits 2007 hat das OLG Karlsruhe zur Frage von Besitz und Nutzung einer Sony-Playstation 2 im Haftraum in Abwägung mit den Sicherheitsinteressen der Anstalt Folgendes dargetan:

> „Die Strafvollstreckungskammer ist bei ihrer Entscheidung von diesem Prüfungsmaßstab ausgegangen und dabei in einem ersten Schritt zu dem Ergebnis gelangt, dass die vom Ast. begehrte Spielkonsole ‚Playstation 2' des Herstellers Sony abstrakt-generell die Anstaltssicherheit gefährden kann. Dies steht im Einklang mit der Entscheidung des

---

623 Vgl. *Knauer*, Zeitschrift für soziale Strafrechtspflege 2015, 54, 57; ausführlich zur Rechtsprechung im Beriech von Informations- und Unterhaltungselektronik auch *ders.*, in: AK-StVollzG, § 51 Rn. 20 ff.; *Esser*, NStZ 2018, 121, 124; dazu auch *Bode*, in: Kriminologische Welt in Bewegung 2018, S. 581.

624 Kapitel C.IV.4 und D.II.6.

625 Vgl. etwa OLG Karlsruhe, StV 2003, 407.

626 Dazu bereits *Knauer*, Zeitschrift für soziale Strafrechtspflege 2015, 54, 57–59; vgl. jüngst *Esser*, NStZ 2018, 121, 124; SBJL/*Goldberg* 2019 (im Druck), 5 C Rn. 3, 27; vgl. auch *Bode*, in: Kriminologische Welt in Bewegung 2018, S. 580–581.

627 *Knauer*, Zeitschrift für soziale Strafrechtspflege 2015, 54, 57–59; vgl. auch *Bode*, in: Kriminologische Welt in Bewegung 2018, S. 581–582.

> Senats vom 10.03.2005 [...] und der herrschenden obergerichtlichen Rechtsprechung [...]. Die Hohlräume der Spielkonsole können als Versteck für verbotene Gegenstände dienen; bei Einsatz einer Speicherkarte - einer so genannten ‚Memory-Card' [...] - kann unter Hinzuziehung von Hilfsprogrammen die Möglichkeit zur Speicherung von Texten geschaffen werden; damit ist die Möglichkeit eröffnet, Daten mit möglicherweise sicherheits- oder vollzugszielgefährdendem Inhalt zu speichern, die kaum oder nur sehr schwer zu kontrollieren ist. Unter Zuhilfenahme eines Mobiltelefons und eines Modems ist die Spielkonsole internetfähig; sie eröffnet damit nicht nur die Möglichkeit, die mittels der Speicherkarte gespeicherten Daten mit anderen Gefangenen oder mit der Außenwelt auszutauschen, sondern darüber hinaus Daten aus dem Internet herunter zu laden und diese Daten mit Personen innerhalb und außerhalb der Anstalt auszutauschen. Bereits diese durch das Gerät eröffnete Möglichkeit eines Datenaustauschs stellt eine erhebliche Gefahr für die Anstaltssicherheit dar."[628]

Ähnlich dazu heißt es in einer Entscheidung des OLG Brandenburg vom 26. Januar desselben Jahres hinsichtlich der Internetfähigkeit einer Nintendo Game Cube-Spielekonsole:

> „Hier folgt – wie die Strafvollstreckungskammer zu Recht ausgeführt hat – die Gefährdung der Sicherheit oder Ordnung der Anstalt aus der Internetfähigkeit des ‚Nintendo Game Cube'. Der unkontrollierte Zugriff von Strafgefangenen auf das Internet würde den Austausch von Nachrichten und die Beschaffung von Informationen auf eine Weise ermöglichen, die mit den Sicherheitsbedürfnissen einer Justizvollzugsanstalt, insbesondere einer solchen mit hohem Sicherheitsstandard wie der Antragsgegnerin, nicht zu vereinbaren ist.
>
> Dabei kommt es nicht darauf an, ob derzeit tatsächlich alle technischen Mittel zur Herstellung einer Internetverbindung mit der Spielkonsole über ein Mobiltelefon verfügbar sind. Um eine Gefährdung der Sicherheit oder Ordnung der Anstalt durch den Besitz der Spielkonsole im Sinne des § 70 Abs. 2 Nr. 2 StVollzG annehmen zu können, reicht es aus, dass der ‚Nintendo Game Cube' über die grundsätzliche Internetfähigkeit mit einer Anschlussbuchse für ein Modem oder einen Breitbandadapter verfügt. Bei diesen technischen Voraussetzungen der Spielkonsole bleibt es nur eine Frage der technischen Findigkeit, insbesondere der verwendeten Software, eine Internetverbindung auch ohne einen Festnetzanschluss herzustellen. Ließe man den Besitz von grundsätzlich internetfähigen Spielkonsolen in Justizvollzugsanstalten zu, ist zu befürchten, dass alsbald technische Veränderungen gesucht und gefunden würden, die den Online-Betrieb dieser Geräte mittels Mobiltelefonen ermöglichen würden."[629]

Die vom OLG Brandenburg vertretene Haltung findet sich in ähnlicher Weise in weiteren Entscheidungen für das gesamte Bundesgebiet, wobei festzustellen ist, dass die oberen Gerichte häufig unter umfassendem Verweis auf frühere

---

628 OLG Karlsruhe, Beschl. v. 18.1.2007 – 1 Ws 203/05, BeckRS 2007, 02822, Rn. 2.

629 OLG Brandenburg, Beschl. v. 26.1.2007 – 2 Ws (Vollz) 103/06, BeckRS 2011, 16793.

Entscheidungen agieren. So hat erst vor kurzem das KG in einem Beschluss vom 28.12.2015 auf eine Vielzahl früherer Entscheidungen verwiesen:

> „Die Gefahr gründete sich bei den Geräten früherer Generationen zunächst auf der technischen Möglichkeit, Daten auf elektronischem Weg zu verarbeiten und zu übertragen, namentlich durch die Nutzung leicht ausbaufähiger und auswechselbarer Datenträger und Datenspeicher wie USB-Sticks, SD-Speicherkarten, Wechselfestplatten und dergleichen [...]. Mit der weiteren Fortentwicklung der Konsolentechnik nahm auch deren Gefährdungspotential für den Strafvollzug zu. So sind neuere Spielkonsolen zudem onlinefähig (wie etwa die Sony Playstation 2, Microsoft X Box und Nintendo Wii). Unter Zuhilfenahme eines Modems oder eines Mobiltelefons ist es nunmehr möglich, mit anderen Internetnutzern zu kommunizieren und Daten auszutauschen (vgl. dazu OLG Brandenburg Beschluss vom 26. Januar 2007 – 2 Ws (Vollz) 103/06; Senat Beschluss vom 22. Juli 2005 – 5 Ws 178/05 Vollz –). Dies gilt umso mehr für Geräte, die – wie heute üblich – eine Datenübertragung mittels W-LAN oder Bluetooth beherrschen (vgl. zu wlanfähigen Geräten: Bay VerfGH, Beschluss vom 22. Juli 2015 – Vf. 84-VI-14 –, juris; OLG Celle Nds. RPfl 2011, 80)."[630]

Weitere Eindrücke zu dieser Rechtsprechungslinie vermittelt die dargestellte Übersicht „Obergerichtlicher Entscheidungen nach § 70 StVollzG zu internetfähigen Spielekonsolen". Es handelt sich hierbei um eine aktualisierte Version der im Beschluss des KG enthaltenen Entscheidungsauflistung[631]:

**Tab. 1:** Obergerichtliche Entscheidungen zu internetfähigen Spielekonsolen

| | |
|---|---|
| Sony-Playstation 2 | OLG Karlsruhe, StV 2003, 47; OLG Rostock, ZfStrVO 2003, 56; OLG Hamm, ZfStrVo 2005, 119; KG, NStZ-RR 2004, 157; KG, Beschl. v. 22.7.2005 – 5 Ws 178/05 Vollz, BeckRS 2005, 30360273 – und 24.1.2007 – 2 Ws 54/07 Vollz, BeckRS 2007, 142208; OLG Karlsruhe, Beschl. v. 18.1.2007 – 1 Ws 203/05, BeckRS 2007, 02822 |
| Nintendo Game Cube | OLG Karlsruhe, Justiz 2007, 260; OLG Brandenburg, Beschl. v. 26.1.2007 – 2 Ws (Vollz) 103/06, BeckRS 2011, 16793; KG, Beschl. v. 22.10.2008 – 2 Ws 516/08 Vollz, BeckRS 2008, 140525 |
| Microsoft X Box | OLG Frankfurt, NStZ 2010, 441 |
| Nintendo Ds Lite | OLG Celle, Nds. RPfl 2011, 80 |
| Nintendo Wii | KG, Beschl. v. 28.12.2015 – 2 Ws 289/15 Vollz, BeckRS 2016, 02306 |

630 KG, Beschl. v. 28.12.2015 – 2 Ws 289/15 Vollz, BeckRS 2016, 02306, Rn. 3.
631 KG, Beschl. v. 28.12.2015 – 2 Ws 289/15 Vollz, BeckRS 2016, 02306, Rn. 2.

Es fällt auf, dass die gerichtliche Diskussion um internetfähige Spielekonsolen mit dem Sony-Produkt Playstation 2 ihren Anfang nahm und nunmehr bereits seit knapp 15 Jahren geführt wird. Dabei orientieren sich die oberen Gerichte mit ihrer Argumentation immer wieder an den zur Playstation 2 entwickelten Grundsätzen.[632] Dies bedeutet aber vor allem, dass die Internetfähigkeit neben der Möglichkeit des unkontrollierten Speicherns von Daten als pauschal gefährlich gilt und deshalb zugunsten von Sicherheit und Ordnung der Anstalt nicht genutzt werden darf. Diese Tendenz der Rechtsprechung bildet zugleich einen wesentlichen Bezugspunkt für die bisherige praktische Handhabung innerhalb der Anstalten.[633]

### *b) Personal Computer*

In jüngster Zeit hat sich die Diskussion um die Zulassung internetfähiger Medien neben Spielekonsolen auch auf andere Freizeitgeräte ausgeweitet.[634] Diesem Trend folgend kommt es – vorwiegend im Bereich des Vollzugs der Sicherungsverwahrung – vermehrt zu einer Auseinandersetzung über die Frage, ob Computer in Hafträumen zulässig sind, wobei ebenso die Gefahren des Internets gerichtlicherseits abgewogen werden.[635]

Bemerkenswert ist dabei zwar, dass in einer Entscheidung des KG vom 18.6.2014 in Bezug auf die Nutzung eines Computers in der Sicherungsverwahrung Folgendes eingeräumt wird:

> „Anerkannt ist im Anwendungsbereich des Strafvollzugsgesetzes jedoch auch, dass der Grundsatz der Verhältnismäßigkeit es erfordern kann, Computer unter besonderen Umständen zuzulassen, die ausnahmsweise eine andere Beurteilung gebieten [...]. Solche können nach den Gegebenheiten des Einzelfalls vor allem in einer beruflichen oder

---

632 So auch SBJL/*Goldberg* 2019 (im Druck), 5 C Rn. 27.

633 *Wawzyniak*, KritV 2012, 198, 205–206; vgl. *Knauer*, Zeitschrift für soziale Strafrechtspflege 2015, 54, 58; vgl. auch *Bode*, in: Kriminologische Welt in Bewegung 2018, S. 582–583.

634 *Knauer*, Zeitschrift für soziale Strafrechtspflege 2015, 54, 58; vgl. auch *Bode*, in: Kriminologische Welt in Bewegung 2018, S. 582; *ders.*, Der Einsatz internetbasierter Medien im Strafvollzug (im Erscheinen).

635 Vgl. OLG Brandenburg, Beschl. v. 17.3.2014 – 1 Ws (Vollz) 192/13, BeckRS 2014, 06933; OLG Nürnberg, Beschl. v. 14.10.2015 – 1 Ws 418/15, 1 Ws 426/15, BeckRS 2015, 17313 hinsichtlich des Besitzes eines Laptops in der Sicherungsverwahrung; KG, Beschl. v. 18.6.2014 – 2 Ws 123/14 Vollz, BeckRS 2014, 17545; vgl. auch *Knauer*, Zeitschrift für soziale Strafrechtspflege 2015, 54, 58 ff.

> schulischen Aus- oder Weiterbildung zu sehen sein, sofern die Computernutzung dafür unabdingbar ist [...]. Wenn der Besitz eines Gegenstandes für die Persönlichkeitsentwicklung und Resozialisierung eines Gefangenen wichtig ist, etwa weil der Gefangene ihn für eine Aus- oder Weiterbildung benötigt, kann die Vollzugsanstalt gehalten sein, in größerem Ausmaß Kontrollen auf sich zu nehmen und auch ein gewisses Sicherheitsrisiko zu akzeptieren [...].“[636]

Gleichwohl tauchen im Rahmen der – nicht auf die speziellen Verhältnisse der Sicherungsverwahrung ausgerichteten – gerichtlichen Erwägungen erneut die sich aus einer Zugangsmöglichkeit zum Internet abstrakt-generell ergebenden Gefahrenmomente für Sicherheit und Ordnung der Anstalt auf.[637] Das KG knüpft im Detail an folgende Risiken an:

> „Nach seinem technischen Aufbau ist ein Computer dazu geeignet und bestimmt, Daten auf elektronischem Wege zu verarbeiten und auf vielfältige Weise (wie etwa mit Hilfe von externen Speichern, Bluetooth, Übermittlung per Mobilfunknetz) zu übertragen. Er ermöglicht damit zum Einen einen schlechthin nicht mehr kontrollierbaren Datenaustausch aus der Anstalt heraus in die Außenwelt. Zum anderen besteht schon bei Vorhandensein von nur zwei Geräten in einer Vollzugsanstalt – selbst, wenn sie sich in unterschiedlichen räumlichen Bereichen befinden – die nahe liegende und auch durch Kontrollen nicht auszuräumende Gefahr unerlaubter interner Übermittlung von Daten und Nachrichten mannigfacher Art. Ein derartiger Informationsfluss würde aber allgemein die Sicherheit der Anstalt konkret gefährden, da auf diese Weise insbesondere auch Kenntnisse über die Sicherheitsvorkehrungen der Anstalt ausgetauscht werden können. Ein verschleierter Datenaustausch könnte so etwa dazu benutzt werden, Fluchtpläne oder Fluchtmöglichkeiten an Dritte weiterzugeben. Dies gilt insbesondere in Anstalten mit erhöhtem Sicherheitsrisiko wie der Justizvollzugsanstalt Tegel. Darüber hinaus bietet ein nicht kontrollierbarer Datenaustausch auch die nahe liegende Möglichkeit, innerhalb der Anstalt oder aus ihr heraus Straftaten zu begehen.“[638]

Bei näherer Betrachtung weisen die vorstehenden Erwägungen, was einzelne Beispiele für potentiellen Missbrauch sowie Art und Weise ihrer Aufzählung angeht, erstaunliche Ähnlichkeit zur Argumentation bei Zulassungsentscheidungen hinsichtlich internetfähiger Spielekonsolen auf. Dies gibt Anlass zur Sorge, dass den unterschiedlichen Nutzbereichen elektronischer Gerätschaften bislang keine eigenständige Bedeutung seitens der Rechtsprechung eingeräumt wird.

---

636 KG, Beschl. v. 18.6.2014 – 2 Ws 123/14 Vollz, BeckRS 2014, 17545, Rn. 20.
637 KG, Beschl. v. 18.6.2014 – 2 Ws 123/14 Vollz, BeckRS 2014, 17545, Rn. 18 ff.
638 KG, Beschl. v. 18.6.2014 – 2 Ws 123/14 Vollz, BeckRS 2014, 17545, Rn. 18.

### *c) TV-Geräte*

Die bereits in Bezug auf Spielekonsolen und Personal Computer aufgezeigte Tendenz, die Internetfähigkeit von elektronischen Gerätschaften als abstrakte Gefahr zu werten, setzt sich schließlich auch hinsichtlich moderner Fernseher fort, wie sich u. a. im Beschluss vom OLG Naumburg vom 20.07.2011 zeigt, in dem sich das Gericht mit internetfähigen TV-Geräten in der Justizvollzugsanstalt zu beschäftigen hatte. Das Verhalten der Vollzugsbehörde im Umgang mit modernen TV-Geräten illustriert folgende Passage:

> „Eine Versagung zur Nutzung eines Fernsehgerätes ist zwar gerechtfertigt, wenn die von dem Fernsehgerät ausgehende abstrakt-generelle Gefahr für die Sicherheit der Anstalt nicht durch eine ordnungsgemäße Aufsicht unter Zuhilfenahme der gebotenen Kontrollmittel seitens der Vollzugsanstalt ausgeschlossen bzw. auf ein nicht mehr beachtliches Maß reduziert werden kann [...]. Aufgrund der oben genannten in Fernsehgeräten integrierten Technologien könnte dies aber zu einem Verlust des Ausnahmecharakters des § 70 Abs. 2 StVollzG und zu einer Aushebelung des Anspruches nach § 69 Abs. 2 StVollzG führen, zumal immer weniger Fernsehgeräte nur der Bildwiedergabe dienen. Auch die sich aus den technischen Möglichkeiten ergebenden abstrakten Missbrauchsgefahren können deshalb entgegen der Ansicht der Antragsgegnerin nicht zu einem generellen Verbot solcher Multifunktionsgeräte führen. Auch bei diesen ist vielmehr eine Einzelfallprüfung erforderlich, die sich neben der Beschaffenheit des Gerätes und dem Sicherheitsgrad der Justizvollzugsanstalt auch an den konkreten örtlichen Gegebenheiten und den persönlichen Verhältnissen des Strafgefangenen zu orientieren hat.
>
> Der Antragsgegnerin ist deshalb zuzugestehen, dass neue Technologien die Kontrollierbarkeit immer schwieriger machen. Dem ist aber entgegenzusetzen, dass insoweit auch der Angleichungsgrundsatz des § 3 StVollzG zu beachten ist, so dass auch die Sicherungsmaßnahmen den neuen Technologien, soweit dies möglich ist, angepasst werden müssen. Auch die Zumutbarkeit der Kontroll- und Sicherheitsvorkehrungen der Justizvollzugsanstalt unterliegt deshalb einer Entwicklung.
>
> Erst wenn festgestellt werden kann, dass bei einer Einzelfallprüfung die Gefährdung durch bestimmte Fernsehgeräte aufgrund ihrer Multifunktionalität nicht mehr durch einen, der neuen Technologie angepassten, zumutbaren Kontrollaufwand entgegengewirkt werden kann, können diese versagt werden. Hierfür reicht es aber nicht aus, die Gefährlichkeit allein aufgrund eigener Sachkunde zu behaupten. Erforderlich ist vielmehr eine sachverständige Untersuchung. Eine solche ist vorliegend nicht erfolgt.“[639]

639 OLG Naumburg, Beschl. v. 20.7.2011 – 1 Ws 70/11, BeckRS 2011, 21728, Rn. 2.

Aus dieser Entscheidung wird zunächst offenbar, dass die Vollzugspraxis eine einzelfallbezogene Prüfung im Hinblick auf die konkrete Nutzungsbestimmung des Gegenstands sowie dahinter stehendes Förderungspotential für den Gefangenen auch für internetfähige TV-Geräte unterlässt. Zugleich läutet aber das OLG Naumburg eine Wende in der Rechtsprechung ein, indem es eben dies rügt („auch an den konkreten örtlichen Gegebenheiten und den persönlichen Verhältnissen des Strafgefangenen zu orientieren").[640]

### *d) Wertende Stellungnahme*

Nach alledem ist zu erkennen, dass die oberen Gerichte einerseits immer häufiger mit Fragen im Zusammenhang mit internetfähigen Geräten konfrontiert sind. Andererseits überwiegt noch immer eine restriktive Rechtsprechungslinie gegenüber diesen.[641] Mit Blick auf die aktuelle Vollzugspraxis wird deutlich, dass Anstalten, sofern sie internettechnischen Entwicklungen angesichts ihres Gefahrenpotentials für Sicherheit und Ordnung kritisch gegenüberstehen, sich auf die vorherrschenden Tendenzen der Rechtsprechung berufen können.[642]

#### *aa) Internetfähigkeit als abstrakte Anstaltsgefahr*

Die anhand der Rechtsprechungsübersicht skizzierte Gefahreninterpretation durch die oberen Gerichte (mit Ausnahme OLG Naumburg) wertet das Merkmal „internetfähig" bisher pauschal als Anstaltsgefahr. Damit verbindet sich untrennbar das Problem einer dem Verhältnismäßigkeitsgrundsatz genügenden Gefahrenbetrachtung.[643] Nicht nur, dass im Rahmen der gerichtlichen Erwägungen vorwiegend Sicherheitsbedenken Raum einnehmen, sondern auch die Tatsache, dass sie „abstrakter" Natur bleiben, erscheint gemessen an den Veränderungen der Außenwelt problematisch. Behördliche und in der Folge gerichtliche Prüfungen bleiben also auf vom internetfähigen Gegenstand „potentiell"

---

640 Siehe auch *Esser*, NStZ 2018, 121, 127, der internetfähigen Fernsehgeräten insofern eine „Schrittmacherfunktion" zuweist.

641 Vgl. *Bachmann* 2015, S. 323; vgl. auch *Bode*, in: Kriminologische Welt in Bewegung 2018, S. 582; *ders.*, Der Einsatz internetbasierter Medien im Strafvollzug (im Erscheinen); mit Ausnahme von OLG Naumburg, Beschl. v. 20.7.2011 – 1 Ws 70/11, BeckRS 2011, 21728.

642 Vgl. *Wawzyniak*, KritV 2012, 198, 206; vgl. auch *Bode*, in: Kriminologische Welt in Bewegung 2018, S. 583 ff.

643 *Wawzyniak*, KritV 2012, 198, 205; vgl. auch *Bode*, in: Kriminologische Welt in Bewegung 2018, S. 583.

ausgehende Nutzungsgefahren beschränkt.[644] Daraus folgt, dass bisher nicht erwogen wird, eine einzelfallbezogene Gefahrenbetrachtung durchzuführen und diese an der Person des Gefangenen zu orientieren. Dies aber würde die Möglichkeit bieten, den kritischen Fokus vom Merkmal der Internetfähigkeit wegzubewegen, wodurch neuen Technologien grundsätzlich aufgeschlossener begegnet werden könnte.[645] Der Gesichtspunkt „abstrakt innewohnende Gefährlichkeit" verhindert eine weitergehende Auseinandersetzung mit möglichen Resozialisierungspotentialen des Internets;[646] er versperrt bislang den Blick für wesentliche Vorteile des Internets für Strafgefangene wie auch für Fortschritte im Bereich von Sicherheitstechnik. Vor dem Hintergrund der Realitäten der Außenwelt verdient ein solcher Gefährdungsmaßstab keine Zustimmung und ist Ausdruck einer überkommenen Mentalität.[647] Auch Goldberg wendet in diesem Zusammenhang für Hörfunk- und Fernsehgeräte zutreffend ein:

> „Zudem sind wichtige Belange der/des Gefangenen mit in die Abwägung einzubeziehen [...]. Da bei Hörfunk- und Fernsehgeräten wegen Art. 5 Abs. 1 GG [...] der notwendige Kontrollaufwand aufwändiger sein darf als bei sonstigen Gegenständen zur Ausstattung des Haftraumes oder der Freizeitbeschäftigung (auf die sich die Rspr. des BVerfG zu § 70 StVollzG bezog), dürfte trotz generell-abstrakter Gefahr im Einzelfall oftmals eine Ablehnung ausgeschlossen sein und erst bei konkreten Gefährdungen (z. B. in der Person der/des Gefangenen oder bei Unterbringung in einem besonders gesicherten Anstaltsbereich[648]) der Besitz bestimmter Geräte versagt werden können."[649]

Bei Ablehnungen der Zulassung aufgrund abstrakter Gefährlichkeit kommt von vornherein nicht in den Blick, welche Kriterien im Einzelnen anzulegen wären.[650] Die Einordnung der Internetfähigkeit als abstrakte Gefahr für die Anstaltssicherheit führt deshalb zu einer einseitigen Präferenz von Sicherheitsaspekten hierbei und bedingt, dass die betroffenen internetfähigen Gerätschaften, unabhängig von ihrem Anwendungspotential, eine pauschale Beurteilung erfahren.

---

644 Vgl. *Wawzyniak*, KritV 2012, 198, 206; vgl. auch *Bode*, in: Kriminologische Welt in Bewegung 2018, S. 582; allgemein dazu SBJL/*Goldberg* 2019 (im Druck), 5 C Rn. 14.

645 *Wawzyniak*, KritV 2012, 198, 206.

646 *Wawzyniak*, KritV 2012, 198, 206.

647 Vgl. in Bezug auf die verfassungsrechtliche Lage *Bachmann* 2015, S. 336; vgl. SBJL/*Goldberg* 2019 (im Druck), 5 C Rn. 14; vgl. auch *Bode*, in: Kriminologische Welt in Bewegung 2018, S. 583 ff.

648 KG, Beschl. v. 18.3.2016 – 2 Ws 55/16 Vollz, BeckRS 2016, 110671.

649 SBJL/*Goldberg* 2019 (im Druck), 5 C Rn. 14.

650 *Wawzyniak*, KritV 2012, 198, 206.

### bb) *„Gefahr für Sicherheit und Ordnung der Anstalt" als unbestimmter Rechtsbegriff*

Nach den von der Rechtsprechung entwickelten Maßstäben sind bei Entscheidungen zum Internet auf Anstaltsseite stets Gefahrenbelange zu berücksichtigen. Die dahinter stehenden Sicherheitsinteressen finden ihren Ausdruck im Tatbestandsmerkmal „Gefahr für Sicherheit und Ordnung der Anstalt" (bzw. einer entsprechenden Variation desselben: „Gefahr für die Sicherheit der Anstalt", „Gefährdung der Sicherheit oder Ordnung der Anstalt" oder „Gefahr für die Anstaltssicherheit"). Dabei handelt es sich um unbestimmte Rechtsbegriffe, die in Form ihrer generalklauselähnlichen Ausgestaltung zunächst eine pauschale Subsumtion verbieten.[651] Es kommt also vielmehr auf eine einzelfallbezogene Auslegung unter Berücksichtigung aller rechtlichen und tatsächlichen Umstände an.[652] Diese Sichtweise findet Ausdruck in den Erwägungen des OLG Brandenburg. In einer Entscheidung vom 26.1.2007 heißt es dort:

> „Das Tatbestandsmerkmal der Gefährdung der Sicherheit oder Ordnung der Anstalt stellt einen unbestimmten Rechtsbegriff dar, dessen Auslegung und Anwendung durch die Vollzugsbehörde der vollen gerichtlichen Nachprüfung unterliegt."[653]

Korrespondierend dazu findet sich in einer jüngeren Entscheidung des KG aus dem Jahr 2017 folgende Formulierung:

> „Das Tatbestandsmerkmal der Gefährdung der Sicherheit und Ordnung der Anstalt entspricht der gleichlautenden Regelung des § 70 Abs. 2 Nr. 2, 2. Alt. StVollzG (Bund). Die von der obergerichtlichen Rechtsprechung hierzu entwickelten Maßstäbe sind daher auf die landesrechtlichen Regelungen des § 50 Abs. 1 Satz 2 StVollzG Bln und des § 52 Abs. 1 Satz 2 StVollzG Bln übertragbar. Es handelt sich um einen unbestimmten Rechtsbegriff, dessen Auslegung und Anwendung durch die Vollzugsbehörde der vollen gerichtlichen Nachprüfung unterliegt (…)."[654]

Dass aber grundrechtliche Wertungen ebenso wie „gewichtige Belange des Gefangenen" auch eine zentrale Rolle für die Beurteilung dieser Gefährdung spielen, zeigen die Ausführungen des KG von 2004 bezogen auf den Besitz einer Sony Playstation 2:

---

651 *Wawzyniak*, KritV 2012, 198, 204; *Knauer*, in: AK-StVollzG, § 51 Rn. 24; vgl. auch *Bode*, in: Kriminologische Welt in Bewegung 2018, S. 583.

652 Dazu SBJL/*Goldberg* 2019 (im Druck), 5 C Rn. 14; vgl. auch *Bode*, in: Kriminologische Welt in Bewegung 2018, S. 583.

653 OLG Brandenburg, NStZ-RR 2007, 188, 189.

654 KG, Beschl. v. 17.11.2017 – 2 Ws 99/17 Vollz, BeckRS 2017, 137020.

> „Der für die Vollzugsbehörde zumutbare Kontrollaufwand ist auch an den sonstigen Gegenständen zu messen, die ein Gefangener in Besitz hat […], und in die Abwägung des Anstaltsleiters muss einfließen, ob das Grundrecht des Gefangenen aus Art. 5 Abs. 1 GG berührt ist […]. Bei der Entscheidung des Anstaltsleiters ist überdies zu berücksichtigen, ob das Begehren nach Aushändigung eines technischen Gerätes durch gewichtige Belange des Gefangenen, etwa ein ernsthaft und nachhaltig verfolgtes Interesse an Aus- und Weiterbildung, gestützt wird […]. In Bezug auf Telespiele darf andererseits in Rechnung gestellt werden, dass diese nicht zu den Gegenständen gehören, die die Fähigkeit eines Gefangenen, nach seiner Entlassung aus der Haft ein gesetzmäßiges Leben zu führen, zu fördern geeignet sind […].“[655]

Die zuvor gefundenen Ergebnisse lassen es in ihrer Zusammenschau fraglich erscheinen, ob hinsichtlich einer Internetnutzung durch Strafgefangene der vom Begriff „Gefahr für Sicherheit und Ordnung der Anstalt“ ausgehende Beurteilungsspielraum noch in zulässiger Weise genutzt wird. Nach den bisherigen Erwägungen der oberen Gerichte findet eine einseitige Auslegung statt, die vornehmlich auf das Gefahrenpotential des Internets abstellt.[656] Eine vor dem Hintergrund des Wortes „Gefahr“, das ein „Wahrscheinlichkeitsurteil“ nahelegt, notwendige einzelfallbezogene Betrachtung, die auch Resozialisierungsaspekte erfasst, fehlt.[657] Zutreffend weist Esser insofern auf den Umstand hin, dass das Internet kein Gegenstand ist, „den man besitzen oder verbieten kann“.[658] Gleichwohl teilen alle internetfähigen Gerätschaften in puncto „Gefahr für Sicherheit und Ordnung der Anstalt“ bisher ein gemeinsames Schicksal.[659] Von einer im Bereich der Freizeitmedien häufig thematisierten „Einzelfallkasuistik“[660] ist – angesichts der bestehenden Auslegungspraxis – für internetfähige Geräte daher gerade nicht zu sprechen.

Auf Basis dieser Erwägungen liegt der Schluss nahe, dass eine gerichtlicherseits vorgenommene Auslegung des Begriffs „Gefahr für Sicherheit und Ordnung der Anstalt“ die Internetfähigkeit nicht mehr pauschal als abstrakte Gefahr einordnen und auf dieser Grundlage internetfähige Gerätschaften generell ausschließen darf.[661] Zu fordern ist stattdessen eine konkretisierende Auslegung,

---

655 KG, NStZ-RR 2004, 157; vgl. auch *Bode*, in: Kriminologische Welt in Bewegung 2018, S. 584.

656 *Wawzyniak*, KritV 2012, 198, 205–206; vgl. auch *Bode*, in: Kriminologische Welt in Bewegung 2018, S. 582–583.

657 *Wawzyniak*, KritV 2012, 198, 205.

658 *Esser*, NStZ 2018, 121, 124; vgl. *Wawzyniak*, KritV 2012, 198, 206.

659 *Esser*, NStZ 2018, 121, 127.

660 Vgl. LNNV/*Laubenthal*, G Rn. 35.

661 Vgl. *Wawzyniak*, KritV 2012, 198, 206; vgl. auch *Bode*, in: Kriminologische Welt in Bewegung 2018, S. 589.

die eine generalisierte Lösung, nach der pauschale Risiken des Internets in den Fokus rücken, verhindert. In diese Richtung geht auch die oben schon zitierte Entscheidung des OLG Naumburg. Dabei ist die Frage, in welchen Fällen der Zugang zum Internet Resozialisierungsbelange des Gefangenen betrifft, für Nutzungen in den zuvor identifizierten Bereichen Arbeit und Bildung, soziale Außenkontakte sowie Befriedigung von Informationsbedürfnissen im Rahmen der Freizeitgestaltung positiv zu beantworten. Insofern gilt es, die besondere Bedeutung von internetbasierter Medientechnik auch vor dem Hintergrund der Informationsfreiheit zu beachten.[662]

### *cc) Auffassungen im Schrifttum*

Nicht zuletzt greift die Rechtspraxis für ihre Entscheidungen auch auf Ansichten des Schrifttums zurück. Im Hinblick auf die Möglichkeit des Internetzugangs für Strafgefangene ist zu erkennen, dass ein zentraler Teil der Kommentarliteratur zum Strafvollzugsrecht mit den vorstehend zum Ausdruck gekommenen Sicherheitsbedenken generell konform geht. Namentlich im Kommentar von Arloth/Krä[663] sowie im Kommentar von Laubenthal/Nestler/Neubacher/Verrel[664] (ehemals Calliess/Müller-Dietz[665]) überwiegen Zweifel (wobei die Haltung von abwartendem Misstrauen bis zu völliger Ablehnung reicht).[666] Eine befürwortende Stellungnahme findet sich hingegen im Alternativkommentar[667] und – in Abweichung zur Vorauflage – im Kommentar von Schwind/Böhm/Jehle/Laubenthal[668].

Eine differenzierte Betrachtung ist hinsichtlich der neuen Beck-Online-Kommentare zum Strafvollzugsrecht der Länder geboten. Dabei zeigt sich, dass mit Ausnahme vom BeckOK-Strafvollzugsrecht Bayern[669] eine dem Grunde nach positive Einstellung gegenüber Internetnutzung durch Strafgefangene

---

662 Vgl. Kapitel D.II.5.

663 *Arloth/Krä*, § 32 StVollzG Rn. 1.

664 LNNV/*Laubenthal*, E Rn. 104.

665 Calliess/Müller-Dietz/*Müller-Dietz*, § 32 Rn. 3.

666 *Knauer*, Zeitschrift für soziale Strafrechtspflege 2015, 54, 59; *ders.*, in: AK-StVollzG, § 36 Rn. 6.

667 *Knauer*, in: AK-StVollzG, § 36 Rn. 3.

668 Bisher war eine eher ablehnende Haltung zu finden: SBJL/*Schwind*, § 32 Rn. 2; SBJL/Koepsel/*Goldberg*, § 67 Rn. 27; in der Neuauflage wird jedoch eine befürwortende Haltung eigenommen, SBJL/*Dessecker* 2019 (im Druck), 9 D Rn. 10–11; SBJL/*Goldberg* 2019 (im Druck)*8*, 5 A Rn. 31, 5 C Rn. 3.

669 BeckOK Strafvollzug Bayern/*Arloth*, BayStVollzG Art. 35 Rn. 1.

vorherrscht.[670] Im BeckOK-Strafvollzugsrecht Berlin werden jedoch sicherheitsbedingte Zweifel, was eine – aktuelle – Umsetzbarkeit betrifft, angedeutet.[671]

Daraus folgt, dass zwar gewichtige Stimmen innerhalb der Kommentarliteratur dem Internetzugang für Strafgefangene skeptisch bis ablehnend gegenüberstehen,[672] jedoch zunehmend das Schrifttum[673] den Internetzugang befürwortet.

## 5. Rechtstatsächliche Entwicklungen

Zum Abschluss gilt es, einen Blick auf die rechtstatsächlichen Verhältnisse im Umgang mit dem Internet im Strafvollzug zu werfen. Hierzu wird eine Übersicht über ausgewählte Pilotprojekte[674] gegeben, die derzeit in begrenztem Umfang eine Internetnutzung durch Strafgefangene möglich machen und diesen somit die Chance bieten, ihre Medienkompetenz weiter auszubauen. Einschränkend ist

---

670 Siehe im Detail: BeckOK Strafvollzug Bund/Walter/*Bosch*, StVollzG § 32 Rn. 9; BeckOK Strafvollzug Bbg/*Goers*, BbgJVollzG § 44 Rn. 1; BeckOK Strafvollzug Bremen/*Temming*, BremStVollzG § 36; BeckOK Strafvollzug Berlin/*Paster* StVollzG Bln § 40 Rn. 6–7; BeckOK Strafvollzug Hamburg/*Ogiermann*, HmbStVollzG § 32 Rn. 9–10; BeckOK Strafvollzug Hessen/*Gescher*, HStVollzG § 36 Rn. 3; BeckOK Strafvollzug MV/*Straßer*, StVollzG M-V § 36 Rn. 1–3; BeckOK Strafvollzug Nds/*Reichenbach*, NJVollzG § 33 Rn. 14–16; BeckOK Strafvollzug NRW/*Anstötz*, StVollzG NRW § 27 Rn. 5; BeckOK Strafvollzug NRW/*Hilzinger*, StVollzG NRW § 52 Rn. 4–4.1; BeckOK Strafvollzug RhPf/*Heuchemer*, RhPfLJVollzG § 43 Rn. 1; BeckOK Strafvollzug Saarland/*Kangarani*, SLStVollzG § 36 Rn. 2; BeckOK Strafvollzug Sachsen/*Straßer*, SächsStVollzG § 36 Rn. 4–5; BeckOK Strafvollzug LSA/*Gerhold*, JVollzGB LSA § 43 Rn. 1–3; BeckOK Strafvollzug Thüringen/*Goers*, ThürJVollzGB § 44 Rn. 1–3.

671 BeckOK Strafvollzug Berlin/*Paster* StVollzG Bln § 40 Rn. 1: „noch nicht absehbar, dass die damit verbundenen Gefahren für die Sicherheit der Anstalt auch tatsächlich beherrschbar sind".

672 Vgl. *Knauer*, in: AK-StVollzG, § 36 Rn. 6; vgl. auch *Bode*, in: Medien – Kriminalität – Kriminalpolitik 2018, S. 84.

673 *Knauer* 2006, 163 ff.; *ders.*, Zeitschrift für soziale Strafrechtspflege 2015, 64–66; *Galli/Weilandt*, FS 2014, 142, 144; *Dathe-Morgeneyer/Pfeffer-Hoffmann*, BewHi 2010, 42, 55; *Wawzyniak*, KritV 2012, 198, 208; *Muth/Schwämmlein/Bethge/Tietz*, FS 2014, 157, 158; *Theine*, FS 2014, 161, 162; *Bachmann* 2015, S. 275; *Kett-Straub/Streng* 2016, S. 130; *Gutman*, FD-StrafR 2013, 343054; *Thiele* 2016, S. 309; *ders.*, KrimPäd 2015, 72, 84–85; *Holt*, FS 2014, 149; *Esser*, NStZ 2018, 121, 127; *Kalmbach/Krenzel*, FS 2017, 344, 346; *Kubink*, FS 2015, 36, 38.

674 Eine weitere Darstellung zu bisherigen Pilotierungen findet sich bei *Knauer*, Zeitschrift für soziale Strafrechtspflege 2015, 54, 60–63; *ders.* 2006, S. 9 ff.; siehe auch die umfassenden Ausführungen des Justizvollzugsbeauftragten des Landes NRW 2015, S. 136–147.

indes festzuhalten, dass ein Großteil der dargestellten Projekte bzw. Erprobungen Sonderfälle bilden und ihnen insofern ein besonderes Genehmigungsverfahren oder zumindest die ausdrückliche Gestattung seitens der Fachaufsichtsbehörde vorausgegangen ist.

### *a) Projekt „Planet-Tegel“*

Das Berliner Projekt „Planet-Tegel“ verdient deshalb besondere Beachtung, weil es gewissermaßen als Pionier- oder Urprojekt für Internetnutzung im Strafvollzug angesehen werden kann.[675] Bereits 1998 war es in diesem Zusammenhang Gefangenen möglich, die anstaltseigene Homepage der JVA Berlin-Tegel (www.plant-tegel.de) zu betreuen und hier über ihren Alltag in der Haft zu berichten.[676] Gleichzeitig waren die Gefangenen unter der Adresse „kontakt@planet-tegel.de“ zu erreichen.[677] Mittlerweile wird diese Homepage seit mehreren Jahren nicht mehr gepflegt, was sicherlich auch damit zu erklären ist, dass sich das Nutzungsverhalten bei Internetanwendungen seit dem Jahr 1998 grundlegend gewandelt hat. Die reine Homepagepflege, bei der die Gefangenen nie direkten Zugriff auf die Website hatten,[678] ist aktuell wohl kaum noch interessant. Gleichwohl bleibt das Projekt ein wichtiger Meilenstein und die JVA Berlin-Tegel ein Vorreiter bei der Einbindung digitaler Medien respektive eines Internetzugangs für Strafgefangene in das Vollzugssystem.[679]

### *b) „eLis“ – eLearning im Strafvollzug*

Der Begriff „eLiS“ ist in der vollzugsrechtlichen Debatte um Internetnutzung durch Strafgefangene mittlerweile zu einem Schlagwort geworden.[680] Dahinter verbirgt sich zunächst eine Lernplattform mit über 200 (!) eigenen Lernprogrammen, die speziell für das digital unterstützte Lernen im Strafvollzug konzipiert

---

675 Dazu bereits *Knauer* 2006, S. 9–13; IBI 2011, S. 20–21; siehe auch den umfassenden Bericht von *Heger* 2012, S. 17–21.

676 *Rötzer*, Die Welt im Knast, Telepolis vom 12.12.1998, abrufbar unter https://www.heise.de/tp/features/Die-Welt-im-Knast-3412079.html, zuletzt abgerufen am 1.12.2018.

677 http://www.planet-tegel.de/portal_dt/htm/home/home1.shtml, zuletzt abgerufen am 1.12.2018.

678 *Rötzer*, Die Welt im Knast, Telepolis vom 12.12.1998, https://www.heise.de/tp/features/Die-Welt-im-Knast-3412079.html, zuletzt abgerufen am 1.12.2018; vgl. *Knauer* 2006, S. 12.

679 Vgl. *Heger* 2012, S. 17–18.

680 Dazu bereits *Knauer* 2006, S. 19–20; aktuell dazu Justizvollzugsbeauftragter des Landes NRW 2015, S. 152–153.

wurde.[681] Der Vorläufer dieses Projekts war „TeLiS", das sog. Telelernen im Strafvollzug, und wurde bis zum Jahr 2000 angeboten.[682] Betreut wird das eLiS-Projekt vom Institut für Bildung in der Informationsgesellschaft (IBI).[683]

Mittlerweile haben sich viele Bundesländer (insgesamt 12)[684] und Österreich dem eLiS-Verbund angeschlossen, sodass u. a. auf ein gemeinsames Sicherheitskonzept (einheitliche Mindeststandards bei der Sicherheit) zugegriffen werden kann sowie eine geteilte Verantwortung für die Infrastruktur besteht.[685] Gefangene erhalten über eLiS insofern Zugriff auf eine umfangreiche Lernplattform, die – ausweislich ihrer Homepage – „neben zahlreichen Programmen für die schulische Grundbildung und Lernangeboten für Naturwissenschaften, Wirtschaft und Politik auch berufliche Bildung und Berufsvorbereitung sowie übergreifende Angebote in den Bereichen Freizeit, Alltags- und Medienkompetenz" bietet.[686] Darüber hinaus geht es im Hinblick auf eine gedeihliche Reintegration der Gefangenen in die Gesellschaft aber auch um speziell angepasste Themenfelder wie Toleranz, Demokratie und Vielfalt.[687] Die Verantwortlichen können – Dathe-Morgeneyer/Pfeffer-Hoffmann zufolge – weiterhin entscheiden, ob sie eLiS als direkten Zugang zum Internet durch die Freischaltung bestimmter Seiten oder als sog. Offline-Mediathek, in der Angebote des World Wide Web gespiegelt werden, nutzen wollen. Die Plattform unterliegt insofern einer stetigen Fortentwicklung, wobei innerhalb der Organisationsstrukturen auch Personalschulungen für Lehrende angeboten werden.[688] Schließlich offeriert eLiS im Rahmen des sog. Blended Learning statt eines reinen Internetlernens mittlerweile eine Nutzung des Internets als „zweiter Pädagoge" und ist auch in Zusammenspiel mit herkömmlichem Unterricht nutzbar.[689] Die eLiS-Plattform unterliegt mit ihrer Ausgestaltung insoweit einem stetigen Entwicklungsprozess

---

681 https://www.elis-public.de/information/ibi.htm, zuletzt abgerufen am 1.12.2018; vgl. *Kerwien*, BAG-S Informationsdienst Straffälligenhilfe 2015, 31–32; vgl. ferner *von der Mehden/Martins*, BAG-Report 2014, 24–27.

682 http://www.telis.uni-bremen.de/wasisttelis.html, zuletzt abgerufen am 1.12.2018.

683 https://www.elis-public.de/information/ibi.htm, zuletzt abgerufen am 1.12.2018.

684 Paritätischer Landesverband Berlin e.V. 2017, S. 19.

685 Für einen umfassenden Bericht aus Praxissicht vgl. Paritätischer Landesverband Berlin e.V. 2017, S. 19–23.

686 https://www.elis-public.de/information/ibi.htm, zuletzt abgerufen am 1.12.2018.

687 *Dathe-Morgeneyer/Pfeffer-Hoffmann*, BewHi 2010, 42, 48.

688 *Dathe-Morgeneyer/Pfeffer-Hoffmann*, BewHi 2010, 42, 51.

689 Paritätischer Landesverband Berlin e.V. 2017, S. 21–22; vgl. auch IBI 2011, S. 45 ff.

und findet beständig Anpassung an die aktuellen medialen Bedürfnisse ihrer Nutzer.[690]

### c) *Online-Studium in Kooperation mit der FernUniversität Hagen*

Die (immer noch) schlechten Quoten in Bezug auf Bildungsabschlüsse unter Strafgefangenen zeigen an, dass Fort- und Weiterbildungsangebote im Strafvollzug vermehrt Verbreitung finden müssen.[691] Einen wichtigen Schritt auf diesem Weg bildet die Möglichkeit zum Online-Fernstudium in Kooperation mit der FernUniversität Hagen.[692] Auf der Homepage der FernUniversität Hagen heißt es hierzu:

> „Die FernUniversität in Hagen eröffnet Inhaftierten die Möglichkeit eines wissenschaftlichen Hochschulstudiums von der Weiterbildung bis zum akademischen Studienabschluss mit dem Ziel, Fähigkeiten für eine Erwerbstätigkeit nach der Entlassung zu vermitteln, zu erhalten und zu fördern. [...]
>
> Ein internetfähiger Rechner ist Voraussetzung für die Durchführung des Studiums. Studieninteressierte sollten sich gegebenenfalls an den Pädagogischen Dienst der jeweiligen JVA wenden, damit die Nutzung eines PCs mit Internetverbindung sichergestellt wird. Der Helpdesk des ZMI richtet auf Wunsch der jeweiligen JVA einen sicheren und ‚begrenzten' Internetzugang ein, über den sich ausschließlich Internet-Seiten der FernUniversität aufrufen lassen, dadurch kann die Teilnahme am Studium ermöglicht werden.
>
> Die Klausuren werden zumeist in der JVA geschrieben. Die Teilnahme an Präsenzveranstaltungen und Prüfungen wird anhand der individuellen Haftbedingungen geregelt.“[693]

Auch hier war deutschlandweit Tegel die erste JVA, die für das Fernstudium sog. getunnelte Zugänge für Strafgefangene eingerichtet hat.[694] Größere Missbrauchsfälle sind bis jetzt nicht bekannt geworden, was sicherlich auch damit zu begründen ist, dass die Sicherheitsvorkehrungen hoch sind.[695] Denn ein freier

---

690 Vgl. *Stenert* 2018, S. 91.

691 *Knauer* 2006, S. 13–14; umfassend dazu auch *Stenert* 2018, S. 14 ff.; vgl. *Bode*, ZIS 2017, 348, 351; *ders.*, FS 2017, 353, 355.

692 Vgl. das Interview mit *Kirsten Pinkvoss* auf taz-online vom 19.2.2013, abrufbar unter http://www.taz.de/!5073010/, zuletzt abgerufen am 1.12.2018; https://www.fernuni-hagen.de/studium/fernuni_fuer_alle/inhaftierte.shtml, zuletzt abgerufen am 1.12.2018.

693 https://www.fernuni-hagen.de/studium/fernuni_fuer_alle/inhaftierte.shtml, zuletzt abgerufen am 1.12.2018.

694 Interview mit *Kirsten Pinkvoss* auf taz-online vom 19.2.2013, abrufbar unter http://www.taz.de/!5073010/, zuletzt abgerufen am 1.12.2018.

695 Interview mit *Kirsten Pinkvoss* auf taz-online vom 19.2.2013, abrufbar unter http://www.taz.de/!5073010/, zuletzt abgerufen am 1.12.2018.

bzw. ungesicherter Zugriff auf das Internet findet gerade nicht statt.[696] Die Kursgebühren sind indes bislang von den Gefangenen selbst zu tragen.[697]

### *d) „Crimeic" – Onlinebegleitung im Strafvollzug*

Bei „Crimeic" handelt es sich um ein Pilotprojekt, das teilnehmenden Inhaftierten der Justizvollzugsanstalt Wolfenbüttel die Möglichkeit geboten hat, mittels neuer Kommunikationsformen mit freiwilligen Peer-Online-Begleitern in Kontakt zu treten.[698] Ausweislich der projekteigenen Homepage ging „Crimeic" – nachdem technische, personelle und rechtliche Anforderungen an eine Internetnutzung durch Inhaftierte geprüft wurden – zwischen November 2015 und Februar 2016 online.[699] Der Teilnehmerkreis bestand aus 20 Personen, wobei zehn auf die Gruppe der Gefangenen und zehn auf den Kreis der Studierenden der Polizeiakademie Niedersachsen entfielen.[700] Letztere waren nun „ehrenamtliche Onlinebegleiter" und stellten sich für einen Austausch über die Nöte, Alltagssorgen und mitunter einfach die Interessen der Gefangenen zur Verfügung.[701] Nach den Darstellungen bei Kalmbach/Krenzel hatten die Gefangenen während des Projekts keinen freien Zugang zum Netz, sondern konnten lediglich auf eine datensichere E-Mail-Plattform zugreifen, um sich auszutauschen. Gleichzeitig mussten sich die Gefangenen mit den diesem Projekt zugrundeliegenden Regeln durch Verpflichtungserklärung einverstanden erklären und der Datenverkehr wurde stichprobenartig kontrolliert.[702]

Eine Evaluation des Projekts ergab, dass sich die Online-Begleitung als „Bereicherung für die Inhaftierten" darstellte und sich auch die Kosten für eine den aktuellen Sicherheitsbedürfnissen entsprechende Infrastruktur geringhalten lassen.[703] Gleichzeitig konnten durch den individuellen Kontakt und die intensivere Betreuung weitere Vorurteile abgebaut werden.[704]

---

696 Interview mit *Kirsten Pinkvoss* auf taz-online vom 19.2.2013, abrufbar unter http://www.taz.de/!5073010/, zuletzt abgerufen am 1.12.2018; vgl. *Knauer* 2006, S. 12–13.

697 Interview mit *Kirsten Pinkvoss* auf taz-online vom 19.2.2013, abrufbar unter http://www.taz.de/!5073010/, zuletzt abgerufen am 1.12.2018.

698 https://www.crimeic.de/, zuletzt abgerufen am 1.12.2018; dazu auch *Kalmbach/Krenzel*, FS 2017, 344, 344–345.

699 https://www.crimeic.de/, zuletzt abgerufen am 1.12.2018.

700 https://www.crimeic.de/, zuletzt abgerufen am 1.12.2018.

701 https://www.crimeic.de/, zuletzt abgerufen am 1.12.2018.

702 *Kalmbach/Krenzel*, FS 2017, 344, 345.

703 *Kalmbach/Krenzel*, FS 2017, 344, 345.

704 *Kalmbach/Krenzel* 2017, S. 115 ff.

### *e) Projekt „Podknast"*

Das seit 2008 in nordrhein-westfälischen (Jugend-)Vollzugsanstalten – beteiligt sind ausweislich der Homepage die Justizvollzugsanstalten Aachen, Detmold, Heinsberg, Herford, Iserlohn, Köln [Frauenvollzug], Siegburg, Willich I und Wuppertal-Ronsdorf – laufende Projekt „Podknast" befasst sich mit der Vermittlung von Medienkompetenz im Bereich der Freizeitgestaltung der Gefangenen.[705] Die Gefangenen erhalten im Rahmen von Podcasts (Kurzfilmen mit einer Laufzeit von knapp 5 Minuten) die Möglichkeit, einen Einblick in ihren Haftalltag, das Leben in Haft und die Ereignisse im Strafvollzug zu geben. Dabei soll durch die Online-Verbreitung ein möglichst großer Zuschauerkreis erreicht werden.[706] Die Gefangenen sind bei den Videoproduktionen in besonderem Maße angehalten, sich mit den aktuellen Trends bei Internetplattformen, bspw. YouTube, inhaltlich vertraut zu machen, um ein möglichst breites Spektrum an Rezipienten anzusprechen und zu lernen, digitale Medien als Informationsquelle zu nutzen. Daneben wird durch die gemeinschaftliche Zusammenarbeit bei der Produktion der Kurzfilme auch das Sozialverhalten gestärkt.[707] In inhaltlicher Zusammenschau geht es den Initiatoren bei dem Projekt „Podknast" neben der Entfaltung von Abschreckungswirkung beim Zuschauer deshalb vor allem auch um die Resozialisierung der beteiligten Strafgefangenen.[708]

### *f) „Resozialisierung durch Digitalisierung" im Berliner Justizvollzug*

Nach Beschluss durch den Berliner Senat läuft seit dem 17.3.2016 das auf Antrag von CDU und SPD initiierte Projekt „Resozialisierung durch Digitalisierung" im Berliner Strafvollzug.[709] Diesbezüglich heißt es u. a.:

> „Ziel des Pilotprojektes ist es, unter Beachtung der besonderen Sicherheitserfordernisse des Justizvollzuges Gefangene an die Nutzung neuer Medien strukturiert heranzuführen, Arbeitsabläufe in der Anstalt durch auch von Gefangenen genutzte elektronische Medien zu unterstützen, Fort- und Weiterbildungsmöglichkeiten für Gefangene unter Nutzung von Internet-Diensten zu ermöglichen, auf zugelassene Inhalte aus dem World-Wide-Web zuzugreifen."[710]

---

705 http://www.podknast.de/projekt/index.php, zuletzt abgerufen am 1.12.2018.

706 http://www.podknast.de/projekt/index.php, zuletzt abgerufen am 1.12.2018.

707 http://www.podknast.de/projekt/index.php, zuletzt abgerufen am 1.12.2018; ausführlich dazu auch *Schaede/Neubacher*, FS 2010, 347, 348–349.

708 *Schaede/Neubacher*, FS 2010, 347, 350.

709 Ausführlich dazu BeckOK Strafvollzug Berlin/*Paster* StVollzG Bln § 40 Rn. 6.

710 Bln-Drs. 17/2769 Neu, S. 1.

Das Besondere an diesem Forschungsprojekt im Vergleich zu den übrigen bundesweit laufenden Erprobungen ist, dass den Gefangenen ein deutlich weiterer Aktionsradius der Internetnutzung eingeräumt wird.[711] Neben Standrechnern haben die Gefangenen die Möglichkeit, via Tablets (ohne Kamerafunktion) Internetanwendungen mobil, d. h. bspw. auch während der Arbeit, zu nutzen.[712] Ferner können die Gefangenen der Berliner JVA Heidering, in der die seit Ende November 2017 laufende Feldphase stattfindet, selbstständig E-Mails empfangen und schreiben und auf ausgewählte Seiten im World Wide Web zugreifen, zudem werden ihnen Drucker auf den Haftebenen zur Verfügung gestellt.[713] Die Projektleitung obliegt der Berliner Senatsverwaltung für Justiz sowie der JVA Heidering. Als Partner des Projekts sind das Fraunhofer-Institut für Offene Kommunikationssysteme, das Institut für Bildung in der Informationsgesellschaft sowie das IT-Dienstleistungszentrum Berlin beteiligt.[714]

Einem aktuellen Podcast zufolge, werden die Angebote von den Gefangenen bislang gut angenommen. Als besonders positiv werden insoweit die neuen – internetbasierten – Kontaktmöglichkeiten zu Freunden und Familie beschrieben sowie der Umstand, „mehr Verantwortung für das eigene Leben übernehmen zu können".[715] In einem Ausschnitt heißt es dazu:

> „[...] ‚Der Gefangene wird zur Unselbstständigkeit im Gefängnis erzogen: Möchte er Post haben, fragt er ob Post da ist. Wenn er zum Arzt muss, dann muss er nicht einen Termin machen, dann sagt er, was er hat und dann machen wir für ihn einen Termin – also das wird ihm so mundgerecht dargelegt.'

711 Vgl. Paritätischer Landesverband Berlin e.V. 2017, S. 10–11; BeckOK Strafvollzug Berlin/*Paster* StVollzG Bln § 40 Rn. 6.

712 Paritätischer Landesverband Berlin e.V. 2017, S. 10–11; BeckOK Strafvollzug Berlin/*Paster* StVollzG Bln § 40 Rn. 6.

713 Paritätischer Landesverband Berlin e.V. 2017, S. 10–11; BeckOK Strafvollzug Berlin/*Paster* StVollzG Bln § 40 Rn. 6.

714 Paritätischer Landesverband Berlin e.V. 2017, S. 11; vgl. *Werner*, Resozialisierung durch Digitalisierung, welt-online vom 10.5.2017, https://www.welt.de/print/die_welt/hamburg/article164429527/Resozialisierung-durch-Digitalisierung.html, zuletzt abgerufen am 1.12.2018.

715 Podcast von *Peggy Fiebig*, Vernetzt im Knast vom 2.2.2018, abrufbar unter http://www.deutschlandfunkkultur.de/resozialisierung-durch-digitalisierung-vernetzt-im-knast.1001.de.html?dram:article_id=409806, zuletzt abgerufen am 1.12.2018.

Hat er dagegen Zugriff auf das Internet, dann darf er nicht nur, sondern muss viele Dinge wieder selbst erledigen. Und gewöhnt sich so Stück für Stück wieder an das normale Leben draußen."[716]

## IV. Fazit

Das vorstehende Kapitel galt einer näheren Analyse des Umgangs mit dem Internet im Strafvollzug. Hierzu wurde im Anschluss an konzeptionelle Klärungen sowohl ein Blick auf klassische Medienformate im Strafvollzug geworfen als auch die aktuelle vollzugsrechtliche Entwicklung zur Internetanbindung in rechtlicher und rechtstatsächlicher Hinsicht untersucht. Somit wird es möglich, eine begründete Aussage über den künftigen Umgang mit dem Internet im Strafvollzug zu treffen:

Im Hinblick auf eine an den heutigen gesellschaftlichen Bedingungen orientierte Resozialisierung ist festzustellen, dass der Zugang zum Internet für Strafgefangene für deren Wiedereingliederung in die Gesellschaft erforderlich ist. Deshalb ist eine Ermöglichung der Internetnutzung für Inhaftierte zu begrüßen und mit Blick auf die Gestaltungsgrundsätze des Strafvollzugs als Forderung an die Vollzugspraxis zu formulieren.[717]

Angesichts möglicher Gefahren gilt es zu beachten, dass die hier formulierte Forderung nach Internet im Strafvollzug gerade nicht freien Internetzugang für jeden Strafgefangenen heißt,[718] wie bereits das BVerfG in einem Beschluss aus dem Jahr 2012[719] ausdrücklich klargestellt hat. Es geht – nach Hendricks – vielmehr um die Zulassung einzelner und sicherheitsgeprüfter Anwendungen (s. näher u. H.I).[720]

Daran gemessen ist das Internet im Strafvollzug stärker als bisher nutzbar zu machen. Die sich im Rahmen der bereits bekannten Mediennutzung auftuende „Lücke" bietet dem Internet Platz, als zeitgemäßer Resozialisierungsfaktor

---

716 http://www.deutschlandfunkkultur.de/resozialisierung-durch-digitalisierung-vernetzt-im-knast.1001.de.html?dram:article_id=409806, zuletzt abgerufen am 1.12.2018.

717 Vgl. Kapitel D.III.2; vgl. auch *Bode*, in: Medien – Kriminalität – Kriminalpolitik 2018, S. 101–102; *ders.*, in: Kriminologische Welt in Bewegung 2018, S. 589.

718 IBI 2011, S. 9.

719 BVerfG, Beschl. v. 15.3.2012 – 2 BvR 2447/11, BeckRS 212184; vgl. auch *Bode*, Der Einsatz internetbasierter Medien im Strafvollzug (im Erscheinen).

720 IBI 2011, S. 9; siehe auch *Dathe-Morgeneyer/Pfeffer-Hoffmann*, BewHi 2010, 42, 55.

zu wirken.[721] In einem modernen Strafvollzugssystem, das dem Gefangenen während des Vollzugs der Freiheitsstrafe weiterhin Kontakte zur Außenwelt ermöglicht,[722] überwiegen die Vorteile und Chancenpotentiale einzelner internetbasierter Anwendungen das vorhandene Risikopotential.[723] Demgegenüber vertritt die Rechtsprechung und mit ihr ein Teil der Literatur weiterhin eine „Abschottung“[724] und wertet das Internet als generelle Sicherheitsgefahr.[725] Dabei wird durch die Rechtsprechung ein in der Vollzugspraxis immer noch vielfach praktiziertes, restriktives Vorgehen gestützt, das es nach den hier gefundenen Ergebnissen zu kritisieren gilt.[726] Vor allem ein auf die bisher vorherrschende Rechtsprechungspraxis gestützter abstrakter Verweis auf Sicherheitsgefahren vermag nicht mehr zu genügen, um dem Interesse des Gefangenen an Internetnutzung wirksam entgegenzustehen.[727]

Schließlich liefern auch die rechtstatsächlichen Entwicklungen wichtige Hinweise. Sie zeigen auf praktischer Ebene zum einen, dass sich die Befürchtung eines massenhaften Missbrauchs gerade nicht zu bestätigen scheint.[728] Zum anderen deuten sie einen in vielen Anstalten vorherrschenden Reformwillen an.[729] Zwar werden dabei vermutlich nicht alle Missbrauchsfälle publik. Gleichwohl ist vor dem Hintergrund aktuell laufender Pilotierungen zu erkennen, dass das zur Verfügung gestellte Angebot von den Strafgefangenen verantwortungsvoll genutzt wird.[730]

---

721 Vgl. Kapitel D.II.6; vgl. auch *Bode*, in: Medien – Kriminalität – Kriminalpolitik 2018, S. 89; *ders.*, Der Einsatz internetbasierter Medien im Strafvollzug (im Erscheinen).

722 Vgl. Kapitel D.III.1.

723 Vgl. Kapitel D.III.2, 3; vgl. auch *Bode*, in: Medien – Kriminalität – Kriminalpolitik 2018, S. 89; *ders.*, Der Einsatz internetbasierter Medien im Strafvollzug (im Erscheinen).

724 *Bachmann* 2015, S. 336.

725 Kapitel D.III.4; vgl. auch *Bachmann* 2015, S. 336; *Knauer*, in: AK-StVollzG, § 36 Rn. 3, 6.

726 Vgl. *Galli/Weilandt*, FS 2014, 142, 144; IBI 2011, S. 22; *Wawzyniak*, KritV 2012, 198, 206; *Bachmann* 2015, S. 323; Kapitel D.III.4.

727 Kapitel D.III.4; vgl. auch *Bode*, in: Kriminologische Welt in Bewegung 2018, S. 589.

728 IBI 2011, S. 21; diese Befundlage wird flankierend von den Erfahrungen mit Skype-Bildtelefonie in der JVA Lingen (*Holt*, FS 2014, 149, 150) gedeckt; Kapitel D.III.5.

729 Vgl. Kapitel D.III.5.

730 Bekannt gewordene Fälle offenen Missbrauchs liegen bereits länger zurück, näher dazu *Knauer*, Zeitschrift für soziale Strafrechtspflege 2015, 54, 65; Justizvollzugsbeauftragter des Landes NRW 2015, S. 148; vgl. ferner Tagesspiegel-online vom 22.1.2014, Ermittlungen wegen Kinderpornos in JVA Tegel eingestellt, abrufbar unter http://www.tagesspiegel.de/berlin/polizei-justiz/berlin-tegel-ermittlungen-wegen-kinderpornos-in-jva-tegel-eingestellt/10874236.html, zuletzt abgerufen am 1.12.2018; Kapitel D.III.5.

# E. Einfachgesetzliche Grundlagen eines Internetzugangs für Strafgefangene

Nachdem aus dem Vollzugsziel und den Gestaltungsgrundsätzen die Forderung nach einem Zugang zum Internet für Strafgefangene entwickelt worden ist, gilt es nunmehr zu untersuchen, inwieweit die geltenden Strafvollzugsgesetze dieser Forderung entsprechen. Die Strafvollzugsgesetze dienen als einfachgesetzliche Bestimmungen der Umsetzung vollzugsrechtlicher Garantien und sind damit gleichermaßen Stellschraube und Gradmesser für ihre Beschränkung.[731] So erhebt sich die Frage, welche Bedeutung der vollzuglichen Internetnutzung in den einzelnen Ländern zukommt und welchen Beschränkungen sie unterliegt.

## I. Einzelne landesgesetzliche Bestimmungen

Die Gesetzgebungskompetenz für den Strafvollzug liegt mittlerweile bei den Bundesländern. Dies hat dazu geführt, dass der Medienzugang in deutschen Haftanstalten keiner bundeseinheitlichen Regelung mehr unterfällt. Ausgelöst wurde dieser tiefgreifende Wandel im Jahr 2006 durch eine Novellierung des Grundgesetzes im Zuge der Föderalismusreform I.[732] Unterdessen haben alle Landesgesetzgeber von ihrer neugewonnenen Kompetenz Gebrauch gemacht und die Fortgeltung des StVollzG nach Art. 125a Abs. 1 S. 2 GG für Bereiche der vollzuglichen Internetnutzung ausgeschlossen; de lege lata ist mit 16 eigenständigen Gesetzesmaterialien umzugehen.

Einer Detailbetrachtung dieser verschiedenen landesgesetzlichen Vorschriften bedarf es allein schon deshalb, um rechtliche Unterschiede identifizieren zu können sowie einen bundesweiten Überblick zu erhalten. Die Analyse der Landesgesetze erfolgt inhaltlich unter dem Aspekt der jeweilig gewählten Form der Zulassung einer Internetnutzung durch Strafgefangene, wobei zunächst grundsätzlich zwischen zwei Arten von Landesgesetzen unterschieden werden muss: Landesgesetze mit und Landesgesetze ohne eigenständige Regelungen zur Internetnutzung.[733]

---

731 Ähnlich bereits *Knauer*, Zeitschrift für soziale Strafrechtspflege 2015, 54, 55.

732 Siehe *Cornel*, NK 2018, 16, 16–17; vgl. auch *Bode*, in: Medien – Kriminalität – Kriminalpolitik 2018, S. 93 ff.; *ders.*, BAG S 2018, 4.

733 Umfassend dazu auch *Esser*, NStZ 2018, 121, 124; *Knauer*, in: AK-StVollzG, § 36 Rn. 7 ff.; *ders.*, Zeitschrift für soziale Strafrechtspflege 2015, 54, 55–56; vgl. auch *Bode*,

### 1. Bundesländer ohne eigenständige Regelungen zur Internetnutzung

Die beiden nachfolgend zu betrachtenden Landesgesetze zählen im bundesweiten Vergleich zu den älteren. Das Bayerische Strafvollzugsgesetz (BayStVollzG) gilt seit dem 1.1.2008[734] und das baden-württembergische Justizvollzugsgesetzbuch (JVollzGB) ist am 1.1.2010 in Kraft getreten.

#### *a) Baden-Württemberg*

Was zunächst den Aufbau des JVollzGB angeht, so findet eine grundsätzliche Unterteilung in sechs Bücher (I-VI) statt. Im vorliegenden Fall sind sowohl Regelungen des ersten Buchs („Gemeinsame Regelungen und Organisation") sowie des dritten Buchs („Strafvollzug"), das Spezifisches zum Strafvollzug regelt, einschlägig.

Ein unmittelbarer rechtlicher Anknüpfungspunkt für eine Internetnutzung durch Strafgefangene ist insofern nicht ersichtlich. Die in Abschnitt 4 („Verkehr mit der Außenwelt") JVollzGB (Buch III) getroffenen Regelungen (§§ 19–28) beschränken sich auf die im Bundesgesetz behandelten Kontaktformen und bieten zunächst keine Möglichkeit, die Verwendung Neuer Medien bzw. des Internets zuzulassen.[735]

Insbesondere § 27 JVollzGB (Buch III), der Regelungen über Telefongespräche trifft, ist nach Ansicht von Dorsch („Nicht anwendbar ist die Regelung auf E-Mail- oder sonstigen Internetverkehr; beides kommt aus Sicherheitsgründen grds. nicht in Betracht") auf das Internet nicht anwendbar.[736]

Dorsch führt indes weiter aus: „Eine Zulassung [der Internetnutzung] kann aus Sicherheitsgründen nur ermöglicht werden im Rahmen von beaufsichtigten Schulungs-/Freizeitmaßnahmen, wenn und soweit technisch und organisatorisch ein Missbrauch in jedweder Form ausgeschlossen ist."[737]

Anders als im Bundesgesetz, das zu einem Zeitpunkt erlassen wurde, zu dem internetbasierte Technik noch keine Rolle gespielt hat, wurde vom Landesgesetzgeber im Jahr 2009 bewusst auf eine Vorschrift zur Nutzung „anderer Telekommunikationsformen"[738] verzichtet, was die Annahme nahelegt, dass eine

---

in: Medien – Kriminalität – Kriminalpolitik 2018, S. 93 ff.; *ders.*, FS 2018, 219, 219 ff.; *ders.*, Der Einsatz internetbasierter Medien im Strafvollzug (im Erscheinen).

734 GVBl., S. 866.

735 Siehe auch Ba-WüLT-Drs. 14/5012, S. 219.

736 Vgl. BeckOK Strafvollzug BW/*Dorsch*, JVollzGB III § 27 Rn. 5.

737 BeckOK Strafvollzug BW/*Dorsch*, JVollzGB III § 27 Rn. 5.1.

738 Näher dazu Kapitel E.II.2.

individuelle Internetnutzung durch Strafgefangene im baden-württembergischen Strafvollzug grundsätzlich nicht erwünscht ist.[739]

Diese Sichtweise könnte zusätzliche Bestätigung in einem gesetzessystematischen Vergleich zu § 22 JVollzGB (Buch I) finden. Diese Vorschrift enthält Regelungen zur Feststellung von Mobilfunkendgeräten und zur Störung unerlaubter Mobilfunkverbindungen. Hierzu gesetzlich festgeschriebene Maßnahmen sollen der Sicherung der Telekommunikationsüberwachung dienen. Aus dieser Vorschrift lässt sich erkennen, dass der baden-württembergische Landesgesetzgeber die Zielsetzung verfolgt, unkontrollierte Telekommunikation zu verhindern, da er diese als eine erhebliche Gefahr für die Sicherheit und Ordnung der Justizvollzugsanstalten einschätzt.[740] Auch die Nutzungsmöglichkeiten des Internets eröffnen einen weiten Aktionsradius. In großer Ähnlichkeit zum unerlaubten Mobilfunk besteht also regelmäßig die Gefahr eines unkontrollierten Außenkontakts. Dem folgend ließe sich erwägen, dass der baden-württembergische Gesetzgeber ebenso dem individuellen Zugang von Strafgefangenen zum Internet ein der unkontrollierten Telekommunikation ähnliches Gefahrenpotential beimisst, weshalb eine Nutzung bereits aus Sicherheitsgründen auszuscheiden hat.

Der Landesgesetzgeber in Baden-Württemberg hat den Umgang mit „neuen Medien" in § 57 („Allgemeines") JVollzGB (Buch III) für den Freizeitbereich allerdings ausdrücklich erwähnt. Dort heißt es:

> „[1]Die Gefangenen sind zur Teilnahme und Mitwirkung an Angeboten der Freizeitgestaltung zu motivieren und anzuleiten. [2]Gefangene sollen insbesondere an Unterricht einschließlich Fernunterricht, Lehrgängen und sonstigen Veranstaltungen der Weiterbildung, Freizeitgruppen und Gruppengesprächen teilnehmen und ermutigt werden, den verantwortungsvollen Umgang mit neuen Medien zu erlernen und zu praktizieren sowie eine Bücherei zu benutzen. [3]Angebote zur sportlichen Betätigung, insbesondere während des Aufenthalts im Freien, sind vorzuhalten."

Dabei bilden „neue Medien" zunächst einen Sammelbegriff von internetbasierten Formaten, weshalb § 57 S. 2 JVollzGB (Buch III) dahin gehend verstanden werden könnte, dass wiederum im Freizeitbereich auch Internetnutzung gewünscht ist. Weitere Hinweise sind bei Grube zu finden, der sich in seiner

---

739 Vgl. *Knauer*, Zeitschrift für soziale Strafrechtspflege 2015, 54, 55; *ders.*, in: AK-StVollzG, § 36 Rn. 11; vgl. auch *Bode*, BAG S 2018, 4, 4–6; *ders.*, in: Medien – Kriminalität – Kriminalpolitik 2018, S. 99; *ders.*, Der Einsatz internetbasierter Medien im Strafvollzug (im Erscheinen).

740 BeckOK Strafvollzug BW/*Maurer*, JVollzGB I § 22 Rn. 3.

Kommentierung ausführlich zu dieser Vorschrift verhalten hat und laut dem auch internetbasierte Medientechnik unter § 57 JVollzGB S. 2 (Buch III) zu fassen ist:

> „Der Begriff der neuen Medien bezieht sich auf zeitbezogene neue Medientechniken. Früher wurde damit das Radio bezeichnet, in den Anfängen des Fernsehens wurde der Begriff dafür gebraucht, und mit dem Aufkommen von Videotext und BTX wurden diese als neue Medien ausgezeichnet. Seit Mitte der 1990er Jahre ist er für alle elektronischen, digitalen und interaktiven Medien sowie im Kontext Multimedia und Netzpublikation gebräuchlich. Heutzutage werden als neue Medien meistens Medien bezeichnet, die Daten in digitaler Form übermitteln oder auf Daten in digitaler Form zugreifen. Als Kennzeichen der neuen Medien lassen sich die rechnergestützte Handhabung, das digitale Vorliegen der Daten sowie die Interaktivität beim Umgang mit diesen Daten festhalten. Im engeren Sinne sind Dienste gemeint, die über das Internet möglich sind. Im Zeitalter immer rascherer technischer Entwicklung müssen auch die Gefangenen lernen, mit der neuen Informations- und Medienwelt verantwortungsvoll umzugehen, was dem Angleichungsgrundsatz entspricht und die spätere Resozialisierung erleichtert. Insbesondere das Internet ist aus dem schulischen, beruflichen und auch sonstigen Alltagsleben kaum noch wegzudenken. Die vorliegende Regelung ist jedoch kein Einfallstor für eine Erweiterung von Außenkontakten. Hier geht es lediglich darum, die Gefangenen an neue Medien und Kommunikationsformen heranzuführen, sie entsprechend zu schulen und ihnen einen verantwortungsvollen Umgang nahe zu bringen. Insbesondere gewährt die Vorschrift kein Recht auf den Besitz bestimmter Gegenstände oder gar einen unbeschränkten Internetzugang."[741]

Auch gilt es zu beachten, dass bereits in einigen baden-württembergischen Anstalten (etwa in den JVAen Freiburg und Bruchsal) begrenzter Internetzugang für Strafgefangene praktiziert wird.[742]

Aus alledem ergibt sich ein differenziertes Bild hinsichtlich der einfachgesetzlichen Lage zur Internetnutzung durch Strafgefangene in Baden-Württemberg: In Ermangelung einer eigenständigen Vorschrift könnte mit Blick auf die Vorgabe in § 57 JVollzGB S. 2 (Buch III) zwar an eine (analoge) Anwendung von Vorschriften aus dem Freizeitbereich im Bereich der Kommunikation mit der Außenwelt zu denken sein. Gleichwohl lässt sich nicht von der Hand weisen, dass der Landesgesetzgeber mit der gewählten Form der gesetzlichen Ausgestaltung (vgl. Ba-WüLT-Drs. 14/5012, S. 219) davon abgesehen hat, dem Strafgefangenen

741 BeckOK Strafvollzug BW/Spieth/*Grube*, JVollzGB III § 57 Rn. 15–16.

742 *Mayer*, Internet im Gefängnis. Mehr Netz im Knast, stuttgarter-nachrichten-online vom 12.12.2015, abrufbar unter http://www.stuttgarter-nachrichten.de/inhalt.internet-im-gefaengnis-mehr-netz-im-knast.323e81be-0761-40eb-8a07-6e1c623dfb49.html, zuletzt abgerufen am 1.12.2018.

konkrete Rechte hinsichtlich eines praktischen Umgangs mit dem Internet – oder gar die Möglichkeit eines unbeschränkten Internetzugangs – einzuräumen.[743] Auch die Erwähnung „neuer Medien“ in § 57 S. 2 JVollzGB (Buch III) kann diesen Umstand nicht verdecken, sondern zeugt wohl eher von einer bewussten Entscheidung gegen eine Internetregelung. Im Ergebnis spricht deshalb einiges dafür, dass nach dem Willen des Landesgesetzgebers eine Internetnutzung durch Strafgefangene grundsätzlich nicht in Betracht kommt.

### *b) Bayern*

Eine besondere Vorschrift, die die Nutzung des Internets bzw. andere Formen der Telekommunikation regelt, existiert im BayStVollzG bis dato nicht. Es bleibt bezüglich der Nutzung Neuer Medien durch Strafgefangene also jedenfalls auf dem Stand des Bundesgesetzes zurück. Deshalb deutet der Verzicht auf eine eigenständige Regelung bei Ausarbeitung des bayerischen Gesetzes im Jahre 2007, als das Internet und seine Möglichkeit hinreichend bekannt waren, eher auf eine generelle Ablehnung der Internetnutzung hin. Folglich könnte davon auszugehen sein, dass sich der bayerische Gesetzgeber bewusst gegen die Implementierung einer derartigen Vorschrift entschieden hat.

Im Gesetzesentwurf der bayerischen Staatsregierung zu Art. 35 BayStVollzG, der Ferngespräche regelt, heißt es ferner, dass diese Vorschrift im Wesentlichen § 32 StVollzG entspricht und Telefongespräche, da sie insbesondere bei unkontrollierter Kommunikation mit Außenstehenden eine Gefahr für die Sicherheitsinteressen der Anstalt darstellen, nur auf dringende Fälle beschränkt bleiben sollen.[744] Hieraus lassen sich weitere Rückschlüsse auf die Einstellung des Landesgesetzgebers zur Internetnutzung durch Strafgefangene ziehen. Daran gemessen wird unabhängig von der Frage, ob eine analoge Anwendung von Art. 35 BayStVollzG neue, vergleichbare Kommunikationsmittel und damit auch das Internet erfassen könnte, die Internetnutzung nach Willen des Gesetzgebers wohl bereits aus Sicherheitsgründen nicht erlaubt sein.[745] Ein weiterer Beleg für die restriktive Haltung in Sachen Internetnutzung lässt sich in den Verwaltungsvorschriften zum bayerischen Strafvollzugsgesetz finden. Dort heißt es zu Art. 31 BayStVollzG, der das Recht auf Schriftwechsel regelt, dass „die

743 So im Ergebnis wohl auch BeckOK Strafvollzug BW/Spieth/*Grube*, JVollzGB III § 57 Rn. 16.

744 BayLT-Drs. 15/8101, S. 57; vgl. *Kett-Straub/Streng* 2016, S. 130.

745 BeckOK Strafvollzug Bayern/*Arloth*, BayStVollzG Art. 35 Rn. 1.

Benutzung anstaltseigener Faxgeräte und E-Mail-Verbindungen" grundsätzlich ausgeschlossen ist.[746]

Vor diesem Hintergrund ist allerdings erstaunlich, dass Gefangenen teilweise bereits der Zugriff zum berufskundlichen Internetauftritt der Bundesagentur für Arbeit in einigen bayerischen Justizvollzugsanstalten (bspw. Aichach, Amberg oder St. Georg-Bayreuth) möglich ist.[747] Für weitere Diskussion über die Zulassung des Internets für Strafgefangene hat nach den Ausführungen Knauers auch die Entscheidung des OLG Nürnberg (v. 16.9.2008), in der es um die Übersendung und Aushändigung von Internetausdrucken ging, gesorgt.[748] Zudem wurde im März 2016 u. a. von der SPD-Fraktion eine Änderung des bayerischen Strafvollzugsgesetzes zugunsten eines „überwachten Internetzugangs für Gefangene" als Gesetzentwurf (BayLT-Drs. 17/10429) in den Landtag eingebracht.[749] Das Problem einer fehlenden eigenständigen Regelung ist daher zumindest von einem Teil der Abgeordneten erkannt worden und als Lösung wird nunmehr Abhilfe durch Neuschaffung einer Vorschrift nach dem Vorbild anderer Landesgesetze bzw. des Musterentwurfs (§ 36 ME) gefordert. Ein solcher Art. 35a BayStVollzG „Andere Formen der Telekommunikation" hätte Folgendes zum Inhalt:

> „[1]Nach Zulassung anderer Formen der Telekommunikation im Sinn des Telekommunikationsgesetzes durch die Aufsichtsbehörde (Art. 173 Abs. 1) soll der Anstaltsleiter oder die Anstaltsleiterin den Gefangenen gestatten, diese Formen auf ihre Kosten zu nutzen. [2]Die Bestimmungen dieses Abschnitts gelten entsprechend."[750]

Allerdings hat der bayrische Gesetzgeber bis dato nichts in dieser Hinsicht beschlossen, weshalb dem Gefangenen – ähnlich der Rechtslage in Baden-Württemberg – keine ausdrücklichen Rechte hinsichtlich des Internets zustehen. Eine Internetnutzung kommt grundsätzlich nicht in Betracht.[751]

---

746 VV zu Art. 31 BayStVollzG, JMBI S. 89.

747 BayLT-Drs. 17/10429, S. 1.

748 *Knauer*, in: AK-StVollzG, § 36 Rn. 11.

749 BayLT-Drs. 17/10429, S. 1.

750 BayLT-Drs. 17/10429, S. 3.

751 BeckOK Strafvollzug Bayern/*Arloth*, BayStVollzG Art. 35 Rn. 1; so im Ergebnis wohl auch *Kett-Straub/Streng* 2016, S. 130, die konstatieren, dass „E-Mail-Verkehr jedenfalls im geschlossenen Vollzug nicht erlaubt" ist; vgl. auch *Bode*, BAG S 2018, 4, 4–6; *ders.*, in: Medien – Kriminalität – Kriminalpolitik 2018, S. 99; *ders.*, Der Einsatz internetbasierter Medien im Strafvollzug (im Erscheinen).

## 2. Bundesländer mit eigenständigen Regelungen zur Internetnutzung

Es hat sich herausgestellt, dass bereits 14 Bundesländer mit Vorschriften zur Internetnutzung im Strafvollzug ausgestattet sind. Die konkrete Ausgestaltungsform ist dabei jedoch keineswegs einheitlich, sondern mit landesspezifischen Eigenheiten verbunden. Daraus resultierende Unterschiede bedürfen – ebenso wie grundsätzliche Gemeinsamkeiten – im Weiteren einer näheren Betrachtung.

### *a) Musterentwurfländer*

Im Zuge der Kompetenzverlagerung für den Bereich des Strafvollzugs hatten sich 10 Länder (Berlin, Brandenburg, Bremen, Mecklenburg-Vorpommern, Rheinland-Pfalz, Saarland, Sachsen, Sachsen-Anhalt, Schleswig-Holstein, Thüringen) gemeinsam einen Musterentwurf (ME) erarbeitet.[752] Dabei finden sich in § 36 ME auch Bestimmungen zur Internetnutzung bzw. „anderen Formen der Telekommunikation", die wie folgt lauten: „Nach Zulassung anderer Formen der Telekommunikation im Sinne des Telekommunikationsgesetzes durch die Aufsichtsbehörde kann der Anstaltsleiter den Gefangenen gestatten, diese Formen auf ihre Kosten zu nutzen. Die Bestimmungen dieses Abschnitts gelten entsprechend.".[753]

#### *aa) Gemeinsamkeiten*

Gemessen an den Bestimmungen des Musterentwurfs lassen sich für die betreffenden Landesgesetze wesentliche Gemeinsamkeiten hinsichtlich der Ausgestaltung der Internetzulassungsvoraussetzungen erkennen:[754]

Es wird ein zweistufiges Verfahren gewählt, das zu Beginn die generelle Zulassung der Telekommunikationsform durch die Aufsichtsbehörde erfordert – erst danach „kann" diese nunmehr zugelassene Telekommunikationsform durch die Anstaltsleitung zur Nutzung bereitgestellt werden (vgl. § 40 S. 1 StVollzG Bln, § 44 S. 1 BbgJVollzG, § 36 S. 1 BremStVollzG, § 36 S. 1 StVollzG M-V, § 43 S. 1

752 Musterentwurf zum Landesstrafvollzugsgesetz vom 23.11.2011, abrufbar unter https://beck-online.beck.de/Dokument?vpath=bibdata%5Cges%5Cme_lstvollzg%5Ccont%5Cme_lstvollzg.htm, zuletzt abgerufen am 1.12.2018.

753 ME-Begr., S. 25, 104.

754 Dazu umfassend bereits *Knauer*, in: AK-StVollzG, § 36 Rn. 7 ff.; vgl. auch *Bode*, in: Medien – Kriminalität – Kriminalpolitik 2018, S. 98 ff.

LJVollzG, § 36 S. 1 SLStVollzG, § 36 S. 1 SächsStVollzG, § 43 Abs. 1 S. 1 JVollzGB LSA, § 52 Abs. 1 u. 2 LStVollzG SH, § 44 S. 1 ThürJVollzGB).[755]

Der Begriff „Andere Formen der Telekommunikation" ist dabei – ausweislich der Gesetzesbegründungen – weit zu verstehen und soll alle (denkbaren) Formen der Internetnutzung erfassen.[756] Diese Form der gesetzlichen Ausgestaltung vermittelt dem Gefangenen einen Anspruch auf ermessensfehlerfreie Bescheidung durch die Vollzugsbehörde; ein direkter Anspruch auf Nutzung steht ihm indes nicht zu.[757]

Die Kosten der Nutzung obliegen grundsätzlich dem Gefangenen (s. auch Tab. 2), wobei mit Blick auf die Gesetzesbegründungen[758] eine Kostenübernahme „in begründeten Ausnahmefällen" in Betracht kommt.[759] Zudem werden die übrigen Bestimmungen über die Außenkontakte für entsprechend anwendbar erklärt, wodurch eine Internetnutzung weitere Einschränkung erfahren kann (s. näher unter E.II.4).[760]

### *bb) Unterschiede*

Neben kleineren sprachlichen Differenzen ergeben sich bei der Ausgestaltung in den Ländern insofern Unterschiede, als Sachsen-Anhalt und Schleswig-Holstein mit ihren Regelungsinhalten von den Bestimmungen des § 36 ME in Teilen abweichen.

---

755 Dazu im Einzelnen: BeckOK Strafvollzug Berlin/*Paster* StVollzG Bln § 40 Rn. 1 ff.; BeckOK Strafvollzug Bbg/*Goers*, BbgJVollzG § 44 Rn. 1 ff.; BeckOK Strafvollzug Bremen/*Temming*, BremStVollzG § 36 Rn. 1 ff.; BeckOK Strafvollzug MV/*Straßer*, StVollzG M-V § 36 Rn. 1 ff.; BeckOK Strafvollzug RhPf/*Heuchemer*, RhPfLJVollzG § 43 Rn. 1 ff.; BeckOK Strafvollzug Saarland/*Kangarani*, SLStVollzG § 36 Rn. 1 ff.; BeckOK Strafvollzug Sachsen/*Straßer*, SächsStVollzG § 36 Rn. 1 ff.; BeckOK Strafvollzug LSA/*Gerhold*, JVollzGB LSA § 43 Rn. 1ff.; BeckOK Strafvollzug Thüringen/*Goers*, ThürJVollzGB § 44 Rn. 1 ff; *Knauer*, in: AK-StVollzG, § 36 Rn. 2 ff.; ME-Begr., S. 104; vgl. auch *Bode*, in: Medien – Kriminalität – Kriminalpolitik 2018, S. 98 ff.; *ders.*, Der Einsatz internetbasierter Medien im Strafvollzug (im Erscheinen).

756 Vgl. etwa BbgLT-Drs. 5/6437, S. 49; ME-Begr., S. 104; BeckOK Strafvollzug Bbg/*Goers*, BbgJVollzG § 44 Rn. 1; siehe auch BeckOK Strafvollzug Berlin/*Paster* StVollzG Bln § 40 Rn. 2.

757 Siehe nur BeckOK Strafvollzug Berlin/*Paster* StVollzG Bln § 40 Rn. 1; ME-Begr. S. 104.

758 Vgl. etwa Bln LT-Drs. 17/2442, S. 224, ME-Begr., S. 104–105.

759 BeckOK Strafvollzug Berlin/*Paster* StVollzG Bln § 40 Rn. 5.

760 Vgl. nur BeckOK Strafvollzug Berlin/*Paster* StVollzG Bln § 40 Rn. 5.

### (1) Sachsen-Anhalt

§ 43 JVollzGB LSA, der sich in Abs. 1 eng an § 36 ME anlehnt, hat in Absatz 2 Folgendes zum Inhalt:

> „[1]Hat die Aufsichtsbehörde die Zustimmung erteilt, so kann die Anstalt dem Gefangenen die Nutzung der zugelassenen Telekommunikationsform gestatten, wenn sichergestellt ist, dass hierdurch nicht die Sicherheit oder Ordnung der Anstalt gefährdet wird und sich der Gefangene mit den von der Anstalt zu diesem Zweck erlassenen Nutzungsbedingungen einverstanden erklärt. [2]Die Nutzungsbedingungen dürfen keine Regelungen enthalten, die den Vorschriften dieses Gesetzes über den Schriftwechsel, den Besuch und über Telefongespräche entgegenstehen."

Die Anstaltsleitung wird explizit aufgefordert, neben den entsprechend anwendbaren Vorschriften über Schriftwechsel, Besuch und Telefongespräche (gem. Satz 2)[761] insbesondere die Belange von „Sicherheit oder Ordnung" bei ihrer Entscheidung zu berücksichtigen.[762]

Eine Aussage zur Kostentragung findet sich – entgegen § 36 ME und den übrigen Musterentwurfländergesetzen – in § 43 JVollzGB LSA nicht. In der Gesetzesbegründung heißt es jedoch auch: „Die Kosten für die anderen Formen der Telekommunikation haben die Gefangenen grundsätzlich selbst zu tragen. Lediglich in begründeten Ausnahmefällen kann die Anstalt die Kosten in angemessenem Umfang übernehmen, wenn die Gefangenen dazu nicht in der Lage sind."[763]

Der Anstalt wird schließlich ausdrücklich die Möglichkeit eröffnet, Nutzungsbedingungen zu erlassen, welchen der Gefangene zustimmen muss („von der Anstalt zu diesem Zweck erlassenen Nutzungsbedingungen einverstanden erklärt").[764]

### (2) Schleswig-Holstein

Nach dem Wortlaut der Vorschrift des § 52 LStVollzG SH, der in Abs. 1 besagt: „Die Anstalten richten Möglichkeiten zur Nutzung anderer Formen der Telekommunikation ein", ließe sich zunächst davon ausgehen, dass Schleswig-Holstein im Vergleich zu den übrigen Musterentwurfländern dergestalt eine

761 Vgl. LSA LT-Drs. 6/3799, S. 189–190.

762 BeckOK Strafvollzug LSA/*Gerhold*, JVollzGB LSA § 43 Rn. 5–6.

763 LSA LT-Drs. 6/3799, S. 190; umfassend dazu BeckOK Strafvollzug LSA/*Gerhold*, JVollzGB LSA § 43 Rn. 5–6, der auch eine entsprechende Anwendung der Kostenregelungen zur Telefonie diskutiert.

764 BeckOK Strafvollzug LSA/*Gerhold*, JVollzGB LSA § 43 Rn. 5.

Ausnahme bildet, dass die Anstalten zur Einrichtung eines Internetzugangs verpflichtet sind. Ausweislich der Gesetzesbegründung, der für die Auslegung insofern ein besonderes Gewicht zukommt,[765] soll es aber auch nach § 52 Abs. 1 LStVollzG SH zunächst an der grundsätzlichen Entscheidung der Landesjustizverwaltung hängen („Erst nach der generellen Zulassung durch die Aufsichtsbehörde")[766], ob ein Internetzugang eingerichtet wird.

Im Übrigen weist § 52 LStVollzG SH seinem Inhalt nach folgende Besonderheiten auf:

In § 52 Abs. 2 S. 3 LStVollzG SH wird festgeschrieben, dass beabsichtigte Überwachungen dem „Gefangenen rechtzeitig vor Beginn der Nutzung und den Gesprächspartnern unmittelbar nach Herstellung der Verbindung" von Anstaltsseite her mitzuteilen sind.

Eine – explizite – Härtefallregelung findet sich in § 52 Abs. 3 S. 2 LStVollzG SH. Danach kann die Anstalt die Kosten in begründeten Ausnahmefällen in angemessenem Umfang übernehmen. In der Gesetzesbegründung heißt es hierzu: „Lediglich in begründeten Ausnahmefällen kann die Anstalt die Kosten in angemessenem Umfang übernehmen, wenn die Gefangenen dazu nicht in der Lage sind".[767]

### *b) Hamburg*

Das Hamburgische Strafvollzugsgesetz (HmbStVollzG) ist am 1.9.2009 in Kraft getreten. Den Anknüpfungspunkt für eine Internetnutzung durch Strafgefangene bietet dabei § 32 Abs. 2 HmbStVollzG im Abschnitt über die Außenkontakte des Gefangenen. Die Regelung lautet ihrem Inhalt nach:

> „[1]Nach Zulassung anderer Formen der Telekommunikation im Sinne des Telekommunikationsgesetzes vom 22. Juni 2004 (BGBl. I S. 1190), zuletzt geändert am 3. Mai 2012 (BGBl. I S. 958), in der jeweils geltenden Fassung durch die Aufsichtsbehörde kann die Anstaltsleitung den Gefangenen gestatten, diese Formen auf ihre Kosten zu nutzen. [2]Die Bestimmungen dieses Abschnitts gelten entsprechend."

§ 32 HmbStVollzG wurde mit Wirkung zum 1.6.2013 geändert. Die Überschrift wurde neu gefasst und Abs. 2 eingefügt.[768] Somit ist nunmehr auch in Hamburg die Möglichkeit gegeben, Strafgefangenen Internetzugang zu verschaffen.[769]

765 *Feest/Lesting/Lindemann*, in: AK-StVollzG, Teil Einleitung Rn. 2: „sinnvoll", „die gesetzgeberische Konzeption besonders genau aus den Materialien zu ermitteln".

766 SHLT-Drs. 18/3153, S. 130.

767 SHLT-Drs. 18/3153, S. 130.

768 HmbGVBl., S. 211.

769 BeckOK Strafvollzug Hamburg/Ogiermann/*Plake*, HmbStVollzG § 32 Rn. 9.

Absatz 2 S. 1 regelt ein zweistufiges Verfahren, in dem gem. § 32 Abs. 2 S. 1 1. HS HmbStVollzG zunächst eine Zulassung durch die Aufsichtsbehörde erforderlich wird. Nach erfolgreicher Zulassung des Kommunikationsmittels steht die individuelle Nutzungsgestattung im Ermessen („kann") der Anstaltsleitung (vgl. § 32 Abs. 2 S. 1 2. HS HmbStVollzG).[770] Ein direkter Anspruch des Gefangenen auf Internetnutzung besteht indes nicht. Zudem bestimmt § 32 Abs. 2 S. 1 2. HS HmbStVollzG, dass die Kosten vom Gefangenen selbst zu tragen sind („auf ihre Kosten zu nutzen"). Ferner legt Absatz 2 S. 2 fest, dass die Bestimmungen dieses Absatzes entsprechend gelten, womit sich weitere Einschränkungsmöglichkeiten einer Nutzung auch aus den übrigen Vorschriften ergeben können.[771] Plake führt insofern aus, dass die in § 32 Abs. 1 S. 4 i.V.m. § 30 Abs. 2 S. 1 und Abs. 3 HmbStVollzG „genannten privilegierten Gruppen wiederum von der Überwachung ausgenommen" seien, aber auch hier die „Mitteilungspflichten über eine erfolgende Überwachung" weiter gelten würden.[772]

### *c) Hessen*

Das Hessische Strafvollzugsgesetz (HStVollzG) ist am 1.11.2010 in Kraft getreten und tritt mit Ablauf des 31.12.2020 außer Kraft (vgl. § 84 S. 2 HStVollzG). Im 2. Abschnitt unter Titel 7 „Außenkontakte der Gefangenen" findet sich in § 36 Abs. 1 HStVollzG eine Internetnutzung durch Strafgefangene betreffende Vorschrift, welche besagt:

> „(1) [1]Den Gefangenen kann gestattet werden, Telefongespräche zu führen. [2]Aus wichtigen Gründen können sie andere Kommunikationsmittel durch Vermittlung und unter Aufsicht der Anstalt nutzen."

Zunächst sieht § 36 Abs. 1 S. 2 HStVollzG die Gestattung der Nutzung anderer Kommunikationsmittel – zu welchen auch das Internet zu zählen ist – unter Aufsicht und durch Vermittlung der Anstalt vor.[773] Ferner müssen „wichtige Gründe" bestehen, um „andere Kommunikationsmittel" erlauben zu können.[774] Das Vorliegen „wichtiger Gründe" als unbestimmter Rechtsbegriff stellt eine zusätzliche Einschränkung des ohnehin durch „Aufsicht und Vermittlung" reglementierten Ermessens („können") der Vollzugsbehörde zu Lasten des Gefangenen dar. Insofern finden sich auch in den Absätzen 2, 3 und 4 von

---

770 BeckOK Strafvollzug Hamburg/Ogiermann/*Plake*, HmbStVollzG § 32 Rn. 9.
771 BeckOK Strafvollzug Hamburg/Ogiermann/*Plake*, HmbStVollzG § 32 Rn. 10.
772 BeckOK Strafvollzug Hamburg/Ogiermann/*Plake*, HmbStVollzG § 32 Rn. 10.
773 BeckOK Strafvollzug Hessen/*Gescher*, HStVollzG § 36 Rn. 3.
774 BeckOK Strafvollzug Hessen/*Gescher*, HStVollzG § 36 Rn. 3.

§ 36 HStVollzG weitere Einschränkungen, die insbesondere erhöhte Kontrollbefugnisse zugunsten der Anstalt vorsehen.[775] Ein individueller Anspruch der Gefangenen auf Internetnutzung besteht nicht. Eine explizite Regelung der Kostenfolge bei Internetnutzung findet sich wiederum in § 33 HStVollzG. Diese mit „Grundsätze" den einzelnen Außenkontaktformen vorgeschaltete Norm legt in Absatz 5 fest: „Die Kosten für Telekommunikation sowie abgehende Schreiben und Pakete tragen die Gefangenen. Sind sie hierzu nicht in der Lage, kann die Anstalt die Kosten in begründeten Fällen in angemessenem Umfang übernehmen".

### *d) Niedersachsen*

In Niedersachsen trat – in Ablösung des Bundesgesetzes – am 1.1.2008 das Niedersächsische Justizvollzugsgesetz (NJVollzG) in Kraft und regelt seitdem den Vollzug der Freiheitsstrafe, der Jugendstrafe sowie der Untersuchungshaft in den dafür bestimmten Anstalten des Landes Niedersachsen.[776] Im Vierten Kapitel des Zweiten Teils des NJVollzG zum Strafvollzug findet sich § 33, der Fragen der Telekommunikation betrifft. Bei näherer Betrachtung dieser Vorschrift lässt sich zunächst erkennen, dass die Absätze 1 und 2 ausschließlich auf den klassischen Bereich der Telefonie Bezug nehmen. Die Nutzung des Internets sowie möglicher internetbasierter Telefondienste soll nicht erfasst sein. Vielmehr bietet Absatz 3 einen inhaltlichen Ansatzpunkt für die Zulassung von Internetnutzung. So heißt es in § 33 Abs. 3 NJVollzG:

> „[1]Die Zulassung einer anderen Form der Telekommunikation in der Anstalt bedarf der Zustimmung des Fachministeriums; die oder der Gefangene hat keinen Anspruch auf Erteilung der Zustimmung. [2]Hat das Fachministerium die Zustimmung erteilt, so kann die Vollzugsbehörde der oder dem Gefangenen allgemein oder im Einzelfall die Nutzung der zugelassenen Telekommunikationsform gestatten, wenn sichergestellt ist, dass hierdurch nicht die Sicherheit oder Ordnung der Anstalt gefährdet wird und sich die oder der Gefangene mit den von der Vollzugsbehörde zu diesem Zweck erlassenen Nutzungsbedingungen einverstanden erklärt. [3]Soweit die Nutzungsbedingungen keine abweichenden Regelungen enthalten, gelten für Telekommunikationsformen,
>
> 1. die einem Besuch vergleichbar sind, Absatz 1 Sätze 2 bis 5,
> 2. die einem Schriftwechsel vergleichbar sind, § 29 Abs. 2 sowie die §§ 30 bis 32 entsprechend."

---

775 Umfassend BeckOK Strafvollzug Hessen/*Gescher*, HStVollzG § 36 Rn. 4–10.

776 http://www.mj.niedersachsen.de/themen/justizvollzug/justizvollzug-10505.html, zuletzt abgerufen am 1.12.2018.

Danach ist Voraussetzung für die Zulassung der Nutzung des Internets, gem. § 33 Abs. 3 S. 1 NJVollzG „generell die Zustimmung des Fachministeriums".[777] Einen Anspruch auf Zustimmung soll Absatz 3 S. 1 ausdrücklich nicht begründen.[778] Gemäß Satz 2 wäre – für den Fall, dass eine ministeriale Zustimmung erfolgt ist – auf zweiter Stufe sodann eine Entscheidung der Vollzugsbehörde erforderlich.[779] Diese Ermessensentscheidung kann sich auf eine allgemeine oder einzelfallbezogene Zulassung der Nutzung erstrecken, unterliegt jedoch Einschränkungen, welche insbesondere die explizit angeführten Sicherheitsinteressen der Anstalt darstellen können. Gleichfalls deutet die Formulierung „zu diesem Zweck erlassenen Nutzungsbedingungen" an, dass weitere eigenständige Beschränkungsmöglichkeiten auch durch die Vollzugsbehörde festgelegt werden können.[780] Daneben regelt Satz 3, dass die Nutzung ebenfalls den für Besuche, Telefonate und Briefverkehr (bzw. Fax) geltenden Beschränkungen unterliegt.[781] Insofern sind an eine Zulassung „anderer Formen der Telekommunikation" – und somit des Internets – hohe Anforderungen gestellt. So bleibt nicht nur gem. § 33 Abs. 3 NJVollzG stets eine Zustimmung des Fachministeriums als Grundvoraussetzung erforderlich, ferner ist eine weitergehende vollzugsbehördliche Einschränkung im Rahmen der Ermessensentscheidung möglich, in dem die Beschränkungsvorschriften der übrigen Außenkontaktformen für entsprechend anwendbar erklärt werden und sich der Gefangene mit den „zu diesem Zweck erlassenen Nutzungsbedingungen einverstanden" zeigt. Folglich hängt eine Internetnutzung durch Strafgefangene in Niedersachsen von einem zweistufigen Verfahren ab, wobei der Gefangene keinen Anspruch auf Erteilung hat.

### *e) Nordrhein-Westfalen*

Das Gesetz zur Regelung des Vollzuges der Freiheitsstrafe in Nordrhein-Westfalen (StVollzG NRW) trat am 13.1.2015 in Kraft. Verglichen mit dem niedersächsischen Justizvollzugsgesetz und der Umsetzung der Föderalismusreform im Jahre 2006 hat Nordrhein-Westfalen mit großem zeitlichem Abstand ein Strafvollzugsgesetz in seinem Geltungsbereich erlassen. Für die Frage nach den Voraussetzungen eines Internetzugangs für Strafgefangene ist in Abschnitt 4 (Außenkontakte) § 27 StVollzG NRW näher in den Blick zu nehmen, der „andere

777 BeckOK Strafvollzug Nds/*Reichenbach*, NJVollzG § 33 Rn. 14.
778 BeckOK Strafvollzug Nds/*Reichenbach*, NJVollzG § 33 Rn. 14.
779 BeckOK Strafvollzug Nds/*Reichenbach*, NJVollzG § 33 Rn. 16.
780 BeckOK Strafvollzug Nds/*Reichenbach*, NJVollzG § 33 Rn. 15.
781 BeckOK Strafvollzug Nds/*Reichenbach*, NJVollzG § 33 Rn. 15.

Formen der Telekommunikation" – damit auch die Internetnutzung[782] – regelt.[783] In § 27 StVollzG NRW heißt es:

> „[1]Den Gefangenen kann gestattet werden, andere von der Aufsichtsbehörde zugelassene Formen der Telekommunikation durch Vermittlung der Anstalt zu nutzen, wenn hierdurch die Sicherheit oder Ordnung der Anstalt nicht gefährdet wird. [2]Im Übrigen finden in Abhängigkeit von der Art der Telekommunikation die Vorschriften über den Schriftwechsel, den Besuch und über Telefongespräche entsprechende Anwendung."

In Satz 1 wird in Form einer Ermessensregelung („kann") dem Gefangenen die Möglichkeit eröffnet, von der zuständigen Aufsichtsbehörde zugelassene Formen seitens der Vollzugsbehörde gestattet zu bekommen.[784] Diese Ermessensentscheidung steht allerdings – ausdrücklich – unter dem Vorbehalt, dass Sicherheitsinteressen der Anstalt nicht gefährdet sind.[785] Ein individueller Anspruch auf Nutzung kommt dem Gefangenen mithin nicht zu.

Satz 2 erklärt – abhängig von der Art der Telekommunikation bzw. der Vergleichbarkeit mit einem gesetzlich normierten Medium – die Vorschriften über den Schriftwechsel, den Besuch und über Telefongespräche für anwendbar, wodurch sich zusätzliche Beschränkungen ergeben können.[786]

Erneut lässt sich erkennen, dass, im Wege eines zweistufigen Verfahrens, dem Gefangenen nur ein Anspruch auf eine ermessensfehlerfreie Entscheidung zukommt.[787] Zudem fehlt es an einer eigenständigen Regelung zur Kostentragung.

## II. Synopse der Landesbestimmungen

In einer Zusammenschau der zuvor identifizierten Landesregelungen ergibt sich für die einfachgesetzliche Lage zur Internetnutzung durch Strafgefangene im deutschen Strafvollzugssystem zunächst folgende Übersicht[788]:

---

782 Vgl. NRWLT-Drs. 16/1435, S. 84.

783 BeckOK Strafvollzug NRW/*Anstötz*, StVollzG NRW § 27 Rn. 1, § 18 Rn. 10.

784 BeckOK Strafvollzug NRW/*Anstötz*, StVollzG NRW § 27 Rn. 2.

785 BeckOK Strafvollzug NRW/*Anstötz*, StVollzG NRW § 27 Rn. 4–5.

786 BeckOK Strafvollzug NRW/*Anstötz*, StVollzG NRW § 27 Rn. 6.

787 BeckOK Strafvollzug NRW/*Anstötz*, StVollzG NRW § 27 Rn. 5.

788 Vgl. Kapitel E.I; so bereits abgedruckt bei *Bode*, in: Medien – Kriminalität – Kriminalpolitik 2018, S. 94 ff.

**Tab. 2:** Übersicht der gesetzlichen Ausgestaltung der Internetnutzung

| **Bundesländer** | **Paragraphen** | **Gesetzeswortlaut** |
|---|---|---|
| **Baden-Württemberg** | - | - |
| **Bayern** | - | - |
| Berlin | § 40 StVollzG Bln | **Andere Formen der Telekommunikation** Die Anstalt kann den Gefangenen gestatten, andere von der Aufsichtsbehörde zugelassene Formen der Telekommunikation auf ihre Kosten zu nutzen. Im Übrigen finden in Abhängigkeit von der Art der Telekommunikation die Vorschriften dieses Abschnitts über den Schriftwechsel, den Besuch und über Telefongespräche entsprechende Anwendung. |
| Brandenburg | § 44 BbgJVollzG | **Andere Formen der Telekommunikation** Nach Zulassung anderer Formen der Telekommunikation im Sinne des Telekommunikationsgesetzes durch die Aufsichtsbehörde (§ 115 Absatz 1) kann die Anstaltsleiterin oder der Anstaltsleiter den Gefangenen gestatten, diese Formen auf ihre Kosten zu nutzen. Die Bestimmungen dieses Abschnitts gelten entsprechend. |
| Bremen | § 36 BremStVollzG | **Andere Formen der Telekommunikation** Nach Zulassung anderer Formen der Telekommunikation im Sinne des Telekommunikationsgesetzes durch die Aufsichtsbehörde kann die Anstaltsleitung den Gefangenen gestatten, diese Formen auf ihre Kosten zu nutzen. Die Bestimmungen dieses Abschnitts gelten entsprechend. |
| Hamburg | § 32 Abs. 2 HmbStVollzG | (2) Nach Zulassung anderer Formen der Telekommunikation im Sinne des Telekommunikationsgesetzes vom 22. Juni 2004 (BGBl. I S. 1190), zuletzt geändert am 3. Mai 2012 (BGBl. I S. 958), in der jeweils geltenden Fassung durch die Aufsichtsbehörde kann die Anstaltsleitung den Gefangenen gestatten, diese Formen auf ihre Kosten zu nutzen. Die Bestimmungen dieses Abschnitts gelten entsprechend. |

*(fortgeführt)*

**Tab. 2:** Fortsetzung

| **Bundesländer** | **Paragraphen** | **Gesetzeswortlaut** |
|---|---|---|
| Hessen | § 36 Abs. 1 S. 2 HStVollzG | Aus wichtigen Gründen können sie andere Kommunikationsmittel durch Vermittlung und unter Aufsicht der Anstalt nutzen. |
| Mecklenburg-Vorpommern | § 36 StVollzG M-V | **Andere Formen der Telekommunikation**<br>Nach Zulassung anderer Formen der Telekommunikation im Sinne des Telekommunikationsgesetzes durch die Aufsichtsbehörde kann der Anstaltsleiter oder die Anstaltsleiterin den Gefangenen gestatten, diese Formen auf ihre Kosten zu nutzen.<br>Die Bestimmungen dieses Abschnitts gelten entsprechend. |
| Niedersachsen | § 33 Abs. 3 NJVollzG | (3) Die Zulassung einer anderen Form der Telekommunikation in der Anstalt bedarf der Zustimmung des Fachministeriums; die oder der Gefangene hat keinen Anspruch auf Erteilung der Zustimmung. Hat das Fachministerium die Zustimmung erteilt, so kann die Vollzugsbehörde der oder dem Gefangenen allgemein oder im Einzelfall die Nutzung der zugelassenen Telekommunikationsform gestatten, wenn sichergestellt ist, dass hierdurch nicht die Sicherheit oder Ordnung der Anstalt gefährdet wird und sich die oder der Gefangene mit den von der Vollzugsbehörde zu diesem Zweck erlassenen Nutzungsbedingungen einverstanden erklärt. Soweit die Nutzungsbedingungen keine abweichenden Regelungen enthalten, gelten für Telekommunikationsformen, 1. die einem Besuch vergleichbar sind, Absatz 1 Sätze 2 bis 5, 2. die einem Schriftwechsel vergleichbar sind, § 29 Abs. 2 sowie die §§ 30 bis 32 entsprechend. |
| Nordrhein-Westfalen | § 27 StVollzG NRW | **Andere Formen der Telekommunikation**<br>Den Gefangenen kann gestattet werden, andere von der Aufsichtsbehörde zugelassene Formen der Telekommunikation durch Vermittlung der Anstalt zu nutzen, wenn hierdurch die Sicherheit oder Ordnung der Anstalt nicht gefährdet wird. Im Übrigen finden in Abhängigkeit von der Art der Telekommunikation die Vorschriften über den Schriftwechsel, den Besuch und über Telefongespräche entsprechende Anwendung. |

**Tab. 2:** Fortsetzung

| Bundesländer | Paragraphen | Gesetzeswortlaut |
|---|---|---|
| Rheinland-Pfalz | § 43 LJVollzG | **Andere Formen der Telekommunikation**<br>Nach Zulassung anderer Formen der Telekommunikation im Sinne des Telekommunikationsgesetzes vom 22. Juni 2004 (BGBl. I S. 1190) in der jeweils geltenden Fassung durch die Aufsichtsbehörde (§ 112 Abs. 1) kann die Anstaltsleiterin oder der Anstaltsleiter den Gefangenen gestatten, diese Formen auf ihre Kosten zu nutzen. Die Bestimmungen dieses Abschnitts gelten entsprechend. |
| Saarland | § 36 SLStVollzG | **Andere Formen der Telekommunikation**<br>Nach Zulassung anderer Formen der Telekommunikation im Sinne des Telekommunikationsgesetzes durch die Aufsichtsbehörde kann die Anstaltsleitung den Gefangenen gestatten, diese Formen auf ihre Kosten zu nutzen. Die Bestimmungen dieses Abschnitts gelten entsprechend. |
| Sachsen | § 36 SächsStVollzG | **Andere Formen der Telekommunikation**<br>Nach Zulassung anderer Formen der Telekommunikation im Sinne des Telekommunikationsgesetzes durch die Aufsichtsbehörde kann der Anstaltsleiter den Gefangenen gestatten, diese Formen auf ihre Kosten zu nutzen. Die Bestimmungen dieses Abschnitts gelten entsprechend. |
| Sachsen-Anhalt | § 43 JVollzGB LSA | **Andere Formen der Telekommunikation**<br>(1) Die Zulassung anderer Formen der Telekommunikation nach dem Telekommunikationsgesetz in der Anstalt bedarf der Zustimmung der Aufsichtsbehörde. Der Gefangene hat keinen Anspruch auf Erteilung der Zustimmung. |

(*fortgeführt*)

**Tab. 2:** Fortsetzung

| Bundesländer | Paragraphen | Gesetzeswortlaut |
|---|---|---|
| | | (2) Hat die Aufsichtsbehörde die Zustimmung erteilt, so kann die Anstalt dem Gefangenen die Nutzung der zugelassenen Telekommunikationsform gestatten, wenn sichergestellt ist, dass hierdurch nicht die Sicherheit oder Ordnung der Anstalt gefährdet wird und sich der Gefangene mit den von der Anstalt zu diesem Zweck erlassenen Nutzungsbedingungen einverstanden erklärt. Die Nutzungsbedingungen dürfen keine Regelungen enthalten, die den Vorschriften dieses Gesetzes über den Schriftwechsel, den Besuch und über Telefongespräche entgegenstehen. |
| Schleswig-Holstein | § 52 LStVollzG SH | **Andere Formen der Telekommunikation**<br>(1) Die Anstalten richten Möglichkeiten zur Nutzung anderer Formen der Telekommunikation ein.<br>(2) Den Gefangenen kann gestattet werden, andere Formen der Telekommunikation zu nutzen. Die Bestimmungen über den Besuch gelten entsprechend. Eine beabsichtigte Überwachung teilt die Anstalt den Gefangenen rechtzeitig vor Beginn der Nutzung und den Gesprächspartnern unmittelbar nach Herstellung der Verbindung mit.<br>(3) Die Kosten tragen die Gefangenen. Sind sie dazu nicht in der Lage, kann die Anstalt die Kosten in begründeten Fällen in angemessenem Umfang übernehmen. |
| Thüringen | § 44 ThürJVollzGB | **Andere Formen der Telekommunikation**<br>Nach Zulassung anderer Formen der Telekommunikation im Sinne des Telekommunikationsgesetzes durch die Aufsichtsbehörde (§ 113 Abs. 1) kann der Anstaltsleiter den Gefangenen gestatten, diese Formen auf ihre Kosten zu nutzen. Die Bestimmungen dieses Abschnitts gelten entsprechend. |

Wie ein näherer Blick auf die landesrechtlichen Vorschriften zur Nutzung des Internets durch Strafgefangene zeigt, bestehen hinsichtlich der einzelnen von den Bundesländern gewählten Regelungsformen Gemeinsamkeiten und Unterschiede, die im Folgenden einer wertenden Gesamtbetrachtung unterzogen werden.[789]

## 1. Regelungsbereich

Alle Länder, die in ihren Strafvollzugsgesetzen auch eine Internetnutzung durch Strafgefangene regeln, haben die betreffende Vorschrift im Bereich der Außenkontakte verortet. Bezüglich der Landesgesetze von Nordrhein-Westfalen und Saarland wird von Hilzinger[790] die Ansicht vertreten, dass auch im Abschnitt zur Freizeitgestaltung die Möglichkeit einer Heranführung der Gefangenen an neue Technologien eingeräumt wird. Wenngleich internetfähige Medien auch unter den im Freizeitbereich geltenden Begriff „Informations- und Unterhaltungselektronik" (vgl. § 52 Abs. 1 StVollzG NRW und § 51 Abs. 2 S. 2 SLStVollzG) subsumiert werden können, darf dies im Ergebnis nicht dazu führen, dass sich hieraus abweichende Anforderungen an die Zulassungsvoraussetzungen für den Internetzugang ergeben. Vielmehr ist unter Berücksichtigung der Intention der Landesgesetzgeber[791] festzuhalten, dass eine einheitliche Ermächtigungsgrundlage landesweite Standards schafft sowie Unsicherheiten im Rahmen des Zulassungsverfahrens vorbeugt. Zugunsten einer rechtssicheren Praxis erscheint es deshalb angebracht, einer „fragmentarischen" – nach Anwendungszweck differenzierenden – Zuordnung zu Vorschriften mit abweichenden Zulassungsvoraussetzungen entgegenzutreten.[792] Die insofern originären Internetregelungen im Bereich der Außenkontakte gelten als Spezialvorschriften. Ihre Zulassungskriterien dürfen jedenfalls nicht unterlaufen werden, selbst wenn die begehrte Form der Internetnutzung weit über den als Gesetzesabschnitt bestimmten Anwendungsbereich hinaus reicht.[793]

---

789 *Knauer*, in: AK-StVollzG, § 36 Rn. 7; *ders.*, Zeitschrift für soziale Strafrechtspflege 2015, 54, 55–56; vgl. *Esser*, NStZ 2018, 121, 124; dazu auch *Bode*, in: Medien – Kriminalität – Kriminalpolitik 2018, S. 98 ff.; *ders.*, Der Einsatz internetbasierter Medien im Strafvollzug (im Erscheinen).

790 Vgl. BeckOK Strafvollzug Saarland/Hettenbach/*Hilzinger*, SLStVollzG § 51 Rn. 15–16; BeckOK Strafvollzug NRW/*Hilzinger*, StVollzG NRW § 52 Rn. 4–41.

791 Vgl. nur ME-Begr., S. 104.

792 *Knauer*, in: AK-StVollzG, § 36 Rn. 9; *Esser*, NStZ 2018, 121, 123 ff.

793 Vgl. *Knauer*, in: AK-StVollzG, § 36 Rn. 9.

## 2. Zum Begriff „Andere Formen der Telekommunikation“

Das Internet hat bis zum heutigen Tag keine namentliche Erwähnung in den Gesetzestexten der Länder gefunden.[794] Stattdessen finden sich in den betreffenden Landesvorschriften mit „anderen Formen der Telekommunikation“ und „andere Kommunikationsmittel“ (in Hessen) deutungsbreite Formulierungen mit einem zunächst unscharfen Geltungsbereich. Unter diesen (entwicklungs-) offenen Begriffen ist – entsprechend den Gesetzesbegründungen[795] – auch die Nutzung des Internets zu fassen.[796] Dies gilt umso mehr, wenn das betreffende Bundesland am Musterentwurf[797] beteiligt war bzw. seine Vorschrift eng an § 36 ME orientiert hat. Denn nach der Konzeption des § 36 ME (vgl. ME-Begr., S. 104: „Nutzung von derzeit noch nicht verbreiteten Telekommunikationsformen für die Zukunft offen“) sollte mit dem Begriff „andere Formen der Telekommunikation“ vor allem Internettechnik erfasst werden.[798]

### *a) Gegenansicht Straßer*

Nach Ansicht von Straßer soll das Internet nur für die Verwendung als Mittel der Telekommunikation – über § 36 StVollzG M-V und § 36 S. 1 SächsStVollzG – in Frage kommen.[799] Dieser Sichtweise, die maßgeblich an die Stellung innerhalb

---

794 Vgl. *Esser*, NStZ 2018, 121, 124.

795 Vgl. nur SHLT-Drs. 18/3153, S. 129–130: „Durch die Formulierung ‚andere Formen der Telekommunikation‘ soll die Möglichkeit der Nutzung von derzeit noch nicht verbreiteten Telekommunikationsformen für die Zukunft offen gehalten werden. Nach derzeitigem Stand der technischen Entwicklung ist dabei auch vor dem Hintergrund des Angleichungsgrundsatzes insbesondere an E-Mail, E-Learning, Internet und Intranet zu denken.“

796 Vgl. *Esser*, NStZ 2018, 121, 124: „höchst unbestimmt formuliert“; BeckOK Strafvollzug Berlin/*Paster* StVollzG Bln § 40 Rn. 2; vgl. auch *Bode*, in: Medien – Kriminalität – Kriminalpolitik 2018, S. 100; *ders.*, Der Einsatz internetbasierter Medien im Strafvollzug (im Erscheinen).

797 https://beck-online.beck.de/Dokument?vpath=bibdata%5Cges%5Cme_lstvollzg%5Ccont%5Cme_lstvollzg.htm, zuletzt abgerufen am 1.12.2018. „Länder legen Musterentwurf für Strafvollzugsgesetz vor“, lto vom 6.9.2011, abrufbar unter https://www.lto.de/recht/nachrichten/n/justiz-laender-legen-musterentwurf-fuer-strafvollzugsgesetz-vor/, zuletzt abgerufen am 1.12.2018.

798 So bereits *Knauer*, in: AK-StVollzG, § 36 Rn. 7; *ders.*, Zeitschrift für soziale Strafrechtspflege 2015, 54, 55–56; vgl. auch BeckOK Strafvollzug Berlin/*Paster* StVollzG Bln § 40 Rn. 2.

799 Vgl. nur BeckOK Strafvollzug MV/*Straßer*, StVollzG M-V § 36 Rn. 5; ausführlich dazu bereits *Knauer*, in: AK-StVollzG, § 36 Rn. 8–9.

des Normgefüges Außenkontakte anknüpft, ist indes zu widersprechen. Eine Beschränkung des Internets auf die dem Regelungsbereich entsprechenden Nutzungsmöglichkeiten bzw. Internetdienste – z. B. E-Mail oder Chatfunktionen – erscheint bereits mit Blick auf die Begründung zu § 36 ME („Die Bestimmung trägt zum einen der fortschreitenden Entwicklung der Kommunikationsmedien und zum anderen einem sich verändernden Kommunikations- und Informationsverhalten Rechnung. Durch die Formulierung „andere Formen der Telekommunikation" soll die Möglichkeit der Nutzung von derzeit noch nicht verbreiteten Telekommunikationsformen für die Zukunft offen gehalten werden. Nach derzeitigem Stand der technischen Entwicklung ist dabei auch vor dem Hintergrund des Angleichungsgrundsatzes insbesondere an E-Mail, E-Learning, Internet und Intranet zu denken.")[800] – an dessen Vorbild auch die Regelungen von Mecklenburg-Vorpommern und Sachsen orientiert sind – für § 36 StVollzG M-V bzw. § 36 S. 1 SächsStVollzG fernliegend.[801]

Flankiert wird diese Kritik von Argumenten, die bereits Knauer ins Feld geführt hat. Danach entspricht es dem Willen des Landesgesetzgebers wohl eher, dass die Nutzung des Internets durch Strafgefangene einheitlich an einem Standort geregelt ist, anstatt sie durch mehrere Vorschriften und somit partiell – differenziert nach Nutzungszwecken – über das Strafvollzugsgesetz verteilt zu regeln.[802] Gleichzeitig ist zu beachten, dass modernen Kommunikationsmedien stets verschiedene Nutzungsarten (Informationsgewinnung, Kommunikation oder Freizeitbeschäftigung) immanent sind; es lassen sich also, wie auch die Begründung zu § 36 ME zeigt, keine klaren, d.h. trennscharfe Zuordnungen zu einem Regelungsstandort vornehmen. Deshalb erscheint es nicht überzeugend, aus der Stellung der Norm derart weitreichende Folgerungen für einzelne bzw. ausschließliche Nutzungsarten des Internets zu ziehen.[803]

### *b) Gegenansicht Heuchemer*

Nach Ansicht von Heuchemer, der dazu auf die Kommentierung zu § 32 StVollzG von Arloth/Krä verweist, soll § 43 LJVollzG gerade nicht „für die Nutzung von E-Mail und Internet" gelten.[804] Eine solche Differenzierung erscheint jedoch nicht nur mit Blick auf die Gesetzesbegründung[805], sondern auch im

800 ME-Begr., S. 104.

801 Vgl. dazu *Knauer*, in: AK-StVollzG, § 36 Rn. 9.

802 *Knauer*, in: AK-StVollzG, § 36 Rn. 9.

803 *Knauer*, in: AK-StVollzG, § 36 Rn. 9.

804 BeckOK Strafvollzug RhPf/*Heuchemer*, RhPfLJVollzG § 43 Rn. 3.

805 RhPfLT-Drs. 16/1910, S. 132.

Vergleich zur Konzeption des Musterentwurfs (vgl. § 36 ME: „anderer Formen der Telekommunikation im Sinne des Telekommunikationsgesetzes“ sowie die Begründung zu § 36 ME: „Nach derzeitigem Stand der technischen Entwicklung ist dabei auch vor dem Hintergrund des Angleichungsgrundsatzes insbesondere an E-Mail, E-Learning, Internet und Intranet zu denken“)[806], an dem Rheinland-Pfalz gleichfalls beteiligt war,[807] nur wenig überzeugend. Hinzu kommt, dass Heuchemers Aussage wohl schon deshalb zu relativieren ist, da er in Rn. 1 seiner Kommentierung zu § 43 LJVollzG selbst noch formuliert: „Die Vorschrift erstreckt die ermessensgeleitete Erlaubnis zur Telekommunikation auf andere, moderne Kommunikationsformen, wobei Telefax, E-Mail usw. in Betracht kommen.“[808] Heuchemer geht – entgegen seiner Behauptung in Rn. 3 der Kommentierung – also doch davon aus, dass § 43 LJVollzG Raum für eine Nutzung zum internetbasierten E-Mail-Verkehr eröffnen soll.

Sofern § 43 LJVollzG aber grundsätzlich Raum für internetbasierten E-Mail-Verkehr bietet, kann – vor dem Hintergrund der bisherigen Erkenntnisse – behauptet werden, dass der Annahme eines generellen Ausschlusses von „E-Mail und Internet“, wie Heuchemer sie trifft, nicht zu folgen ist.

## 3. Zulassungsverfahren

Mit Ausnahme von Hessen sind in allen Bundesländern mit einer dem Musterentwurf entsprechenden Regelung sowie in Nordrhein-Westfalen und Niedersachsen zweistufige Verfahren für die Nutzungsgestattung maßgeblich. Auf erster Stufe muss zunächst die generelle Zulassung durch die Aufsichtsbehörde (das Fachministerium bzw. die Senatsverwaltung) erfolgen; es können hierbei bereits abstrakte Gefahren der Nutzungsform abgewogen werden.[809] Insofern hängt es zunächst an der grundsätzlichen Entscheidung der Landesjustizverwaltung, ob ein Internetzugang eingerichtet wird.

806 ME-Begr., S. 25, 104.

807 Musterentwurf zum Landesstrafvollzugsgesetz vom 23.11.2011, abrufbar unter https://beck-online.beck.de/Dokument?vpath=bibdata%5Cges%5Cme_lstvollzg%5Ccont%5Cme_lstvollzg.htm, zuletzt abgerufen am 1.12.2018.
https://www.lto.de/recht/nachrichten/n/justiz-laender-legen-musterentwurf-fuer-strafvollzugsgesetz-vor/, zuletzt abgerufen am 1.12.2018.

808 BeckOK Strafvollzug RhPf/*Heuchemer*, RhPfLJVollzG § 43 Rn. 1.

809 *Knauer*, in: AK-StVollzG, § 36 Rn. 10.

Auf zweiter Stufe erfolgt dann eine Ermessensentscheidung (in Form eines sog. Zustimmungsvorbehalts) durch die Vollzugsbehörde.[810] Dabei bietet sich mit der in allen Bundesländern außer Hessen umgesetzten Kann-Regelung grundsätzlich eine Möglichkeit, die bestehenden Interessenlagen umfänglich gegeneinander abzuwägen; im Rahmen des pflichtgemäßen Ermessens können demnach sowohl die Gefangeneninteressen, in Form des Resozialisierungsgedankens und der Gestaltungsgrundsätze – vornehmlich des Gegensteuerungsgrundsatzes – als auch die Sicherheitsinteressen von Anstalt und Allgemeinheit in Ansatz gebracht werden.[811] In Hessen steht die Zulassung einer Internetnutzung unter erhöhten Anforderungen (aus „wichtigen Gründen" und unter Beaufsichtigung). In Sachsen-Anhalt, Niedersachsen und Nordrhein-Westfalen wird explizit auf das besondere (Anstalts-)Interesse an „Sicherheit oder Ordnung" hingewiesen.

Im Rahmen eines zweistufigen Zulassungsverfahrens, in dem es zunächst der Zulassung durch die Aufsichtsbehörde bedarf, bleibt den Gefangenen im Ergebnis nur ein Anspruch auf ermessensfehlerfreie Bescheidung. Es besteht weder ein (echter) Anspruch auf Nutzung noch haben die Gefangenen die Möglichkeit auf direkten individuellen Rechtsschutz gegen eine generelle Vorenthaltung des Internetzugangs.[812]

## 4. Zusätzliche Beschränkungsmöglichkeiten

Zusätzliche Beschränkungen bei Internetnutzung können sich aus dem Umstand ergeben, dass fast alle Landesgesetze umfassende Verweisungen vorsehen.[813] Ihrem Inhalt nach werden die übrigen Bestimmungen des Abschnitts Außenkontakte für entsprechend anwendbar erklärt. Diese Analogien bedeuten – ausweislich der Gesetzesbegründungen[814] – insbesondere, dass alle weiteren

810 *Knauer*, in: AK-StVollzG, § 36 Rn. 10; vgl. auch *Bode*, in: Medien – Kriminalität – Kriminalpolitik 2018, S. 99–100; *ders.*, Der Einsatz internetbasierter Medien im Strafvollzug (im Erscheinen).

811 *Knauer*, in: AK-StVollzG, § 36 Rn. 10; vgl. BeckOK Strafvollzug MV/*Straßer*, StVollzG M-V § 36 Rn. 9.

812 *Knauer*, in: AK-StVollzG, § 36 Rn. 14; *ders.*, Zeitschrift für soziale Strafrechtspflege 2015, 54, 56; *Esser*, NStZ 2018, 121, 124; vgl. auch *Bode*, in: Medien – Kriminalität – Kriminalpolitik 2018, S. 99–100; *ders.*, BAG S 2018, 4; *ders.*, Der Einsatz internetbasierter Medien im Strafvollzug (im Erscheinen).

813 *Knauer*, in: AK-StVollzG, § 36 Rn. 13.

814 Vgl. etwa SHLT-Drs. 18/3153, S. 130 sowie für die Musterentwurfwurfländer ME-Begr., S 104.

Möglichkeiten zur Kontrolle bzw. Einschränkung des Außenweltzugangs, wie sie die sonstigen Außenkontaktformen bereithalten, auch bei einer Entscheidung zur Internetnutzung Platz greifen können.[815]

Die von den Landesgesetzgebern eher allgemein gewählte Formulierung,[816] wonach „die Bestimmungen dieses Abschnitts" bzw. „die Vorschriften dieses Abschnitts über den Schriftwechsel, den Besuch und über Telefongespräche" entsprechend gelten, lässt indes offen, wie eine „entsprechende" Anwendung in der Praxis zu verstehen ist. Auch die Gesetzesbegründungen[817] liefern hierzu keine abschließende Klarheit. Zwar heißt es – stellvertretend für die meisten Länder – in der Begründung zu § 36 S. 2 ME: „So sind beim Versand und Empfang eines Telefaxes oder einer E-Mail zunächst die Vorschriften für den Schriftwechsel anzuwenden, während bei der Videotelefonie zunächst die Vorschriften über Telefongespräche Anwendung finden werden."[818] Gleichwohl wird daraus nicht hinreichend deutlich, ob und in welchem Umfang einzelne Beschränkungen bei der Nutzung von Internetanwendungen nunmehr zulässig sind bzw. wie mit möglichen Überschneidungen bei Beschränkungsmaßnahmen umzugehen ist. Allein bezogen auf das Mitlesen von Gefangenenpost wäre deshalb zu fragen, inwieweit eine solche Regelung nunmehr für E-Mails oder Messenger-Dienste gilt und ob es parallel nicht auch auf die Regelungen zu den Besuchsverboten ankommt. Dies wirft grundsätzlich die Frage auf, inwiefern sich mit den bisherigen Verweisungen spezifische Gefahren des Internets überhaupt angemessen berücksichtigen lassen. Gerade in Anbetracht des Umstands, dass mit den übrigen gesetzlich geregelten Kontaktformen (Briefverkehr, Telefongespräche oder Besuche) eher „personale Beziehungen" zur Außenwelt gebildet werden, dürfte die bei Internetnutzung bestehende Gefahrenlage vielfach den Kontrollumfang dieser Vorschriften übersteigen. Denn bereits bei der Sicherung diffuser Datenströme im Rahmen der Informationsgewinnung durch digitale Quellen stoßen viele dieser Beschränkungsmöglichkeiten wohl an ihre Grenzen; weder eine „körperliche" Durchsuchung, wie sie nach den Besuchsregeln möglich wäre, noch ein „Mithören" oder „Mitlesen" des Datenverkehrs, was bei analoger Anwendung der Telefon- bzw. Briefwechselregelungen zulässig sein könnte, dürften insoweit eine effektive Gefahrenabwehr ermöglichen. Nur wenn die Internetnutzung

---

815 *Knauer*, in: AK-StVollzG, § 36 Rn. 13; *Thiele* 2016, S. 197 f.; vgl. auch *Bode*, in: Medien – Kriminalität – Kriminalpolitik 2018, S. 101.

816 *Knauer*, in: AK-STvollzG, § 36 Rn. 13: „allgemeiner Verweis"; vgl. für die dem Musterentwurf folgenden Länder nur § 36 S. 2 ME.

817 Vgl. nur ME-Begr., S. 104; anders jedoch MV LT-Drs. 6/1337, S. 95.

818 ME-Begr., S. 104.

unmittelbare Ähnlichkeit zu einer der übrigen Außenkontaktformen aufweist, sollte ein Rückgriff auf die gesetzlichen Verweisungen erfolgen. Gut denkbar ist dies etwa bei Skype- bzw. Internettelefonie oder dem begrenzten Zugriff auf Messenger-Programme bzw. E-Mail-Kontakte. Andererseits wird man sich neben den oben angesprochenen Zulässigkeitsproblemen auch in diesen Fällen fragen müssen, ob nicht die Schaffung internetspezifischer Kontrollformen generell ein wirksameres Mittel zur Reduzierung potentieller Nutzungsgefahren darstellt und eine analoge Anwendung der sonstigen Außenkontaktvorschriften mithin obsolet werden. Da für eine Zulassung des Internets bisher ein weiter Ermessensspielraum auf Behördenseite existiert, in dem gleichfalls das Sicherheitsinteresse der Anstalt eine Rolle spielt, bedarf es für die Implementierung derartiger Sicherheitstechnik auch keiner zusätzlichen gesetzlichen Ermächtigung.

Die zu den sonstigen Formen des Außenkontakts formulierten Beschränkungen erscheinen, wenn überhaupt, nur sehr eingeschränkt tauglich, um seitens der Anstaltsleitung tatsächlich „entsprechende“ Anwendung bei Internetnutzung zu finden.

Hinzu kommt, dass die Länder Niedersachsen (§ 33 Abs. 3 S. 2 NJVollzG) und Sachsen-Anhalt (§ 43 Abs. 2 JVollzGB LSA) ein Einverständnis mit den Nutzungsbedingungen der Anstalt fordern. Zwar ist mit Blick auf die zuvor gefundenen Ergebnisse festzuhalten, dass unabhängig einer gesetzlichen Erwähnung die Internetnutzung durch Strafgefangene immer mit Auflagen – vor allem zugunsten von Sicherheitsaspekten – einhergeht. Allerdings bietet sich mit der ausdrücklichen Aufforderung des Gesetzgebers an die Vollzugsbehörden, Nutzungsbedingungen zu etablieren auf Anstaltsseite – zumindest implizit – die Möglichkeit, die Internetnutzung über Sicherheitsbelange hinausgehenden Beschränkungen zu unterwerfen.

## 5. Kostentragung

Bei der Frage der Kostenregelung ergeben sich im bundesweiten Vergleich zusätzlich Unterschiede. Sofern es nicht bereits zu einer gesetzlichen Zuweisung der Kostentragungspflicht an die Gefangenen (vgl. etwa § 36 S. 1 BremStVollzG: „auf ihre Kosten zu nutzen“) kommt, ist mit Blick auf die Gesetzesbegründungen sowie die Tatsache, dass die meisten Länder per Verweisung die übrigen Regelungen der Außenkontakte für „entsprechend anwendbar“ erklären, eine generelle anstaltsseitige Übernahme der Kosten zunächst auszuschließen.[819] Dies

819 Vgl. *Knauer*, in: AK-StVollzG, § 36 Rn. 12; dies betrifft Sachsen-Anhalt (§ 43 JVollzGB LSA).

bedeutet jedoch nicht, dass die aus dem Sozialstaatsprinzip (vgl. Art. 20 Abs. 1 und Art. 28 Abs. 1 S. 1 GG) folgende Möglichkeit auf Kostenhilfe gänzlich entfallen muss.[820] Entsprechend sehen die dem Musterentwurf folgenden Länder in ihren Gesetzesbegründungen die Möglichkeit einer Kostenübernahme in „begründeten Ausnahmefällen" vor.[821] Zudem findet sich in der Kommentierung von Kangarani zu § 36 SLStVollzG unter Verweis auf die saarländische Gesetzesbegründung („Die Kosten für die anderen Formen der Telekommunikation haben die Gefangenen grundsätzlich selbst zu tragen. Lediglich in begründeten Ausnahmefällen kann die Anstalt die Kosten in angemessenem Umfang übernehmen, wenn die Gefangenen dazu nicht in der Lage sind.")[822] auch der Gedanke, dass durch die bestehende Verweisung eine Kostenübernahme in Ausnahmefällen denkbar sei.[823]

Schleswig-Holstein dagegen ermöglicht ausdrücklich die Kostenübernahme in Härtefällen und bietet in § 52 Abs. 3 LStVollzG SH eine sog. Härtefallregelung für anfallende Kosten bei der Nutzung „anderer Formen der Telekommunikation". In Niedersachsen besteht hinsichtlich der Kostenbelastung ein Ermessensspielraum auf Seiten der Behörde.[824] Die Kostenfrage führt in der Gesamtschau bislang zu uneinheitlichen Lösungen auf Ebene der Länder.

## 6. Verwaltungsvorschriften

Als weitere Erkenntnis der landesrechtlichen Analyse ist festzuhalten, dass eigene Verwaltungsvorschriften zum praktischen Umgang mit dem Internet in allen Bundesländern mit entsprechender Regelung aktuell noch immer fehlen. Da auf Bundesebene keine eigenständige Regelung zu Internetnutzung bzw. Neuen Medien bestand, scheidet auch eine mögliche Fortgeltung von bundeseinheitlichen Verwaltungsvorschriften aus.

Hessen hat zwar zur Regelung des § 36 HStVollzG eine eigene Verwaltungsvorschrift (§ 25 Telefonate) erlassen, die im Übrigen auch für den Jugendstrafvollzug (§ 35 HessJStVollzG) sowie den Untersuchungshaftvollzug (§ 28 HUVollzG) gilt. Dabei handelt es sich jedoch um einen allgemein gehaltenen Katalog, der seinem Inhalt nach auf Telefonate beschränkt bleibt und insofern

820 *Knauer*, in: AK-StVollzG, § 36 Rn. 12.
821 Vgl. nur ME-Begr., S. 104; *Knauer*, in: AK-StVollzG, § 36 Rn. 12 m.w.N.
822 SaarlLT-Drs. 15/386, S. 91.
823 BeckOK Strafvollzug Saarland/*Kangarani*, SLStVollzG § 36 Rn. 5.
824 *Knauer*, in: AK-StVollzG, § 36 Rn. 12.

auf Internetnutzung (bzw. „andere Kommunikationsmittel“ im Sinne von § 36 Abs. 1 S. 2 HStVollzG) keine Anwendung findet.

### 7. Bundesländer ohne eigenständige Regelung

Die Länder Bayern und Baden-Württemberg nehmen im vorstehenden Kontext eine Sonderstellung ein. Beide Landesgesetzgeber haben – bewusst – auf eine konkrete Regelung zur Internetnutzung verzichtet, mithin dem Gefangenen auf einfachgesetzlicher Ebene keine (besonderen) Rechte hinsichtlich des Zugangs zum Internet gewährt.[825] Wie gesehen wird jedoch sowohl in Bayern als auch in Baden-Württemberg vereinzelt bereits der Zugang zu Internetseiten gestattet. Dies begründet die Befürchtung einer Praxis, die landesweit uneinheitlich und zum Nachteil der Gefangenen wirkt.

## III. Typen der Ausgestaltung

Um Gemeinsamkeiten und Differenzen bezüglich der gewählten Art der rechtlichen Ausgestaltung besser identifizieren zu können, liegt es nahe, die Bundesländer einzelnen Ausgestaltungstypen[826] zuzuordnen.

Den ersten Typus („Musterentwurf“) bilden diejenigen Bundesländer, die am Musterentwurf aus dem Jahre 2011 beteiligt waren (Berlin, Brandenburg, Bremen, Mecklenburg-Vorpommern, Rheinland-Pfalz, Sachsen-Anhalt, Schleswig-Holstein, Thüringen, Sachsen und Saarland). Ihre Vorschriften orientieren sich am Wortlaut des § 36 ME und stellen mit Blick auf die Rechte des Gefangenen die derzeit großzügigste Form der Ausgestaltung dar. Im Wege eines zweistufigen Zulassungsverfahrens wird dem Gefangenen ein Anspruch auf ermessensfehlerfreie Bescheidung durch die Anstaltsleitung gewährt.[827] Differenziert man zudem innerhalb dieser Gruppe, so tut sich das Bundesland Schleswig-Holstein positiv hervor, da in Abs. 2 u. Abs. 3 des § 52 LStVollzG SH die anstaltsseitige Pflicht zur Kostenübernahme in Härtefällen sowie zur Anzeige von Überwachungsmaßnahmen („Eine beabsichtigte Überwachung teilt die Anstalt den Gefangenen rechtzeitig vor Beginn der Nutzung und den Gesprächspartnern

825 Vgl. *Esser*, NStZ 2018, 121, 124, der in Ermangelung einer eigenständigen „Öffnungsklausel“ insofern die Anwendung einer dem § 4 Abs. 2 S. 2 StVollzG jeweils entsprechenden Generalklausel in beiden Landesgesetzen für möglich hält.

826 Vgl. *Knauer*, in: AK-StVollzG, § 36 Rn. 2 ff.; vgl. auch *Bode.*, Der Einsatz internetbasierter Medien im Strafvollzug (im Erscheinen).

827 Vgl. BeckOK Strafvollzug Berlin/*Paster* StVollzG Bln § 40 Rn. 1.

unmittelbar nach Herstellung der Verbindung mit") festgeschrieben ist.[828] Demgegenüber wird in Sachsen-Anhalt nach § 43 Abs. 2 JVollzGB LSA ausdrücklich eine Einverständniserklärung mit den Nutzungsbedingungen der Anstalt gefordert sowie auf eine explizite Regelung zur Kostentragung verzichtet, was im internen Vergleich dazu führt, dass diese Vorschrift als restriktivste anzusehen ist.

Die nicht am Musterentwurf beteiligten Länder Niedersachsen, Nordrhein-Westfalen und Hamburg bilden ferner eine Gruppe vom Typus „2-Stufenmodell". Auch sie sehen ein zweistufiges Verfahren vor, das mit einer Zulassung durch die Landesjustizverwaltungen auf der ersten Stufe und mit einem Zustimmungsvorbehalt („kann") auf zweiter Stufe dem Typ „Musterentwurf" vergleichbare Voraussetzungen schafft. Indes fällt auf, dass die gesetzlichen Formulierungen zusätzliche bzw. andere Voraussetzungen an die Zulassung einer Internetnutzung knüpfen als die Musterentwurfländer.[829] So wird in Niedersachsen und Nordrhein-Westfalen der Aspekt „Sicherheit und Ordnung der Anstalt" als Beschränkungsgrund explizit aufgeführt (vgl. § 33 Abs. 3 NJVollzG: „wenn sichergestellt ist, dass hierdurch nicht die Sicherheit oder Ordnung der Anstalt gefährdet wird" und § 27 StVollzG NRW: „wenn hierdurch die Sicherheit oder Ordnung der Anstalt nicht gefährdet wird"). Ferner stellt die in Hamburg geltende Vorschrift (§ 32 Abs. 2 HmbStVollzG) darauf ab, dass es auf eine „Zulassung anderer Formen der Telekommunikation im Sinne des Telekommunikationsgesetzes vom 22. Juni 2004 (BGBl. I S. 1190), zuletzt geändert am 3. Mai 2012 (BGBl. I S. 958), in der jeweils geltenden Fassung" ankommt. Im binnensystematischen Vergleich erweist sich die niedersächsische Vorschrift als restriktivste, da das zusätzliche Erfordernis eines Einverständnisses in von der Anstalt vorgegebene Nutzungsbedingungen erhoben wird.

Gesondert zu betrachten ist das Bundesland Hessen (Typus „Sonderweg"), das eine Nutzung des Internets nur unter denkbar engen Voraussetzungen („unter Aufsicht der Anstalt") und bei Vorliegen „wichtiger Gründe" gestattet. Die in § 36 Abs. 1 S. 2 HStVollzG gewählte Form der Ausgestaltung setzt damit, was den Vergleich der gesetzlichen Regelungsinhalte anbelangt, einer Nutzung des Internets die starrsten Schranken.

Schließlich lassen sich die Bundesländer Bayern und Baden-Württemberg zusammenfassen. Sie verzichten – in besonderer Nähe zum Bundesgesetz – auf

828 Vgl. *Esser*, NStZ 2018, 121, 124, der die Ausgestaltung nach § 52 LStVollzG SH als „am progressivsten" einschätzt.

829 *Knauer*, in: AK-StVollzG, § 36 Rn. 1.

eine Vorschrift zur Internetnutzung und wählen somit die aus Gefangenensicht ungünstigste Form gesetzlicher Ausgestaltung (Typus „Keine gesetzliche Regelung“). Mit Blick auf Inhalte einschlägiger Kommentare sowie bei Durchsicht der Gesetzesbegründungen scheinen vor allem Sicherheitsbedenken einer Zulassung des Internets entgegenzustehen. Den Gefangenen kommen in diesen Bundesländern mithin keine (besonderen) Rechte die Internetnutzung betreffend zu.

**Tab. 3:** Übersicht Typisierung der Landesgesetze

| **Typus** | **Inhalte (Ausgestaltungsform/ Besonderheiten)** |
|---|---|
| **„Musterentwurf“**<br>Zugehörige Bundesländer:<br>Berlin,<br>Brandenburg,<br>Bremen,<br>Mecklenburg-Vorpommern,<br>Rheinland-Pfalz,<br>Saarland,<br>Sachsen,<br>Sachsen-Anhalt,<br>Schleswig-Holstein,<br>Thüringen | - Eng an § 36 ME orientiertes, zweistufiges Zulassungsverfahren<br>- Anspruch des Gefangenen auf ermessensfehlerfreie Bescheidung<br>Besonderheiten:<br>- In Sachsen-Anhalt ist als zusätzliches Erfordernis normiert, dass sich der Gefangene mit den von der Anstalt zu diesem Zweck erlassenen Nutzungsbedingungen einverstanden erklären muss; die Kostentragung ist im Gegensatz zum Anstaltsinteresse an „Sicherheit oder Ordnung“ nicht explizit geregelt.<br>- In Schleswig-Holstein wird für die Kostentragungspflicht eine sog. Härtefallregelung zugunsten der Gefangenen im Gesetz festgeschrieben („Die Kosten tragen die Gefangenen. Sind sie dazu nicht in der Lage, kann die Anstalt die Kosten in begründeten Fällen in angemessenem Umfang übernehmen“); ferner sind anstaltsseitig stattfindende Überwachungsmaßnahmen dem Gefangenen und den Gesprächspartnern anzuzeigen („Eine beabsichtigte Überwachung teilt die Anstalt den Gefangenen rechtzeitig vor Beginn der Nutzung und den Gesprächspartnern unmittelbar nach Herstellung der Verbindung mit“) |

(*fortgeführt*)

**Tab. 3:** Fortsetzung

| Typus | Inhalte (Ausgestaltungsform/ Besonderheiten) |
|---|---|
| **„2-Stufenmodell"**<br>Zugehörige Bundesländer:<br>Niedersachsen,<br>Nordrhein-Westfalen<br>Hamburg | - Zweistufiges Zulassungsverfahren, mit (z.T.) unterschiedlichen Voraussetzungen<br>- Anspruch des Gefangenen auf ermessensfehlerfreie Bescheidung<br>- In Niedersachsen ist neben dem Aspekt „Sicherheit oder Ordnung der Anstalt" als zusätzliches Erfordernis das Einverständnis in die Nutzungsbedingungen der Anstalt normiert<br>- In Hamburg kommt es auf die Zulassung anderer Formen der Telekommunikation „im Sinne des Telekommunikationsgesetzes" an<br>- In Nordrhein-Westfalen wird explizit darauf verwiesen, dass „Sicherheit oder Ordnung der Anstalt" nicht gefährdet sein dürfen |
| **„Sonderweg"**<br>Zugehörige Bundesländer:<br>Hessen | - Gewährung einer Internetnutzung nur „unter Aufsicht der Anstalt" und aus „wichtigem Grund" |
| **„Keine gesetzliche Regelung"**<br>Zugehörige Bundesländer:<br>Baden-Württemberg,<br>Bayern | - Verzicht auf gesetzliche Ausgestaltung<br>- Keine besonderen Gefangenenrechte hinsichtlich Internetnutzung |

## IV. Praktische Probleme

Auch mit den neuen Landesgesetzen ist seit der Föderalismusreform 2006 kein besonderer Fortschritt hinsichtlich einer weitergehenden Zulassung des Internets im Strafvollzug eingetreten.[830] In keinem Bundesland existiert ein direkter und individueller Anspruch des Gefangenen auf Internetnutzung.[831] Vielmehr sind die bisherigen Ausgestaltungsformen gemessen an den zuvor entwickelten Maßstäben[832] sogar von fortschrittshemmender Natur, denn sie begründen – eine Zulassung

830 IBI 2011, S. 22; *Knauer*, in: AK-StVollzG, § 36 Rn. 3; vgl. auch *Bode*, in: Medien – Kriminalität – Kriminalpolitik 2018, S. 99; *ders.*, BAG S 2018, 4; *ders.*, Der Einsatz internetbasierter Medien im Strafvollzug (im Erscheinen).

831 *Knauer*, Zeitschrift für soziale Strafrechtspflege 2015, 54, 56; vgl. auch *Bode*, ZIS 2017, 348, 352; *ders.*, in: Medien – Kriminalität – Kriminalpolitik 2018, S. 102 f.; *ders.*, Der Einsatz internetbasierter Medien im Strafvollzug (im Erscheinen).

832 Vgl. nur Kapitel D.III.

durch die Aufsichtsbehörde vorausgesetzt – bestenfalls einen Anspruch auf ermessensfehlerfreie Bescheidung.[833]

Speziell die Schaffung weiter Entscheidungsspielräume für die Vollzugsbehörden ist kritikwürdig.[834] Es bietet sich zu viel Spielraum („kann"), die Nutzung des Internets grundsätzlich zu versagen.[835] Insofern wirkt die Verwendung von offenen Begriffen mit unscharfem Geltungsbereich („andere Formen der Telekommunikation" bzw. „andere Kommunikationsmittel") auch deshalb nachteilig, weil sie die Gefahr einer Verwendungsbeschränkung auf reine Kommunikationsbelange beinhaltet.[836]

Kritisch ist darüber hinaus der Umstand zu bewerten, dass Bayern und Baden-Württemberg mit einem Regelungsverzicht hinter den übrigen landesgesetzlichen Regelungsbemühungen zurückbleiben. Bei diesen Bundesländern ist nach strenger Orientierung am Wortlaut sowie mit Blick auf die Sicherheitsinteressen der Anstalt eine Internetnutzung grundsätzlich ausgeschlossen[837] – die Rechtsstellung des Gefangenen wird dadurch zusätzlich geschwächt.

Das praktische Resultat ist insofern eindeutig: Es besteht eine erhebliche Zersplitterung der Rechtslage. Nach Betrachtung der zuvor dargestellten Ländertypen[838] ist davon auszugehen, dass es im bundesweiten Vergleich zu starken Abweichungen in der Vollzugspraxis kommt. Schon bundeslandintern wird dabei einem heterogenen Umgang mit dem Internet Vorschub geleistet. Dies gilt nicht nur mit Blick auf generelle Zulassungsfragen. Auch in Sachen Kostentragungspflicht sowie bei sicherheitsbezogenen Einschränkungen können sowohl der beschriebene Überwachungsaufwand als auch die Höhe der Kostenbelastung weitere – indirekte – Beschränkungsmechanismen bilden. Für die Rechtsstellung des Gefangenen kommt es also, da hinter dem Entschluss der Anstaltsleitung verschiedene Motive stehen, nicht nur maßgeblich

---

833 Vgl. IBI 2011, S. 22;

834 Vgl. *Esser*, NStZ 2018, 121, 122–124; *Knauer*, in: AK-StVollzG, § 36 Rn. 3; vgl. auch *Bode*, BAG S 2018, 4, 6; *ders.*, in: Medien – Kriminalität – Kriminalpolitik 2018, S. 102 f.; *ders.*, Der Einsatz internetbasierter Medien im Strafvollzug (im Erscheinen).

835 Vgl. *Esser*, NStZ 2018, 121, 122; *Knauer*, in: AK-StVollzG, § 36 Rn. 3; vgl. auch *Bode*, BAG S 2018, 4, 6; *ders.*, in: Medien – Kriminalität – Kriminalpolitik 2018, S. 102 f.; *ders.*, Der Einsatz internetbasierter Medien im Strafvollzug (im Erscheinen).

836 Vgl. *Esser*, NStZ 2018, 121, 124; vgl. auch *Bode*, in: Medien – Kriminalität – Kriminalpolitik 2018, S. 100; *ders.*, Der Einsatz internetbasierter Medien im Strafvollzug (im Erscheinen).

837 Vgl. Kapitel E.I.1.

838 Kapitel E.III; vgl. auch *Bode*, BAG S 2018, 4, 6.

darauf an, in welchem Bundesland, sondern in welcher Vollzugseinrichtung er inhaftiert ist.

Nach alledem ist zu konstatieren, dass die restriktiven und in Teilen ambivalent wirkenden Vorgaben der Landesgesetze dem aufgezeigten Entwicklungsbedarf nicht gerecht werden.[839] Es fehlt maßgeblich an einer am Resozialisierungsgedanken orientierten Grundtendenz bezüglich des vermehrten Einsatzes internetbasierter Technik.[840] Die bestehenden Regelungen fallen daher mit Blick auf das identifizierte Resozialisierungspotential von Internetanwendungen weit hinter das zurück, was – wie Knauer zutreffend feststellt – mittlerweile kriminalpolitisch geboten erscheint.[841] Denn obgleich auch künftig Gefahren bestehen, schafft das Internet einzigartige Möglichkeiten, Strafgefangenen einen modernen Weg zurück in die Gesellschaft aufzuzeigen und sie am außenweltlichen Fortschritt während der Zeit ihrer Inhaftierung teilhaben zu lassen.[842] Wenn Bachmann insofern darauf hinweist, dass selbst das BVerfG – als „Lotse des Strafvollzugs" – zur Auflösung dieses Interessenkonflikts bisher „noch keinen entscheidenden Beitrag geleistet" hat,[843] zeigt dies einmal mehr, welch langer Weg noch zurückzulegen ist, bis das Internet flächendeckend im Strafvollzug Einzug erhält. Dabei erscheint es gemessen an außenweltlichen Gegebenheiten sowie vor dem Hintergrund der defizitären Rechtslage bereits jetzt geboten, praktische Verbesserungen durch einfachgesetzliche Änderungen einzuleiten.[844]

---

839 IBI 2011, S. 22; *Knauer*, in: AK-StVollzG, § 36 Rn. 3; *Thiele* 2016, S. 197 ff.; vgl. *Esser*, NStZ 2018, 121, 124; vgl. auch *Bode*, Der Einsatz internetbasierter Medien im Strafvollzug (im Erscheinen).

840 Vgl. IBI 2011, S. 22; vgl. auch *Bode*, in: Medien – Kriminalität – Kriminalpolitik 2018, S. 100; *ders.*, Der Einsatz internetbasierter Medien im Strafvollzug (im Erscheinen).

841 *Knauer*, in: AK-StVollzG, § 36 Rn. 3; IBI 2011, S. 22; vgl. auch *Bode*, in: Medien – Kriminalität – Kriminalpolitik 2018, S. 100; *ders.*, BAG S 2018, 4, 6; *ders.*, Der Einsatz internetbasierter Medien im Strafvollzug (im Erscheinen).

842 Vgl. *Esser*, NStZ 2018, 121, 122; *Theine*, FS 2014, 161; vgl. auch *Bode*, Der Einsatz internetbasierter Medien im Strafvollzug (im Erscheinen).

843 *Bachmann* 2015, S. 324.

844 Vgl. Kapitel C.IV.4 und D.II.6, III.2; vgl. auch *Bode*, BAG S 2018, 4, 6; *ders.*, in: Medien – Kriminalität – Kriminalpolitik 2018, S. 102; *ders.*, Der Einsatz internetbasierter Medien im Strafvollzug (im Erscheinen).

# F. Verfassungsrechtliche Gesichtspunkte einer Internetnutzung durch Strafgefangene

Nachdem die einfachgesetzliche Lage zur Nutzung des Internets eruiert wurde, gilt es, den Fokus auf verfassungsrechtliche Vorgaben zu richten. Denn insbesondere durch das Grundgesetz – namentlich die darin verbrieften Garantien – werden die individuellen Freiheitsrechte des Einzelnen näher ausgeformt und wirken über Art. 1 Abs. 3 GG als „objektive Werteordnung" in alle Lebensbereiche hinein.[845] Daher sollen die Rechte des Strafgefangenen am Maßstab der Freiheitsrechte entwickelt werden. Es wird zu prüfen sein, welche Rechtsauslegung und Rechtsgestaltung die Grundrechte in Bezug auf eine Internetnutzung durch Strafgefangene erfordern.

## I. Grundrechte im Strafvollzug

Gemäß Art. 1 Abs. 3 GG binden die nachfolgenden Grundrechte „Gesetzgebung, vollziehende Gewalt und Rechtsprechung als unmittelbar geltendes Recht". Schon aus dieser Grundrechtsbindung aller öffentlichen Gewalt folgt, dass jede Person auch während der Zeit der Inhaftierung weiterhin als Grundrechtsträger anzusehen ist und damit grundrechtlichen Schutz genießt.[846] Dieses Verständnis entspricht heute der allgemeinen Auffassung,[847] war aber früher keineswegs selbstverständlich, wurde doch angenommen, dass in Haftanstalten kraft eines „besonderen Gewaltverhältnisses" dem Gefangenen Grundrechte nicht zustehen.[848] Insofern bedurfte es erst einer Klärung durch das BVerfG,[849] das in einer

845 Maunz/Dürig/*Herdegen*, GG Art. 1 Abs. 3 Rn. 19; *Epping* 2017, S. 5; grundlegend dazu die Lüth-Entscheidung des BVerfG: BVerfGE 7, 198; vgl. auch *Bode*, in: Kriminologische Welt in Bewegung 2018, S. 583; *ders.*, Der Einsatz internetbasierter Medien im Strafvollzug (im Erscheinen).

846 SBJL/*Jehle* 2019 (im Druck), 1 D Rn. 18; *Goerdeler*, in: AK-StVollzG, § 4 Rn. 5; vgl. auch *Bode*, in: Kriminologische Welt in Bewegung 2018, S. 588; *ders.*, BAG S 2018, 4, 5; *ders.*, Der Einsatz internetbasierter Medien im Strafvollzug (im Erscheinen).

847 Statt vieler SBJL/*Jehle*, Vor § 1 Rn. 15; BeckOK Strafvollzug Bund/*Gerhold*, StVollzG Rn. 5 m.w.N.

848 *Goerdeler*, in: AK-StVollzG, § 4 Rn. 4; BeckOK Strafvollzug Bund/*Gerhold*, StVollzG Rn. 5; vgl. *Arloth*, JuS 2003, 1041.

849 *Kett-Sraub/Streng* 2016, S. 14.

wegweisenden Entscheidung vom 14.3.1972 einem derartigen Verständnis von Sonderrechtsverhältnissen schließlich eine Absage erteilt hat:

> „Der Verfassungsgeber hatte bei Erlaß des Grundgesetzes, wie sich insbesondere aus Art. 2 Abs. 2 Satz 1 und 104 Abs. 1 und 2 GG ergibt, das überkommene Bild des Strafvollzuges vor Augen, und es fehlt jedes Anzeichen dafür, daß er davon ausging, der Gesetzgeber müsse sofort nach Inkrafttreten des Grundgesetzes ein Strafvollzugsgesetz erlassen. Vielmehr stellt die durch das Grundgesetz geschaffene Wertordnung nur den Gesetzgeber vor die Aufgabe, den Strafvollzug in angemessener Zeit gesetzlich zu regeln. Bei Beurteilung der Frage, ob dieser Zeitraum inzwischen verstrichen und eine Grundgesetzverletzung durch den Gesetzgeber festzustellen ist, ist auch zu berücksichtigen, daß vielfach bis in die jüngste Zeit hinein unter Hinweis auf die Rechtsfigur des besonderen Gewaltverhältnisses die Ansicht vertreten wurde, die Grundrechte der Strafgefangenen seien durch das Strafvollzugsverhältnis generell eingeschränkt; es handle sich um implizite Beschränkungen, die nicht ausdrücklich in einem förmlichen Gesetz niedergelegt werden müßten. Gegen die überkommene Auffassung konnte sich die Einsicht, daß das Grundgesetz als eine objektive Wertordnung mit umfassendem Grundrechtsschutz, die zu verwirklichen die gesamte öffentliche Gewalt verpflichtet ist, einen ipso iure eingeschränkten Grundrechtsschutz für bestimmte Personengruppen nicht zuläßt, erst allmählich durchsetzen.“[850]

Auch wenn Strafgefangene somit grundrechtlichen Schutz genießen, ist damit die Frage noch nicht beantwortet, ob, warum und unter welchen Voraussetzungen Grundrechte einen Anspruch auf Internetnutzung vermitteln können.

## II. Grundgesetzliche Bedeutung der Internetnutzung für die Lebensführung

Angesichts der aktuellen außenweltlichen Gegebenheiten ist – wie zuvor dargestellt – dem Internet eine tragende Rolle für das gesellschaftliche Zusammenleben einzuräumen.[851] Dass dem Internet damit ein hoher Stellenwert auch auf Ebene des nationalen Verfassungsrechts zuzumessen ist, zeigt u. a. die Entscheidung des BVerfG vom 27.2.2008, in der Folgendes dargetan wird:

> „Die jüngere Entwicklung der Informationstechnik hat dazu geführt, dass informationstechnische Systeme allgegenwärtig sind und ihre Nutzung für die Lebensführung vieler Bürger von zentraler Bedeutung ist.
>
> Dies gilt zunächst für Personalcomputer, über die mittlerweile eine deutliche Mehrheit der Haushalte in der Bundesrepublik verfügt […]. Die Leistungsfähigkeit derartiger Rechner ist ebenso gestiegen wie die Kapazität ihrer Arbeitsspeicher und der mit

---

850 BVerfG, NJW 1972, 811, 812; vgl. *Kett-Sraub/Streng* 2016, S. 14.

851 Vgl. Kapitel C.IV.4; *Theine*, FS 2014, 161; *Esser*, NStZ 2018, 121, 121–122 m.w.N.

ihnen verbundenen Speichermedien. Heutige Personalcomputer können für eine Vielzahl unterschiedlicher Zwecke genutzt werden, etwa zur umfassenden Verwaltung und Archivierung der eigenen persönlichen und geschäftlichen Angelegenheiten, als digitale Bibliothek oder in vielfältiger Form als Unterhaltungsgerät. [...]

Die Relevanz der Informationstechnik für die Lebensgestaltung des Einzelnen erschöpft sich nicht in der größeren Verbreitung und Leistungsfähigkeit von Personalcomputern. Daneben enthalten zahlreiche Gegenstände, mit denen große Teile der Bevölkerung alltäglich umgehen, informationstechnische Komponenten. So liegt es beispielsweise zunehmend bei Telekommunikationsgeräten oder elektronischen Geräten, die in Wohnungen oder Kraftfahrzeugen enthalten sind. [...]

Insbesondere das Internet als komplexer Verbund von Rechnernetzen öffnet dem Nutzer eines angeschlossenen Rechners nicht nur den Zugriff auf eine praktisch unübersehbare Fülle von Informationen, die von anderen Netzrechnern zum Abruf bereitgehalten werden. Es stellt ihm daneben zahlreiche neuartige Kommunikationsdienste zur Verfügung, mit deren Hilfe er aktiv soziale Verbindungen aufbauen und pflegen kann. Zudem führen technische Konvergenzeffekte dazu, dass auch herkömmliche Formen der Fernkommunikation in weitem Umfang auf das Internet verlagert werden können [...].“[852]

Da seit diesem Urteil des BVerfG rund zehn Jahre vergangen sind, in denen sich die Informationstechnik nochmals in erheblichem Umfang weiterentwickelt hat, wird die Bedeutung der Internetnutzung für die „Lebensführung vieler Bürger“ mittlerweile als geradezu überragend einzustufen sein.[853] Daher überrascht es nicht, dass in einer Entscheidung des BVerfG zur Verfassungswidrigkeit der Vorratsdatenspeicherung von Telekommunikationsverkehrsdaten vom 2.3.2010 betont wird, dass das Internet von „zunehmender Bedeutung für die verschiedenartigsten Bereiche und Abläufe des alltäglichen Lebens“ ist.[854]

## III. Grundrechtlicher Anspruch auf Internetzugang für Strafgefangene

Im Falle des Internetzugangs für Strafgefangene wird es nach den in Kapitel D.II.5 gefundenen Ergebnissen um einen „Anspruch auf Handlung des Grundrechtsverpflichteten“[855] gehen. Dabei kann sich ein sog. originärer Leistungsanspruch auf Internetzugang nur ergeben, sofern dessen Versagung oder Beschränkung zugleich einen Eingriff in den Schutzbereich eines Grundrechts darstellt, der keine Rechtfertigung findet.

---

852 BVerfG, NJW 2008, 822, 824.

853 Vgl. Kapitel C.IV.4.

854 BVerfG, NJW 2010, 833, 845; vgl. dazu auch *Esser*, NStZ 2018, 121.

855 *Sachs* 2017, S. 50.

Damit ist zunächst die Frage aufgeworfen, ob Grundrechte auch die Basis für Ansprüche auf Begünstigung sein können respektive welche Maßstäbe hierfür gelten.

## 1. Originäre Leistungsansprüche aus Grundrechten

Eine zentrale Funktion der Grundrechte besteht – mit den Worten des BVerfG gesprochen – im „Schutz der privaten natürlichen Personen gegen hoheitliche Übergriffe“[856].[857] Insofern stehen grundrechtliche Garantien – gemessen an ihrer „klassischen Zielrichtung“[858] – allem voran als „Abwehrrechte des Bürgers gegen den Staat“ zur Verfügung.[859] Nach Herdegen folgt aus den Grundrechten dabei eine „gewährleistete Rechtsposition, kraft derer ein Grundrechtsträger vom Staat ein Unterlassen oder ein näher umschriebenes Verhalten – als Pendant zu einer inhaltlich gleichlautenden Verpflichtung – einfordern und (wegen Art. 19 Abs. 4 S. 1 GG) grundsätzlich auch gerichtlich geltend machen kann.“[860]

Freilich hat sich das verfassungsrechtliche Verständnis der Grundrechte darüber hinaus entwickelt: Ausgehend von der sog. Statuslehre von Georg Jellinek[861] wird nach überwiegender Ansicht – mittlerweile – zwischen drei Kategorien von Grundrechten unterschieden: die Grundrechte als Abwehrrechte des Bürger gegen den Staat („status negativus“), die Grundrechte als Leistungs- und Teilhaberechte („status positivus“) und die Grundrechte als Gestaltungsrechte („status activus“).[862]

Daran gemessen gewähren Grundrechte nach vorherrschender Auffassung inzwischen auch Ansprüche auf staatliche Begünstigung, die nicht nur in abgeleiteten Rechten, sondern z.T. auch in sog. unmittelbaren Leistungsansprüchen Ausdruck finden.[863] Epping beschreibt diesen Umstand wie folgt: „Mit

---

856 BVerfG, NJW 1982, 2173; vgl. auch Maunz/Dürig/*Herdegen*, GG Art. 1 Abs. 3 Rn. 13.

857 Maunz/Dürig/*Herdegen*, GG Art. 1 Abs. 3 Rn. 13; *Epping* 2017, S. 3, 5.

858 *Epping* 2017, S. 5; das BVerfG spricht von der sog. Sinnmitte (NJW 1982, 2173).

859 Maunz/Dürig/*Herdegen*, GG Art. 1 Abs. 3 Rn. 13, 15; *Epping* 2017, S. 5: „Eingriffsabwehrrechte“.

860 Maunz/Dürig/*Herdegen*, GG Art. 1 Abs. 3.

861 *Jellinek* formuliert diese Funktionen der Grundrechte in seinem Buch „System der subjektiven öffentlichen Rechte“; näher dazu *Danwerth*, JuS 2011, 406, 409–410.

862 Sachs/*Sachs*, GG Vorbem. zu Abschnitt I Rn. 24; *Voßkuhle/Kaiser*, JuS 2011, 411; *Epping* 2017, S. 5–8.

863 Siehe etwa *Sodan/Ziekow* 2016, § 22 Rn. 8; *Sachs* 2017, S. 51: „die im Umfang weitestgehend offene Verpflichtungen der Staatsgewalt begründen“; *Epping* 2017, S. 6–7; Sachs/*Sachs*, Vorbm. zu Abschnitt I Rn. 47, 49 m.w.N.

der Funktion der Grundrechte als Leitungsrechte soll die ‚Freiheit durch den Staat' gewährleistet werden, da der Gebrauch verfassungsrechtlich garantierter Freiheiten häufig ohne staatliches Zutun nicht möglich ist".[864] Ein Anspruch auf Internetzugang ist Strafgefangenen bisher nicht gewährt worden, weshalb insoweit nur ein verfassungsunmittelbarer Leistungsanspruch in Frage kommt.

Nach den Ausführungen von Sachs ergeben sich jedoch „in besonderem Maß" Bedenken, da „unmittelbar aus dem Grundgesetz abgeleitete Leistungspflichten auch für den Haushaltsgesetzgeber verbindliche Vorgaben darstellen; er wäre insoweit ohne Entscheidungsspielraum verpflichtet, die zur Erfüllung der grundrechtlich gebotenen Leistungen erforderlichen Mittel bereitzustellen".[865] Deshalb ist mit Jarass „besondere Zurückhaltung" bei der Annahme originärer Leistungsansprüche zu fordern, da diese „zu finanziellen Belastungen des Staates" führen und „die Budgethoheit des Parlaments" – vielfach auch als „Königsrecht einer Volksvertretung"[866] bezeichnet – beeinträchtigen.[867] In diesem Sinne hat schließlich auch das BVerfG ausgeführt:

> „Das Budgetrecht ist eines der wesentlichen Instrumente der parlamentarischen Regierungskontrolle, die die rechtsstaatliche Demokratie entscheidend prägt."[868]

Somit ist bereits zugunsten des parlamentarischen Budgetrechts ein restriktives Vorgehen erforderlich, wenn es um die Neubegründung originärer Leistungsansprüche aus Grundrechten geht.[869] Epping spricht deshalb zu Recht von „sehr seltenen Ausnahmefällen", in denen „Freiheitsrechte als Rechte des einzelnen auf konkrete Leistungen [...]" wirken.[870]

Dabei hat das BVerwG in einer wegweisenden Entscheidung aus dem Jahr 2013 für einen auf die Pressefreiheit gestützten Auskunftsanspruch Folgendes erwogen:

---

864 *Epping* 2017, S. 6.

865 *Sachs* 2017, S. 51; siehe auch *Sodan/Ziekow* 2016, § 22 Rn. 9; Jarass/Pieroth/*Jarass*, GG Vorb. Vor Art. 1 Rn. 9.

866 Vgl. nur https://www.haushaltssteuerung.de/lexikon-budgetrecht.html, zuletzt abgerufen am 1.12.2018.

867 Jarass/Pieroth/*Jarass*, GG Vorb. Vor Art. 1 Rn. 9; *Sodan/Ziekow* 2016, § 22 Rn. 9; weiterführend *Hyckel*, VR 2015, 325, 329; Maunz/Dürig/*Kube*, GG Art. 110 Rn. 35–36.

868 BVerfG, NJW 1986, 907, 908.

869 *Sodan/Ziekow* 2016, § 22 Rn. 9; Jarass/Pieroth/*Jarass*, GG Vorb. Vor Art. 1 Rn. 9; *Sachs* 2017, S. 51; vgl. BeckOK Grundgesetz/*Reimer*, GG Art. 110 Rn. 8.

870 *Epping* 2017, S. 6.

> „Bleibt der zuständige Gesetzgeber untätig, muss unmittelbar auf das Grundrecht aus Art. 5 Abs. 1 Satz 2 GG als Rechtsgrundlage für pressespezifische Auskunftspflichten zurückgegriffen werden. Ohne einen solchen Rückgriff, der – was nach der Verfassungsordnung die Ausnahme bleibt – den objektiv-rechtlichen Gewährleistungsgehalt des Grundrechts in einen subjektiv-rechtlichen Anspruch umschlägt, liefe die Pressefreiheit in ihrem objektiv-rechtlichen Gewährleistungsgehalt leer. Die Anwendung des verfassungsunmittelbaren Auskunftsanspruchs muss jedoch in einer Weise vorgenommen werden, die nicht die Ausgestaltungsprärogative des Gesetzgebers unterläuft, indem sie auf Grundlage von Interessensgewichtungen und -abwägungen erfolgt, die nach der Verfassungsordnung nur der Gesetzgeber vorzunehmen befugt ist. Die Position von Behörden oder Gerichten, die über die Berechtigung eines geltend gemachten verfassungsunmittelbaren Auskunftsanspruchs zu entscheiden haben, ist schon im Ansatz nicht vergleichbar mit der Position des Gesetzgebers, der in Umsetzung des Gestaltungsauftrags aus Art. 5 Abs. 1 Satz 2 GG gesetzliche Regelungen zu treffen hat. Dies zwingt dazu, den verfassungsunmittelbaren Auskunftsanspruch auf das Niveau eines ‚Minimalstandards' zu begrenzen, den auch der Gesetzgeber nicht unterschreiten dürfte. Danach endet das verfassungsunmittelbare Auskunftsrecht von Pressevertretern dort, wo berechtigte schutzwürdige Interessen Privater oder öffentlicher Stellen an der Vertraulichkeit von Informationen entgegenstehen. Sind solche schutzwürdigen Interessen nicht erkennbar, wäre auch eine gesetzliche Bestimmung, welche der Presse die Auskunft verwehrte, mit Art. 5 Abs. 1 Satz 2 GG und den hierin angelegten Ausgestaltungsdirektiven nicht vereinbar."[871]

Nach den vorstehenden Erwägungen leitet das BVerwG einen sog. verfassungsunmittelbaren Auskunftsanspruch aus Art. 5 Abs. 1 S. 2 GG her, weil „die Pressefreiheit in ihrem objektiv-rechtlichen Gewährleistungsgehalt" andernfalls gehaltlos bliebe.[872] Aus dieser Entscheidung des BVerwG lassen sich insoweit verallgemeinerungsfähige Maßstäbe herleiten: Nicht jedes Grundrecht vermittelt originäre Leistungsansprüche. Nur dann, wenn die Gefahr besteht, dass ein Grundrecht seinem „objektiv-rechtlichen Gewährleistungsgehalt" nach leer liefe, kommt ein subjektiv-rechtlicher Anspruch in Betracht.[873] Bei Epping heißt es dazu: „Ein Verstoß gegen eine [originäre] Leistungspflicht kann daher nur angenommen werden, wenn der vom Grundrecht vorbezeichnete Leistungs- bzw. Schutzzweck grundlegend und evident verfehlt wird […]".[874] Dies wiederum ist – wie ein Blick in die Literatur zeigt[875] – stets einzelfallabhängig und im Wege der Auslegung zu ermitteln.

871 BVerwG, ZUM 2013, 694, 698.

872 BVerwG, ZUM 2013, 694, 698.

873 BVerwG, ZUM 2013, 694, 698.

874 *Epping* 2017, S. 6.

875 *Epping* 2017, S. 6: „wird ein solcher Gehalt im Wege der Auslegung ermittelt"; Sachs/*Sachs*, Vorbm. zu Abschnitt I, Rn. 46; *ders.* 2017, S. 50; siehe im Detail Sachs/*Sachs*,

Ein solcher Leistungsanspruch steht schließlich unter dem Vorbehalt des Möglichen, wie das BVerfG bereits in der berühmten „numerus clausus“-Entscheidung aus dem Jahre 1972 klargestellt hat:[876]

> „Auch soweit Teilhaberechte nicht von vornherein auf das jeweils Vorhandene beschränkt sind, stehen sie doch unter dem Vorbehalt des Möglichen im Sinne dessen, was der Einzelne vernünftigerweise von der Gesellschaft beanspruchen kann. Dies hat in erster Linie der Gesetzgeber in eigener Verantwortung zu beurteilen, der bei seiner Haushaltswirtschaft auch andere Gemeinschaftsbelange zu berücksichtigen und nach der ausdrücklichen Vorschrift des Art. 109 Abs. 2 GG den Erfordernissen des gesamtwirtschaftlichen Gleichgewichts Rechnung zu tragen hat.“[877]

So betrachtet ist für einen originären Leistungsanspruch aus Grundrechten generell zu klären, ob durch (1) Auslegung des Grundrechts ermittelt werden kann, dass sein „objektiv-rechtlicher Gewährleistungsgehalt“ ohne subjektivrechtlichen Anspruch (2) leerzulaufen droht, und ob ein verfassungsunmittelbarer Anspruch dem (3) Vorbehalt des Möglichen unterliegt.[878]

## 2. Grundrechtlicher Schutz von Internetnutzung durch Strafgefangene

Was die generelle Zuordnung des Internets und seiner verschiedenen Nutzungsmöglichkeiten anbelangt, muss zunächst konstatiert werden, dass bisher kein eigenes Grundrecht auf „Internetfreiheit“ existiert.[879] Nicht zuletzt deshalb und angesichts der großen Bandbreite an Nutzungsmöglichkeiten bereitet die tatbestandliche Erfassung über ein konkretes Grundrecht nach wie vor Schwierigkeiten.[880] Letztlich kommen mit Blick auf die verschiedenen Nutzungsmöglichkeiten des Internets durch Strafgefangene neben der Informationsfreiheit gemäß Art. 5 Abs. 1 S. 1 2. Alt. GG insbesondere die Meinungsfreiheit gemäß Art. 5 Abs. 1 S. 1 1. Alt. GG sowie das verfassungsrechtliche Resozialisierungsgebot aus Art. 2 Abs. 1 i.V.m. Art. 1 Abs. 1 GG in Betracht.

---

GG Art. 2 Rn. 17, 38, 224; Maunz/Dürig/*Di Fabio*, GG Art. 2 Rn. 57; ferner *Pieroth/Schlink/Kingreen/Poscher* 2014, Rn. 106, die unter Rückblick auf die Entwicklungen in der Rechtsprechung „die objektiv-rechtliche Funktion der Grundrechte als Geburtshelferin neuer subjektiver Rechte“ bezeichnen; vgl. aber auch BVerwG, NJW 1968, 613, 613–614.

876 Vgl. *Sachs* 2017, S. 51.

877 BVerfG, Urt. v. 18.7.1972 – 1 BvL 25/71, BeckRS 1972, 104425.

878 Vgl. *Sachs* 2017, S. 51.

879 Vgl. *Jäkel*, AfP 2012, 224.

880 *Jäkel*, AfP 2012, 224, 225.

### *a) Meinungsfreiheit*

Art. 5 Abs. 1 S. 1 1. Alt. GG gewährt seinem Wortlaut nach „jedem" das Recht, „seine Meinung in Wort, Schrift und Bild frei zu äußern und zu verbreiten". Die darin zum Ausdruck kommende Meinungsfreiheit umfasst das „subjektive Recht auf freie Rede".[881] Nach Auffassung des BVerfG schützt das Grundgesetz dabei die Meinungsfreiheit „sowohl im Interesse der Persönlichkeitsentfaltung des Einzelnen als auch im Interesse des demokratischen Prozesses, für den sie konstitutive Bedeutung hat".[882]

Für die Einordnung als „Meinung" ist wiederum maßgeblich, dass die Äußerungen von Elementen „der Stellungnahme, des Dafürhaltens, des Meinens im Rahmen einer geistigen Auseinandersetzung" geprägt sind.[883] Hierzu hat das BVerfG in ständiger Rechtsprechung festgehalten:

> „Meinungen sind im Unterschied zu Tatsachenbehauptungen durch die subjektive Einstellung des sich Äußernden zum Gegenstand der Äußerung gekennzeichnet. [...] Sie enthalten sein Urteil über Sachverhalte, Ideen oder Personen. Sie genießen den Schutz des Grundrechts, ohne dass es darauf ankommt, ob die Äußerung begründet oder grundlos, emotional oder rational ist, als wertvoll oder wertlos, gefährlich oder harmlos eingeschätzt wird".[884]

Die Meinungsfreiheit erfasst ihrem „sachlichen Schutzbereich" nach insoweit „die Meinungsbildungsfreiheit, die Meinungsäußerungsfreiheit und die Meinungsverbreitungsfreiheit".[885] „Bloße" Tatsachenbehauptungen werden von Art. 5 Abs. 1 S. 1 1. Alt. GG grundsätzlich nicht gedeckt.[886] Vom sachlichen Schutzbereich der Meinungsfreiheit ist eine Tatsachenbehauptung höchstens dann erfasst, „soweit sie Voraussetzung der Bildung von Meinung ist".[887]

Ob die Internetnutzung in den Schutzbereich der Meinungsfreiheit fällt, hängt daher maßgeblich von der Art der Internetnutzung ab. Geht es dem Strafgefangenen um die Kundgabe von Stellungnahmen oder die Ermittlung von Tatsachen, die Voraussetzung für die Bildung von Meinung sind, mag der Schutzbereich des Art. 5 Abs. 1 S. 1 Alt. 1 GG eröffnet sein. Die Nutzung des

---

881 BeckOK Grundgesetz/*Schemmer*, GG Art. 5 Rn. 1.

882 BVerfGE 7, 198, 208; BeckOK Grundgesetz/*Schemmer*, GG Art. 5 Rn. 1.

883 BVerfG, Urt. v. 15.12.1983 – 1 BvR 209/83 u.a., BeckRS 9998, 128947; *Detterbeck* 2017, S. 85.

884 Siehe nur BVerfG, NJW 2015, 2022.

885 Maunz/Dürig/*Grabenwarter*, Art. 5 Abs. 1 Rn. 46.

886 BeckOK Grundgesetz/*Schemmer* GG Art. 5 Rn. 6.

887 BVerfG, NJW 2013, 217, 218.

Internets zur bloßen Recherche von beweisbaren Umständen wird demgegenüber vielfach nicht erfasst, weshalb sich eine pauschale Antwort verbietet. Es lässt sich zumindest keine allgemeine Regel dahin gehend aufstellen, dass Internetnutzung stets in den Schutzbereich der Meinungsfreiheit fällt. Vielmehr ist diese Frage nach Art der Nutzung und den zugänglich gemachten Inhalten im Einzelfall zu beantworten.

### *b) Informationsfreiheit*

Die Informationsfreiheit aus Art. 5 Abs. 1 S. 1 2. Alt. GG gewährt das individuelle Recht, „sich aus allgemein zugänglichen Quellen ungehindert zu unterrichten". Sie bildet gemeinsam mit der Meinungsfreiheit ein Grundrecht auf „Kommunikationsfreiheit", das den „freien Austausch von Informationen und Meinungen zur öffentlichen Meinungsbildung" gewährleisten soll.[888] Insoweit ist die Informationsfreiheit notwendige Voraussetzung für die „der Meinungsäußerung vorausgehende Meinungsbildung".[889] Aus Sicht des BVerfG wäre „der Kommunikationsprozess, den Art. 5 Abs. 1 GG im Interesse der freien individuellen und öffentlichen Meinungsbildung schützen will," daher nur unvollständig erfasst, „wenn die Informationsaufnahme von dem Schutz ausgenommen bliebe".[890] Das Merkmal der „allgemeinen Zugänglichkeit der Quelle" liegt hierbei vor, „wenn sie geeignet und bestimmt ist, der Allgemeinheit, also einem individuell nicht bestimmbaren Personenkreis, Informationen zu verschaffen".[891] Daran gemessen gehören aus Sicht des BVerfG auch Massenkommunikationsmittel „von vornherein zu den Informationsquellen, die den Schutz des Grundrechts genießen".[892] So hat das OLG Nürnberg bereits vor einigen Jahren ausdrücklich entschieden, dass es sich beim Internet als Massenkommunikationsmittel um eine „allgemein zugängliche Quelle" handelt, aus der sich Nutzer ungehindert Informationen beschaffen können:

> „Art. 5 Abs. 1 S. 1 GG gewährleistet für jedermann das Recht, sich ungehindert aus allgemein zugänglichen Quellen zu unterrichten. Zu den Informationsquellen, die den Schutz des Grundrechts genießen, gehören von vornherein die Massenkommunikationsmittel [...] und damit auch das Internet. Der Zugang zu Entscheidungen des Bundesverfassungsgerichts, die von jedermann über das Internet abgerufen und

---

888 BeckOK Grundgesetz/*Schemmer*, Abs. 1, 2, *Kempen*: Abs. 3, GG Art. 5.

889 BeckOK Grundgesetz/*Schemmer*, GG Art. 5 Rn. 23.

890 BVerfG, NJW 1994, 1147.

891 BVerfG, Beschl. v. 3.10.1969 – 1 BvR 46/65, BeckRS 9998, 109522.

892 BVerfG, Beschl. v. 9.2.1994 – 1 BvR 1687/92, BeckRS 9998, 166266.

> ausgedruckt werden können, fällt damit unzweifelhaft in den Schutzbereich des Art. 5 Abs. 1 S. 1 GG und zwar auch dann, wenn die Informationen – wie vorliegend – ohne Zutun des Empfängers in seinen Wahrnehmungsbereich gelangen […].“[893]

Diese Sichtweise wird nicht nur durch einen aktuellen Beschluss des OLG Hamm[894] („Zwar ist der Schutzbereich der Informationsfreiheit betroffen, da die Informationsfreiheit der Internetnutzer die Beschaffung und Entgegennahme von Informationen aus dem Internet als einer allgemein zugänglichen Quelle erfasst“[895]) untermauert, sondern lässt sich auch einer Entscheidung des BVerfG[896] („Allerdings liegt ein Eingriff in die von Art. 5 Abs. 1 1 Halbs. 2 GG geschützte Informationsfreiheit darin, dass der Bf. durch die Rundfunkgebühr für seinen internetfähigen PC in der Beschaffung und Entgegennahme von Informationen aus dem Internet behindert wird.“)[897] entnehmen, sodass das Internet als „allgemein zugängliche Quelle“ und die Internetnutzung als Unterrichtung aus eben dieser einzustufen ist.[898] Dies gilt unabhängig von der Art der gewählten Information und betrifft damit – anders als im Rahmen von Art. 5 Abs. 1 S. 1 1. Alt. GG – auch Fälle, in denen lediglich der Zugang zu Tatsachen begehrt wird.[899] Die Internetnutzung fällt in jedem Fall in den Schutzbereich der Informationsfreiheit.

### c) *Resozialisierungsgebot*

Nach Auffassung des BVerfG wird die resozialisierende Behandlung im Strafvollzug unmittelbar vom Grundgesetz vorgegeben.[900] Als vollzugliche Zielsetzung findet das sog. Resozialisierungsgebot seinen verfassungsrechtlichen Ausdruck in Art. 2 Abs. 1 und Art. 1 Abs. 1 GG, „nach denen der Staat verpflichtet wird, den Strafvollzug auf das Ziel auszurichten, dem Inhaftierten ein zukünftiges straffreies Leben in Freiheit zu ermöglichen“.[901] Weiter führt das BVerfG aus:

---

893 OLG Nürnberg, NStZ 2009, 216; BeckOK Grundgesetz/*Schemmer*, GG Art. 5 Rn. 26; vgl. auch *Bode*, Der Einsatz internetbasierter Medien im Strafvollzug (im Erscheinen).

894 OLG Hamm, NJW 2016, 582.

895 OLG Hamm, NJW 2016, 582.

896 BVerfG, NJW 2012, 3423.

897 BVerfG, NJW 2012, 3423.

898 Vgl. *Esser*, NStZ 2018, 121, 122; so im Ergebnis auch *Hufen* 2017, § 26 Rn. 21 unter Verweis auf BGH, NJW 2015, 489.

899 Vgl. BeckOK Grundgesetz/*Schemmer*, GG Art. 5 Rn. 26 ff.

900 BVerfGE 35, 202, 235; *Lübbe-Wolff* 2016, S. 46–47.

901 BVerfG, Urt. v. 31.5.2006 – 2 BvR 1673/04 u. 2 BvR 2402/04, BeckRS 9998, 36467; *Lübbe-Wolff* 2016, S. 47; jüngst erst *Esser*, NStZ 2018, 121, 122.

> „Mit dem aus Art. 1 Abs. 1 GG folgenden Gebot, den Menschen nie als bloßes Mittel zu gesellschaftlichen Zwecken, sondern stets auch selbst als Zweck – als Subjekt mit eigenen Rechten und zu berücksichtigenden eigenen Belangen – zu behandeln [...], und mit dem Grundsatz der Verhältnismäßigkeit ist die Freiheitsstrafe als besonders tiefgreifender Grundrechtseingriff nur vereinbar, wenn sie unter Berücksichtigung ihrer gesellschaftlichen Schutzfunktion konsequent auf eine straffreie Zukunft des Betroffenen gerichtet ist."[902] Somit existiert ein vom BVerfG in ständiger Rechtsprechung anerkannter „grundrechtlich geschützter Resozialisierungsanspruch".[903]

So betrachtet dient das Resozialisierungsgebot[904] als „verfassungsrechtliche Leitlinie für die Ausgestaltung des Strafvollzugs"[905] und beinhaltet im Sinne des Sozialstaatsprinzips (vgl. Art. 20 Abs. 1 und Art. 28 Abs. 1 S. 1 GG) auch die Wertung, dass Resozialisierungsbestrebungen gewisse Ausgleichsmöglichkeiten für den „staatlicherseits erzwungenen Freiheitsentzug des Verurteilten"[906] zu schaffen haben.[907] Haberstroh fordert deshalb völlig zu Recht, dass dem „Achtungsanspruch des Verurteilten als selbstständiges Glied unserer Gesellschaft" aus Art. 1 Abs. 1 GG auch dadurch Rechnung getragen werden müsse, dass er „während der Zeit seiner Inhaftierung mit den erkannten Schwächen und Unfähigkeiten nicht allein gelassen" werde, sondern im Vollzug die Möglichkeit erhalten müsse, Fähigkeiten zu erwerben, derer es bedürfe, um wieder ein „geachtetes Glied in der Gesellschaft" werden zu können.[908] Ein so verstandener Strafvollzug habe es auch zur Aufgabe, dem Gefangenen „im Rahmen eines wirksamen Resozialisierungskonzepts" die Fertigkeiten zu vermitteln, die er braucht, um sich in der heutigen (inzwischen hoch digitalisierten) Außenwelt zurechtzufinden.[909] Andernfalls drohe, durch die bloße „Einschließung des Verurteilten", einen „Hohlraum" darzustellen.[910]

Die Ausführungen in Kapitel C.IV haben verdeutlicht, dass Fertigkeiten im Umgang mit dem Internet in unserer Gesellschaft (mittlerweile) obligat geworden sind.[911] Gemessen an den verfassungsrechtlichen Leitgedanken aus

---

902 BVerfG, Urt. v. 5.2.2004 – 2 BvR 2029/01, BeckRS 2004, 20561.

903 BVerfG, Urt. v. 21.6.1977 – 1 BvL 14/76, BeckRS 9998, 105762; *Lübbe-Wolff* 2016, S. 47.

904 Umfassend dazu BVerfGE 35, 202, 235 f.

905 *Lübbe-Wolff* 2016, S. 52.

906 *Haberstroh*, Jura 1982, 617, 618.

907 *Laubenthal* 2015, Rn. 145; *Lübbe-Wolff* 2016, S. 47–48.

908 *Haberstroh*, Jura 1982, 617, 618; in diesem Sinne auch *Lindemann*, in: AK-StVollzG, § 2 Rn. 13.

909 *Haberstroh*, Jura 1982, 617, 618; *Theine*, FS 2014, 161; Kapitel D.II.6.

910 *Haberstroh*, Jura 1982, 617.

911 Vgl. auch Kapitel D.III.2; *Theine*, FS 2014, 161.

Art. 2 Abs. 1 i.V.m. Art. 1 Abs. 1 GG ist dieser Umstand auch bei anstaltsseitigen Resozialisierungsbemühungen zu berücksichtigen. Daraus folgt, dass die Vollzugsbehörden aufgefordert sind, ihre im Rahmen gesetzlicher Vorschriften bestehenden Gestaltungsspielräume dahin gehend zu nutzen, dass Gefangene die Möglichkeit erhalten, sich nach Verbüßung ihrer Strafe wieder in die heutige Gesellschaft einzuordnen.[912] Aus dieser – verfassungsrechtlich anerkannten – Zielvorgabe[913] können jedoch keine Individualmaßnahmen abgeleitet werden.[914] Zwar wird sich argumentieren lassen, dass dem Einzelnen zugunsten einer gedeihlichen Reintegration entscheidende Entwicklungen der Außenwelt nicht per se vorenthalten werden dürfen. Eine Konkretisierung auf individuellen Zugang zum Internet folgt verfassungsrechtlich gesehen daraus freilich nicht. Gleichwohl lässt sich das verfassungsrechtliche Resozialisierungsgebot zumindest als argumentative Stütze ins Feld führen. Bachmann schreibt, die Karlsruher Richter hätten ein „‚Netz' (= Resozialisierungsgebot) aufgespannt, das den gesamten Bereich des Strafvollzugs erfasst."[915]

Da das BVerfG bei seiner Implementierung im Rahmen des Lebach-Urteils und auch in späteren Entscheidungen eine konkretere Ausgestaltung des Resozialisierungsgebots unterlassen hat, lässt sich kein einklagbarer Anspruch zugunsten des Gefangenen hinsichtlich des Zugangs zum Internet begründen.[916]

### *d) Ergebnis*

Es ist festzuhalten, dass die Frage, ob die Internetnutzung durch Strafgefangene auch auf grundrechtlicher Ebene Schutz erfährt, nur unter Umständen in den Schutzbereich des Art. 5 Abs. 1 S. 1 Alt. 1 GG und stets in den Schutzbereich des Art. 5 Abs. 1 S. 1 2. Alt. GG fällt. Die Informationsfreiheit erweist sich demnach als das speziellste und somit vorrangig heranzuziehende Grundrecht. Im Folgenden wird also der Frage nachzugehen sein, ob und in welchem Umfang die Informationsfreiheit gemäß Art. 5 Abs. 1 S. 1 2. Alt. GG gebietet, Strafgefangenen eine Möglichkeit zur Internetnutzung einzuräumen. Der aus Art. 2 Abs. 1 i.V.m. Art. 1 Abs. 1 GG herzuleitende Resozialisierungsanspruch des Gefangenen erschafft zwar kein konkretes Recht auf eine bestimmte Maßnahme, kommt

---

912 *Lübbe-Wolff* 2016, S. 52, 56–57; *Haberstroh*, Jura 1982, 617, 618; *Lindemann*, in: AK-StVollzG, § 2 Rn. 13.

913 Vgl. *Laubenthal* 2015, Rn. 157; *Lübbe-Wolff* 2016, S. 51–52.

914 *Laubenthal* 2015, Rn. 148; *Lübbe-Wolff* 2016, S. 50.

915 *Bachmann* 2015, S. 165.

916 Vgl. BVerfGE 45, 187, 239; *Laubenthal* 2015, Rn. 148; *Lübbe-Wolff* 2016, S. 50.

aber „ins Spiel“, wenn es um die Reichweite der Informationsfreiheit und die konkrete Ausgestaltung der Internetnutzung geht (s. näher u. V).[917]

## 3. Originärer Leistungsanspruch aus der Informationsfreiheit

Es kommt nunmehr darauf an, ob aus der Informationsfreiheit ein originärer Leistungsanspruch auf Internetnutzung folgt. Nach den zuvor dargestellten Maßstäben ist dabei der Frage nachzugehen, ob eine Auslegung der Informationsfreiheit ergibt, dass dieses Grundrecht ohne einen originären Leistungsanspruch leerzulaufen droht. Anschließend gilt es zu klären, ob ein derartiger Leistungsanspruch den Vorbehalt des Möglichen wahrt.

### *a) Auslegung des Grundrechts*

Um festzustellen, ob aus der Informationsfreiheit ein originärer Leistungsanspruch entstehen kann, muss eine inhaltliche Auslegung des betroffenen Grundrechts erfolgen.[918] Wie Ipsen aufzeigt, sind die auch auf Begünstigung gerichteten Grundrechte vielfach bereits am Wortlaut zu erkennen: So würden einige Grundrechte ausdrücklich als „Recht auf“ (vgl. Art. 2 Abs. 1 GG) respektive als „Recht“ (vgl. Art. 7 Abs. 4 GG oder Art. 5 Abs. 1 S. 1) gewährleistet.[919] Zudem würden andere Grundrechte den Begriff der „Freiheit“ (vgl. Art. 2 Abs. 2 S. 2, Art. 4 Abs. 1, Art. 5 Abs. 1 S. 2 GG) beinhalten, wodurch ein „rechtliches Dürfen“ betont werde.[920] Ähnlich wie bei der Pressefreiheit, die gemäß Art. 5 Abs. 1 S. 2 GG „gewährleistet“ wird, bietet bereits der Wortlaut des Art. 5 Abs. 1 S. 1 2. Alt. GG einen klaren Hinweis darauf, dass dem Einzelnen aus der Informationsfreiheit ein „Recht“ zustehen soll.

Ergänzend dazu sei angemerkt, dass sich der (Bundes-)Gesetzgeber – wie Hufen[921] nachweist – in der jüngeren Vergangenheit „zur Konkretisierung und Erweiterung der Informationsfreiheit“ schon des Öfteren veranlasst sah, dem Bürger per Gesetz einen besseren Informationszugang in bestimmten Bereichen zu ermöglichen; als Beispiele sind u. a. das Umweltinformationsgesetz sowie das Informationsfreiheitsgesetz zu nennen.[922]

---

917 Vgl. *Esser*, NStZ 2018, 121, 122.

918 *Epping* 2017, S. 5–6; Sachs/Murswiek/*Rixen*, GG Art. 2 Rn. 17; *Sachs* 2017, S. 50; *Ipsen* 2016, Rn. 71; vgl. auch BeckOK InfoMedienR/*Gersdorf*, EMRK Art. 8 Rn. 3.

919 *Ipsen* 2016, Rn. 71.

920 *Ipsen* 2016, Rn. 71; ferner *Epping* 2017, S. 6: „enthält schon der Wortlaut einen eindeutigen Hinweis darauf“.

921 *Hufen* 2017, § 26 Rn. 3.

922 *Hufen* 2017, § 26 Rn. 3.

Vor diesem Hintergrund wird in Auslegung des Grundrechts davon auszugehen sein, dass sich aus der Informationsfreiheit grundsätzlich originäre Leistungsansprüche ergeben können.

Bei der in Rede stehenden Konstellation des Internetzugangs für Strafgefangene erscheint es nunmehr fraglich, inwieweit der Staat verpflichtet sein kann, die Voraussetzungen dafür zu schaffen, dass sich der Einzelne aus „allgemein zugänglichen Quellen" unterrichten kann. Dem folgend ist zu klären, ob sich der Schutz der Informationsfreiheit aus Art. 5 Abs. 1 S. 1 2. Alt. GG auch auf die „Beschaffung und Nutzung solcher Anlagen"[923] erstreckt, die dafür Voraussetzung sind, dass sich eine an die Allgemeinheit gerichtete Information individuell erschließen lässt.

Entsprechend hat sich das BVerwG in einer Entscheidung aus dem Jahre 2010 mit einem Fall auseinandergesetzt, in dem sich ein Rechtsanwalt gegen seine Heranziehung zu Rundfunkgebühren für einen PC mit Internetzugang wandte, den er nicht zum Empfang von Rundfunksendungen nutzte.[924] Dabei war gerichtlicherseits die Frage zu beantworten, ob die Erhebung einer Rundfunkgebühr anknüpfend an den Besitz eines internetfähigen PC einen Eingriff in den Schutzbereich des Rechts auf Informationsfreiheit aus Art. 5 Abs. 1 S. 1 2. Alt. GG darstellt.[925] Insofern hat das BVerwG ausgeführt:

> „Die Informationsfreiheit ist in Art. 5 Abs. 1 Satz 1 Halbs. 2 GG umfassend gewährleistet. Eine Einschränkung auf bestimmte Arten von Informationen lässt sich der Vorschrift nicht entnehmen. Geschützt sind allerdings nur Informationen, die aus allgemein zugänglichen Quellen stammen. Allgemein zugänglich ist eine Informationsquelle, wenn sie geeignet und bestimmt ist, der Allgemeinheit, also einem individuell nicht bestimmbaren Personenkreis, Informationen zu verschaffen [...]. Diese Eignung richtet sich allein nach den tatsächlichen Gegebenheiten. Rechtsnormen, die den Informationszugang regulieren, umgrenzen nicht den Schutzbereich der Informationsfreiheit, sondern sind als grundrechtsbeschränkende Normen an der Verfassung zu messen [...]. Massenkommunikationsmittel gehören danach von vornherein zu den Informationsquellen, die den Schutz des Grundrechts genießen [...]. Das gilt insbesondere auch für Hörfunk- und Fernsehsendungen [...]. Auch das Internet ist eine allgemein zugängliche Quelle [...]. Soweit der Empfang von technischen Anlagen abhängt, die eine an die Allgemeinheit gerichtete Information erst individuell erschließen, erstreckt sich der Grundrechtsschutz auch auf die Beschaffung und Nutzung solcher Anlagen. Andernfalls wäre das Grundrecht in Bereichen, in denen der Informationszugang technische Hilfsmittel voraussetzt, praktisch wertlos [...]."[926]

923 BVerwG, ZUM 2011, 352, 357.
924 BVerwG, ZUM 2011, 352.
925 BVerwG, ZUM 2011, 352.
926 BVerwG, ZUM 2011, 352, 357.

Ebenso formulierte schon das BVerfG in seiner „Parabolantenne 1"-Entscheidung aus dem Jahre 1994:

> „Soweit der Empfang von technischen Anlagen abhängt, die eine an die Allgemeinheit gerichtete Information erst individuell erschließen, erstreckt sich der Grundrechtsschutz auch auf die Beschaffung und Nutzung solcher Anlagen. Andernfalls wäre das Grundrecht in Bereichen, in denen der Informationszugang technische Hilfsmittel voraussetzt, praktisch wertlos."[927]

Das BVerwG und das BVerfG gehen mit Blick auf die letztgenannten Entscheidungen also davon aus, dass sich der Grundrechtsschutz im Rahmen von Art. 5 Abs. 1 S. 1 2. Alt. GG auch auf die Beschaffung und Nutzung von technischen Anlagen erstreckt, soweit diese dafür notwendig sind, eine an die „Allgemeinheit gerichtete Information" erst individuell zu erschließen. Denn „[a]ndernfalls wäre das Grundrecht auf Informationsfreiheit gemäß Art. 5 Abs. 1 S. 1 2. Alt. GG in Bereichen, in denen der Informationszugang technische Hilfsmittel voraussetzt", ohne praktischen Wert.[928]

Zwar sind die vorstehend geschilderten Fälle nicht unmittelbar mit Konstellationen im Strafvollzug vergleichbar. Gleichwohl zeigen sie auf, dass die Internetnutzung auch einen Bereich darstellt, in dem der Informationszugang technische Hilfsmittel in Form von internetfähigen Endgeräten voraussetzt.[929] Die im Internet für jedermann verfügbaren Informationen sind an die Allgemeinheit gerichtet und können individuell nur mittels technischer Hilfsmittel erschlossen werden.[930] Wird zusätzlich berücksichtigt, dass einzig die Vollzugsanstalt in der Lage ist, einem Strafgefangenen durch die Beschaffung von internetfähigen Computern und die Erlaubnis zu deren Nutzung diesen Informationszugang zu ermöglichen, so lassen sich diese Grundsätze auch auf den Zugang für Strafgefangene übertragen. Auch im Fall des Internetzugangs für Strafgefangene muss insofern gelten, dass das Grundrecht auf Informationsfreiheit, soweit das Internet die einzige Informationsquelle darstellt, andernfalls „praktisch wertlos" wäre.

Damit ergibt eine Auslegung der Informationsfreiheit – auch nach der dargestellten Rechtsprechung des BVerwG und des BVerfG –, dass diese in Art. 5 Abs. 1 S. 1 2. Alt. GG verbriefte grundrechtliche Garantie einen originären

927 BVerfG, NJW 1994, 1147.
928 BVerwG, ZUM 2011, 352, 357.
929 Vgl. Kapitel C.III, IV.
930 Vgl. Kapitel C.III, IV.

Leistungsanspruch zu vermitteln im Stande ist.[931] Somit lässt sich die grundsätzliche Eignung, aus der Informationsfreiheit für Strafgefangene einen verfassungsunmittelbaren Anspruch auf Internetzugang herzuleiten, feststellen (s. näher Ausgestaltung dieses Anspruchs unter VI).

### *b) Andernfalls drohende Gefahr des Leerlaufens*

Die seitens der Länder erlassenen Vorschriften sehen entweder keine einfachgesetzliche Regelung der Internetnutzung vor, wie in Bayern und Baden-Württemberg, oder haben ein Verfahren zum Gegenstand, wonach es zunächst einer generellen Zulassung des Internets durch die Landesjustizverwaltungen bedarf;[932] beide Konstellationen eint deshalb der Umstand, dass die Einrichtung des Internetzugangs unterbleiben und ein diesbezügliches Begehren des Gefangenen – mangels individuellen Rechtsschutzes – komplett leerlaufen kann.[933] Daher muss auf grundrechtliche Leistungsansprüche zurückgegriffen werden, sofern die Wahrung von Art. 5 Abs. 1 S. 1 2. Alt. GG ohne subjektiv-rechtlichen Anspruch leerzulaufen droht, also der „vorbezeichnete Leistungs- bzw. Schutzzweck grundlegend und evident verfehlt wird“[934]. Dies wäre aber dann nicht zu befürchten, wenn die Gewährleistung der Informationsfreiheit auf andere Art und Weise sichergestellt werden kann. Insofern ist festzustellen, ob Strafgefangene ihr „Grundrecht auf Informationsfreiheit in ausreichender Weise durch Fernsehen, Rundfunk sowie Printmedien wahrzunehmen“ in der Lage sind.[935] Dabei kommt es – wie das OLG Hamm ferner zeigt – darauf an, dass „bestimmte Informationen ausschließlich über das Internet verfügbar sind“ und in „hinreichend konkreter Weise“ dargelegt wird, „ausgerechnet auf diese Informationen zwingend angewiesen zu sein“.[936]

In dieser Hinsicht soll das Internet schließlich in Zusammenschau mit den in Kapitel C.IV aufgezeigten Veränderungen einer genaueren Analyse seiner Vorteile gegenüber anderen Informationsmedien unterzogen werden. Hierbei gilt es herauszustellen, in welchen Aspekten die Informationsbeschaffung über das Internet den Informationswert der hergebrachten klassischen Medien

---

931 Weiterführend *Wegener* 2006, S. 480; vgl. auch BeckOK InfoMedienR/*Kühling*, GG Art. 5 Rn. 42–43.

932 Vgl. nur Kapitel E.II.3.

933 Vgl. *Knauer*, in: AK-StVollzG, § 36 Rn. 10, 11, 14; Kapitel E.II.3.

934 *Epping* 2017, S. 6.

935 OLG Hamm, Beschl. v. 20.3.2012 – III-1 Vollz (Ws) 101/12, BeckRS 2013, 02269.

936 OLG Hamm, Beschl. v. 20.3.2012 – III-1 Vollz (Ws) 101/12, BeckRS 2013, 02269.

übertrifft bzw. ersetzt. Denn, wie bereits erörtert, müssen auch unter den einschränkenden Verhältnissen im Strafvollzug zumindest die „informatorischen Kernbedürfnisse“ der Gefangenen weiterhin befriedigt werden. Eine „Gefahr des Leerlaufens“ von Art. 5 Abs. 1 S. 1 2. Alt. GG droht also immer dann, wenn Informationen nur durch Zugang zum Internet verfügbar werden.[937]

Bei der Internetfreiheit handelt es sich um eine „spezifische Kommunikationsfreiheit“.[938] Sie teilt – der Ansicht von Mecklenburg folgend – einerseits bestimmte Eigenschaften mit den anderen in Art. 5 Abs. 1 GG genannten Kommunikationsfreiheiten, reicht aber andererseits „als ein eigenständiges gesellschaftliches Phänomen über diese hinaus“.[939] Dabei lässt sich auf der Folie bisheriger Befunde zunächst Folgendes festhalten: Das Internet weist im Vergleich zu Rundfunk- oder Printmedien mittlerweile die stärkste Breitenwirkung auf und verfügt insoweit auch als Massenkommunikationsmittel über eine nahezu flächendeckende Verbreitung.[940] Dies liegt vor allem in seiner Suggestivkraft und der hohen Vielfalt an Darstellungsmitteln in Bezug auf Ton und Bild begründet.[941] Daneben spielt die inhaltliche Aktualität internetbasierter Informationskanäle eine zentrale Rolle.[942] Die geringe Differenz zwischen zeitlichem Ereignis und Berichterstattung beim Internet ist – allein mit Blick auf Newsfeeds, YouTube-Kanäle oder Twitteraccounts – besonders hervorzuheben.[943] Das Internet sichert als Kommunikations- und Informationsmittel eine „globale Zugänglichkeit“.[944] Neben der schnellen Verfügbarkeit seines (reichhaltigen) Informationsangebots bietet das Internet die Vorteile einer bequemen Nutzung

---

937 Vgl. *Kett-Straub/Streng* 2016, S. 130.

938 *Mecklenburg*, ZUM 1997, 525, 541.

939 *Mecklenburg*, ZUM 1997, 525, 541; ausführlich dazu auch BeckOK InfoMedienR/*Kühling* GG Art. 5 Rn. 8–9; siehe ferner *Dathe-Morgeneyer/Pfeffer-Hoffmann*, BewHi 2010, 42, 55; Kapitel C: IV.1.

940 Siehe erneut *Neuberger/Lobigs* 2010, S. 24 ff.; vgl. ferner die Übersicht unter http://homepage.univie.ac.at/birgit.stetina/flskryspin/archiv/vornach.htm, zuletzt abgerufen am 1.12.2018; Hoeren/Sieber/Holznagel/*Sieber*, Teil 1 Rn. 4; Kapitel C.IV.1.

941 *Neuberger/Lobigs* 2010, S. 20, 25, weiterführend dazu ab S. 34 ff.

942 *Neuberger/Lobigs* 2010, S. 20, 22, 35; http://homepage.univie.ac.at/birgit.stetina/flskryspin/archiv/vornach.htm, zuletzt abgerufen am 1.12.2018.

943 *Neuberger/Lobigs* 2010, S. 22–25; http://homepage.univie.ac.at/birgit.stetina/flskryspin/archiv/vornach.htm, zuletzt abgerufen am 1.12.2018.

944 *Neuberger/Lobigs* 2010, S. 35; http://homepage.univie.ac.at/birgit.stetina/flskryspin/archiv/vornach.htm, zuletzt abgerufen am 1.12.2018; Kapitel C.IV.1, 2.

und der sich aus einer „niedrigen Kommunikationsschwelle“ ergebenden Benutzerfreundlichkeit.[945] Entsprechend heißt es bei Kühling:

> „Schließlich sind die Möglichkeiten der digitalen Informationserfassung und der anschließenden Informationsverbreitung über das Internet revolutioniert worden, mit erheblichen Auswirkungen auch auf die Informationsfreiheit. So werden immer mehr Vorgänge (auch in der Verwaltung) digital erfasst und können ohne große Hürden einer beliebigen Anzahl von Personen zur Verfügung gestellt werden.“[946]

Darüber hinaus erweist sich das Internet gemessen an der zeitlichen Unabhängigkeit des Nutzers, die aus der jederzeitigen Verfügbarkeit von Netzinhalten folgt, gegenüber den sonstigen Informationsmedien als attraktiver.[947] Gegenwärtig sind nach Angabe von Sieber weltweit fast eine Milliarde Nutzer über internetbasierte Technik miteinander verbunden.[948] Individueller Partizipation und den Möglichkeiten zur Interaktivität werden dabei – anders als bei Zeitschriften oder im Falle von Rundfunk und Fernsehen – keine bzw. nur geringe Grenzen gesetzt.[949] Gleichzeitig erhöht es die Transparenz und ermöglicht einen unabhängigen Informationsaustausch, wobei zu Letzterem die besonders nutzerfreundliche Bedienoberfläche vieler Internetanwendungen beiträgt.[950] Mecklenburg umreißt die besonderen Leistungen und Merkmale des Internets in einer Zusammenschau wie folgt:

> „Das Internet stellt hiernach also gegenüber den klassischen Massenmedien also ein neues dar, und zwar, im Sinne der obigen Überlegungen, ein ‚Medium erster Ordnung‘, eine ‚Plattform‘. Das Internet als ‚Lebenssachverhalt‘ ist eine neue eigenständige Kategorie, ein qualitativ neues ‚Instrument der Meinungsäußerung‘ ebenso wie eine völlig neuartige ‚Informationsquelle‘. Begründet wurde diese Auffassung unter den Gesichtspunkten des zugänglichen Informationsumfangs, der Struktur der Bereitstellung der Informationen, der Suchfähigkeit und der Dialogfähigkeit und schließlich der gesellschaftlichen Organisation der Plattform selber.“[951]

---

945 *Mecklenburg*, ZUM 1997, 525, 528; http://homepage.univie.ac.at/birgit.stetina/flskryspin/archiv/vornach.htm, zuletzt abgerufen am 1.12.2018.

946 BeckOK InfoMedienR/*Kühling*, GG Art. 5 Rn. 9.

947 http://homepage.univie.ac.at/birgit.stetina/flskryspin/archiv/vornach.htm, zuletzt abgerufen am 1.12.2018; vgl. BeckOK InfoMedienR/*Kühling*, GG Art. 5 Rn. 7–8; vgl. ferner *Neuberger/Lobigs* 2010, S. 35.

948 Hoeren/Sieber/Holznagel/*Sieber*, Teil 1 Rn. 4.

949 *Neuberger/Lobigs* 2010, S. 25, 61–62; http://homepage.univie.ac.at/birgit.stetina/flskryspin/archiv/vornach.htm, zuletzt abgerufen am 1.12.2018; Kapitel C.IV.2.

950 BeckOK InfoMedienR/*Kühling* GG Art. 5 Rn. 5, 7–8; http://homepage.univie.ac.at/birgit.stetina/flskryspin/archiv/vornach.htm, zuletzt abgerufen am 1.12.2018.

951 *Mecklenburg*, ZUM 1997, 525, 530.

Die vorstehend genannten Punkte belegen die immense Bedeutung, die dem Internet gegenüber allen sonstigen Informationsmedien zukommt. Das Internet nimmt also gerade „auf dem Gebiet der Unterrichtung und Meinungsbildung in staatsbürgerlichen Angelegenheiten“[952] eine exponierte Stellung ein. Insofern ergibt sich auch aus den Judikaten des BVerfG zur Online-Durchsuchung von Rechnern (27.2.2008) sowie zur Vorratsdatenspeicherung (2.3.2010), „dass die jüngere Entwicklung der Informationstechnik“ in Form des Internets dazu geführt hat, dass „informationstechnische Systeme allgegenwärtig sind und ihre Nutzung für die Lebensführung vieler Bürger von zentraler Bedeutung ist“.[953]

Nach alledem bleibt zu konstatieren, dass Reichweite und Aktualität an Informationen, die Nutzungsmöglichkeiten und die Kommunikationsformen, die das Internet bereithält, deutlich weiter reichen als die von Printmedien, Rundfunk und Fernsehen, weshalb auch und gerade die Ermöglichung der Internetnutzung eine – konstitutive – Voraussetzung für die vollumfängliche Verwirklichung des Grundrechts auf Informationsfreiheit bildet. Dabei gilt es zu bedenken, dass das Internet als „völlig neuartige Informationsquelle“[954] im Zuge der vorstehenden Nutzungsmöglichkeiten einen eigenen Kernbereich von Informationen schafft, die ausschließlich „online“ zur Verfügung stehen. Dazu wird von Stenert festgestellt:

> „Etliche Hochschulen bieten inzwischen auf eLearning basierende Weiterbildungsmöglichkeiten. eBooks und eJournals bieten verschiedene Vorteile: z.B. den Zugriff rund um die Uhr (unabhängig von Öffnungszeiten einer Bibliothek oder Laufzeiten des Versands), die Volltextrecherche in einzelnen Dokumenten und Möglichkeit der Weiterarbeitung in Literaturverwaltungsprogrammen. Selbst klassische ‚Buchwissenschaften‘ wie viele Geisteswissenschaften und die Rechtswissenschaft können heute kaum noch auf elektronische Medien (eBooks und eJournals) und Datenbanken verzichten.“[955]

Es kann mithin davon ausgegangen werden, dass Strafgefangene ihr Grundrecht auf Informationsfreiheit in vielerlei Hinsicht nicht in ausreichender Weise durch Fernsehen, Rundfunk oder Printmedien (als denkbare „Surrogate“) wahrzunehmen in der Lage sind. Kann aber aus diesem Grund die Gewährleistung der Informationsfreiheit für Strafgefangene gerade nicht auf andere Art und Weise sichergestellt werden, droht das in Art. 5 Abs. 1 S. 1 2. Alt. GG enthaltene Grundrecht ohne subjektiv-rechtlichen Anspruch auf Internetnutzung leerzulaufen.

---

952 OLG Koblenz, NStZ 1988, 199.

953 BVerfG, NJW 2008, 822, 824; weiterführend dazu Kapitel C.IV.3.

954 *Mecklenburg*, ZUM 1997, 525, 530.

955 *Stenert* 2018, S. 94.

### c) *Vorbehalt des Möglichen und Kostentragungspflicht*

Gleichwohl steht ein solcher Leistungsanspruch nach den zuvor entwickelten Maßstäben unter dem Vorbehalt des Möglichen. Dem folgend ist bei originären Leistungsansprüchen nach der Rechtsprechung des BVerfG insoweit aufzuklären, „was der Einzelne vernünftigerweise von der Gesellschaft beanspruchen kann“[956]:

> „Diese Frage hat in erster Linie der Gesetzgeber in eigener Verantwortung zu beurteilen, der bei seiner Haushaltswirtschaft auch andere Gemeinschaftsbelange zu berücksichtigen und nach der ausdrücklichen Vorschrift des Art. 109 Abs. 2 GG den Erfordernissen des gesamtwirtschaftlichen Gleichgewichts Rechnung zu tragen hat.“[957]

Insofern gilt es für die Begründung eines originären Leistungsanspruchs aus Art. 5 Abs. 1 S. 1 2. Alt. GG – wie eingangs bereits erwähnt („sehr seltene Ausnahmefälle“)[958] – einen strengen Maßstab („Vorbehalt des Möglichen“) anzulegen.[959]

Zu dem Vorbehalt des Möglichen und den sich insoweit ergebenden Grenzen des Möglichen in Justizvollzugsanstalten hat sehr instruktiv das OLG Hamm unter Verweis auf etliche Entscheidungen des BVerfG ausgeführt:

> „Zwar gelten verfassungsrechtliche Anforderungen an die Vollzugsgestaltung nicht nur nach Maßgabe dessen, was an Verwaltungs- oder Justizeinrichtungen tatsächlich oder üblicherweise vorhanden ist [...]. Es können sich allerdings Grenzen für die Möglichkeit der Durchführung von Behandlungsmaßnahmen auch aus der räumlichen und personellen Ausstattung der Justizvollzugsanstalt ergeben [...]. Der Strafgefangene kann nicht verlangen, dass unbegrenzt personelle und sonstige Mittel aufgewendet werden, um Beschränkungen seiner grundrechtlichen Freiheiten zu vermeiden [...]. Andererseits kann aber der Staat grundrechtliche und einfachgesetzlich begründete Ansprüche Gefangener auch nicht nach Belieben dadurch verkürzen, dass er die Vollzugsanstalten nicht so ausstattet, wie es zur Wahrung ihrer Rechte erforderlich wäre. Vielmehr setzen die Grundrechte auch Maßstäbe für die notwendige Beschaffenheit staatlicher Einrichtungen. Der Staat ist verpflichtet, Vollzugsanstalten in der zur Wahrung der Grundrechte erforderlichen Weise auszustatten [...]. Aus diesen Grundsätzen folgt jedoch nicht, dass die Justizvollzugsanstalten auf alle Wünsche eines oder aller Gefangenen oder Sicherungsverwahrten eingehen muss. Die Ablehnung eines Ansinnens unter Hinweis auf

956 BVerfG, Urt. v. 18.7.1972 – 1 BvL 25/71, BeckRS 1972, 104425; vgl. *Sachs* 2017, S. 51.
957 BVerfG, Urt. v. 18.7.1972 – 1 BvL 25/71, BeckRS 1972, 104425.
958 *Epping* 2017, S. 6.
959 *Sachs* 2017, S. 51; *Sodan/Ziekow* 2016, § 22 Rn. 9; Jarass/Pieroth/*Jarass*, GG Vorb. Vor Art. 1 Rn. 9; vgl. BeckOK Grundgesetz/*Reimer*, GG Art. 110 Rn. 8.

fehlende personelle Ressourcen ist jedenfalls dann zulässig, wenn die Gewährleistung eines Grundrechts auf andere Art und Weise sichergestellt werden kann."[960]

Nach den Ausführungen des OLG Hamm können insbesondere finanzielle und personelle Ressourcen dazu führen, dass die grundrechtlich zu beanspruchende, aber unter dem Vorbehalt des Möglichen stehende Internetnutzung durch Strafgefangene nicht umfassend realisiert werden kann. Bei einer unbegrenzten Internetnutzung durch alle Strafgefangenen wäre anstaltsseitig nicht nur ein enormer finanzieller Aufwand erforderlich, sondern auch eine Überlastung des mit der damit einhergehenden Kontrolle befassten Personals zu befürchten.[961]

Dabei lässt sich in finanzieller Hinsicht der Vorbehalt des Möglichen weitgehend dadurch wahren, dass die Internetnutzung des Gefangenen nicht kostenfrei erfolgt. Als Vergleichsmaßstab kann insoweit darauf Bezug genommen werden, dass Gefangene prinzipiell auch die Kosten selbst zu tragen haben, die durch – der Internetnutzung in vielerlei Hinsicht vergleichbare[962] – Telefongespräche entstehen, die nach den meisten Landesgesetzen in enger Anlehnung an die frühere Regelung des § 32 S. 1 StVollzG gestattet werden können.[963]

Zu der Kostentragungspflicht für Telefongespräche hat das OLG Naumburg in einer Entscheidung vom 26.5.2015 ausgeführt:

> „Nach § 32 Abs. 1 StVollzG kann dem Gefangenen gestattet werden, Ferngespräche zu führen. […] Die durch die Telefongespräche entstehenden Kosten haben die Gefangenen selbst zu tragen. Dies folgt aus dem Grundsatz, dass die Verhältnisse im Strafvollzug so weit wie möglich den allgemeinen Lebensverhältnissen angeglichen werden sollen, § 3 Abs. 1 StVollzG. Zugleich gebietet es die Fürsorgepflicht der Anstalt, die finanziellen Interessen der Gefangenen zu wahren. Die Missachtung wirtschaftlicher Interessen der Gefangenen wäre unvereinbar mit dem verfassungsrechtlichen Resozialisierungsgebot. Daraus folgt, dass die Belastung Gefangener mit Entgelten, die, ohne das verteuernde Bedingungen und Erfordernisse des Strafvollzuges dies notwendig machten, deutlich über den außerhalb des Vollzuges üblichen liegen, nicht gerechtfertigt ist […]. Auch mit dem verfassungsrechtlichen Grundsatz der Verhältnismäßigkeit, der es gebietet, Strafe nur als ein in seinen negativen Auswirkungen auf die Persönlichkeit des Betroffenen nach Möglichkeit zu minimierendes Übel zu vollziehen, wäre dies nicht vereinbar. Dementsprechend müssen Entgelte, die die Anstalt für Leistungen an den Gefangenen erhebt, dem Grundsatz der Verhältnismäßigkeit entsprechen."[964]

---

960 OLG Hamm, Beschl. v. 20.3.2012 – III-1 Vollz (Ws) 101/12, BeckRS 2013, 02269.

961 Vgl. *Lübbe-Wolff* 2016, S. 40–41.

962 Vgl. *Knauer*, in: AK-StVollzG, § 30 Rn. 11; Kapitel D.II.5.

963 Vgl. nur LNNV/*Laubenthal*, E Rn. 109; Kapitel D.II.1 m.w.N.

964 OLG Naumburg, Beschl. v. 26.6.2015 – 1 Ws (RB) 20/15, BeckRS 2015, 17753, Rn. 18–19.

So gesehen folgen die Kostentragungspflicht für Telefongespräche und deren Grenzen aus dem – früher in § 3 Abs. 1 StVollzG verankerten – Grundsatz, dass „die Verhältnisse im Strafvollzug so weit wie möglich den allgemeinen Lebensverhältnissen angeglichen werden sollen“[965]. Diese Kostentragungspflicht findet dem Grunde nach breite Zustimmung[966] und wird auch vom BVerfG[967] als grundsätzlich verfassungskonform eingestuft. Dabei handelt es sich um einen Ausgleich zwischen dem grundrechtlichen Leistungsanspruch des Gefangenen und dem Bestreben, die Belastungen für den Staat in Grenzen zu halten, um den Vorbehalt des Möglichen zu wahren, wie das BVerfG im Jahre 2010 aufzeigt:

> „Für den Strafvollzug geht die fachgerichtliche Rechtsprechung davon aus, dass die Fürsorgepflicht der Anstalt es gebietet, die finanziellen Interessen der Gefangenen zu wahren […]. Diese Annahme ist nicht nur im einfachen Recht begründet. Die Missachtung wirtschaftlicher Interessen der Gefangenen wäre unvereinbar mit dem verfassungsrechtlichen Resozialisierungsgrundsatz […]. Zur Begründung dafür, dass dem Gefangenen unter anderem die Möglichkeit des Telefonierens nicht entgeltfrei eingeräumt werden muss, hat die Rechtsprechung den Grundsatz herangezogen, dass die Verhältnisse im Strafvollzug so weit wie möglich den allgemeinen Lebensverhältnissen angeglichen werden sollen […]. Es versteht sich, dass dieser Grundsatz, mit dem der Gesetzgeber dem Resozialisierungsgebot Rechnung trägt […], nicht die Belastung Gefangener mit Entgelten rechtfertigen kann, die, ohne dass verteuernde Bedingungen und Erfordernisse des Strafvollzuges dies notwendig machten, deutlich über den außerhalb des Vollzuges üblichen liegen. Auch mit dem verfassungsrechtlichen Grundsatz der Verhältnismäßigkeit, der es gebietet, Strafe nur als ein in seinen negativen Auswirkungen auf die Persönlichkeit des Betroffenen nach Möglichkeit zu minimierendes Übel zu vollziehen […], wäre dies nicht vereinbar. Dementsprechend ist in der fachgerichtlichen Rechtsprechung anerkannt, dass Entgelte, die die Anstalt für Leistungen an den Gefangenen erhebt, dem Grundsatz der Verhältnismäßigkeit entsprechen müssen […].“[968]

Unter dem Vorbehalt einer verhältnismäßigen Ausgestaltung der Entgelte erweist sich die Kostentragungspflicht für Telefongespräche durch Strafgefangene schließlich als verfassungskonform.[969] Eine derartige Kostentragungspflicht reduziert nicht nur die finanziellen Lasten für die Anstalten in erheblichem

965 OLG Naumburg, Beschl. v. 26.6.2015 – 1 Ws (RB) 20/15, BeckRS 2015, 17753, Rn. 19.

966 Siehe nur SBJL/*Schwind*, § 32 Rn. 2; *Knauer*, in: AK-StVollzG, § 30 Rn. 21 m.w.N.

967 BVerfG, Beschl. v. 15.7.2010 – 2 BvR 328/07, BeckRS 2010, 51329.

968 BVerfG, Beschl. v. 15.7.2010 – 2 BvR 328/07, BeckRS 2010, 51329, Rn. 10–11.

969 *Lübbe-Wolff* 2016, S. 69; vgl. *Oelbermann*, Der Preis der Gefangenentelefonie, Infobrief 111, 2015, abrufbar unter http://www.rav.de/publikationen/infobriefe/infobrief-111-2015/der-preis-der-gefangenentelefonie/, zuletzt abgerufen am 1.12.2018; *Fährmann/Oelbermann*, FS 2014, 387.

Umfang, sondern trägt auch dazu bei, dass die „Verhältnisse im Strafvollzug so weit wie möglich den allgemeinen Lebensverhältnissen angeglichen werden".[970] Denn die „allgemeinen Lebensverhältnisse" der Außenwelt gehen auch damit einher, dass die Inanspruchnahme von Leistungen regelmäßig eine Gegenleistung erfordert, weshalb Telekommunikationsmittel nur gegen Entgelt genutzt werden können.[971] Diese Vergütungspflicht führt insofern dazu, dass die Inanspruchnahme von Telekommunikationsleistungen nur in dem Maße stattfindet, in dem der Nutzer dieser Leistung ihr einen ihren Kosten entsprechenden und über sie hinausgehenden Wert beimisst.[972] Dabei entfaltet die Kostenpflichtigkeit von Telekommunikationsleistungen durch die vom Nutzer vorzunehmende „Kosten-Nutzen-Abwägung" eine verhaltenssteuernde Wirkung, kraft derer die Nutzung von Telekommunikationsleistungen reguliert werden kann.

Eine (gänzliche) „Missachtung wirtschaftlicher Interessen der Gefangenen" wäre indes unvereinbar „mit dem verfassungsrechtlichen Resozialisierungsgebot",[973] und deren originären Leistungsansprüchen auf Internetnutzung, wie sie aus Art. 5 Abs. 1 S. 1 2. Alt. GG herzuleiten sind. Es verstößt – so das BVerfG in seiner Entscheidung aus dem November 2017 weiter – gegen das verfassungsrechtliche Resozialisierungsgebot, wenn die wirtschaftlichen Interessen eines Gefangenen missachtet werden, „indem der geltend gemachte Anspruch auf Anpassung der Telefongebühren" lediglich mit dem Hinweis auf die mit einem privaten Telekommunikationsanbieter langfristig eingegangene Vertragsbindung abgelehnt wird.[974] Daraus folgt nach Ansicht der Karlsruher Richter, dass die Belastung Gefangener mit Entgelten, die deutlich über den außerhalb des Vollzuges Üblichen liegen, nicht gerechtfertigt ist, wenn nicht verteuernde Bedingungen und Erfordernisse des Strafvollzuges dies notwendig machten.[975] Dementsprechend muss die konkrete Ausgestaltung der Entgelte, die die Anstalt für Leistungen an den Gefangenen erhebt, dem Grundsatz der Verhältnismäßigkeit entsprechen.[976] Dies gilt nach der Rechtsprechung auch dann, „wenn die

970 BVerfG, Beschl. v. 15.7.2010 – 2 BvR 328/07, BeckRS 2010, 51329, Rn. 11.

971 BVerfG, Beschl. v. 15.7.2010 – 2 BvR 328/07, BeckRS 2010, 51329, Rn. 11.

972 Vgl. nur Kapitel D.II.1.

973 BVerfG, NJW 2018, 144, 145.

974 BVerfG, NJW 2018, 144, 145; vgl. *Oelbermann*, Der Preis der Gefangenentelefonie, Infobrief 111, 2015, abrufbar unter http://www.rav.de/publikationen/infobriefe/infobrief-111-2015/der-preis-der-gefangenentelefonie/, zuletzt abgerufen am 1.12.2018; umfassend dazu *Fährmann/Oelbermann*, FS 2014, 387 ff.

975 BVerfG, Beschl. v. 15.7.2010 – 2 BvR 328/07, BeckRS 2010, 51329, Rn. 11.

976 BVerfG, NJW 2018, 144, 145.

Anstalt die Leistung nicht selbst erbringt, sondern [wie für Gefangenentelefonie vielfach üblich] hierfür private Dritte einschaltet, die im Verhältnis zum Gefangenen einer entsprechenden Bindung nicht unterliegen".[977] Das BVerfG fordert deshalb, dass die Anstalt jedenfalls für Konstellationen, in denen sie „im Zusammenhang mit einer gesetzlichen Verpflichtung Leistungen durch einen privaten Betreiber erbringen lässt, auf den die Gefangenen in Ermangelung am Markt frei wählbarer Alternativen angewiesen sind", sicherstellen muss, dass „der ausgewählte private Anbieter die Leistung zu marktgerechten Preisen erbringt".[978]

Eingedenk des Umstands, dass nach den obigen Darstellungen insbesondere finanzielle und personelle Ressourcen ein Grund für die Annahme sein können, dass der Vorbehalt des Möglichen nicht gewahrt ist, erscheint eine Kostentragungspflicht für in der Justizvollzugsanstalt gewährte Leistungen in zweierlei Hinsicht sinnvoll: Zum einen werden auf diesem Wege die finanziellen Lasten für die Anstalt reduziert; zum anderen können durch die Kostentragungspflicht auch das Ausmaß der Telekommunikationsnutzung durch die Gefangenen und der damit einhergehende Kontrollbedarf erheblich reduziert werden.[979] Insoweit kann der Gefahr begegnet werden, dass die Vollzugsanstalt unbegrenzt personelle und sonstige Mittel aufwenden muss, um Beschränkungen der grundrechtlichen Freiheiten der Gefangenen zu vermeiden.[980] Es handelt sich bei der Kostentragungspflicht deshalb um eine Maßnahme, kraft derer sich die Nutzung von Telekommunikationsleistungen gewissermaßen selbst regulieren könnte. Auch die Internetnutzung durch Strafgefangene bildet eine derartige „(Tele-) Kommunikationsleistung", deren personelle und finanzielle Machbarkeit durch eine Kostentragungspflicht gewährleistet werden kann.

Allerdings gebietet es die Fürsorgepflicht der Anstalt, die „finanziellen Interessen der Gefangenen" zu wahren.[981] Die Missachtung wirtschaftlicher Interessen

977 OLG Naumburg, Beschl. v. 26.6.2015 – 1 Ws (RB) 20/15, BeckRS 2015, 17753, Rn. 20.

978 BVerfG, Beschl. v. 15.7.2010 – 2 BvR 328/07, BeckRS 2010, 51329, Rn. 12; BVerfG, NJW 2018, 144, 145; sehr treffend *Reichenbach*, NStZ 2018, 168, 171.

979 So bereits IBI 2011, S. 21: für „entsprechende Integration in die Vollzugsordnung" sollen Gefangene „Kosten der Mediennutzung selbst tragen"; vgl. auch *Knauer*, in: AK-StVollzG, § 30 Rn. 21.

980 Vgl. *Lübbe-Wolff* 2016, S. 41.

981 BVerfG, NJW 2018, 144, 145, siehe hierzu die Besprechung von *Reichenbach*, NStZ 2018, 168, 170–171; ferner dazu *Knauer*, in: AK-StVollzG, § 30 Rn. 23; *Oelbermann*, Der Preis der Gefangenentelefonie, Infobrief 111, 2015, abrufbar unter http://www.rav.de/publikationen/infobriefe/infobrief-111-2015/der-preis-der-gefangenentelefonie/, zuletzt abgerufen am 1.12.2018; *Fährmann/Oelbermann*, FS 2014, 387; vgl. auch *Bode*, HRRS 2018, 72, 73 ff.

der Gefangenen wäre – wie zuvor gezeigt – unvereinbar mit dem verfassungsrechtlichen Resozialisierungsgebot, weshalb die Strafgefangenen lediglich mit verhältnismäßigen („marktgerechten") Entgelten belastet werden dürfen.[982]

Die Zusammenschau der Ergebnisse macht deutlich, dass ein aus der Informationsfreiheit folgender Leistungsanspruch auf Internetnutzung zumindest dann den Vorbehalt des Möglichen wahrt, wenn Strafgefangene – in verhältnismäßiger Weise – für die Kosten aufzukommen haben.

### 4. Ergebnis

Eine Auslegung des Grundrechts auf Informationsfreiheit gemäß Art. 5 Abs. 1 S. 1 2. Alt. GG ergibt, dass dieses ohne einen subjektiv-rechtlichen Anspruch leerzulaufen droht. Insofern wahrt ein originärer Leistungsanspruch von Strafgefangenen auf Internetzugang zumindest dann den Vorbehalt des Möglichen, wenn die Gefangenen die – verhältnismäßig auszugestaltenden – Kosten der Internetnutzung zu tragen haben. Demnach folgt, sofern Strafgefangene die dadurch entstehenden Kosten übernehmen und das Internet zugleich die einzige Quelle darstellt, aus Art. 5 Abs. 1 S. 1 2. Alt. GG ein verfassungsunmittelbarer Anspruch auf Internetzugang.

## IV. Grenzen des Internetzugangs

Strafgefangenen kommt aus Art. 5 Abs. 1 S. 1 2. Alt. GG ein verfassungsunmittelbarer Anspruch auf Internetzugang zu, sofern sie die entstehenden und verhältnismäßig auszugestaltenden Kosten tragen. Folgt man dieser Sichtweise, so würde eine Versagung oder Beschränkung dieses Anspruchs zugleich auch einen Eingriff in den Schutzbereich des Grundrechts auf Informationsfreiheit bedeuten. Mithin ist abschließend der Frage nachzugehen, ob und unter welchen Voraussetzungen ein solcher Eingriff in den Schutzbereich der Informationsfreiheit gerechtfertigt werden kann.

---

982 BVerfG, NJW 2018, 144, 145; *Knauer*, in: AK-StVollzG, § 30 Rn. 23; *Oelbermann*, Der Preis der Gefangenentelefonie, Infobrief 111, 2015, abrufbar unter http://www.rav.de/publikationen/infobriefe/infobrief-111-2015/der-preis-der-gefangenentelefonie/, zuletzt abgerufen am 1.12.2018; *Fährmann/Oelbermann*, FS 2014, 387; vgl. auch *Bode*, HRRS 2018, 72, 73 ff.

## 1. Gesetzliche Schranken

Bei der in Art. 5 Abs. 1 S. 1 2. Alt. GG verbrieften Informationsfreiheit handelt es sich nicht um ein vorbehaltslos gewährleistetes Grundrecht.[983] Denn gemäß Art. 5 Abs. 2 GG unterliegt sie den Schranken, die sich aus den „allgemeinen Gesetzen“ sowie den „gesetzlichen Bestimmungen zum Schutze der Jugend“ und „dem Recht der persönlichen Ehre“ ergeben.[984] Als „allgemeine Gesetze“ im Sinne des Art. 5 Abs. 2 1. Alt. GG gelten diejenigen Normen, „die sich nicht gegen die Meinungsfreiheit oder die Freiheit von Presse und Rundfunk an sich oder gegen die Äußerung einer bestimmten Meinung richten“, sondern „vielmehr dem Schutz eines schlechthin, ohne Rücksicht auf eine bestimmte Meinung, zu schützenden Rechtsguts dienen“.[985]

Allein wenn man sich erneut die besondere Bedeutung der Informationsfreiheit bewusst macht, sind vor dem Hintergrund der sog. Wesentlichkeitstheorie des BVerfG (bezogen „auf die allgemeinen Lebensverhältnisse und wegen der notwendigerweise damit verbundenen Art und Intensität der Regelung“)[986] an ein solches „allgemeines Gesetz“ weitergehende Anforderungen zu stellen.[987] Insofern ist nach Auffassung des BVerfG im „Kernbereich hoheitlicher Tätigkeit“ als Ausdruck des Demokratieprinzips (Art. 20 Abs. 2 S. 1 GG) eine parlamentarische Kontrolle von „besonderer Bedeutung“.[988] Dies bedeutet, dass Eingriffe in den Schutzbereich von Grundrechten gegenüber Strafgefangenen immer nur auf Grundlage eines „formellen Parlamentsgesetzes“[989] gerechtfertigt sein können („qualifizierter Gesetzesvorbehalt“).[990] Ohne eine derartige „Schranke“ in Form eines – im Sinne von Art. 5 Abs. 2 1. Alt. GG „allgemeinen“ – vom parlamentarischen Gesetzgeber erlassenen Gesetzes ist der Eingriff in den Schutzbereich von Grundrechten eines Strafgefangenen von vornherein nicht zu rechtfertigen.[991]

Wird also eine Versagung oder Beschränkung des aus Art. 5 Abs. 1 S. 1 2. Alt. GG herzuleitenden Anspruchs auf Internetnutzung durch Strafgefangene beabsichtigt, ist zu diesem Zwecke ein formelles und im Sinne von Art. 5 Abs. 2 1. Alt.

---

983 Siehe nur BeckOK Grundgesetz/*Schemmer*: Abs. 1, 2, Kempen: Abs. 3 GG Art. 5.

984 BeckOK Grundgesetz/*Schemmer*, GG Art. 5 Rn. 36.

985 BeckOK Grundgesetz/*Schemmer*, GG Art. 5 Rn. 99.

986 BVerfG, NJW 1979, 329.

987 *Voßkuhle*, JuS 2007, 118, 119; Maunz/Dürig/*Grzeszick*, GG Art. 20 IV Rn. 72.

988 BVerfG, NJW 2012, 1563, 1568–1569; vgl. Maunz/Dürig/*Grzeszick*, VI. Rn. 72.

989 *Voßkuhle*, JuS 2007, 118, 119.

990 Vgl. nur SBJL/*Jehle* 2019 (im Druck), 1 E Rn. 32.

991 Vgl. BeckOK Grundgesetz/*Schemmer*, GG Art. 5 Rn. 99; allgemein dazu SBJL/*Jehle* 2019 (im Druck), 1 E Rn. 32; vgl. *Feest/Wegner*, in: AK-StVollzG, § 25 Rn. 8.

GG „allgemeines" Parlamentsgesetz zu schaffen. Ein derartiges Parlamentsgesetz bildete nicht nur das StVollzG.[992] Auch die aktuellen Landesgesetze werden – wie Goerdeler ausführt – diesen Anforderungen gerecht:

> „Die Meinungs-, Informations- und Pressefreiheit (Art. 5 Abs. 1 GG) steht unter dem Vorbehalt der allgemeinen Gesetze (Art. 5 Abs. 2 GG). Die Strafvollzugsgesetze sind ‚allgemeine Gesetze' in diesem Sinne und können bspw. durch die Post- und Telefonkontrollen Beschränkungen vorsehen […]"[993]

Bei gemeinsamer Betrachtung mit der in Kapitel E.II dargestellten Übersicht der Länderbestimmungen zeigt sich, dass alle bisher in den Ländern existierenden Vorschriften zur Internetnutzung („andere Formen der Telekommunikation" bzw. „andere Telekommunikationsformen") in diesem Sinne taugliche Einschränkungen des Nutzungsumfangs darstellen (sie werden insofern im Kapitel H.II.1 unter einer verfassungskonformen Auslegung näher betrachtet).

## 2. Einschränkungen und Ausschlussgründe

Für eine der Informationsfreiheit gemäß Art. 5 Abs. 1 S. 1 2. Alt. GG Rechnung tragende Ausgestaltung des Internetzugangs für Strafgefangene kommt es – wie zuvor gesehen – darauf an, dass diesem der Internetzugang dem Grunde nach gestattet wird und die Zurverfügungstellung dieser Leistung zu marktgerechten Preisen erfolgt. Gleichwohl besteht mit Blick auf das Internet weiterhin das eingangs erwähnte Spannungsverhältnis zwischen Resozialisierung und Sicherheit im Strafvollzug.[994] Es soll deshalb nunmehr der Frage nachgegangen werden, inwieweit Sicherheitsinteressen dem Wunsch der Gefangenen nach Internetzugang Grenzen setzen.

### *a) Wahrung der Sicherheitsinteressen*

Bei näherer Betrachtung der bestehenden Sicherheitsinteressen ist zunächst grundlegend zwischen zwei Gefährdungslagen zu unterscheiden.[995] Eine Internetnutzung durch Strafgefangene betrifft einerseits die im Rahmen des sog. Zielkonflikts bezeichnete „Sicherheit der Allgemeinheit"[996], mithin externe

---

992 Vgl. SBJL/*Jehle*, § 4 Rn. 27; *Feest/Wegner*, in: AK-StVollzG, § 25 Rn. 8; vgl. auch BVerfG, Beschl. v. 15.7.2010 – 2 BvR 2518/08, BeckRS 2010, 51327; Kapitel D.II.

993 *Goerdeler*, in: AK-StVollzG, § 4 Rn. 28.

994 Vgl. nur *Hohmann-Fricke/Jehle*, FS 2017, 116.

995 *Arloth/Krä*, § 2 StVollzG Rn. 2.

996 Generalklauselartige Formulierung der „Schutzaufgabe des Vollzugs": SBJL/*Jehle* 2019 (im Druck), 1 C Rn. 24.

Sicherheitsbedürfnisse[997]. Andererseits geht es intern um die Aufrechterhaltung der Anstaltssicherheit.[998] Beide Sicherheitsbelange stehen wiederum mit einzelnen Resozialisierungsbestrebungen bei Internetnutzung in einem Spannungsverhältnis.[999]

### *aa) Sicherheit der Allgemeinheit als verfassungsrechtlich verankerte Aufgabe*

Neben dem Ziel der Resozialisierung des Gefangenen besteht die Aufgabe des Strafvollzugs darin, die Sicherheit der Allgemeinheit zu gewährleisten und die Bevölkerung vor weiteren Straftaten zu schützen.[1000] Die Bundesländer haben diese Zielsetzung in die gesetzliche Ausgestaltung des Strafvollzugs allesamt – freilich in unterschiedlicher Form – einfließen lassen.[1001]

Während dem Resozialisierungsgebot Verfassungsrang zukommt, ist zu fragen, ob die Grundlage der staatlichen Sicherungs- bzw. Schutzaufgabe ebenfalls verfassungsrechtlicher Natur ist. Klärung liefern die Ausführungen des BVerfG, das im Rahmen seiner Entscheidung zur Verfassungsmäßigkeit des Kontaktsperregesetzes Folgendes erwogen hat:

> „Das menschliche Leben stellt innerhalb der grundgesetzlichen Ordnung einen Höchstwert dar. Demgemäß folgt aus Art. 2 II 1 i.V. mit Art. 1 I 2 GG die umfassende, im Hinblick auf den Wert des Lebens besonders ernst zu nehmende Pflicht des Staates, jedes menschlichen Leben zu schützen, es vor allem vor rechtswidrigen Eingriffen von Seiten anderer zu bewahren […].“[1002]

Danach bildet Art. 2 Abs. 2 S. 1 GG i.V.m. Art. 1 Abs. 1 S. 2 GG den verfassungsrechtlichen Anknüpfungspunkt des staatlichen Schutzauftrags.[1003] Auch in den Ausführungen des Wissenschaftlichen Dienstes des Bundestags zum „Grundrecht auf Sicherheit“ heißt es insoweit:

> „Nach dem modernen Verfassungsdenken erschöpfen sich die Grundrechte nicht darin, Eingriffe des Staates abzuwehren. Aufgrund der objektiv-rechtlichen Dimension der

997 *Arloth/Krä*, § 2 StVollzG Rn. 2; ausführlich auch SBJL/*Jehle* 2019 (im Druck), 1 C Rn 23 f.

998 *Arloth/Krä*, § 2 StVollzG Rn. 2.

999 Vgl. *Hohmann-Fricke/Jehle*, FS 2017, 116.

1000 SBJL/*Jehle*, § 2 Rn. 17–18; *Kett-Straub/Streng* 2016, S. 22; *Laubenthal* 2015, Rn. 171–172; *Arloth/Krä*, § 2 StVollzG Rn. 1; Kapitel D.I.1.

1001 *Lindemann*, in: AK-StVollzG, § 2 Rn. 1–2; *Kett-Straub/Streng* 2016, S. 22; vgl. *Hohmann-Fricke/Jehle*, FS 2017, 116, 116–117; Kapitel D.I.1.

1002 BVerfG, NJW 1978, 2235, 2236.

1003 *Lübbe-Wolff* 2016, S. 58.

> Grundrechte hat der Staat auch eine Schutzpflicht. Diese findet ihren Grund sowohl in Art. 2 Abs. 2 S. 1 […] als auch in Art. 1 Abs. 1 S. 2 […] des Grundgesetzes."[1004]

Der staatliche Sicherungs- bzw. Schutzauftrag zugunsten der Allgemeinheit folgt daher aus der objektiv-rechtlichen Wirkung der Schutzpflichten aus Art. 2 Abs. 2 S. 1 GG i.V.m. Art. 1 Abs. 1 S. 2 GG, wobei diese Grundrechte nach Art. 1 Abs. 3 GG dem Staat gegenüber, „der das Grundrecht vor Gefährdungen schützen soll", in Anschlag gebracht werden können.[1005] Der Staat ist also nicht nur verpflichtet, die Grundrechte zu achten, sondern hat über Art. 1 Abs. 1 S. 2 GG auch in positiver Hinsicht den Schutz ihrer Garantien zu gewährleisten.[1006] Das BVerfG hat diese objektiv-rechtliche Funktion in ständiger Rechtsprechung anerkannt, weshalb nach seiner Auffassung die Freiheitsrechte „nicht allein Abwehrrechte des einzelnen gegen die öffentliche Gewalt" enthalten, sondern „zugleich objektivrechtliche Wertentscheidungen der Verfassung" darstellen, „die für alle Bereiche der Rechtsordnung gelten und Richtlinien für Gesetzgebung, Verwaltung und Rechtsprechung geben."[1007]

#### *bb) Sicherheit und Ordnung der Anstalt*

Der Begriff „Sicherheit und Ordnung der Anstalt" (bzw. „Sicherheit oder Ordnung")[1008] bleibt trotz vielfacher Erwähnung in den Vollzugsgesetzen der Länder (vgl. nur § 27 StVollzG NRW) zunächst unbestimmt, soll nach Laubenthal aber sowohl die „Gewährleistung des Aufenthalts" als auch die „Abwendung von Gefahren für Person und Sachen in Einrichtungen" umfassen.[1009] Seine praktische Handhabung steht dabei unter der Maxime, dem aus Art. 20 Abs. 3 GG folgenden Verhältnismäßigkeitsgrundsatz angemessen Rechnung zu tragen.[1010] Überschneidungen mit der zuvor dargestellten Sicherheit der Allgemeinheit ergeben sich insofern, als Gefahrenlagen in Form von kriminellen Handlungen

---

1004 Wissenschaftliche Dienste des Bundestages 2008, S. 10.

1005 *Voßkuhle/Kaiser*, JuS 2011, 411, 412; Maunz/Dürig/*Di Fabio*, GG Art. 2 Nr. 1 Abs. 2 Rn. 41; vgl. Wissenschaftliche Dienste des Bundestages 2008, S. 10; *Lübbe-Wolff* 2016, S. 58.

1006 Maunz/Dürig/*Di Fabio*, GG Art. 2 Nr. 1 Abs. 2 Rn. 41, 43.

1007 StRspr., siehe nur BVerfG, Urt. v. 15.1.1958 – 1 BvR 400/51, BeckRS 9998, 181159; Maunz/Dürig/*Di Fabio*, GG Art. 2 Nr. 1 Abs. 2 Rn. 41, 43; vgl. auch *Epping* 2017, S. 5–6.

1008 So der synonyme Begriff bei den Internetregelungen in den Landesgesetzen, vgl. Kapitel E.II.3.

1009 *Laubenthal* 2015, Rn. 695; *Arloth/Krä*, § 81 StVollzG Rn. 2.

1010 *Laubenthal* 2015, Rn. 694.

gegenüber Mitgefangenen oder Vollzugspersonal auftreten können.[1011] Bereits aus diesem Umstand heraus erlangen die internen Sicherheitsinteressen eigenständige verfassungsrechtliche Relevanz, da der Staat zugleich verpflichtet ist, die Grundrechte von Strafgefangenen und Behördenpersonal vor Gefährdungen zu schützen.[1012] Abgesehen davon ist die Gewährleistung der Sicherheit der Anstalt unmittelbar dem Schutz der Bevölkerung dienlich und kann als ein Bestandteil der vollzuglichen Sicherungsaufgabe gelten.[1013] Bei Arloth/Krä heißt es:

> „Die äußere Sicherheit ist also nicht identisch mit dem gesetzlichen Auftrag des Strafvollzuges in § 2 Satz 2 zum Schutz der Allgemeinheit vor weiteren Straftaten des Gefangenen; sie dient jedoch seiner Verwirklichung“[1014]

Hieran gemessen ist die Wahrung der Sicherheit der Anstalt eine wichtige Voraussetzung zur tatsächlichen Gewährleistung der Sicherheit der Allgemeinheit.

Die Ordnung der Anstalt ist davon schon deshalb zu unterscheiden, weil sie ihrer begrifflichen Bestimmung nach auf das „geordnete und menschenwürdige Zusammenleben in der Institution“ zu beschränken bleibt.[1015] Nach Goerdeler handelt es sich hierbei „um eine besonders schwer zu fassende und deshalb rechtsstaatlich problematische Generalklausel. Sie scheint geeignet, alles und jede Einschränkung zu rechtfertigen.“[1016] Auch aus rechtsstaatlicher Perspektive verbietet sich mithin eine „Vermischung“ der Begriffe Sicherheit und Ordnung.[1017]

Was nunmehr den Anwendungsbereich der Ordnung der Anstalt betrifft, wird zunächst zu fordern sein, dass überhaupt nur „schwerwiegende“ Ordnungsstörungen zu berücksichtigen sind.[1018] Denn – so Harrendorf – „zu berücksichtigen ist dabei, dass im Behandlungsvollzug das geordnete verantwortliche Zusammenleben gerade durch die Notwendigkeit und das Austragen von Konflikten gekennzeichnet ist und nicht jede Unbotmäßigkeit bereits einen Ordnungsverstoß darstellt.“[1019]

---

1011 *Laubenthal* 2015, Rn. 172, 696.

1012 *Laubenthal* 2015, Rn. 172.

1013 Vgl. *Arloth/Krä*, § 81 StVollzG Rn. 2; *Laubenthal* 2015, Rn. 172.

1014 *Arloth/Krä*, § 81 StVollzG Rn. 2.

1015 *Laubenthal* 2015, Rn. 696; SBJL/*Harrendorf* 2019 (im Druck), 11 A Rn. 5.

1016 *Goerdeler*, in: AK-StVollzG, Vor § 72 Rn. 10.

1017 *Goerdeler*, in: AK-StVollzG, Vor § 72 Rn. 10.

1018 *Goerdeler*, in: AK-StVollzG, Vor § 72 Rn. 10.

1019 SBJL/*Harrendorf* 2019 (im Druck), 11 A Rn. 5.

Dies bedeutet für den Bereich der Internetnutzung insbesondere, dass Privilegierungen und damit einhergehende Neidgefühle bei Zulassungsentscheidungen noch nicht ausreichen können, um eine konfliktbedingte Störung der Anstaltsordnung anzunehmen. Die Ordnung der Anstalt kann hingegen dann in Gefahr sein, wenn diffamierende, gewaltverherrlichende oder extremistische Äußerungen im virtuellen Raum ausgetauscht werden und somit das Zusammenleben in der Vollzugsanstalt beeinträchtigen. Streng genommen jedoch sind durch diese Verhaltensweisen regelmäßig bereits Sicherheitsbelange verletzt, weshalb der Ordnung der Anstalt gegenüber den zuvor beschriebenen Sicherheitsinteressen bei Internetnutzung eher eine untergeordnete Bedeutung infolge eines sehr begrenzten Anwendungsbereichs zukommt.

#### *cc) Gefahrenpotential bei Internetnutzung durch Strafgefangene*

Nach diesen grundsätzlichen Klärungen ist nunmehr der Frage nachzugehen, inwieweit die Internetnutzung durch Strafgefangene die dargestellten Sicherheitsinteressen zu beeinträchtigen in der Lage ist.

Seiner technischen Struktur nach ist das Internet dazu geeignet und bestimmt, weltweit Nutzer miteinander zu verbinden, indem Daten auf elektronischem Wege verarbeitet und übertragen werden.[1020] Nach den Ausführungen in Kapitel D.III.2 ermöglicht es aber auch einen schlechthin nicht mehr kontrollierbaren Datenaustausch aus der Anstalt heraus in die Außenwelt und umgekehrt.[1021]

Dabei steht das Internet nicht nur der weltweiten Verbreitung von extremistischen Schriften oder kinderpornographischen Inhalten offen, sondern lädt zum Missbrauch respektive der Begehung neuer Straftaten ein.[1022] Aber auch opferorientierte Gefahrenaspekte sind zu thematisieren.[1023] Sexual- oder Gewaltverbrecher können via Internet sehr leicht potentielle Opfer ausfindig machen.[1024] Täter derartiger Delikte erhalten somit die Möglichkeit, Kontakt zu früheren Opfern aufzunehmen und auf diese Weise (erneut) traumatische Erfahrungen

1020 Hoeren/Sieber/Holznagel/*Sieber*, Teil 1 Rn. 4; *Buermeyer*, HRRS 2007, 154, 155; vgl. KG, Beschl. v. 18.6.2014 – 2 Ws 123/14 Vollz, BeckRS 2014, 17545.

1021 Vgl. KG, Beschl. v. 18.6.2014 – 2 Ws 123/14 Vollz, BeckRS 2014, 17545, Rn. 18; ausführlich dazu *Knauer* 2006, S: 85 ff.

1022 Justizvollzugsbeauftragter des Landes NRW 2015, S. 133; Kapitel C.V.1 m.w.N.

1023 Siehe nur BeckOK Strafvollzug Bayern/*Arloth*, BayStVollzG Art. 35 Rn. 1; Kapitel D.III.2 m.w.N.

1024 Vgl. Justizvollzugsbeauftragter des Landes NRW 2015, S. 136; BeckOK Strafvollzug Bayern/*Arloth*, BayStVollzG Art. 35 Rn. 1; Kapitel D.III.2; vgl. auch *Bode*, in: Medien – Kriminalität – Kriminalpolitik 2018, S. 88.

auf Seiten des Opfers zu verursachen.[1025] Auch kommt eine Verwendung zugunsten des destruktiven Zugriffs auf Verwaltungsserver in Betracht.[1026] Dieses grundsätzliche Gefahrenpotential für das Sicherheitsinteresse der Allgemeinheit erlangt schließlich in Zusammenspiel mit der Nutzung durch die Risikogruppe „Strafgefangene" auch für Sicherheit und Ordnung der Anstalt Relevanz: Denn es besteht – so stellt es das KG in einer Entscheidung vom 18.6.2014 dar – „schon bei Vorhandensein von nur zwei internetfähigen Geräten in einer Vollzugsanstalt – selbst, wenn sie sich in unterschiedlichen räumlichen Bereichen befinden – die naheliegende und auch durch Kontrollen nicht auszuräumende Gefahr unerlaubter interner Übermittlung von Daten und Nachrichten mannigfacher Art. [...] Ein verschleierter Datenaustausch könnte so etwa dazu benutzt werden, Fluchtpläne oder Fluchtmöglichkeiten an Dritte weiterzugeben".[1027] Darüber hinaus biete ein nicht kontrollierbarer Datenaustausch auch die plausible Möglichkeit, innerhalb der Anstalt Straftaten zu begehen, wie das KG weiter darlegt.[1028]

Sicherheit und Ordnung der Vollzugsanstalt dienen neben den Sicherheitsinteressen der Allgemeinheit deshalb als verfassungsrechtlich anerkannter und somit legitimer Zweck, der dem Informationsbedürfnis der Strafgefangenen Grenzen setzen kann.

### *b) Abwägung zwischen Sicherheitsinteressen und Informationsbedürfnis der Strafgefangenen*

Bilden – nach den vorstehenden Erwägungen – aber externe sowie interne Sicherheitsinteressen einen legitimen Zweck, der dazu tauglich ist, den grundrechtlichen Anspruch auf Internetzugang gemäß Art. 5 Abs. 1 S. 1 2. Alt. GG zu versagen oder zu beschränken, ist nunmehr zu fragen, wie dieses Ziel in verhältnismäßiger Weise, also durch geeignete, erforderliche und angemessene Mittel erreicht werden kann[1029].

---

1025 So etwa in Bezug auf Stalking (§ 238 StGB) *Hilgendorf/Valerius* 2012, Rn. 444; Kapitel D.III.2. m.w.N.

1026 Vgl. Kapitel D.III.2; vgl. auch *Bode*, in: Medien – Kriminalität – Kriminalpolitik 2018, S. 88.

1027 KG, Beschl. v. 18.6.2014 – 2 Ws 123/14 Vollz, BeckRS 2014, 17545, Rn. 18; vgl. BeckOK Strafvollzug Bayern/*Arloth*, BayStVollzG Art. 35 Rn. 1; Justizvollzugsbeauftragter des Landes NRW 2015, S. 133; Kapitel D.III.2.

1028 KG, Beschl. v. 18.6.2014 – 2 Ws 123/14 Vollz, BeckRS 2014, 17545, Rn. 18.

1029 Vgl. KG, Beschl. v. 28.12.2015 – 2 Ws 289/15 Vollz, BeckRS 2016, 02306, Rn. 13; zu den Anforderungen an die Verhältnismäßigkeit allgemein siehe BVerfG, NJW

Als geeignetes Mittel („Das Mittel ist geeignet, wenn mit seiner Hilfe der gewünschte Erfolg gefördert werden kann")[1030] zur Erreichung dieses angestrebten Zwecks sind Ausschlussgründe in Betracht zu ziehen, die dem grundsätzlichen Anspruch auf Internetnutzung entgegenstehen können. Insoweit ist exemplarisch auf die Landesregelungen zur Internetnutzung hinzuweisen. In § 43 Abs. 2 S. 1 JVollzGB LSA heißt es etwa: „kann die Anstalt dem Gefangenen die Nutzung der zugelassenen Telekommunikationsform gestatten, wenn sichergestellt ist, dass hierdurch nicht die Sicherheit oder Ordnung der Anstalt gefährdet wird".[1031] Derartige Versagungstatbestände zielen bereits ausweislich ihres Wortlauts darauf ab, die Sicherheit oder Ordnung der Anstalt sowie den Schutz der Allgemeinheit zu gewährleisten.

Dieses zu Erreichung des legitimen Zwecks geeignete Mittel muss sich sodann als erforderlich darstellen, um die dargestellten Sicherheitsbedürfnisse zu befriedigen.[1032] Erforderlich ist das Mittel, „wenn der Gesetzgeber nicht ein anderes, gleich wirksames, aber die Grundrechte [...] nicht oder doch weniger fühlbar einschränkendes Mittel hätte wählen können".[1033] Erforderlichkeit setzt also eine Prüfung der „Auswirkungen des hypothetischen Alternativmittels und des tatsächlich eingesetzten Mittels für die Verfolgung des legitimen Zwecks und für das beeinträchtigte Verfassungsprinzip" voraus;[1034] es muss sich damit um ein Mittel handeln, das unter mehreren gleich geeigneten Mitteln die geringsten Beeinträchtigungen hervorruft.[1035] Dabei lässt sich die Erforderlichkeit eines solchen Versagungstatbestands nicht schon deshalb verneinen, weil die Internetnutzung durch Strafgefangene auch kontrolliert werden könnte. Zwar stellt die Kontrolle der Internetnutzung gegenüber der vollständigen Untersagung ein milderes und insofern weniger belastendes Mittel dar. Jedoch ist dieses Mittel zur Gewährleistung von Sicherheit nicht in gleicher Weise geeignet, weil eine entsprechende Kontrolle aufgrund begrenzter finanzieller und personeller Ressourcen nicht lückenlos gewährleistet werden kann.[1036] Deshalb bietet

---

1985, 121, 122; NJW 2011, 1201, 1208 sowie *Hufen* 2017, § 9 Rn. 15; in Bezug auf die „Grundrechtswirkung im Rahmen des Strafvollzugs" siehe *Goerdeler*, in: AK-StVollzG, § 4 Rn. 27.

1030 BVerfG, NJW 1985, 121, 122; vgl. *Hufen* 2017, § 9 Rn. 20.

1031 Vgl. Kapitel E.II.

1032 Vgl. nur *Klatt/Meister*, JuS 2014, 193, 194–195; *Hufen* 2017, § 9 Rn. 21 m.w.N.

1033 BVerfG, NJW 1985, 121, 122; *Hufen* 2017, § 9 Rn. 21 m.w.N.

1034 *Klatt/Meister*, JuS 2014, 193, 195; *Ipsen* 2016, Rn. 191 m.w.N.

1035 *Sodan/Ziekow* 2016, § 24 Rn. 41.

1036 Vgl. *Lübbe-Wolff* 2016, S. 40–41.

eine bloße Beschränkung zumindest keinen gleichermaßen wirksamen Schutz der bestehenden Sicherheitsinteressen wie ein vollständiger Ausschluss dieses Kommunikationsmittels. Wenn also die Kontrolle des Internetzugangs konkrete Missbrauchsgefahren nicht zuverlässig ausschließt, steht ein anderes, gleich wirksames Mittel, das das betroffene Grundrecht nicht oder weniger stark einschränkt,[1037] somit nicht zur Verfügung. Daraus folgt, dass sich gegebenenfalls die Versagung der Internetnutzung auch als erforderlich darstellt.

Schließlich wird für die Frage der Angemessenheit – nach ständiger Rechtsprechung des BVerfG[1038] – verlangt, „dass die Schwere des Eingriffs bei einer Gesamtabwägung nicht außer Verhältnis zu dem Gewicht der ihn rechtfertigenden Gründe stehen darf. [...] Die Prüfung an diesem Maßstab kann dazu führen, dass ein an sich geeignetes und erforderliches Mittel des Rechtsgüterschutzes nicht angewandt werden darf, weil die davon ausgehenden Grundrechtsbeeinträchtigungen den Zuwachs an Rechtsgüterschutz überwiegen, sodass der Einsatz des Schutzmittels als unangemessen erscheint. [...] In dem Spannungsverhältnis zwischen der Pflicht des Staates zum Rechtsgüterschutz und dem Interesse des Einzelnen an der Wahrung seiner von der Verfassung verbürgten Rechte ist es dabei zunächst Aufgabe des Gesetzgebers, in abstrakter Weise einen Ausgleich der widerstreitenden Interessen zu erreichen. Dies kann dazu führen, dass bestimmte intensive Grundrechtseingriffe erst von bestimmten Verdachts- oder Gefahrenstufen an vorgesehen werden dürfen."[1039]

Ergänzend zu den Ausführungen des BVerfG heißt es in einer Passage bei Feest/Wegner:

> „Da das Recht des Gefangenen auf Außenkontakte sich aus den Grundrechten [...] ergibt, müssen sich Eingriffe in die Grundrechte aufgrund gesetzlicher Regelungen sich jeweils an der konkreten Eingriffssituation und den vom Bundesverfassungsgericht entwickelten rechtlichen Grundsätzen messen lassen. Dabei sind gesellschaftliche Veränderungen in der Kommunikation (soziale Netzwerke/Internet/W-Lan/Handys) und den gesellschaftlichen Ansichten (zu Ehe/Familie/Partnerschaften/Lebenspartnerschaften) und deren Bedeutung für die Pflege der sozialen Kontakte zu berücksichtigen."[1040]

So betrachtet geht es um die Frage, ob eine generelle Versagung des Internetzugangs für Strafgefangene „in angemessenem Verhältnis zu dem Gewicht und der Bedeutung des Grundrechts" steht,[1041] wobei nach Auffassung von Feest/

1037 Vgl. *Klatt/Meister*, JuS 2014, 193, 195.

1038 StRspr., vgl. nur BVerfG, Beschl. v. 9.3.1994 – 2 BvL 63/92, BeckRS 1994, 120186.

1039 BVerfG, NJW 2006, 1939, 1941–1942; vgl. *Hufen* 2017, § 9 Rn. 23–24.

1040 *Feest/Wegner*, in: AK-StVollzG, § 25 Rn. 8.

1041 BVerfG, NJW 1985, 121, 122.

Wegner auch „gesellschaftliche Veränderungen“ entsprechend zu berücksichtigen sind.[1042]

### *aa) Vergleich mit der Rechtsprechung zu § 70 StVollzG*

Zunächst lohnt sich ein Blick auf die Rechtsprechung zu den parallelen Regelungen des StVollzG.[1043] Gemäß § 70 Abs. 1 StVollzG durfte der Gefangene „in angemessenem Umfang Bücher und andere Gegenstände zur Fortbildung oder zur Freizeitbeschäftigung besitzen“. Dieser in § 70 Abs. 1 StVollzG normierte Anspruch des Strafgefangenen auf Besitz von Gegenständen für die Freizeitbeschäftigung fand indes eine Grenze in § 70 Abs. 2 StVollzG.[1044] Dem folgend galt dieses Recht des Gefangenen nicht, „wenn der Besitz, die Überlassung oder die Benutzung des Gegenstands“ entweder im Sinne von § 70 Abs. 2 Nr. 1 StVollzG „mit Strafe oder Geldbuße bedroht wäre“ oder aber im Sinne von § 70 Abs. 2 Nr. 2 „das Ziel des Vollzuges oder die Sicherheit oder Ordnung der Anstalt gefährden würde“. Da nahezu alle Länder diese Regelung inhaltsgleich übernommen haben,[1045] kann unmittelbar auf die bisherige Rechtsprechung Bezug genommen werden.[1046]

In seinem Beschluss aus dem Jahr 2014 hat das KG – unter Verweis auf zahlreiche weitere Entscheidungen – die Maßstäbe zusammengefasst, die in der oberlandesgerichtlichen Rechtsprechung zu § 70 StVollzG entwickelt worden sind:

> „In der oberlandesgerichtlichen Rechtsprechung zu § 70 StVollzG, welcher den Besitz von Gegenständen für die Freizeitbeschäftigung bei Strafgefangenen regelt, und der in Berlin bis zum Inkrafttreten des SVVollzG Bln für die Sicherungsverwahrung entsprechend galt (vgl. § 130 StVollzG), und zu § 119 Abs. 3 StPO a. F., welcher die Auferlegung von Beschränkungen im Rahmen der Untersuchungshaft zum Gegenstand hatte, ist anerkannt, dass von einem in der Vollzugsanstalt betriebenen Computer generell eine ganz erhebliche Gefahr für die Sicherheit und Ordnung der Anstalt ausgeht [...]. Auch der Senat hatte dies bereits wiederholt – auch für den Maßregelvollzug und die Untersuchungshaft – entschieden [...].
> Obergerichtlich geklärt ist auch, dass bereits die einem Gegenstand allgemein innewohnende Gefährlichkeit ein Recht auf dessen Besitz ausschließen kann, ohne dass in der Person des Gefangenen oder Verwahrten Anhaltspunkte für eine Gefährdung von Sicherheit und Ordnung vorliegen müssen [...]. Gerade angesichts der

1042 *Feest/Wegner*, in: AK-StVollzG, § 25 Rn. 8.

1043 Vgl. Kapitel D.II.4; siehe auch SBJL/*Goldberg* 2019 (im Druck), 5 C Rn. 25; allgemein dazu SBJL/*Jehle* 2019 (im Druck) 1 A Rn. 1; vgl. auch *Bode*, FS 2017, 353, 355.

1044 Vgl. Kapitel D.II.4.

1045 Vgl. Kapitel D.II.3, 4; vgl. SBJL/*Goldberg* 2019 (im Druck), 5 C Rn. 25–26.

1046 SBJL/*Jehle* 2019 (im Druck), 1 A Rn. 1: „materielle Kontinuität des Strafvollzugsrechts“.

gemeinschaftlichen Unterbringung besteht die nahe liegenden Gefahr, dass – für sich genommen – zuverlässige Gefangene von Mitgefangenen unter Druck gesetzt werden, ihnen die missbräuchliche Benutzung zu gestatten […].“[1047]

Vor dem Hintergrund dieser Erwägungen wäre eine Auslegung von § 70 Abs. 2 Nr. 2 StVollzG im vorliegenden Fall dergestalt vorzunehmen, dass ein Ausgleich zwischen dem Informationsanspruch des Strafgefangenen und den Sicherheitsinteressen von Anstalt und Allgemeinheit dahin gehend zu erfolgen hat, dass bereits eine abstrakte Gefahr das Recht auf Besitz von Gegenständen auszuschließen in der Lage ist. Es käme demnach nicht darauf an, dass in der Person des Gefangenen selbst konkrete Anhaltspunkte für eine Gefährdung von Sicherheit und Ordnung vorliegen.[1048]

Dabei gilt es nach dem Prinzip „praktischer Konkordanz“ zu beachten, dass ein angemessener Ausgleich von gegenläufigen Verfassungsgütern verlangt wird, mithin beide Interessenlagen optimale Geltungskraft erlangen.[1049] Vorliegend ergeben sich indes Zweifel, ob diesem Umstand auch dann Rechnung getragen wird, wenn bereits eine abstrakte Gefahr dem Recht auf Besitz von Gegenständen entgegensteht. Der Verhältnismäßigkeitsgrundsatz erfordert bei hochrangigen Schutzgütern insofern regelmäßig einen – einzelfallbezogenen – Ausgleich der widerstreitenden Interessen, ohne dass ausschließlich auf pauschale Erwägungen zurückgegriffen werden darf.[1050] In diesem Zusammenhang wird die Bedeutung der in Art. 5 Abs. 1 GG zusammengefassten Kommunikationsfreiheiten zu berücksichtigen sein, wobei auch die Informationsfreiheit für die freiheitlich-demokratische Grundordnung als „schlechthin konstituierend“ angesehen wird oder – anders formuliert – „als eine der wichtigsten Voraussetzungen der freiheitlichen Demokratie“ zu gelten hat.[1051] Zusammen mit der zuvor bereits dargestellten Bedeutung des Internetzugangs für die Resozialisierung von Strafgefangenen[1052] erhält die Informationsfreiheit bei der vorzunehmenden Abwägung ein ganz erhebliches Gewicht.

---

1047 KG, Beschl. v. 18.6.2014 – 2 Ws 123/14 Vollz, BeckRS 2014, 17545, Rn. 17, 19.

1048 Vgl. Kapitel D.II.6, III.4.

1049 Sachs/*Sachs*, GG Vorbm. zu Abschnitt I Rn. 124.

1050 BVerfG, Beschl. v. 23.10.2013 – 1 BvR 1842/11, BeckRS 2013, 58858.

1051 Sachs/*Bethge*, GG Art. 5 Rn. 51; vgl. auch BeckOK InfoMedienR/*Kühling*, GG Art. 5 Rn. 1–2, 39, wonach die Informationsfreiheit „eine der Meinungsäußerungsfreiheit vergleichbare Schutzintensität“ genießt und von daher eine „Parallelisierung“ gerechtfertigt ist.

1052 Vgl. auch Kapitel D.IV.

Die vorstehend erörterten Anforderungen an die Verhältnismäßigkeit, wonach pauschale Erwägungen Eingriffe in hochrangige Schutzgüter in der Regel gerade nicht rechtfertigen können, scheinen schließlich gefährdet, wenn bereits eine bloß abstrakte Gefahr[1053] für die Sicherheit das Interesse des Strafgefangenen zu beschränken geeignet ist. Derartige Bedenken können auch den Formulierungen der Entscheidung des KG aus dem Jahre 2014 entnommen werden:

> „Anerkannt ist im Anwendungsbereich des Strafvollzugsgesetzes jedoch auch, dass der Grundsatz der Verhältnismäßigkeit es erfordern kann, Computer unter besonderen Umständen zuzulassen, die ausnahmsweise eine andere Beurteilung gebieten [...]. Solche können nach den Gegebenheiten des Einzelfalls vor allem in einer beruflichen oder schulischen Aus- oder Weiterbildung zu sehen sein, sofern die Computernutzung dafür unabdingbar ist [...]. Wenn der Besitz eines Gegenstandes für die Persönlichkeitsentwicklung und Resozialisierung eines Gefangenen wichtig ist, etwa weil der Gefangene ihn für eine Aus- oder Weiterbildung benötigt, kann die Vollzugsanstalt gehalten sein, in größerem Ausmaß Kontrollen auf sich zu nehmen und auch ein gewisses Sicherheitsrisiko zu akzeptieren [...]."[1054]

Das KG folgert aus diesen Anforderungen an die Verhältnismäßigkeit, dass sich die Auslegung des Versagungstatbestands nicht nur auf eine abstrahierende Betrachtung beschränken darf, sondern in Bezug auf die Frage, ob Gründe einer Zulassung von Computern entgegenstehen, eine stärker auf den Einzelfall („Gegebenheiten des Einzelfalls"; „Persönlichkeitsentwicklung und Resozialisierung eines Gefangenen")[1055] bezogene Abwägung der (Sicherheits-)Belange der Anstalt mit den Interessen des Gefangenen zu erfolgen hat.

Der Zugang zu neuen Kommunikationstechnologien birgt nämlich – so fasst es Wermann[1056] treffend zusammen – in steter Regelmäßigkeit abstrakte Sicherheitsgefahren: Mit dem Zugang des Strafgefangenen zum Internet bestehe die Möglichkeit, ungeschützter und unüberwachter Kommunikation insbesondere mit Geschädigten, wodurch deren Schutz gefährdet erscheine.[1057] Ferner bestehe im Fall der Internetanbindung generell die Möglichkeit der unkontrollierten Datenübertragung oder -vervielfältigung, die das Erreichen des Vollzugsziels aus Behandlungssicht gefährden könnte.[1058]

---

1053 Vgl. Kapitel D.III.4.

1054 KG, Beschl. v. 18.6.2014 – 2 Ws 123/14 Vollz, BeckRS 2014, 17545, Rn. 20.

1055 KG, Beschl. v. 18.6.2014 – 2 Ws 123/14 Vollz, BeckRS 2014, 17545, Rn. 20.

1056 BeckOK Strafvollzug Berlin/*Wermann*, SVVollzG Bln § 37 Rn. 6.

1057 BeckOK Strafvollzug Berlin/*Wermann*, SVVollzG Bln § 37 Rn. 6.

1058 BeckOK Strafvollzug Berlin/*Wermann*, SVVollzG Bln § 37 Rn. 6; BeckOK Strafvollzug Bayern/*Arloth*, BayStVollzG Art. 35 Rn. 1.

Diese regelmäßig bestehenden, aber bloß abstrakten Gefahren dürfen jedoch nicht ausreichen, um den Ausschlussgrund des § 70 Abs. 2 Nr. 2 StVollzG zu erfüllen. Andernfalls wäre eine Internetnutzung entgegen dem oben aufgezeigten verfassungsunmittelbaren Anspruch praktisch wieder kategorisch ausgeschlossen. Um aber dem sog. Übermaßverbot[1059] in Bezug auf abstrakte Sicherheitsgefahren zu genügen, könnte – so Wermann unter Verweis auf zwei obergerichtliche Entscheidungen (einerseits vom KG[1060] und andererseits vom OLG Nürnberg[1061]) – daran gedacht werden, WLAN-Module durch Netzwerkadministratoren einzuschränken, spezielle Firewalls einzurichten oder nur die Nutzung eines begrenzten Online-Angebots (etwa durch das Filtern von Internetseiten mit Sexual- oder Gewaltbezug) zu ermöglichen sowie den Internetzugang nur von einem Gemeinschaftsraum aus zu gestatten, „der eine leichtere Überwachung der Online-Kommunikation erlaubt".[1062]

Vor diesem Hintergrund macht die Rechtsprechung im Bereich der Sicherungsverwahrung auch die Zulassung von elektronischen Medien unter „Abwägung der Sicherheitsaspekte der Anstalt auf der einen und der Informations-, Weiterbildungs- oder Freizeitinteressen des Untergebrachten auf der anderen Seite vom Einzelfall abhängig".[1063] Hierauf bezogen legte das KG in seiner Entscheidung aus 2014 Folgendes dar:

> „Bestimmt der Gesetzgeber in solcher Weise den Inhalt eines Rechts, so handelt es sich nicht um Eingriffe in ein Freiheitsrecht, die, sofern sie zur Abwendung von Gefahren gesetzlich zugelassen sind, mangels besonderer gesetzlicher Bestimmung konkrete Anhaltspunkte für eine reale Gefährdung zur Voraussetzung haben müssen [...]. Allerdings unterliegen Auslegung und Anwendung der gesetzlichen Regelung dem Verhältnismäßigkeitsgebot. Daraus folgt, dass die einem Gegenstand generell-abstrakt zukommende Eignung, in einer die Sicherheit oder Ordnung der Anstalt gefährdenden Weise eingesetzt zu werden, in Beziehung zu den der Anstalt zu Gebote stehenden und von ihr im Rahmen einer ordnungsgemäßen Aufsicht auch angewendeten Kontrollmittel gesetzt werden müssen. Ergibt sich unter Berücksichtigung der von der Anstalt zu erwartenden Kontrolle, dass von dem Besitz, der Überlassung oder der Nutzung des Gegenstands keine nennenswerte Gefährdung ihrer Sicherheit oder Ordnung ausgehen

1059 *Ipsen* 2016, Rn. 182.

1060 KG, Beschl. v. 18.6.2014 – 2 Ws 123/14 Vollz, BeckRS 2014, 17545.

1061 OLG Nürnberg, Beschl. v. 14.10.2015 – 1 Ws 418/15, 4 Ws 426/15, BeckRS 2015, 17313.

1062 BeckOK Strafvollzug Berlin/*Wermann*, SVVollzG Bln § 37 Rn. 9.

1063 BeckOK Strafvollzug Berlin/*Wermann*, SVVollzG Bln § 37 Rn. 8.

kann, so ist die Versagung der Besitzerlaubnis nicht erforderlich, der Gefährdung zu begegnen; sie stellt sich als unverhältnismäßig dar […].“[1064]

Zum Recht eines Sicherungsverwahrten auf die Einbringung eines Computers entschied das BVerfG im Jahre 2010:

„Mit der offenbar stillschweigend zugrundegelegten Annahme, eine Gefährdung von Sicherheit oder Ordnung der Anstalt könne, da es jeweils um dasselbe Gerät ging, in gleicher Weise wie bei früheren Entscheidungen ohne Weiteres auch für den vorliegenden Fall bejaht werden, verkennt das Landgericht die grundrechtliche Bedeutung des Zusammenhangs von Sicherheits- und Ordnungsgefährdung und Kontrollaufwand. Soweit Gefährdungen der Sicherheit oder Ordnung der Justizvollzugsanstalt durch Kontrollen vermeidbar sind, handelt es sich, da uferloser Kontrollaufwand nicht geboten sein kann, bei der Feststellung einer Gefährdung von Sicherheit und Ordnung der Anstalt zwangsläufig um das Ergebnis einer Abwägung zwischen dem grundrechtlich geschützten Interesse der Gefangenen, von einer Beschränkung freizubleiben, und dem Interesse der Allgemeinheit an der Begrenzung des Vollzugsaufwandes – in Gestalt von Kontrollmaßnahmen –, der nötig wäre, um ohne Gefährdung der Sicherheit oder Ordnung auf die Beschränkung verzichten zu können. Eine Gefährdung von Sicherheit oder Ordnung der Anstalt kann daher dann, aber auch nur dann bejaht werden und zur Rechtfertigung einschränkender Maßnahmen dienen, wenn ihr mit zumutbarem Kontrollaufwand nicht zu begegnen ist. Bei der danach erforderlichen Abwägung dürfen, unbeschadet der Zulässigkeit praxisgerechter Standardisierungen, besondere grundrechtliche Belange einzelner Gefangener nicht unberücksichtigt bleiben; ihnen ist gegebenenfalls durch Ausnahmen von sonst üblichen Beschränkungen zu begegnen.“[1065]

So betrachtet macht das BVerfG die Gefährdung der öffentlichen Sicherheit von dem sich im Einzelfall ergebenden Kontrollaufwand abhängig, wobei die besonderen grundrechtlichen Belange einzelner Gefangener nicht unberücksichtigt bleiben dürfen. Mit dieser Entscheidung des BVerfG sind insbesondere die Anforderungen an gesetzliche Ausschlusstatbestände verschärft worden. Zu den sich ergebenden Konsequenzen hat weiter das KG in dem Beschluss aus dem Jahr 2014 ausgeführt:

„In diese Abwägung sind die mit der Nutzung von Computern einhergehenden – erheblichen – Gefahren und der zu ihrer Reduzierung erforderliche Kontrollaufwand einzustellen. Mehr als bisher wird dabei jedoch zu berücksichtigen sein, dass der Staat von Verfassungs wegen gehalten ist, für eine im Hinblick auf die freiheitsorientierte Ausrichtung der Sicherungsverwahrung ausreichende Personalausstattung der Anstalt Sorge zu tragen.

1064 KG, Beschl. v. 18.6.2014 – 2 Ws 123/14 Vollz, BeckRS 2014, 17545, Rn. 26.
1065 BVerfG, Beschl. v. 15.7.2010 – 2 BvR 2518/08, BeckRS 2010, 51327.

> Den Risiken der Computernutzung sind die für deren Notwendigkeit von dem Verwahrten geltend gemachten Gründe gegenüberzustellen. Diese müssen von besonderem Gewicht sein. In Betracht kommt – wie bisher – namentlich das ernsthaft und nachhaltig verfolgte Interesse des Verwahrten an schulischer oder beruflicher Aus- oder Weiterbildung. Auch zu berücksichtigen sein wird jedoch, dass die Befähigung zum Umgang mit Computertechnologie und deren Nutzung heute vielfach Voraussetzung für die Teilhabe gesellschaftlichen Leben ist. Ein freiheitsorientierter Vollzug der Sicherungsverwahrung erfordert es daher, dass sich der Untergebrachte zumindest mit dieser Technik vertraut machen kann. Dies setzt nach Auffassung des Senats allerdings nicht zwingend den Besitz eines eigenen Computers voraus. Vielmehr kann dies etwa auch durch die Einräumung der Möglichkeit der (überwachten) Nutzung eines Computers in einem Gemeinschaftsraum gewährleistet werden. Der Zutritt zu einem solchen Bereich kann unter anderem von der Zuverlässigkeit eines Sicherungsverwahrten abhängig gemacht werden. Zum Vorhandensein entsprechender Angebote werden daher Feststellungen zu treffen sein. Abwägungsrelevant und deshalb erörterungsbedürftig ist zudem, in welchem Umfang der Verwahrte sonst Zugang zu Medien(-inhalten) hat.
> Im Rahmen der Abwägung wird schließlich auch die Person des Verwahrten stärker in den Blick zu nehmen sein. Bereits bisher war anerkannt, dass unabhängig von einer abstrakten Gefahr eine konkrete, individuell aus der Person des Gefangenen folgende Gefahr – auch eine solche für das Vollzugsziel – die Besitzversagung rechtfertigen kann [...]. Die Anstalt durfte bei der Entscheidung zudem auch schon in der Vergangenheit persönliche Gründe wie das Wohlverhalten des Untergebrachten berücksichtigen; denn bei einem Untergebrachten, dem sie vertrauen kann, ist der Kontrollaufwand geringer [...]. Dies gilt auch weiterhin und macht es erforderlich, dass sich die Anstalt im Rahmen der Abwägung mit der Persönlichkeit des Sicherungsverwahrten und dem bisherigen Vollzugsverlauf auseinandersetzt.“[1066]

Nach diesen in der Rechtsprechung zur Sicherungsverwahrung entwickelten Maßstäben braucht es also Gründe „von besonderem Gewicht“, die „die Person des Verwahrten stärker in den Blick nehmen“, um die Computernutzung zu untersagen.[1067] Diese Maßstäbe enthalten auch wichtige Hinweise für den Strafvollzug, wenngleich das geltende „Abstandsgebot“[1068] einer unmittelbaren Übertragbarkeit entgegensteht. Schließlich wird – so formuliert es das KG – dem Sicherungsverwahrten ein „Sonderopfer“ auferlegt, das „überhaupt nur dann zu rechtfertigen ist, wenn der Gesetzgeber bei ihrer Ausgestaltung dem besonderen Charakter des in ihr liegenden Eingriffs hinreichend Rechnung und dafür Sorge

1066 KG, Beschl. v. 18.6.2014 – 2 Ws 123/14 Vollz, BeckRS 2014, 17545, Rn. 28–30.
1067 KG, Beschl. v. 18.6.2014 – 2 Ws 123/14 Vollz, BeckRS 2014, 17545, Rn. 28–30.
1068 Vgl. BVerfG, Urt. v. 4.5.2011 – 2 BvR 2365/09, BeckRS 2011, 50108.

trägt, dass über den unabdingbaren Entzug der ‚äußeren' Freiheit hinaus weitere Belastungen vermieden werden".[1069]

Gleichwohl sind mit Blick auf den außenweltlichen Fortschritt sowie eine bestmögliche Resozialisierung auch für mediale Zulassungsentscheidungen im Strafvollzug Veränderungen angezeigt.[1070] Wenn es bei einer rein abstrakten Gefahrenbewertung schlechterdings zu kategorischen Ausschlüssen bei neuer Technik kommt, andererseits aber sich der Kontrollaufwand als „leistbar" gestaltet, mithin die bestehenden Kontrollmittel das abstrakte Gefahrenpotential erheblich reduzieren können, würde für eine Versagung der Computernutzung nach § 70 Abs. 2 Nr. 2 StVollzG eine „konkrete, individuell aus der Person des Gefangenen folgende Gefahr"[1071] vorliegen müssen.

§ 70 Abs. 2 Nr. 2 StVollzG wäre also bei der gebotenen verfassungskonformen Auslegung dahin gehend zu verstehen, dass die Computernutzung durch Strafgefangene primär nur noch dann untersagt werden kann, wenn die Sicherheit und Ordnung der Anstalt, der Schutz der Allgemeinheit oder die Erreichung des Vollzugsziels aufgrund konkreter, individuell aus der Person des Gefangenen folgender Anhaltspunkte gefährdet ist.

#### *bb) Schlussfolgerungen für die Internetnutzung*

Diese für die Computernutzung entwickelten Maßstäbe können auch auf die damit unmittelbar einhergehende Internetnutzung übertragen werden. Auch für die Internetnutzung ist davon auszugehen, dass allein pauschale Erwägungen zu einer bloß abstrakten Gefahr keinen hinreichenden Versagungsgrund darstellen. Insofern hat das OLG Naumburg in seiner Entscheidung aus dem Jahre 2011 gezeigt, dass für den Umgang mit internetfähigen Gerätschaften (hier: TV-Geräte) ein konkreter Gefährdungsmaßstab gelten muss. Diese Auffassung wird durch folgende Passage illustriert:

> „Eine Versagung zur Nutzung eines Fernsehgerätes ist zwar gerechtfertigt, wenn die von dem Fernsehgerät ausgehende abstrakt-generelle Gefahr für die Sicherheit der Anstalt nicht durch eine ordnungsgemäße Aufsicht unter Zuhilfenahme der gebotenen Kontrollmittel seitens der Vollzugsanstalt ausgeschlossen bzw. auf ein nicht mehr beachtliches Maß reduziert werden kann [...]. Aufgrund der oben genannten in Fernsehgeräten integrierten Technologien könnte dies aber zu einem Verlust des Ausnahmecharakters des § 70 Abs. 2 StVollzG und zu einer Aushebelung des Anspruches nach § 69 Abs. 2 StVollzG führen, zumal immer weniger Fernsehgeräte nur der Bildwiedergabe dienen.

---

1069 KG, Beschl. v. 18.6.2014 – 2 Ws 123/14 Vollz, BeckRS 2014, 17545, Rn. 22.
1070 Vgl. Kapitel D.II.6.
1071 KG, Beschl. v. 18.6.2014 – 2 Ws 123/14 Vollz, BeckRS 2014, 17545, Rn. 30.

> Auch die sich aus den technischen Möglichkeiten ergebenden abstrakten Missbrauchsgefahren können deshalb entgegen der Ansicht der Antragsgegnerin nicht zu einem generellen Verbot solcher Multifunktionsgeräte führen. Auch bei diesen ist vielmehr eine Einzelfallprüfung erforderlich, die sich neben der Beschaffenheit des Gerätes und dem Sicherheitsgrad der Justizvollzugsanstalt auch an den konkreten örtlichen Gegebenheiten und den persönlichen Verhältnissen des Strafgefangenen zu orientieren hat.
> Der Antragsgegnerin ist deshalb zuzugestehen, dass neue Technologien die Kontrollierbarkeit immer schwieriger machen. Dem ist aber entgegenzusetzen, dass insoweit auch der Angleichungsgrundsatz des § 3 StVollzG zu beachten ist, so dass auch die Sicherungsmaßnahmen den neuen Technologien, soweit dies möglich ist, angepasst werden müssen. Auch die Zumutbarkeit der Kontroll- und Sicherheitsvorkehrungen der Justizvollzugsanstalt unterliegt deshalb einer Entwicklung.
> Erst wenn festgestellt werden kann, dass bei einer Einzelfallprüfung die Gefährdung durch bestimmte Fernsehgeräte aufgrund ihrer Multifunktionalität nicht mehr durch einen, der neuen Technologie angepassten, zumutbaren Kontrollaufwand entgegengewirkt werden kann, können diese versagt werden. Hierfür reicht es aber nicht aus, die Gefährlichkeit allein aufgrund eigener Sachkunde zu behaupten. Erforderlich ist vielmehr eine sachverständige Untersuchung. Eine solche ist vorliegend nicht erfolgt.“[1072]

Die vorstehenden Erwägungen haben – mit den Worten von Esser gesprochen – „Schrittmacherfunktion“ für die Zulassung internetbasierter Technik im Vollzug.[1073] Denn sie beinhalten gerichtlicherseits die Forderung, eine notwendige Gefahrenabwägung auch bei der Möglichkeit des Internetzugangs „an den konkreten örtlichen Gegebenheiten und den persönlichen Verhältnissen des Strafgefangenen“[1074] zu orientieren.

### *c) Ergebnis*

Nach alledem lässt sich festhalten, dass Strafgefangenen aus der Informationsfreiheit gemäß Art. 5 Abs. 1 S. 1 2. Alt. GG grundsätzlich ein Anspruch auf Internetnutzung zusteht, der zu marktgerechten Preisen angeboten werden muss. Eine Ausnahme von diesem Grundsatz kann nur in den Fällen gelten, in denen die Sicherheit oder Ordnung der Anstalt, der Schutz der Allgemeinheit oder die Erreichung des Vollzugsziels aufgrund konkreter, individuell aus der Person des Gefangenen folgender Anhaltspunkte gefährdet sind.

---

1072 OLG Naumburg, Beschl. v. 20.7.2011 – 1 Ws 70/11, BeckRS 2011, 21728, Rn. 2.

1073 *Esser*, NStZ 2018, 121, 127; vgl. auch *Bode*, Der Einsatz internetbasierter Medien im Strafvollzug (im Erscheinen).

1074 OLG Naumburg, Beschl. v. 20.7.2011 – 1 Ws 70/11, BeckRS 2011, 21728, Rn. 2.

## V. Anspruchsumfang

Abschließend ist zu klären, in welcher rechtlichen Form einem solchen verfassungsunmittelbaren Anspruch zu entsprechen ist. Dabei kann im Falle von Leistungsansprüchen grundsätzlich zwischen gebundenen Entscheidungen („ist"), intendiertem Ermessen („soll") und offenem Ermessen („kann") unterschieden werden.[1075]

Ein gebundener Anspruch auf Gewährung der Internetnutzung lässt sich aus Art. 5 Abs. 1 S. 1 2. Alt. GG bereits deshalb kaum ableiten, weil dem Staat – wie das BVerwG im Hinblick auf presserechtliche Auskunftsansprüche betont hat – bei der Ausgestaltung verfassungsunmittelbarer Leistungsansprüche ein weiter Spielraum[1076] zugestanden wird:

> „Der Gesetzgeber ist hieraus in der Pflicht, die Rechtsordnung in einer Weise zu gestalten, die der besonderen verfassungsrechtlichen Bedeutung der Presse gerecht wird und ihr eine funktionsgemäße Betätigung ermöglicht. [...].
> Im Hinblick auf die Gewichtung und Austarierung dieser Interessen unterliegt er deutlich schwächeren verfassungsrechtlichen Direktiven als beim Erlass von Regelungen, mit denen Eingriffe in den abwehrrechtlichen Gewährleistungsgehalt von Art. 5 Abs. 1 Satz 2 GG verbunden sind. [...].
> Bleibt der zuständige Gesetzgeber untätig, muss unmittelbar auf das Grundrecht aus Art. 5 Abs. 1 Satz 2 GG als Rechtsgrundlage für pressespezifische Auskunftspflichten zurückgegriffen werden. Ohne einen solchen Rückgriff, der – was nach der Verfassungsordnung die Ausnahme bleibt – den objektiv-rechtlichen Gewährleistungsgehalt des Grundrechts in einen subjektiv-rechtlichen Anspruch umschlägt, liefe die Pressefreiheit in ihrem objektiv-rechtlichen Gewährleistungsgehalt leer. Die Anwendung des verfassungsunmittelbaren Auskunftsanspruchs muss jedoch in einer Weise vorgenommen werden, die nicht die Ausgestaltungsprärogative des Gesetzgebers unterläuft, indem sie auf Grundlage von Interessensgewichtungen und -abwägungen erfolgt, die nach der Verfassungsordnung nur der Gesetzgeber vorzunehmen befugt ist. Die Position von Behörden oder Gerichten, die über die Berechtigung eines geltend gemachten verfassungsunmittelbaren Auskunftsanspruchs zu entscheiden haben, ist schon im Ansatz nicht vergleichbar mit der Position des Gesetzgebers, der in Umsetzung des Gestaltungsauftrags aus Art. 5 Abs. 1 Satz 2 GG gesetzliche Regelungen zu treffen hat. Dies zwingt dazu, den verfassungsunmittelbaren Auskunftsanspruch auf das Niveau eines ‚Minimalstandards' zu begrenzen, den auch der Gesetzgeber nicht unterschreiten dürfte. Danach endet das verfassungsunmittelbare Auskunftsrecht von Pressevertretern dort, wo berechtigte schutzwürdige Interessen Privater oder öffentlicher Stellen an der Vertraulichkeit von Informationen entgegenstehen. Sind solche schutzwürdigen

1075 Siehe nur Huck/Müller/*Müller*, § 40 Rn. 4.

1076 Vgl. nur *Sachs* 2017, S. 51.

> Interessen nicht erkennbar, wäre auch eine gesetzliche Bestimmung, welche der Presse die Auskunft verwehrte, mit Art. 5 Abs. 1 Satz 2 GG und den hierin angelegten Ausgestaltungsdirektiven nicht vereinbar."[1077]

Nach den vorstehenden Erwägungen des BVerwG ist die Position von Judikative und Exekutive, die über die Berechtigung eines geltend gemachten verfassungsunmittelbaren Auskunftsanspruchs zu entscheiden haben, „schon im Ansatz nicht vergleichbar" mit der Position der Legislative.[1078] Denn verfassungsunmittelbare Leistungsansprüche sind stets „auf das Niveau eines ‚Minimalstandards' zu begrenzen".[1079] Hierzu schreibt Rixen, dass sich originäre Leistungsansprüche „nur unter besonderen" (also restriktiven) Voraussetzungen begründen lassen.[1080]

Vor diesem Hintergrund sowie mit Blick auf die in Kapitel F.III.1 entwickelten Maßstäbe muss grundsätzlich davon ausgegangen werden, dass die rechtliche Entsprechung des verfassungsunmittelbaren Anspruchs der Strafgefangenen, der seinen Bezugspunkt in Art. 5 Abs. 1 S. 1 2. Alt GG findet, bereits im Rahmen einer Ermessensentscheidung zu erreichen ist.

Den Normalfall stellen hierbei offene Ermessensentscheidungen dar, nach denen die Behörde – wie bei den meisten Landesregelungen zur Telefonie[1081] – bestimmte Leistungen gewähren „kann".[1082] Dazu folgt aus § 40 VwVfG der Hinweis, dass „sie ihr Ermessen entsprechend dem Zweck der Ermächtigung auszuüben und die gesetzlichen Grenzen des Ermessens einzuhalten" hat. Eine verwaltungsgerichtliche Überprüfung der behördlichen Ermessensentscheidung wiederum ist, wie sich aus § 114 S. 1 VwGO („weil die gesetzlichen Grenzen des Ermessens überschritten sind oder von dem Ermessen in einer dem Zweck der Ermächtigung nicht entsprechenden Weise Gebrauch gemacht ist") belegt, nur – eingeschränkt – auf Ermessensfehler möglich.[1083]

Gleichwohl kann ein Anspruch – ausnahmsweise – auch intendiertes Ermessen zum Gegenstand haben, wonach eine bestimmte Rechtsfolge gewährt

---

1077 BVerwG, NJW 2014, 1126, 1127–1128.

1078 BVerwG, NJW 2014, 1126, 1128.

1079 BVerwG, NJW 2014, 1126, 1128; vgl. auch *Sachs* 2017, S. 51; *Sodan/Ziekow* 2016, § 22 Rn. 9; Jarass/Pieroth/*Jarass*, GG Vorb. Vor Art. 1 Rn. 9; Kapitel F.III.1, 3.

1080 Sachs/Murswiek/*Rixen*, GG Art. 2 Rn. 38; vgl. *Sachs* 2017, S. 51.

1081 Vgl. Kapitel D.II.1.

1082 Huck/Müller/*Müller*, § 40 Rn. 8–10; vgl. auch *Kment/Vorwalter*, JuS 2015, 193, 198–199.

1083 *Wolff*, in: Sodan/Ziekow, § 114 Rn. 59; Huck/Müller/*Müller*, § 40 Rn. 11.

werden „soll".[1084] Mit Blick auf die behördliche Entscheidung „besteht zwar auch im Regelfall Ermessen" – so das OVG Lüneburg – „dieses ist jedoch gebunden".[1085] Wenn die Behörde schließlich der gesetzlichen Intention folgt, bedarf es „keiner weiteren Erwägungen".[1086]

So betrachtet bringen Soll-Vorschriften „eine strikte Bindung für den Regelfall" mit sich und „gestatten – anders als gebundene Regelungen – Abweichungen nur in atypischen Fällen, in denen besondere Gründe für ein Abweichen von der Norm sprechen".[1087] Weiter heißt es in der Entscheidung des VG Köln vom 21.11.2013:

> „Im Regelfall bedeutet das ‚soll' also ein ‚muss'. Nur dann, wenn ein konkreter Fall Umstände aufweist, die ihn als ‚atypischen Fall' erscheinen lassen, ist ein Abweichen von der gesetzlich vorgegebenen Rechtsfolge nach pflichtgemäßem Ermessen möglich. Das insoweit eingeräumte Ermessen beschränkt sich aber grundsätzlich auf die Frage, was im Ausnahmefall geschehen soll."[1088]

Nach Ansicht des BVerwG gilt bei einer solchen Konstellation, „dass es für die eine Ausnahme ablehnende Ermessensentscheidung keiner Abwägung des Für und Wider bedarf; damit entfällt zugleich auch eine entsprechende Begründungspflicht der Behörde".[1089] Wiederum dem OVG Lüneburg zufolge können „[l]ediglich dann, wenn die Behörde außergewöhnliche Umstände des Einzelfalls nicht berücksichtigt, die eine andere Entscheidung möglich erscheinen lassen", Ermessensfehler vorliegen.[1090]

Ob aber der Behörde eine offene Ermessensentscheidung zusteht oder diese nunmehr einem intendierten Ermessen unterliegt, hängt insofern davon ab, „ob es sich um eine Ermessensbetätigung handelt, deren Richtung vom Gesetz vorgezeichnet ist (sog. intendiertes Ermessen), bei der also ein bestimmtes Ergebnis dem Gesetz nähersteht, sozusagen im Grundsatz gewollt ist und davon nur ausnahmsweise abgesehen werden darf".[1091] Es geht mithin um die Frage, ob sich im

---

1084 Stelkens/Bonk/Sachs/*Sachs*, § 40 Rn. 28; Schoch/Schneider/Bier/*Gerhardt*, § 114 Rn. 20.

1085 OVG Lüneburg, Urt. v. 30.1.2013 – 11 LB 115/12, BeckRS 2013, 46936.

1086 OVG Lüneburg, Urt. v. 30.1.2013 – 11 LB 115/12, BeckRS 2013, 46936; vgl. Schoch/Schneider/Bier/*Gerhardt*, § 114 Rn. 16.

1087 VG Köln, Urt. v. 21.11.2013 – 16 K 4893/11, BeckRS 2013, 59189.

1088 VG Köln, Urt. v. 21.11.2013 – 16 K 4893/11, BeckRS 2013, 59189.

1089 BVerwG, Urt. v. 5.7.1985 – 8 C 22/83, BeckRS 9998, 164153.

1090 OVG Lüneburg, Urt. v. 30.1.2013 – 11 LB 115/12, BeckRS 2013, 46936.

1091 BVerwG, Urt. v. 5.7.1985 – 8 C 22/83, BeckRS 9998, 164153.

Rahmen des Ermessens bereits eine gewisse Tendenz („dem Gesetz nähersteht") zugunsten einer Entscheidungsmöglichkeit erkennen lässt.[1092]

In dieser Hinsicht ist noch einmal festzuhalten, dass die Landesgesetze, wenn überhaupt, auf zweiter Stufe – nur – eine Kann-Regelung für die Zulassung des Internets vorsehen.[1093] Deshalb wird hier nur die verfassungsrechtliche Herleitung eines grundsätzlichen Anspruchs des Gefangenen auf Internetzugang weiterhelfen.

Angesichts der „zunehmenden Bedeutung des Internet für die verschiedenartigsten Bereiche und Abläufe des alltäglichen Lebens"[1094] darf die Informationsfreiheit über das Internet – ebenso wie andere korrespondierende Kommunikationsgrundrechte aus Art. 5 Abs. 1 GG – mittlerweile zu den hochrangigen Schutzgütern gezählt werden, was zu einem intendierten Ermessen beitragen kann.[1095] Schließlich spricht das BVerfG der Informationsfreiheit sogar eine „besondere Bedeutung für die psychische Gesundheit der Gefangenen" zu:

> „Dieser soziale Gemeinwohlbezug wird durch die besonderen Umstände, unter denen Gefangene leben müssen, verstärkt. Die Anstaltsunterbringung auf engem Raum, eine im Vergleich zum Leben in Freiheit ungewohnte Konzentration von Arbeits-, Wohn- und Freizeitbereichen sowie verringerte Kommunikation mit der Außenwelt durch reglementierten Besucherverkehr bringen die Gefahr der Isolation, des Verlernens autonomer Lebenstechniken und der geistigen Verarmung mit sich. Dem in § 69 Abs. 1 StVollzG ausgestalteten, durch Art. 5 Abs. 1 Satz 1 GG grundsätzlich garantierten Radio- und Fernsehkonsum kommt dabei die Aufgabe eines wichtigen Ersatzkommunikationsmittels mit besonderer Bedeutung für die psychische Gesundheit der Gefangenen zu."[1096]

Der gerichtlicherseits vorgenommene Bezug auf Art. 2 Abs. 2 S. 1 GG dient als Beleg dafür, dass der Staat bei Informations- wie Kommunikationsbedürfnissen gleichermaßen in der Regel zum Tätigwerden verpflichtet sein kann. Das Grundrecht auf Leben und körperliche Unversehrtheit gewährt nämlich nicht nur ein subjektives Abwehrrecht gegen staatliche Eingriffe, sondern „stellt zugleich eine objektive Wertentscheidung der Verfassung dar, die staatliche Schutzpflichten begründet".[1097] Dies bedeutet, dass staatlicherseits sogar

---

1092 Vgl. Stelkens/Bonk/Sachs/*Sachs*, § 40 Rn. 29a; Schoch/Schneider/Bier/*Gerhardt*, § 114 Rn. 26.

1093 Vgl. Kapitel E.II.3; zu den Forderungen de lege ferenda s. u. Kapitel H.II.2.

1094 BVerfG, Urt. v. 2.3.2010 – 1 BvR 256/08, BeckRS 2010, 46771.

1095 Vgl. Sachs/*Bethge*, GG Art. 5 Rn. 51; BeckOK InfoMedienR/*Kühling*, GG Art. 5 Rn. 39; vgl. insofern auch Kapitel C.IV.4.

1096 BVerfG, NJW 1992, 1307, 1308.

1097 BVerfG, NJW 2017, 53, 55.

besondere Schutzpflichten gegenüber den Gefangenen bestehen, die eine Wertentscheidung zugunsten der Informationsfreiheit rechtfertigen.

Eine derartige Sichtweise wird zusätzlich durch den Beschluss des OLG Nürnberg gestützt. Dieses hat in seiner Entscheidung vom 16.9.2008 zur Frage, ob ein Strafgefangener die Erlaubnis für Zusendung, Annahme und Aushändigung von Internetausdrucken bundesverfassungsgerichtlicher Urteile begehren kann, folgende – wegweisende – Ausführungen getätigt:

> „Das grundrechtlich geschützte Informationsrecht führt im Rahmen der Prüfung des Art. 36 Abs. 1 S. 1 BayStVollzG aber auch zu einer Ermessensreduzierung dahingehend, dass dem Gefangenen grundsätzlich bereits ein Anspruch auf Erteilung der Erlaubnis zukommen kann und nicht nur ein Anspruch auf ermessensfehlerfreie Prüfung. Nur auf diese Weise wird auf der Ebene der Rechtsanwendung der wertsetzenden Bedeutung des Grundrechts hinreichend Rechnung getragen."[1098]

Flankierend dazu ist schließlich noch das zuvor angesprochene Verfassungsgebot der resozialisierenden Behandlung (Art. 2 Abs. 1 i.V.m. Art. 1 Abs. 1 GG) „ins Spiel zu bringen", wonach der Vollzug der Freiheitsstrafe so ausgerichtet sein muss, dass dem Gefangenen „Fähigkeit und Willen zu verantwortlicher Lebensführung vermittelt werden", damit er „sich unter den Bedingungen einer freien Gesellschaft ohne Rechtsbruch zu behaupten" vermag[1099]. Mit dieser vom BVerfG für das gesamte Vollzugssystem formulierten Zielsetzung wird der Forderung nach einer Regelvermutung zugunsten der Nutzung des Internets für resozialisierungsfördernde Zwecke[1100] weiterer Nachdruck verliehen. Denn – so Jehle – die „resozialisierende Behandlung verpflichtet den Gesetzgeber einerseits, den Strafvollzug auf das Ziel der Resozialisierung hin auszurichten. Hierbei wird ihm ein weiter Gestaltungsraum zugebilligt. Andererseits begründet dies für den einzelnen Gefangenen aber auch einen grundrechtlichen Anspruch darauf, dass dieser Zielsetzung bei ihn belastenden Maßnahmen genügt wird".[1101]

Vor dem Hintergrund des bisher Gesagten lässt sich konstatieren, dass aufgrund der sozialen Isolation der Gefangenen und der sich daraus ergebenden Gefahr der „geistigen Verarmung" die betroffene Ausprägung der Informationsfreiheit auch einen Bezug zum Grundrecht auf körperliche Unversehrtheit aufweist und insoweit eine staatliche Schutzpflicht begründen kann. Daneben wird auch dem verfassungsrechtlich verankerten Resozialisierungsgebot durch

---

1098 OLG Nürnberg, StV 2009, 199, 200.
1099 BVerfGE 35, 202, 235.
1100 Vgl. dazu Kapitel D.III.2.
1101 SBJL/*Jehle* 2019 (im Druck), 1 D Rn. 1.

den gezielten Einsatz von Internetanwendungen in besonderem Maße Rechnung getragen.[1102] In Anbetracht der hohen Bedeutung der in Rede stehenden Rechtsgüter ist freie Entscheidung im Sinne eines offenen Ermessens aus verfassungsrechtlicher Sicht einzuschränken. Die Verwaltung ist – solange nicht ausnahmsweise eine konkrete Gefährdung für die Sicherheit oder Ordnung der Anstalt, die Erreichung des Vollzugsziels oder den Schutz der Allgemeinheit besteht – kraft grundrechtlicher Schutzpflicht im Sinne eines intendierten Ermessens in der Regel gehalten, Strafgefangenen Internetzugang zu gewähren.

## VI. Fazit

Über den verfassungsunmittelbaren, aus Art. 5 Abs. 1 S. 1 2. Alt. GG herzuleitenden Anspruch auf Internetzugang hat die Anstalt grundsätzlich im Wege eines intendierten Ermessens zu entscheiden. Nur wenn ein konkreter Fall Umstände aufweist, die ihn als atypisch erscheinen lassen, ist ein Abweichen von der regelmäßig vorgegebenen Rechtsfolge nach pflichtgemäßem Ermessen möglich. Gemessen an den vorstehenden Untersuchungen ist eine derartige atypische Sonderkonstellation insbesondere dann einschlägig, wenn die Erreichung des Vollzugsziels, die Sicherheit oder Ordnung der Anstalt oder der Schutz der Allgemeinheit aufgrund konkreter, individuell aus der Person des Gefangenen folgender Anhaltspunkte gefährdet sind.

---

1102 Vgl. nur Kapitel D.III.2.

# G. Internetzugang im Kontext internationaler Vorgaben

Nicht nur in der nationalen, sondern auch der internationalen Sphäre wird die Frage des Internetzugangs und seiner Bedeutung für Strafgefangene seit geraumer Zeit diskutiert. Insofern haben der Stellenwert des Internets und seine Bedeutung für Strafgefangene neben der nationalen eine – bereits seit Längerem bestehende – internationale Dimension.[1103] Dabei wird das deutsche Strafvollzugsrecht zunehmend durch internationale Bindungen der Bundesrepublik Deutschland determiniert und ist an ihnen zu orientieren.[1104]

Vor diesem Hintergrund gilt es diejenigen Besonderheiten, die unmittelbar aus länderübergreifenden Bezügen insbesondere dem Wertekonzept von Völker-, Menschen- und Europarecht resultieren, aufzuzeigen und mit den zuvor gefundenen Ergebnissen auf einfachgesetzlicher sowie verfassungsrechtlicher Ebene zu vergleichen. Hierzu wird zunächst unter allgemeinen Gesichtspunkten diskutiert, welche rechtsdogmatischen Grundlagen aus den nachfolgend behandelten internationalen Rechtsquellen ein „Recht auf Internetzugang“[1105] in der heutigen Zeit begründen können. Im Anschluss ist zu klären, ob und welche rechtlichen Implikationen sich zugunsten von Strafgefangenen aus internationaler Perspektive hierzu ergeben. Dieses Vorgehen dient dazu festzustellen, ob und gegebenenfalls in welcher Hinsicht sich Abweichungen zwischen internationaler und nationaler Befundlage auftun.

---

1103 Vgl. SBJL/*Jehle* 2019 (im Druck), 1 A Rn. 16, *Esser*, NStZ 2018, 121, 121–122, 124 ff.

1104 *Goerdeler*, in: AK-StVollzG, § 4 Rn. 17; SBJL/*Jehle* 2019 (im Druck), 1 A Rn. 16: „mit – aktuell – zunehmender Tendenz für Entwicklungsprozesse auf Ebene der nationalen Vollzugsgestaltung“; vgl. *Hirsch* 2003, S. 39; *Esser*, NStZ 2018, 121, 124; instruktiv zur Bedeutung der Menschenrechte im Bereich der Kriminalwissenschaften *Dessecker* 2016, S. 17 ff.

1105 Dies umfasst nach *Kettemann* sowohl den Zugang zum Internet („Infrastrukturdimension“) als auch den Zugang zu Internetinhalten („Inhaltsdimension“), in: Das Recht auf Internet zwischen Völkerrecht, Staatsrecht und Europarecht (I), Völkerrechtsblog vom 7.10.2015, abrufbar unter https://voelkerrechtsblog.org/das-recht-auf-internet-zwischen-voelkerrecht-staatsrecht-und-europarecht/, zuletzt abgerufen am 1.12.2018.

## I. Völker- und menschenrechtliche Grundlagen für die Nutzung des Internets

Die Frage eines ungehinderten Internetzugangs und ungehinderter Nutzung desselben findet auch im internationalen Kontext zunehmend Berücksichtigung.[1106] Nicht zuletzt die Initiative für die Einführung einer sog. Europäischen Charta der digitalen Grundrechte,[1107] unterstützt durch die netzpolitischen Forderungen des damaligen Präsidenten des Europäischen Parlaments, Martin Schulz, zeigt an, dass erstens die fortschreitende Digitalisierung keinesfalls mehr gesellschaftliche Randerscheinung ist, zweitens sie sich zu einem umfassenden Phänomen entwickelt, das alle Staaten angeht und prägt.[1108] Dem folgend ist nur das Internet als Medium im Stande, den Menschen die Teilhabe an allen durch die Digitalisierung geprägten Feldern gleichermaßen zu ermöglichen;[1109] es wird unlängst sogar als zentraler Anknüpfungspunkt für die Verwirklichung der Menschenrechte – in der digitalen Dimension – betrachtet.[1110]

All dies in Rechnung gestellt, sollen zentrale völker- und menschenrechtliche Grundlagen darauf beleuchtet werden, ob sich anhand ihres Inhalts eine solch

---

1106 Vgl. nur *Kettemann*, Das Recht auf Internet zwischen Völkerrecht, Staatsrecht und Europarecht (I), Völkerrechtsblog vom 7.10.2015, abrufbar unter https://voelkerrechtsblog.org/das-recht-auf-internet-zwischen-voelkerrecht-staatsrecht-und-europarecht/, zuletzt abgerufen am 1.12.2018; *Esser*, NStZ 2018, 121, 121–122 m.w.N.

1107 *Kettemann*, Das Recht auf Internet zwischen Völkerrecht, Staatsrecht und Europarecht (I), Völkerrechtsblog vom 7.10.2015, abrufbar unter https://voelkerrechtsblog.org/das-recht-auf-internet-zwischen-voelkerrecht-staatsrecht-und-europarecht/, zuletzt abgerufen am 1.12.2018; „Für digitale Grundrechte!", zeit-online vom 30.11.2016, abrufbar unter http://www.zeit.de/digital/internet/2016-11/europaeische-charta-digitale-grundrechte-hintergrund, zuletzt abgerufen am 1.12.2018; https://digitalcharta.eu/, zuletzt abgerufen am 1.12.2018.

1108 Vgl. *Schulz*, Freiheit Gleichheit Datenschutz, zeit-online vom 27.11.2015, abrufbar unter http://www.zeit.de/2015/48/grundrechte-netz-datenschutz-eugh, zuletzt abgerufen am 1.12.2018.

1109 Vgl. *Schulz*, Freiheit Gleichheit Datenschutz, zeit-online vom 27.11.2015, abrufbar unter http://www.zeit.de/2015/48/grundrechte-netz-datenschutz-eugh, zuletzt abgerufen am 1.12.2018; IBI 2011, S. 17–18; *Theine*, FS 2014, 161; Kapitel C.IV.

1110 *Schulz*, Freiheit Gleichheit Datenschutz, zeit-online vom 27.11.2015, abrufbar unter http://www.zeit.de/2015/48/grundrechte-netz-datenschutz-eugh, zuletzt abgerufen am 1.12.2018; *Maas*, Unsere digitalen Grundrechte, zeit-online vom 10.12.2015, abrufbar unter http://www.zeit.de/2015/50/internet-charta-grundrechte-datensicherheit/komplettansicht, zuletzt abgerufen am 1.12.2018.

exponierte Stellung des Mediums Internet für moderne Gesellschaften sowie die Notwendigkeit einer ungehinderten Nutzung belegen lassen.

## 1. Berichte des UN-Sonderberichterstatters zur Meinungs- und Informationsfreiheit

Die Internettechnologie und ihre Vorteile sind vielfach Gegenstand von Diskussionen in den Vereinten Nationen (UN) und ihren Mitgliedsstaaten. Allein in den letzten Jahren finden sich hierzu (zahlreiche) einschlägige Berichte respektive Resolutionen, in denen die Möglichkeiten der Nutzung des Internets zur Meinungskundgabe und Informationsgewinnung immer wieder thematisiert und in ihrer Bedeutung bestätigt werden.[1111] Den Bedeutungsgehalt, der dem Internet in diesen Schriften zugemessen wird, gilt es anhand ausgewählter Dokumente der letzten sechs Jahre herauszustellen.

### *a) Bericht vom 16.5.2011 (A/HRC/17/27)*

Der Sonderberichterstatter des UN-Menschenrechtsrats zur Förderung und zum Schutz des Rechts auf Meinungs- und Informationsfreiheit, Frank La Rue, geht in seinem Bericht vom 16.5.2011 an den Menschenrechtsrat (A/HRC/17/27) näher auf die besondere Bedeutung des Internets für die heutige Gesellschaft ein. Bereits eingangs verdeutlicht La Rue seine Position, indem er ausführt:

> „The Special Rapporteur believes that the Internet is one of the most powerful instruments of the 21st century for increasing transparency in the conduct of the powerful, access to information, and for facilitating active citizen participation in building democratic societies. Indeed, the recent wave of demonstrations in countries across the Middle East and North African region has shown the key role that the Internet can play in mobilizing the population to call for justice, equality, accountability and better respect for human rights. As such, facilitating access to the Internet for all individuals, with as little restriction to online content as possible, should be a priority for all States."[1112]

Insoweit sei erkennbar, so La Rue weiter, dass dem Internet eine herausragende Bedeutung zuzumessen sei und es als schützenswert gelten müsse. Es habe sich zu einem zentralen Mittel zur Ausübung der Meinungsäußerungsfreiheit entwickelt und die Möglichkeit seiner Nutzung werde auch über Art. 19 des Internationalen Pakts über bürgerliche und politische Rechte (UN-Zivilpakt = ICCPR) gewährleistet, der als völkerrechtlicher Vertrag eine wirksame internationale

---

1111 Dazu auch *Esser*, NStZ 2018, 121, 121–122.

1112 *La Rue*, UN Dok. A/HRC/17/27, Ziffer 2.

Menschenrechtsnorm bilde.[1113] Weiterhin wird ausgeführt, dass das Internet seinen Zweck als Medium, das dem Recht auf freie Meinungsäußerung diene, nur dann erfüllen könne, wenn die Staaten ihrer Verpflichtung zur Entwicklung wirksamer Strategien zur Erreichung eines universellen Zugangs zum Internet nachkämen. Ohne konkrete Maßnahmen und Handlungspläne werde das Internet zu einem technologischen Instrument, das nur für eine bestimmte Elite zugänglich sei und so zur Ausbildung einer „digitalen Kluft" („digital divide") beitrage.[1114] Dabei bezeichne der Begriff „digitale Kluft" die zwischen Menschen mit effektivem Zugang zu digitalen Informationstechnologien (vor allem dem Internet) und solchen mit sehr begrenztem oder gar keinem Zugang eintretenden Unterschiede.[1115]

La Rue zeigt ferner auf, dass im Auslandsvergleich in einigen Nationen Zugang bzw. Nutzung des Internets bereits als Recht explizit anerkannt sind: So habe beispielsweise das estländische Parlament im Jahre 2000 der Internetnutzung den Status eines grundlegenden Menschenrechts zuerkannt. Ähnliche Entscheidungen seien auch in Frankreich, wo der Verfassungsrat im Jahr 2009 den Zugang zum Internet als Grundrecht gewertet hätte, sowie in Cosa Rica im Jahre 2010 zu beobachten. Einen Schritt weiter sei Finnland im Jahr 2009 gegangen, als es festlegte, dass jede Internetverbindung eine Geschwindigkeit von mindestens einem Megabit pro Sekunde haben müsse. Gleichzeitig weist La Rue auf die Umfrage der BBC aus dem Jahr 2010 hin, die ergeben habe, dass 79 % der Befragten aus 26 Ländern der Ansicht seien, dass der Zugang zum Internet ein grundlegendes Menschenrecht darstelle.[1116] Er kommt somit zu dem Schluss, dass das Internet zu einem unverzichtbaren Instrument für die Verwirklichung einer Vielzahl von Menschenrechten, zur Bekämpfung der Ungleichheit und zur Beschleunigung gesellschaftlicher Entwicklung und des menschlichen Fortschritts geworden sei und daher die Gewährleistung eines universellen Zugangs zum Internet für alle Staaten von hoher Priorität sein müsse.[1117] Auch wenn die Infrastruktur für den Internetzugang bereits vorhanden sei, gelte es weiterhin Initiativen zu unterstützen, die sicherstellen, dass alle Bevölkerungsgruppen, einschließlich Personen

---

1113 *La Rue*, UN Dok. A/HRC/17/27, Ziffer 20 (Übersetzung des Autors).

1114 *La Rue*, UN Dok. A/HRC/17/27, Ziffer 60 (Übersetzung des Autors).

1115 *La Rue*, UN Dok. A/HRC/17/27, Ziffer 61 (Übersetzung des Autors).

1116 *La Rue*, UN Dok. A/HRC/17/27, Ziffer 65 (Übersetzung des Autors); vgl. „Four in five regard Internet access as a fundamental right: global poll", BBC News-online vom 8.3.2010, abrufbar unter http://news.bbc.co.uk/1/shared/bsp/hi/pdfs/08_03_10_BBC_internet_poll.pdf, zuletzt abgerufen am 1.12.2018.

1117 *La Rue*, UN Dok. A/HRC/17/27, Ziffer 85 (Übersetzung des Autors).

mit Behinderungen und Angehörige sprachlicher Minderheiten, auf Online-Informationen zugreifen können.[1118]

Wie der UN-Bericht des Sonderbeauftragten für Meinungs- und Pressefreiheit dezidiert zeigt, ist das Internet von zentraler Bedeutung für die „globale Gesellschaft". Der Bericht unterstreicht vor allem die transformative Natur („transformative nature") des Internets, das nicht nur Einzelpersonen die Ausübung ihres Rechts auf freie Meinungsäußerung ermögliche, sondern auch andere Menschenrechte sowie den gesellschaftlichen Fortschritt allgemein zu fördern im Stande sei.[1119] Das Internet ist also den Kommunikationsfreiheiten, die ihrerseits eine Funktion als „‚enabler' of other human rights" erfüllen, in besonderer Weise zu dienen bestimmt.[1120] Daraus folgt, dass der Zugang zum Internet zu einer grundlegenden Voraussetzung für die Ausübung dieser Freiheiten geworden ist.[1121] Die Sicherstellung eines ungehinderten Internetzugangs erfordert angesichts der Schaffung einer entsprechenden Kommunikationsinfrastruktur auch die staatliche Mitwirkung.[1122] Der UN-Sonderberichterstatter sieht in seinen Ausführungen die freie Internetnutzung insoweit vom Schutz des UN-Zivilpakts erfasst und deutet zudem an, dass aufgrund der „katalysierenden" Funktion auch die Möglichkeit eines positiv-rechtlichen Anspruchs auf seine Nutzung begründet werden kann.[1123]

---

1118 *La Rue*, UN Dok. A/HRC/17/27, Ziffer 87 (Übersetzung des Autors).

1119 *La Rue*, UN Dok. A/HRC/17/27, Summary (Übersetzung des Autors).

1120 *La Rue*, UN Dok. A/HRC/17/27, Ziffer 67 (Übersetzung des Autors); vgl. *Kettemann*, Das Recht auf Internet zwischen Völkerrecht, Staatsrecht und Europarecht (I), Völkerrechtsblog vom 7.10.2015, abrufbar unter https://voelkerrechtsblog.org/das-recht-auf-internet-zwischen-voelkerrecht-staatsrecht-und-europarecht/, zuletzt abgerufen am 1.12.2018.

1121 *Kettemann*, Das Recht auf Internet zwischen Völkerrecht, Staatsrecht und Europarecht (I), Völkerrechtsblog vom 7.10.2015, abrufbar unter https://voelkerrechtsblog.org/das-recht-auf-internet-zwischen-voelkerrecht-staatsrecht-und-europarecht/, zuletzt abgerufen am 1.12.2018.

1122 *La Rue*, UN Dok. A/HRC/17/27, Ziffer 86–87 (Übersetzung des Autors).

1123 *Kettemann*, Das Recht auf Internet zwischen Völkerrecht, Staatsrecht und Europarecht (I), Völkerrechtsblog vom 7.10.2015, abrufbar unter https://voelkerrechtsblog.org/das-recht-auf-internet-zwischen-voelkerrecht-staatsrecht-und-europarecht/, zuletzt abgerufen am 1.12.2018.

### *b) Bericht vom 10.8.2011 (A/66/290)*

Der UN-Sonderberichterstatter Frank La Rue führt im Rahmen seines Berichts vom 10.8.2011 (A/66/290) Folgendes zur Bedeutung des Internetzugangs aus:

> „Although access to the Internet is not yet a human right as such, the Special Rapporteur would like to reiterate that States have a positive obligation to promote or to facilitate the enjoyment of the right to freedom of expression and the means necessary to exercise this right, which includes the Internet. Moreover, access to the Internet is not only essential to enjoy the right to freedom of expression, but also other rights, such as the right to education, the right to freedom of association and assembly, the right to full participation in social, cultural and political life and the right to social and economic development."[1124]

Im Rahmen seiner Ausführungen weist La Rue erneut darauf hin, dass staatlicherseits eine Pflicht zur Förderung und Erleichterung des Internetzugangs der Bevölkerung bestehe. Dies ergebe sich bereits aus der Notwendigkeit des Internetzugangs für die Ausübung des Rechts auf freie Meinungsäußerung. Daneben ermögliche das Internet auch die Ausübung weiterer Menschenrechte wie des Rechts auf Bildung, des Rechts auf Teilnahme am sozialen und kulturellen Leben oder des Rechts auf Vereinigungs- und Versammlungsfreiheit. Auf dieser Grundlage kommt La Rue zu dem Schluss, dass das Internet zu einer treibenden Kraft bei der Förderung der Menschenrechte, der demokratischen Partizipation, der Transparenz und der wirtschaftlichen Entwicklung aufsteigen werde.[1125] Er betont weiterhin, dass der Zugang zu Informationen, das Recht auf Meinungsfreiheit, und die Teilnahmevoraussetzungen, die das Internet in allen Bereichen der Gesellschaft schaffe, für eine demokratische Gesellschaft wesentlich seien. Angesichts der zentralen Rolle, die das Internet in Bezug auf die Ausübung der Kommunikationsfreiheiten sowie anderer Rechte, wie etwa der auf Bildung, Vereinigungsfreiheit oder Bürgerbeteiligung, einnimmt, ist La Rue der Auffassung, dass es nicht nur wichtig, sondern zwingend erforderlich sei, dass die Staaten konkrete Strategien dafür verabschieden, das Internet umfassend verfügbar zu machen. Es solle vor allem zugänglich und bezahlbar für alle sein – ungeachtet von Ethnizität, Hautfarbe, Geschlecht, Sprache, Behinderung oder wirtschaftlichem Status. Dabei empfiehlt der Sonderberichterstatter, dass die Staaten durch proaktive Maßnahmen sicherstellen müssten, dass Internet-Konnektivität auf individueller und kommunaler Ebene verfügbar ist. Solche Maßnahmen würden auch beinhalten, den Zugang zur Internetverbindung und zu kostengünstiger

---

1124 *La Rue*, UN Dok A/66/290, Ziffer 61–63.

1125 *La Rue*, UN Dok. A/66/290, Ziffer 78–81 (Übersetzung des Autors).

Hardware in abgelegenen und ländlichen Gebieten zu erleichtern, was, falls erforderlich, eine Subventionierung der Dienstleistung einschließen könne.[1126]

Die getroffenen Erwägungen lassen erneut erkennen, dass der UN-Sonderberichterstatter den Internetzugang bzw. dessen Nutzung inzwischen als zwingende Voraussetzung für die Funktionsfähigkeit einer modernen Gesellschaft ansieht. Zugleich legen die Ausführungen nahe, dass La Rue dem Recht auf Internet einen Menschenrechtsstatus zuerkannt wissen will.

### *c) Bericht vom 17.4.2013 (A/HRC/23/40)*

In seinem Bericht aus dem Jahr 2013 legt der UN-Sonderberichterstatter Frank La Rue dar, dass in der heutigen Zeit Internetnutzung eine wesentliche Voraussetzung für die Ausübung des Menschenrechts auf Meinungsäußerungsfreiheit sei.[1127] La Rue geht auch auf vorangegangene Berichte (A/HRC/17/27 und A/66/290) ein, in denen bereits die besonderen Auswirkungen des Internets auf das Recht der Kommunikationsfreiheit analysiert wurden.[1128] Im Bericht vom 17.4.2013 macht er sodann noch einmal deutlich, dass Einzelpersonen in der Wahl ihrer Kommunikationstechnologie prinzipiell frei sein sollten, was gerade auch dann von Bedeutung sei, wenn es im Schwerpunkt um den Einfluss staatlicher Überwachung auf die Ausübung der Meinungs- und Informationsfreiheit gehe.[1129]

### *d) Bericht vom 22.5.2015 (A/HRC/29/32)*

Im Bericht vom 22.5.2015, der sich im Kern mit der sicheren und privaten Kommunikation im digitalen Zeitalter beschäftigt, legt der UN-Sonderberichterstatter David Kaye – unter Bezug auf frühere Berichte und Rechtsprechung – ausführlich dar, dass das Internet das Medium sei, in welchem die Meinungsäußerungsfreiheit heutzutage maßgeblich Ausdruck finde.[1130] Zugleich stellt er unter Bezugnahme auf Art. 19 des ICCPR klar, dass die Formulierung „through any other media" in Abgrenzung zu einer bloßen Aufzählung vorhandener Medien aufgenommen wurde, weshalb auf dieser Basis auch der Schutz der Meinungsäußerungsfreiheit im Internet gelte.[1131]

---

1126 *La Rue*, UN Dok. A/66/290, Ziffer 85–90 (Übersetzung des Autors).

1127 *La Rue*, UN Dok. A/HRC/23/40.

1128 Vgl. *La Rue*, UN Dok. A/HRC/23/40, Ziffer 4.

1129 *La Rue*, UN Dok. A/HRC/23/40, Summary, Ziffer 89 (Übersetzung des Autors).

1130 *Kaye*, UN Dok. A/HRC/29/32, Ziffer 22 (Übersetzung des Autors).

1131 *Kaye*, UN Dok. A/HRC/29/32, Ziffer 26 (Übersetzung des Autors).

### e) *Bericht vom 11.5.2016 (A/HRC/32/38)*

Der UN-Sonderberichterstatter David Kaye geht im Bericht vom 11.5.2016 auf den internationalen Rechtsrahmen der Meinungsäußerungsfreiheit ein und stellt fest:

> „It has become customary to emphasize that individuals enjoy the same rights online as they do offline.“[1132]

Sich hierbei ergebende Beschränkungen müssten nach § 19 Abs. 3 UN-Zivilpakt legitimiert sein, d. h., sie müssten gesetzlich vorgeschrieben und unter bestimmten Aspekten (insbesondere dem der Sicherheit der Öffentlichkeit) erforderlich sein. Etwaige Beschränkungen müssten insofern präzise genug sein, um das Ermessen der Behörden begrenzen zu können und dem Einzelnen eine angemessene Orientierung zu geben.[1133]

Ferner zeigt sich in den Ausführungen erneut, dass Kaye dem Internet ebenfalls eine „katalysierende“ Funktion zuerkennt, wenn er darlegt, dass Einzelpersonen neben Meinungs- und Informationsfreiheiten auch die volle Bandbreite weiterer Rechte online genießen sollten, wie bspw. Privatsphäre, Glaubensfreiheit, Vereinigung und friedliche Versammlung, Ausbildung, Kultur und Freiheit von Diskriminierung. Die Staaten hätten sowohl eine negative Verpflichtung zum Schutz vor Rechtsverletzungen als auch eine positive Verpflichtung zur Gewährleistung der Möglichkeit, die Rechte auszuüben.[1134]

## 2. Resolutionen

Weiterhin sollen einzelne Beschlüsse der Vereinten Nationen sowie der Europäischen Union (EU), die das Ergebnis einer Aussprache ihrer Hauptorgane zum Thema Internetfreiheit schriftlich festlegen, näher betrachtet werden.

### a) *Resolution des UN-Menschenrechtsrats zur Förderung, Sicherung und Ausübung von Menschenrechten im Internet vom 20.6.2014 (A/HRC/26/L.24)*

Beachtenswert in diesem Kontext ist die UN-Resolution A/HRC/26/L.24 zur Förderung, Sicherung und Ausübung von Menschenrechten im Internet vom 20.6.2014. Dort hat der Menschenrechtsrat der Vereinten Nationen u. a. erklärt,

---

1132 *Kaye*, UN Dok. A/HRC/32/38, Ziffer 6.

1133 *Kaye*, UN Dok. A/HRC/32/38, Ziffer 7 (Übersetzung des Autors).

1134 *Kaye*, UN Dok. A/HRC/32/38, Ziffer 8 (Übersetzung des Autors).

dass es zur Gewährleistung eines offenen und dialogfähigen Internets zwingend erforderlich sei, dass die Staaten Sicherheitsfragen unter Berücksichtigung und im Einklang mit den Menschrechtsverpflichtungen behandelten, insbesondere was das Recht auf freie Meinungsäußerung, die Vereinigungsfreiheit und das Recht auf Privatsphäre angehe.[1135] Dazu ist es nach Ansicht des Rates erforderlich, dass alle Staaten „address security concerns on the Internet in accordance with their international human rights obligations to ensure protection of freedom of expression, freedom of association, privacy and other human rights online, including through national democratic, transparent institutions, based on the rule of law, in a way that ensures freedom and security on the Internet so that it can continue to be a vibrant force that generates economic, social and cultural development".[1136]

Damit sei eine direkte Aufforderung an die Staaten verbunden, sich transparenter, demokratischer und rechtsstaatlicher Institutionen zu bedienen, um sicherzustellen, dass das Internet weiterhin treibende Kraft für wirtschaftliche, soziale und kulturelle Entwicklung bleiben könne.[1137]

Bereits anhand der gewählten Formulierungen („human rights online" oder „vibrant force") zeigt sich, dass die Bedeutung des Internets auch seitens des UN-Menschenrechtsrats als grundlegend eingeschätzt wird. Dabei wird der Schutz von freiem Zugang und freier Nutzung zur staatlichen Obliegenheit erhoben.

### *b) Resolution 1987 des Europarats „The right to Internet access" aus dem Jahr 2014*

Einen ähnlichen Ansatz verfolgt die Resolution „The right to Internet access" der Parlamentarischen Versammlung des Europarates. Es wird u. a. dazu aufgerufen, dass ein Recht auf Internetzugang („the Assembly emphasises the importance of access to the Internet in a democratic society in accordance with Article 10 of the European Convention on Human Rights")[1138] erforderlich sei, damit es jedem als Mittel zur Verfügung stehe, seine Rechte auf Meinungsäußerungsfreiheit gemäß Art. 10 EMRK wahrzunehmen, was auch die Möglichkeit eröffne, „other fundamental human rights, including the right to education, the right to take part in

1135 UN-Menschenrechtsrat, UN Dok. A/HRC/26/L.24, Ziffer 5 (Übersetzung des Autors).

1136 UN-Menschenrechtsrat, UN Dok. A/HRC/26/L.24, Ziffer 5.

1137 UN-Menschenrechtsrat, UN Dok. A/HRC/26/L.24, Ziffer 5 (Übersetzung des Autors).

1138 Europarat 2014, Ziffer 2.

cultural life and the right to freedom of association and assembly"[1139], zu genießen.[1140]

### c) *Resolution des UN-Menschenrechtsrats zur Förderung, Sicherung und Ausübung von Menschenrechten im Internet vom 27.6.2016 (A/HRC/32/L.20)*

Daneben ist auch die Resolution des Menschenrechtsrats der Vereinten Nationen vom 27.6.2016 zu nennen, die Länder verurteilt, die den Internetzugang ihrer Bürger absichtlich verhindern oder stören.[1141] In der Resolution wird maßgeblich festgehalten, dass der Zugang zum Internet verbessert werden solle, da das Internet vielseitige Möglichkeiten für kostengünstige und integrative Bildung weltweit eröffne bzw. weitere Ressourcen für Bildung, vor allem zur Überwindung einer digitalen Kluft, zur Verfügung stelle.[1142] Im Einklang mit der „2030-Agenda für Nachhaltige Entwicklung"[1143] erkannte der Rat insofern auch, dass die Verbreitung der Technologie das große Potenzial habe, den menschlichen Fortschritt zu beschleunigen („Welcoming the adoption of the 2030 Agenda for Sustainable Development, and recognizing that the spread of information and communications technology and global interconnectedness has great potential to accelerate human progress, to bridge the digital divide and to develop knowledge societies").[1144]

Der Menschenrechtsrat führt ferner aus, dass die Ausübung der Menschenrechte, insbesondere des Rechts auf freie Meinungsäußerung, ein Thema von zunehmender Bedeutung sei, da die voranschreitende technologische Entwicklung es Einzelpersonen auf der ganzen Welt ermögliche, neue Informations- und Kommunikationsmittel zu nutzen.[1145] Eingedenk dessen fordert er u. a., das Internet als ein wichtiges Instrument für die Förderung von Bürgerinnen und Bürgern und ihrer Beteiligung an der Zivilgesellschaft, für die Entwicklung in jeder Gemeinschaft und für die Ausübung der Menschenrechte anzuerkennen.[1146]

---

1139 Europarat 2014, Ziffer 1.

1140 Europarat 2014, Ziffer 1–5 (Übersetzung des Autors).

1141 UN-Menschenrechtsrat, UN Dok. A/HRC32/L.20.

1142 UN-Menschenrechtsrat, UN Dok. A/HRC32/L.20 S. 2 (Übersetzung des Autors).

1143 Näheres dazu findet sich auf der Homepage des Bundesministeriums für wirtschaftliche Zusammenarbeit und Entwicklung, abrufbar unter http://www.bmz.de/de/ministerium/ziele/2030_agenda/index.html, zuletzt abgerufen am 1.12.2018.

1144 UN-Menschenrechtsrat, UN Dok. A/HRC32/L.20, S. 2 (Übersetzung des Autors).

1145 UN-Menschenrechtsrat, UN Dok. A/HRC32/L.20, S. 2 (Übersetzung des Autors).

1146 UN-Menschenrechtsrat, UN Dok A/HRC32/L.20, Ziffer 15 (Übersetzung des Autors).

### 3. Vorschlag einer Charta der Digitalen Grundrechte der Europäischen Union

Erwähnenswert ist zudem der Vorschlag für eine Charta der Digitalen Grundrechte der Europäischen Union, der über einen Zeitraum von 14 Monaten von einer Gruppe von Bürgerinnen und Bürgern erarbeitet und am 5.12.2016 dem Europäischen Parlament in Brüssel und der Öffentlichkeit zur weiteren Diskussion übergeben wurde.[1147] Zu den vielen Unterzeichnern gehören auch der bekannte Philosoph Jürgen Habermas sowie der Ratsvorsitzende der Evangelischen Kirche in Deutschland Heinrich Bedford-Strohm.[1148] In der Charta lassen sich folgende, für die hier untersuchte Fragestellung relevante Artikel finden:

> „Art. 5 (Meinungsfreiheit und Öffentlichkeit)
>
> (1) Jeder hat das Recht, in der digitalen Welt seine Meinung frei zu äußern. Eine Zensur findet nicht statt.
> (2) Digitale Hetze, Mobbing sowie Aktivitäten, die geeignet sind, den Ruf oder die Unversehrtheit einer Person ernsthaft zu gefährden, sind zu verhindern.
> (3) Ein pluraler öffentlicher Diskursraum ist sicherzustellen.
> (4) Staatliche Stellen und die Betreiber von Informations- und Kommunikationsdiensten sind verpflichtet, für die Einhaltung von Abs. 1, 2 und 3 zu sorgen.
>
> Art. 15 (Freier Zugang)
>
> (1) Jeder Mensch hat das Recht auf freien, gleichen und anonymen Zugang zu Kommunikationsdiensten, ohne dafür auf grundlegende Rechte verzichten zu müssen. Das Internet ist Bestandteil der Grundversorgung.
> (2) Jeder hat das Recht auf eine nicht-personalisierte Nutzung digitaler Angebote.“[1149]

In Zusammenschau mit den übrigen Forderungen darf jedoch nicht unerwähnt bleiben, dass dieser Vorstoß von vielen Seiten Kritik erfahren hat,[1150] vor allem, weil sich an einigen Stellen – versteckt hinter

1147 https://digitalcharta.eu/hintergrund/, zuletzt abgerufen am 1.12.2018.

1148 „Für digitale Grundrechte!“, zeit-online vom 30.11.2016, abrufbar unter http://www.zeit.de/digital/internet/2016-11/europaeische-charta-digitale-grundrechte-hintergrund, zuletzt abgerufen am 1.12.2018.

1149 Abrufbar unter http://www.buceriuslab.de/2014/wp-content/uploads/2014/04/charta-email-versand.pdf, zuletzt abgerufen am 1.12.2018.

1150 Vgl. nur *Härting*, „Digitale Grundrechte“ – warum eigentlich?, lto v. 1.12.2016, abrufbar unter https://www.lto.de/recht/hintergruende/h/eu-charta-digitale-grundrechte-entwurf-kritik/, zuletzt abgerufen am 1.12.2018.

Datenschutzerwägungen – Zensurforderungen erkennen lassen. So heißt es etwa in Art. 11 Abs. 4 (Datenschutz und Datensouveränität):

> „Anbieter von Diensten oder Produkten dürfen nur solche Daten erheben und verarbeiten, welche für den Zweck der Benutzung erforderlich sind“[1151].

Zu Recht wird daher kritisiert, dass durch diese impliziten Zensuren der Informationsfluss über das Internet eher eingeschränkt werden könnte.[1152]

## 4. Fazit

Sowohl die Berichte des UN-Sonderberichterstatters für Meinungsäußerungs- und Informationsfreiheit als auch die Inhalte der vorstehend betrachteten Resolutionen bestätigen die auf nationaler Ebene gefundenen Ergebnisse[1153]. Dementsprechend entfaltet das Internet prägenden Einfluss innerhalb moderner Gesellschaften, wobei es sogar zur staatlichen Verpflichtung werden kann, Internetzugang möglich zu machen.[1154] Bei Kettemann heißt es dazu:

> „Ein Internet, in dem staatsbürgerliche Verantwortung gelebt wird, in dem Demokratie und Menschenrechte nicht nur respektiert, sondern gefördert werden, in dem Vertrauen herrscht und das transparent gesteuert wird – ja, zu so einem Internet muss Zugang natürlich garantiert sein. Und das ist er auch – durch Völkerrecht, Staatsrecht und Europarecht.“[1155]

Als rechtsdogmatischer Ausgangspunkt für diese Wertung kann unter den vorgenannten Quellen insbesondere auf Art. 10 EMRK sowie Art. 19 UN-Zivilpakt abgehoben werden.[1156]

---

1151 Abrufbar unter http://www.buceriuslab.de/2014/wp-content/uploads/2014/04/charta-email-versand.pdf, zuletzt abgerufen am 1.12.2018.

1152 *Härting*, „Digitale Grundrechte“ – warum eigentlich?, lto v. 1.12.2016, abrufbar unter https://www.lto.de/recht/hintergruende/h/eu-charta-digitale-grundrechte-entwurf-kritik/, zuletzt abgerufen am 1.12.2018.

1153 Vgl. nur Kapitel C.IV.4.

1154 Vgl. *Kettemann*, Das Recht auf Internet zwischen Völkerrecht, Staatsrecht und Europarecht (I), Völkerrechtsblog vom 7.10.2015, abrufbar unter https://voelkerrechtsblog.org/das-recht-auf-internet-zwischen-voelkerrecht-staatsrecht-und-europarecht/, zuletzt abgerufen am 1.12.2018; vgl. auch *Esser*, NStZ 2018, 121–122: „Grundrecht auf Internet“; Kapitel G.I.1.

1155 *Kettemann*, Das Recht auf Internet zwischen Völkerrecht, Staatsrecht und Europarecht (III), Völkerrechtsblog vom 7.10.2015, abrufbar unter http://voelkerrechtsblog.org/das-internetgrundrecht-zwischen-voelkerrecht-staatsrecht-und-europarecht-iii/, zuletzt abgerufen am 1.12.2018.

1156 Vgl. Kapitel G.I.1, 2.

Dabei ergibt sich aus Art. 19 UN-Zivilpakt, so formuliert es Kettemann, „eine Vorpflicht des Staates zur Sicherstellung der Stabilität, Funktionalität und Integrität des Internets", mithin ein „institutioneller Schutz des Internets".[1157] Aber auch auf Art. 10 EMRK, der in Absatz 1 S. 1 „das Recht auf freie Meinungsäußerung" regelt, das nach Satz 2 „die Meinungsfreiheit und die Freiheit, Informationen und Ideen ohne behördliche Eingriffe und ohne Rücksicht auf Staatsgrenzen zu empfangen und weiterzugeben", einschließt, lässt sich die generelle Forderung nach Internetzugang stützen: „the Assembly emphasises the importance of access to the Internet in a democratic society in accordance with Article 10 of the European Convention on Human Rights" (dazu näher u. II).[1158]

Aus der Warte von Europarat und Vereinten Nationen wird deutlich, dass im Lichte der Menschenrechte staatlicherseits erfolgende Beschränkungen des Internetzugangs besonderer Rechtfertigung bedürfen.[1159] Denn – so der Europarat in seiner Resolution 1987 – das Internet „revolutionized the way people interact and exercise their freedom of expression and information as well as related fundamental right"[1160]. In dieser Sicht der Dinge ist Internetzugang für die Wahrnehmung menschenrechtlich garantierter Freiheiten in einer digitalisierten Welt obligat geworden.

Gleichwohl besitzen die betrachteten Dokumente – im Unterschied zu den ratifizierten Konventionen auf die sie Referenz nehmen – ihrerseits keine direkte völkerrechtliche Verbindlichkeit.[1161] Daraus folgt, dass sie den Staaten gegenüber keine unmittelbare Rechtspflicht zum Tätigwerden begründen.[1162] Sie bieten aber, da sich ihre Forderungen auf Interpretationen von Vorschriften des UN-Zivilpakts respektive der EMRK beziehen, die ihrerseits als verbindliche Völkerrechtskonventionen unmittelbar in deutsches Recht transformiert wurden (vgl. Art. 59 Abs. 2 GG),[1163] zumindest wichtige Anhaltspunkte.[1164]

Resümierend lässt sich daher noch einmal festhalten, dass der Zugang zum Internet mittlerweile als integraler Bestandteil einer modernen Demokratie anzusehen ist.[1165] Auch auf internationaler Ebene wird dem Internet insoweit ein

---

1157 *Kettemann*, ZaöRV 2012, 469, 475–476.

1158 Europarat 2014, Ziffer 2; Kapitel G.I.2.

1159 Vgl. Kapitel G.I.1, 2.

1160 Europarat 2014, Ziffer 2.

1161 *Goerdeler*, in: AK-StVollzG, § 4 Rn. 19; weiterführend *Payandeh*, JuS 2012, 506, 507.

1162 *Goerdeler*, in: AK-StVollzG, § 4 Rn. 19.

1163 *Goerdeler*, in: AK-StVollzG, § 4 Rn. 18.

1164 Vgl. *Goerdeler*, in: AK-StVollzG, § 4 Rn. 19.

1165 Vgl. *Benedek/Kettemann* 2013, S. 168, die von „freedom of expression on the internet a catalyst and an enabler of human rights" sprechen; Kapitel G.I.1, 2.

besonderer Stellenwert beigemessen.[1166] Esser stärkt die gefundenen Implikationen dieser Sichtweise für den Strafvollzug noch mit dem Hinweis, dass weder der UN-Menschenrechtsrat noch der Europarat in ihren Plädoyers für den Ausbau von „Zugangsmöglichkeiten zum Internet“ den Bereich des Strafvollzugs explizit ausgeschlossenen hätten.[1167]

## II. Im Besonderen: EMRK und Europäische Strafvollzugsgrundsätze

Im Anschluss an die Betrachtungen zum Stellenwert des Internets in der heutigen Weltgesellschaft gilt es, nunmehr konkret die Internetnutzung durch Strafgefangene zu beleuchten. Dies geschieht anhand einschlägiger internationaler Judikate und Rechtsquellen aus dem Bereich des internationalen Strafvollzugsrechts.

### 1. Internationale Standards und deutscher Strafvollzug

Um aus internationalen (Rechts-)Quellen und Judikaten Rückschlüsse auf die deutsche Rechtslage zur Internetnutzung im Strafvollzug ziehen zu können, ist es notwendig, zunächst ihre Wirkung auf die deutsche Rechtslage darzustellen. Zwar ist allgemein anerkannt, dass der Strafvollzug und seine Erfordernisse nicht nur innerstaatlich geregelt sind.[1168] Indes kommt den verschiedenen internationalen Vorgaben keine gleiche Geltung zu; je nach Quellenart besitzen sie unterschiedliche normative Verbindlichkeit für die innerstaatliche Rechtspflege.[1169]

Dabei können im vorliegenden Kontext sowohl zwei Entscheidungen des EGMR als auch Inhalte der Europäischen Strafvollzugsgrundsätze als einschlägig identifiziert werden. Insoweit ist darauf einzugehen, welche Rechtswirkung den einzelnen Quellen auf nationaler Ebene zukommt. Zu dieser bedeutsamen Frage hat sich das BVerfG bereits in mehreren Entscheidungen verhalten und die unterschiedliche Wirkung internationaler Standards auf deutsches Recht bestimmt.

In einer vielbeachteten Entscheidung des BVerfG zur Sicherungsverwahrung aus dem Jahre 2011 wird besonderer Bezug auf die Gewährleistungen der Europäischen Menschenrechtskonvention genommen. Dort heißt es:

---

1166 Vgl. Kapitel G.I.1, 2.

1167 *Esser*, NStZ 2018, 121, 121–122.

1168 *Laubenthal* 2015, Rn. 33 ff.; SBJL/*Jehle* 2019 (im Druck), 1 A Rn. 16.

1169 *Goerdeler*, in: AK-StVollzG, § 4 Rn. 18; vgl. SBJL/*Jehle* 2019 (im Druck), 1 A Rn. 16.

„Der innerstaatliche Rang der Europäischen Menschenrechtskonvention entspricht dem eines Bundesgesetzes. [...] Gleichwohl besitzen die Gewährleistungen der Europäischen Menschenrechtskonvention verfassungsrechtliche Bedeutung, indem sie die Auslegung der Grundrechte und rechtsstaatlichen Grundsätze des Grundgesetzes beeinflussen. Der Konventionstext und die Rechtsprechung des Europäischen Gerichtshofs für Menschenrechte dienen nach der ständigen Rechtsprechung des Bundesverfassungsgerichts auf der Ebene des Verfassungsrechts als Auslegungshilfen für die Bestimmung von Inhalt und Reichweite von Grundrechten und rechtsstaatlichen Grundsätzen des Grundgesetzes, sofern dies nicht zu einer – von der Konvention selbst nicht gewollten (vgl. Art. 53 EMRK) – Einschränkung oder Minderung des Grundrechtsschutzes nach dem Grundgesetz führt [...].
Im Rahmen der Heranziehung der Europäischen Menschenrechtskonvention als Auslegungshilfe berücksichtigt das Bundesverfassungsgericht Entscheidungen des Europäischen Gerichtshofs für Menschenrechte auch dann, wenn sie nicht denselben Streitgegenstand betreffen. Dies beruht auf der jedenfalls faktischen Orientierungs- und Leitfunktion, die der Rechtsprechung des Europäischen Gerichtshofs für Menschenrechte für die Auslegung der Europäischen Menschenrechtskonvention auch über den konkret entschiedenen Einzelfall hinaus zukommt [...]. Die innerstaatlichen Wirkungen der Entscheidungen des Europäischen Gerichtshofs für Menschenrechte erschöpfen sich insoweit nicht in einer aus Art. 20 Abs. 3 GG in Verbindung mit Art. 59 Abs. 2 GG abzuleitenden und auf die den konkreten Entscheidungen zugrundeliegenden Lebenssachverhalte begrenzten Berücksichtigungspflicht, denn das Grundgesetz will vor dem Hintergrund der zumindest faktischen Präzedenzwirkung der Entscheidungen internationaler Gerichte Konflikte zwischen den völkerrechtlichen Verpflichtungen der Bundesrepublik Deutschland und dem nationalen Recht nach Möglichkeit vermeiden [...]. Die Völkerrechtsfreundlichkeit des Grundgesetzes ist damit Ausdruck eines Souveränitätsverständnisses, das einer Einbindung in inter- und supranationale Zusammenhänge sowie deren Weiterentwicklung nicht nur nicht entgegensteht, sondern diese voraussetzt und erwartet. Vor diesem Hintergrund steht auch das ‚letzte Wort' der deutschen Verfassung einem internationalen und europäischen Dialog der Gerichte nicht entgegen, sondern ist dessen normative Grundlage. [...]
Die Möglichkeiten einer konventionsfreundlichen Auslegung enden dort, wo diese nach den anerkannten Methoden der Gesetzesauslegung und Verfassungsinterpretation nicht mehr vertretbar erscheint [...].“[1170]

Dem folgend sind bei der Auslegung des Grundgesetzes im Bereich des Strafvollzugs – „im Rahmen des Vertretbaren“ und sofern „keine Verringerung des Grundrechtschutzes“ eintritt –[1171] die Anforderungen der EMRK sowie einschlägiger Entscheidungen des EGMR zu berücksichtigen („Völkerrechtsfreundlichkeit des Grundgesetzes“)[1172].[1173] Die Gewährleistungen der EMRK genießen

1170 BVerfG, Urt. v. 4.5.2011 – 2 BvR 2365/09, BeckRS 2011, 50108.
1171 *Lübbe-Wolff* 2016, S. 27.
1172 BVerfG, Urt. v. 4.5.2011 – 2 BvR 2365/09, BeckRS 2011, 50108.
1173 Vgl. *Lübbe-Wolff* 2016, S. 27.

keinen Verfassungsrang, sondern stehen – wie völkerrechtliche Verträge allgemein – nach Transformation im Sinne von Art. 59 Abs. 2 GG im Rang einfachen Bundesrechts.[1174] Judikaten des EGMR kommt mit einer „jedenfalls faktischen Orientierungs- und Leitfunktion“[1175] dennoch eine wichtige Rolle für die innerstaatliche Rechtspflege zu.[1176] Die Verpflichtung der Fachgerichte, die Vorgaben der EMRK zu berücksichtigen, einerseits sowie der Einfluss ihrer Auslegung durch den EGMR auf den Wirkgehalt der Grundrechte andererseits begründen diese Annahme.[1177] Insofern stellt bereits Art. 20 Abs. 3 GG, der die Bindung der vollziehenden Gewalt und der Rechtsprechung an „Gesetz und Recht“ zum Ausdruck bringt, eine angemessene Berücksichtigung sicher.[1178] Entsprechend äußert sich auch Grabenwarter:

> „Das BVerfG lehnt zwar den Verfassungsrang der EMRK explizit und zutreffend ab, hat aber die Auslegung der Grundrechte des Grundgesetzes in den letzten Jahren sukzessive sehr weitgehend für die Berücksichtigung der EMRK-Garantien und der hierzu ergangenen Rechtsprechung des EGMR geöffnet.“[1179]

Judikate des EGMR und die damit verbundene Auslegung der Freiheiten der EMRK bieten deshalb als sog. Hard Law einen tauglichen Ansatzpunkt für die Herleitung von Gefangenenrechten auf innerstaatlicher Ebene.[1180]

Demgegenüber sind die Europäischen Strafvollzugsgrundsätze sog. Soft Law[1181] und bleiben „nicht zwingendes“ Völkerrecht, das keine subjektiven Rechte zugunsten der Gefangenen vermittelt.[1182] Sie stellen bloße Empfehlungen des Europarates dar und entfalten auf nationaler Ebene vornehmlich indizielle Bedeutung.[1183] Allerdings wird den Europäischen Strafvollzugsgrundsätzen für die Rechtsstellung des Gefangenen schon deshalb ein zumindest ermessenslenkender Effekt zuzusprechen sein, weil der EGMR zur Interpretation der

---

1174 *Grabenwarter/Pabel* 2016, § 3 Rn. 8; SBJL/*Jehle*, Vor § 1 Rn. 16; BeckOK Strafvollzug Bund/*Gerhold*, StVollzG Rn. 26.

1175 BVerfG, Urt. v. 4.5.2011 – 2 BvR 2365/09, BeckRS 2011, 50108.

1176 Vgl. *Lübbe-Wolff* 2016, S. 26.

1177 *Klocke*, EuR 2015, 148, 164–165; *Goerdeler*, in: AK-StVollzG, § 4 Rn. 18.

1178 BGH, NJW 2016, 91, 95.

1179 Maunz/Dürig/*Grabenwarter*, GG Art. 5 Abs. 1 Rn. 14.

1180 *Goerdeler* 2016, S. 102; *ders.*, in: AK-StVollzG, § 4 Rn. 18.

1181 *Goerdeler*, in: AK-StVollzG, § 4 Rn. 19; *ders.* 2016, S. 103–105; *Laubenthal* 2015, Rn. 38; zum Begriff des „Soft Law“ allgemein *Müller-Graff*, EuR 2012, 18, 19 ff.

1182 *Laubenthal* 2015, Rn. 38.

1183 *Lübbe-Wolff* 2016, S. 28; BVerfGE 116, 69, 90; vgl. *Laubenthal* 2015, Rn. 38; *Goerdeler*, in: AK-StVollzG, § 4 Rn. 19.

Vorgaben der EMRK zunehmend auch auf Soft Law als Rechtsquellen zurückgreift.[1184]

In einem Urteil zum Jugendstrafvollzug vom 31.5.2006 hat das BVerfG deshalb Folgendes statuiert:

> „Auf eine den grundrechtlichen Anforderungen nicht genügende Berücksichtigung vorhandener Erkenntnisse oder auf eine den grundrechtlichen Anforderungen nicht entsprechende Gewichtung der Belange der Inhaftierten kann es hindeuten, wenn völkerrechtliche Vorgaben oder internationale Standards mit Menschenrechtsbezug, wie sie in den im Rahmen der Vereinten Nationen oder von Organen des Europarates beschlossenen einschlägigen Richtlinien und Empfehlungen enthalten sind [...], nicht beachtet beziehungsweise unterschritten werden“[1185]

## 2. Judikate des Europäischen Gerichtshofs für Menschenrechte

Zuvörderst sollen die Gewährleistungen der EMRK respektive auf sie bezogene Judikate in den Blick genommen werden. Die EMRK wurde am 7.8.1952 durch Bundesgesetz in nationales Recht transformiert und ist über die enthaltenen Grundrechte im Stande, „Grenzen für staatliche Eingriffe in die Rechtssphäre der im Freiheitsentzug befindlichen Personen“ aufzustellen.[1186] Dabei ist zu berücksichtigen, dass sich der EGMR mit der Frage nach einem Internetzugang für Strafgefangene in – mittlerweile – zwei Entscheidungen (Kalda/Estland und Jankovskis/Litauen)[1187] auseinanderzusetzen hatte. In diesem Zusammenhang wurde Art. 10 Abs. 1 EMRK (Freiheit der Meinungsäußerung), der wiederum mit Art. 5 Abs. 1 S. 1 GG korrespondiert, im Bereich der Internetnutzung im Strafvollzug zur Anwendung gebracht.[1188]

---

1184 *Goerdeler*, in: AK-StVollzG, § 4 Rn. 19; vgl. *Klocke*, EuR 2015, 148, 149; SBJL/*Jehle*, Vor § 1 Rn. 17.

1185 BVerfGE 116, 69, 90.

1186 *Laubenthal* 2015, Rn. 34; vgl. ferner *Lübbe-Wolff* 2016, S. 26–27; ebenso SBJL/*Jehle*, Vor § 1 Rn. 16.

1187 EGMR, Urt. v. 17.1.2017 (*Jankovskis vs. Litauen*) – 21575/08 und EGMR, Urt. v. 19.1.2016 (*Kalda vs. Estland*) – 17429/10; umfassend zu beiden Entscheidungen *Esser*, NStZ 2018, 121, 125–126; ferner *Knauer*, in: www.Wahsinn-Wohl-Wehe.de? Gefangen(e) im Netz zwischen cyber-Forensik und Kriminalpolitik 2.0 2018, S. 43 ff.

1188 Vgl. SBJL/*Jehle* 2019 (im Druck), 1 A Rn. 16.

### *a) EGMR, Urteil vom 19.1.2016 – 17429/10: Kalda/Estland*

In seiner Entscheidung (Beschwerde Nr. 17429/10 – Kalda/Estland)[1189] aus dem Jahre 2016 hatte sich der EGMR mit der Weigerung der estnischen Behörden zu beschäftigen, einem zu lebenslanger Haft verurteilten Strafgefangenen den Zugang zu Internetseiten zu ermöglichen, die staatlich betrieben wurden und rechtliche Informationen enthielten.[1190] Dem Beschwerdeführer Kalda ging es insbesondere darum, Nachforschungen für sein Gerichtsverfahren anzustellen.[1191] Der EGMR führte erstmals dazu aus, dass die Vertragsstaaten zwar grundsätzlich nicht verpflichtet seien, Gefangenen Zugang zum Internet zu gewähren, täten sie dies jedoch, würde es einer besonderen Begründung bedürfen, wenn Gefangenen der Zugang zu bestimmten Internetseiten verwehrt wird.[1192] Eine von den estnischen Behörden „angeführte Begründung der Verweigerung des Internetzugangs mit Kosten- und Sicherheitserwägungen“ vermochte „den Eingriff in das Recht des Beschwerdeführers auf Information“ nach Ansicht des EGMR indes nicht zu rechtfertigen.[1193]

#### *aa) Internetzugang und Art. 10 EMRK*

Mit dieser Entscheidung stellte der EGMR zum ersten Mal ausdrücklich klar, dass die Verweigerung, einem Strafgefangenen Zugang zum Internet zu gewähren, einen Verstoß gegen die Meinungs- und Informationsfreiheit aus Art. 10 EMRK begründen kann, mithin das Recht des Gefangenen auf Internetzugang in zentraler Weise über Art. 10 EMRK geschützt wird.[1194] Zum Bedeutungsgehalt von Art. 10 EMRK führt der EGMR allgemein aus, dass nach ständiger Rechtsprechung anerkannt sei, dass nach dieser Vorschrift auch ein Recht darauf bestehe, Zugang zu Informationen zu erhalten. Ferner wurde angemerkt, dass die Aufgabe, Foren für die öffentliche Diskussion zu schaffen, nicht auf die Presse beschränkt sei. Diese Aufgabe könne auch von Nichtregierungsorganisationen wahrgenommen werden, deren Tätigkeiten wesentlich zu einer informierten

---

1189 EGMR, Urt. v. 19.1.2016 – 17429/10, BeckRS 2016, 80694.
1190 Newsdienst-Redaktion, MMR-Aktuell 2016, 375532.
1191 Newsdienst-Redaktion, MMR-Aktuell 2016, 375532.
1192 Newsdienst-Redaktion, MMR-Aktuell 2016, 375532; BeckOK Strafvollzug Bayern/*Arloth*, BayStVollzG Art. 35 Rn. 1, der insofern den Umstand betont, dass die Vertragsstaaten grundsätzlich nicht verpflichtet seien, Häftlingen Zugang zum Internet zu gewähren.
1193 Newsdienst-Redaktion, MMR-Aktuell 2016, 375532.
1194 Vgl. nur *Esser*, NStZ 2018, 121, 125.

öffentlichen Debatte beitragen würde. Darüber hinaus hat der Gerichtshof entschieden, dass die Rechte aus Art. 10 EMRK es der Regierung verbieten würden, die Freigabe von Informationen zu verweigern, die andere begehren oder zu vermitteln wünschen.[1195]

Im vorliegenden Fall – so der EGMR – gehe es jedoch nicht um die Weigerung der Behörden, die beantragten Informationen freizugeben, denn der Antrag des Klägers würde Informationen betreffen, die bereits frei zugänglich waren. Vielmehr richte sich die Beschwerde des Klägers gegen die Verweigerung eines „besonderen Mittels", mit dem die fraglichen Informationen zugänglich gemacht werden könnten („the applicant's complaint concerns particular means of accessing the information in question"): Sie richte sich im Einzelnen darauf, dass er als Gefangener Zugang zu den auf bestimmten Websites veröffentlichten Informationen – über das Internet – erhält.[1196]

In diesem Zusammenhang bekräftigt der EGMR noch einmal, dass das Internet angesichts seiner besonderen Merkmale, wie der jederzeitigen Verfügbarkeit oder der Fähigkeit, umfangreiche Informationen zu speichern und zu vermitteln, eine wichtige Rolle bei der Verbesserung des Zugangs zu Nachrichten und zur Erleichterung der Verbreitung von Informationen im Allgemeinen spiele, mithin eine besondere gesellschaftliche Rolle einnehme.[1197] Diese Ausführungen lesen sich wie folgt:

> „The Court cannot overlook the fact that in a number of Council of Europe and other international instruments the public-service value of the Internet and its importance for the enjoyment of a range of human rights has been recognised. Internet access has increasingly been understood as a right, and calls have been made to develop effective policies to attain universal access to the Internet and to overcome the ‚digital divide' [...]. The Court considers that these developments reflect the important role the Internet plays in people's everyday lives. Indeed, an increasing amount of services and information is only available on the Internet, as evidenced by the fact that in Estonia the official publication of legal acts effectively takes place via the online version of Riigi Teataja and no longer through its paper version [...]. The Court reiterates that the online version of Riigi Teataja also currently carries Estonian summaries and Estonian translations of the Court's judgments [...]."[1198]

1195 EGMR, Urt. v. 19.1.2016 – 17429/10, BeckRS 2016, 80694 (Übersetzung des Autors).
1196 EGMR, Urt. v. 19.1.2016 – 17429/10, BeckRS 2016, 80694 (Übersetzung des Autors).
1197 EGMR, Urt. v. 19.1.2016 – 17429/10, BeckRS 2016, 80694 (Übersetzung des Autors).
1198 EGMR, Urt. v. 19.1.2016 – 17429/10, BeckRS 2016, 80694.

An anderer Stelle heißt es:

> „In this connection, the Court reiterates that in the light of its accessibility and its capacity to store and communicate vast amounts of information, the Internet plays an important role in enhancing the public's access to news and facilitating the dissemination of information in general [...]"[1199]

Der EGMR zeigt einen hohen Stellenwert des Zugangsrechts zum Internet – vor allem mit Blick auf staatlicherseits bewirkte Einschränkungen – auf und lässt diesen Bedeutungsgehalt letztlich in die Auslegung von Art. 10 EMRK direkt einfließen.

### *bb) Zugangsbeschränkungen*

Gleichwohl stellt der EGMR auch fest, dass die Freiheitsstrafe unvermeidlich eine Reihe von Beschränkungen für die Kommunikation des Gefangenen mit der Außenwelt beinhalte, einschließlich einer Beschränkung des Informationszugangs.[1200] Daraus folge, dass Art. 10 EMRK nicht dahin gehend ausgelegt werden könne, dass eine allgemeine Verpflichtung zur Bereitstellung des Zugangs zum Internet oder zu bestimmten Internetseiten für Gefangene bestehe. Wird jedoch – wie dies nach estnischem Recht der Fall war – der Zugang zu bestimmten Websites mit rechtlichen Informationen gewährt, stelle die Beschränkung des Zugangs zu anderen Websites, die auch rechtliche Informationen enthalten, unter Umständen einen Eingriff in das Recht auf Informationsfreiheit dar.[1201]

Aus den vorstehenden Erwägungen wird deutlich, dass sowohl gesetzliche Regelungen zur Internetnutzung als auch selektive Beschränkungen des Zugangs in zentraler Weise bei der Auslegung des Rechts auf Informationsfreiheit nach Art. 10 EMRK Berücksichtigung finden. Zwar sieht der EGMR davon ab, einen generellen Anspruch auf Internet für Strafgefangene über Art. 10 EMRK zu begründen;[1202] die Erwägungen des Gerichts lassen jedoch erkennen, dass vollzugsbezogene Beschränkungen des Zugangs keinesfalls willkürlich erfolgen dürfen, mithin bereits die einmalige Zulassung einer Internetnutzung seitens der

---

1199 EGMR, Urt. v. 19.1.2016 – 17429/10, BeckRS 2016, 80694.

1200 EGMR, Urt. v. 19.1.2016 – 17429/10, BeckRS 2016, 80694 (Übersetzung des Autors).

1201 EGMR, Urt. v. 19.1.2016 – 17429/10, BeckRS 2016, 80694 (Übersetzung des Autors): „However, it finds that in the circumstances of the case, since access to certain sites containing legal information is granted under Estonian law, the restriction of access to other sites that also contain legal information constitutes an interference with the right to receive information.".

1202 Vgl. *Esser*, NStZ 2018, 121, 125.

Anstaltsleitung weitergehende Rechtspflichten gegenüber den Gefangenen nach sich ziehen kann.[1203]

### cc) Gerichtliche Entscheidung

Folgt aus dem estnischen „Haftgesetz“ eine Beschränkung der Internetnutzung auf den Zugang zu offiziellen Datenbanken (bspw. der Datenbank für gerichtliche Entscheidungen), steht dies grundsätzlich nicht im Widerspruch zu Art. 10 Abs. 1 EMRK, da es sich bei derartigen Restriktionen um im Sinne von Art. 10 Abs. 2 EMRK „gesetzlich vorgeschriebene“ („provided by law“) handeln würde.[1204]

Neben allgemeinen Erwägungen, wonach die inländischen Behörden auch auf alternative Mittel hingewiesen hätten – bspw. dem Antragsteller die auf den betreffenden Websites gespeicherten Informationen anderweitig (per Post) zur Verfügung zu stellen[1205] –, bekräftigen die Richter erneut, dass die allgemeinen Voraussetzungen des estnischen „Haftgesetzes“ grundsätzlich erfüllt wurden. Gefangenen sei es insofern prinzipiell möglich, über speziell vorgesehene Computer und unter der Aufsicht der Vollzugsbehörden beschränkten Zugang zum Internet zu erhalten.[1206]

Im Rahmen der Verhältnismäßigkeitsprüfung legt der EGMR sodann ein besonderes Gewicht auf die behördlicherseits erfolgte Bewertung der Sicherheitsrisiken bei Internetnutzung. Hierzu stellt der Gerichtshof fest, dass die innerstaatlichen Gerichte diesbezüglich keine ausreichende – einzelfallbezogene – Beurteilung durchgeführt hätten. Es sei vor allem zu berücksichtigen gewesen, dass es sich bei dem vom Gefangenen begehrten Zugang um Websites von Staatsbehörden und einer internationalen Organisation gehandelt habe.[1207] Der oberste estnische Gerichtshof habe – so wird weiter ausgeführt – seine

---

1203 Vgl. *Esser*, NStZ 2018, 121, 125, der diesen Ansatz des EGMR durchaus kritisch sieht, da er auf eine „Alles-oder Nichts“-Strategie hinauslaufe; ferner *Knauer*, in: www.Wahsinn-Wohl-Wehe.de? Gefangen(e) im Netz zwischen cyber-Forensik und Kriminalpolitik 2.0 2018, S. 46–47, 50–51, der zusätzlich noch auf Entschädigungskosten sowie das Sondervotum eingeht.

1204 EGMR, Urt. v. 19.1.2016 – 17429/10, BeckRS 2016, 80694 (Übersetzung des Autors).

1205 EGMR, Urt. v. 19.1.2016 – 17429/10, BeckRS 2016, 80694 (Übersetzung des Autors).

1206 EGMR, Urt. v. 19.1.2016 – 17429/10, BeckRS 2016, 80694 (Übersetzung des Autors).

1207 EGMR, Urt. v. 19.1.2016 – 17429/10, BeckRS 2016, 80694 (Übersetzung des Autors): „[…] the Court notes that the domestic courts undertook no detailed analysis as to the security risks allegedly emerging from the access to the three additional websites in question, also having regard to the fact that these were websites of State authorities and of an international organisation.“.

Analyse in diesem Punkt auf die eher allgemeine Fragestellung beschränkt, ob die Gewährung des Zugangs zu zusätzlichen Internetseiten das Risiko erhöhen könne, dass Gefangene verbotene Kommunikation führen – was wiederum eine erhöhte Überwachung erfordert hätte.[1208]

Unter den Umständen des Einzelfalls sind die Richter nicht davon überzeugt, dass im vorliegenden Fall hinreichende Gründe vorlägen, um die Beschränkung des Informationsrechts des Antragstellers aus Art. 10 EMRK zu rechtfertigen. Der EGMR kommt im Rahmen seiner Verhältnismäßigkeitsprüfung deshalb zu dem Schluss, dass unter Berücksichtigung der genannten Aspekte die Beschränkung der Informationsfreiheit nicht als in einer demokratischen Gesellschaft erforderlich („necessary in democratic society") angesehen werden könne, mithin ein Verstoß gegen Art. 10 EMRK vorliege („There has accordingly been a violation of Article 10 of the Convention").[1209]

### b) *EGMR, Urteil vom 17.1.2017 – 21575/08: Jankovskis/Litauen*

Diese Rechtsprechung setzt der EGMR sodann mit seiner Entscheidung im Fall Jankovskis/Litauen (Beschwerde-Nr. 21575/08) fort. Mit Urteil vom 17.1.2017 hat der EGMR erneut einem Gefangenen das Recht auf Zugang und Nutzung des Internets zugesprochen.[1210] Die Verweigerung seitens der Gefängnisbehörden verstoße dabei gegen die Informationsfreiheit aus Art. 10 EMRK.[1211] Nach dem der Entscheidung zugrundeliegenden Sachverhalt wandte sich der Beschwerdeführer Jankovskis im Jahr 2006 bezüglich der Möglichkeit eines Studiums an das litauische Bildungsministerium und wurde behördlicherseits darauf verwiesen, die notwendigen Informationen selbstständig dem Internetauftritt des zuständigen Ministeriums zu entnehmen.[1212] Der Gefangene bat in der Folge in seiner

1208 EGMR, Urt. v. 19.1.2016 – 17429/10, BeckRS 2016, 80694 (Übersetzung des Autors).

1209 EGMR, Urt. v. 19.1.2016 – 17429/10, BeckRS 2016, 80694 (Übersetzung des Autors).

1210 beck-aktuell Nachrichten, EGMR: Litauischer Häftling hat Recht auf Internetzugang, abrufbar unter http://rsw.beck.de/aktuell/meldung/egmr-litauischer-haeftling-hat-recht-auf-internetzugang, zuletzt abgerufen am 1.12.2018.

1211 beck-aktuell Nachrichten, EGMR: Litauischer Häftling hat Recht auf Internetzugang, abrufbar unter http://rsw.beck.de/aktuell/meldung/egmr-litauischer-haeftling-hat-recht-auf-internetzugang, zuletzt abgerufen am 1.12.2018.

1212 Vgl. beck-aktuell Nachrichten, EGMR: Litauischer Häftling hat Recht auf Internetzugang, abrufbar unter http://rsw.beck.de/aktuell/meldung/egmr-litauischer-haeftling-hat-recht-auf-internetzugang, zuletzt abgerufen am 1.12.2018; dazu auch *Bode*, ZIS 2017, 348–352.

Haftanstalt um Internetzugang. Ein solcher Zugang wurde ihm jedoch von der Anstaltsleitung aus Sicherheitsgründen verwehrt.[1213]

### *aa) Bedeutung des Internets*

Ähnlich wie bei der im Fall Kalda/Estland ergangenen Entscheidung wird abermals deutlich, welche besondere Rolle der EGMR dem Internet beimisst,[1214] wenn ausgeführt wird:

> „Lastly, the Court is mindful of the fact that in a number of the Council of Europe's and other international instruments the public-service value of the Internet and its importance for the enjoyment of a range of human rights has been recognised. Internet access has increasingly been understood as a right, and calls have been made to develop effective policies to achieve universal access to the Internet and to overcome the 'digital divide'. The Court considers that these developments reflect the important role the Internet plays in people's everyday lives, in particular since certain information is exclusively available on Internet."[1215]

### *bb) Vollzuglicher Gefährdungsmaßstab versus Resozialisierungspotential*

Im Rahmen der Verhältnismäßigkeitsprüfung geht es in zentraler Weise erneut um Fragen des Gefährdungsmaßstabs, wobei auch die resozialisierungsfördernde Wirkung der begehrten Form der Internetnutzung Berücksichtigung findet. Insofern führt der EGMR zunächst allgemein aus, dass die Homepage, zu der vom Beschwerdeführer Zugang begehrt wurde, Informationen über Lern- und Studienprogramme enthalte. Diese Informationen würden wiederum regelmäßig aktualisiert, um bspw. die Zulassungsvoraussetzungen für das laufende Studienjahr wiedergeben zu können. Die Homepage stelle ferner aktuelle Informationen der Arbeitsvermittlung über Stellenangebote und Arbeitslosigkeit zur Verfügung. Diese Informationen seien – so der EGMR weiter – für das Fortbildungsinteresse des Beschwerdeführers unmittelbar relevant, was wiederum für das anschließende Gelingen seiner Wiedereingliederung in die Gesellschaft von Bedeutung sei.[1216] Konkrete Ausführungen zu möglichen Gefahren für die Anstaltssicherheit, die sich aus einer diesbezüglichen Nutzung des Internets

---

1213 Vgl. *Esser*, NStZ 2018, 121, 126; vgl. auch *Bode*, ZIS 2017, 348, 351.

1214 Vgl. *Esser*, NStZ 2018, 121, 126; vgl. auch *Bode*, ZIS 2017, 348, 351.

1215 EGMR, Urt. v. 17.1.2017 (*Jankovskis vs. Litauen*) – 21575/08, Rn. 62; vgl. auch *Bode*, ZIS 2017, 348, 351.

1216 EGMR, Urt. v. 17.1.2017 (*Jankovskis vs. Litauen*) – 21575/08, Rn. 59; vgl. auch *Bode*, ZIS 2017, 348, 350.

durch den Beschwerdeführer ergeben, würden die behördlichen Feststellungen indes vermissen lassen.[1217]

Der EGMR stellt im Kontext der vorherigen Ausführungen mit Nachdruck fest, dass sich die innerstaatlichen Behörden im Wesentlichen auf das gesetzliche Verbot des Internetzugangs für Strafgefangene als solches konzentriert hätten, anstatt das Vorbringen des Gefangenen im Rahmen einer einzelfallbezogenen Beurteilung dahin gehend zu prüfen, ob der Zugang zu einer bestimmten Website für seine Fortbildung notwendig sei.[1218] Der von den Behörden angelegte Gefährdungsmaßstab kann deshalb in Zusammenschau mit der resozialisierungsfördernden Wirkung der begehrten Informationsrecherche nicht überzeugen. Zwar seien die Sicherheitsinteressen der Anstalt, die sich aus dem Zugang von Gefangenen zum Internet als solches ergeben, grundsätzlich von Relevanz. Gleichwohl hätten die innerstaatlichen Gerichte bei ihrer Interessenabwägung der Tatsache nicht ausreichend Bedeutung beigemessen, dass der Zugang zu einer staatlicherseits erstellten und verwalteten Website zwecks Fortbildung begehrt wurde.[1219] Eine Bewertung der Gefahrenlage sei insoweit nur abstrakt und nicht im Hinblick auf den konkreten Einzelfall und die Person des Beschwerdeführers erfolgt. Ein Verbot des Internetzugangs erweist sich mithin als unverhältnismäßig.[1220] Das Recht des Beschwerdeführers auf Informationsfreiheit überwiegt.

Die abstrakten Sicherheitserwägungen der litauischen Behörden sind vorliegend nicht ausreichend, um den berechtigten und für eine gesellschaftliche Wiedereingliederung förderlichen Interessen des Gefangenen auf Internetnutzung entgegenzutreten, weshalb die Verweigerung des Internetzugangs zu Fortbildungszwecken im Ergebnis ungerechtfertigt erfolgte.[1221]

### *c) Stellungnahme*

Beide Entscheidungen belegen anschaulich, dass der EGMR der in Art. 10 Abs. 1 EMRK verbrieften Meinungsäußerungsfreiheit, die ein Pendant zu den Rechten aus Art. 5 Abs. 1 S. 1 GG bildet, einen herausragenden Bedeutungsgehalt sowohl

---

1217 Vgl. *Esser*, NStZ 2018, 121, 126; vgl. auch *Bode*, ZIS 2017, 348, 350.

1218 EGMR, Urt. v. 17.1.2017 (*Jankovskis vs. Litauen*) – 21575/08, Rn. 59; vgl. auch *Bode*, ZIS 2017, 348, 350.

1219 EGMR, Urt. v. 17.1.2017 (*Jankovskis vs. Litauen*) – 21575/08, Rn. 61; vgl. auch *Bode*, ZIS 2017, 348, 350.

1220 Vgl. *Esser*, NStZ 2018, 121, 126; vgl. auch *Bode*, ZIS 2017, 348, 350.

1221 Vgl. *Esser*, NStZ 2018, 121, 126; vgl. auch *Bode*, ZIS 2017, 348, 350.

für das Recht auf Internetzugang allgemein als auch für die Nutzung durch Strafgefangene im Besonderen zuspricht.[1222]

Dabei sichtet der EGMR für eine Evaluation des Stellenwerts des Internets und seiner Bedeutung für Art. 10 EMRK innerhalb des Strafvollzugs zunächst alle „Relevant International Instruments“.[1223] Neben der Stellungnahme des Europarats werden hierfür insbesondere die (vorstehend analysierten) UN-Sonderberichte herangezogen.

Was die gerichtliche Bewertung anbelangt, so legt der EGMR ein Hauptaugenmerk auf das Zusammenspiel von landesrechtlichen Bestimmungen mit den Garantien von Art. 10 EMRK. Es wird maßgeblich auf den Charakter der begehrten Informationen, die Umstände ihrer Verfügbarkeit sowie die persönliche Eignung des Gefangenen im Rahmen der Internetnutzung abgehoben. Bei dieser – notwendigerweise – einzelfallbezogenen Abwägung mit den Sicherheitsinteressen der Anstalt kann aus Sicht des EGMR eine Ablehnung des Zugangs aufgrund abstrakter Gefahren des Missbrauchs gegenüber konkreten, resozialisierungsfördernden Aspekten der Internetnutzung nicht länger gerechtfertigt sein.[1224]

Aus den Entwicklungen in der Rechtsprechung des EGMR folgt somit, dass die Begrenzung oder gar die Untersagung einer Internetnutzung fortan einzelfallabhängig geprüft werden müssen und nur dann erfolgen dürfen, wenn Sicherheitsbelange nicht lediglich abstrakt, sondern bereits konkret betroffen sind.[1225] Dies wäre nach den zuvor entwickelten Maßstäben[1226] in Fällen der Missbrauchsgefahr angezeigt, weil dann ein Überwiegen der grundrechtlich geschützten Kommunikationsfreiheit zugunsten des Gefangenen nicht mehr angenommen werden kann. Die Feststellung muss jedoch, um dem aufgezeigten Grundrechtsschutz von Art. 5 Abs. 1 S. 1 2. Alt. GG in angemessener Weise Rechnung zu tragen, stets anhand konkreter Nutzungsgefahren und in der Person des Gefangenen nachgewiesen werden.[1227]

---

1222 Vgl. *Esser*, NStZ 2018, 121, 126; vgl. auch *Bode*, ZIS 2017, 348, 351; *ders.*, in: Kriminologische Welt in Bewegung 2018, S. 588.

1223 Vgl. EGMR, Urt. v. 19.1.2016 – 17429/10, BeckRS 2016, 80694.

1224 Vgl. *Esser*, NStZ 2018, 121, 126; vgl. auch *Bode*, in: Medien – Kriminalität – Kriminalpolitik 2018, S. 101–102; *ders.*, BAG S 2018, 4, 6.

1225 Vgl. *Esser*, NStZ 2018, 121, 126; vgl. auch *Bode*, in: Medien – Kriminalität – Kriminalpolitik 2018, S. 102.

1226 Vgl. Kapitel F.VI.

1227 Vgl. *Esser*, NStZ 2018, 121, 126; ferner dazu *Knauer*, in: www.Wahsinn-Wohl-Wehe.de? Gefangen(e) im Netz zwischen cyber-Forensik und Kriminalpolitik 2.0 2018, S. 53–54, der auch von deutschen Gerichten künftig eine Einzelfallbetrachtung

Gleichwohl soll Art. 10 EMRK nach bisheriger Auffassung des Gerichtshofs keinen direkten (und insoweit generellen) Anspruch der Haftinsassen auf Internetzugang begründen („It considers that Article 10 cannot be interpreted as imposing a general obligation to provide access to the Internet“[1228]).[1229]

Mit den vorstehenden Urteilen zeichnet sich insgesamt ein Wendepunkt für die Zulassung des Internets im Strafvollzug ab. Angesichts der beschriebenen „Orientierungsfunktion“ von Judikaten des EGMR bedarf es im deutschen Strafvollzug eines infrastrukturellen Modernisierungsprozesses der Haftanstalten sowie einer Veränderung im Umgang mit den Gefangenen und ihren Informationsinteressen, damit weiterhin sichergestellt ist, dass der Vollzug menschenrechtlichen Standards genügt.[1230] Der Gerichtshof lenkt mit seinen Ausführungen den Fokus für künftige Zulassungsentscheidungen nicht nur verstärkt auf die jeweiligen Umstände des Einzelfalls, sondern misst der begehrten Art der Internetnutzung ein erhebliches Gewicht im Rahmen der Verhältnismäßigkeitsprüfung bei. Insofern ist, was den Interessenkonflikt zwischen Sicherheit und Resozialisierung bei Entscheidungen über Internetnutzung im Strafvollzug angeht, eine Wandlung des Akzentuierungsverhältnisses auch auf nationaler Ebene zu erwarten.[1231]

## 3. Europäische Strafvollzugsgrundsätze

Ebenfalls von Relevanz sind die europäischen Strafvollzugsgrundsätze („European Prison Rules“) aus dem Jahr 2006. Dabei handelt es sich um eine überarbeitete Fassung der Europäischen Strafvollzugsgrundsätze von 1987.[1232] Sie haben – wie festgestellt – zwar lediglich „empfehlenden Charakter“ und sind

---

unter besonderer Berücksichtigung von Art. 10 EMRK fordert; vgl. auch *Bode*, in: Medien – Kriminalität – Kriminalpolitik 2018, S. 102; *ders.*, in: Kriminologische Welt in Bewegung, S. 588.

1228 Vgl. Kapitel F.IV.2; EGMR, Urt. v. 17.1.2017 (*Jankovskis vs. Litauen*) – 21575/08, Rn. 55.

1229 Vgl. *Esser*, NStZ 2018, 121, 126.

1230 *Biiukova*, Litauen: Recht von Gefangenen auf Internetzugang für Bildung, liberties news vom 7.2.2017, abrufbar unter http://www.liberties.eu/de/news/litauen-egmr-internetzugang, zuletzt abgerufen am 1.12.2018; dazu auch *Esser*, NStZ 2018, 121, 126.

1231 Vgl. *Esser*, NStZ 2018, 121, 126–127; SBJL/*Jehle* 2019 (im Druck), 1 A Rn. 16; vgl. auch *Bode*, in: Medien – Kriminalität – Kriminalpolitik 2018, S. 102; *ders.*, in: Kriminologische Welt in Bewegung 2018, S. 588.

1232 *Laubenthal* 2015, Rn. 38.

daher nicht im Stande, unmittelbare Rechtspositionen des Gefangenen zu begründen.[1233] In ihrer Eigenschaft als Soft Law haben sie jedoch eine „ermessenslenkende Funktion“ zugunsten eines menschenwürdigen Strafvollzugs inne.[1234] Für den Bereich der Außenkontakte von Gefangenen deuten die Europäischen Strafvollzugsgrundsätzen ebenfalls eine weitere Öffnung zugunsten des Internets an.[1235]

So ist der Empfehlung 24.1 Folgendes zu entnehmen: „Den Gefangenen ist zu gestatten, mit ihren Familien, anderen Personen und Vertretern von außen stehenden Organisationen so oft wie möglich brieflich, telefonisch oder in anderen Kommunikationsformen zu verkehren und Besuche von ihnen zu empfangen.“[1236]

Ferner wird in Ziffer 24.10 ausgeführt: „Gefangenen ist zu gestatten, sich regelmäßig durch den Bezug und das Lesen von Zeitungen, Zeitschriften und sonstigen Veröffentlichungen und durch Hören oder Sehen von Rundfunk- bzw. Fernsehübertragungen über öffentliche Ereignisse zu unterrichten, es sei denn, eine Justizbehörde hat im Einzelfall für einen bestimmten Zeitraum ein konkretes Verbot ausgesprochen.“[1237]

Beide Formulierungen – „anderen Kommunikationsformen“ unter Ziffer 24.1 und „sonstige Veröffentlichungen“ unter Ziffer 24.10 – sind demnach auch für Neue Medien wie das Internet offen und beziehen insofern moderne Außenkontaktmittel in die Empfehlungen ein.[1238] Dies wird bereits anhand der Aufzählung neben den herkömmlichen Medien wie Fernsehen oder Zeitung deutlich. Ferner illustriert die „doppelte“ Erwähnung moderner Medien, dass sowohl im Bereich der Kommunikation (vgl. Ziffer 24.1) als auch im Bereich der Informationsbeschaffung (vgl. Ziffer 24.10) das Internet eine Rolle spielen kann und demgemäß einen Platz als weiterer Resozialisierungsfaktor im Rahmen der Außenweltkontakte hat.[1239]

Aktuell ist eine Neuauflage dieser Strafvollzugsgrundsätze angekündigt, in denen die Internetnutzung zusätzliche Berücksichtigung im Hinblick auf eine

---

1233 *Arloth/Krä*, StVollzG Einl. Rn. 11; BeckOK Strafvollzug Bund/*Gerhold*, StVollzG Rn. 28.

1234 BeckOK Strafvollzug Bund/*Gerhold*, StVollzG Rn. 28.

1235 Vgl. Justizvollzugsbeauftragter des Landes NRW 2015, S. 127–128.

1236 Bundesministerium der Justiz et al. 2006, S. 9.

1237 Bundesministerium der Justiz et al. 2006, S. 10.

1238 Ähnlich bereits *Thiele* 2016, S. 195; Justizvollzugsbeauftragter des Landes NRW 2015, S. 127–128.

1239 Vgl. Justizvollzugsbeauftragter des Landes NRW 2015, S. 127–128.

familienorientierte Ausrichtung des Strafvollzugs finden soll.[1240] Im derzeitigen Entwurf heißt es unter Ziffer 25 dazu wie folgt:

> „Im Einklang mit dem innerstaatlichen Recht soll zwischen den persönlichen Besuchen der Gebrauch von Telefon und IT-Technik (z.B. Videokonferenzen, Mobiltelefonsysteme, Internet inkl. Webkamera und Chatfunktionen) ermöglicht werden und keine übermäßigen Kosten verursachen [...]“[1241]

## III. Beispiele aus dem Ausland

Um die Möglichkeiten und Risiken des Internetzugangs im Strafvollzug aus praktischer Sicht näher zu eruieren, erscheint es sinnvoll, den Blick auf Praxiserfahrungen in anderen Ländern zu richten.[1242] Im Folgenden sollen hierzu nicht nur die EU-Projekte „LICOS“ und „EuroPris“, bei denen es um den Einsatz internetbasierter Technologien im Strafvollzug geht, sondern auch die Erfahrungen und Ansätze ausländischer Behörden Erwähnung finden.

### 1. EU-Projekt LICOS

Das EU-Projekt LICOS (Learning Infrastructure for Correctional Services), das bis Dezember 2012 lief, hatte – ausweislich einer Pressemitteilung der Universität Bremen – die „durchgängige Begleitung des Bildungsprozesses von der Einlieferung des Gefangenen bis zu seiner Reintegration in das Beschäftigungssystem nach seiner Entlassung“ zum Ziel.[1243] Hierzu wurden zu Beginn der Inhaftierung „Kompetenzen und Bildungspotenziale“ ermittelt, die in eine „IT-gestützte Bildungsplanung“ eingingen, wodurch „individuell passende Qualifizierungsmaßnahmen entwickelt werden konnten“.[1244] Dabei wurden die durch

---

1240 Paritätischer Landesverband Berlin e.V. 2017, S. 35.

1241 Zitiert nach Paritätischer Landesverband Berlin e.V. 2017, S. 35.

1242 Vgl. auch die Länderübersicht zu „Internet in Prisons“ bei Wikipedia, abrufbar unter https://en.wikipedia.org/wiki/Internet_in_prisons#cite_note-7, zuletzt abgerufen am 1.12.2018.

1243 Pressemitteilung Nr. 062 der Universität Bremen, Individuelle Lernformen für Strafgefangene vom 9.3.2011, abrufbar unter http://www.uni-bremen.de/universitaet/presseservice/pressemitteilungen/archiv-2011/einzelanzeige-2011/news/detail/News/individuelle-lernformen-fuer-strafgefangene.html?cHash=20b0b487e5dd66e3e4cf3e0b19a6881b, zuletzt abgerufen am 1.12.2018; siehe dazu auch IBI 2011, S. 29–37.

1244 Pressemitteilung Nr. 062 der Universität Bremen, Individuelle Lernformen für Strafgefangene vom 9.3.2011, abrufbar unter http://www.uni-bremen.de/universitaet/presseservice/pressemitteilungen/archiv-2011/einzelanzeige-2011/news/detail/

„E-Learning unterstützten Lernprozesse" ihrerseits von einem IT-gestützten „Bildungs-Controlling" begleitet.[1245] Der notwendige „IT-Baukasten mit Lernprogrammen" wurde in Zusammenarbeit des Bremer Technologie-Zentrums für Informatik und Informationstechnik mit seinen europäischen Partnern entwickelt und den teilnehmenden Ländern (u. a. Norwegen, Niederlande, Belgien, England, und Spanien) zur Erprobung und Evaluation zur Verfügung gestellt.[1246] Im Zuge dessen wurde – u. a. durch Experteninterviews und Fragebögen – eine Vielzahl an Informationen über E-Learning in europäischen Vollzugssystemen gesammelt, wobei von den europäischen Partnern in der Aus- und Fortbildung im Strafvollzug vor allem Vorteile der Nutzung von E-Learning-Angeboten in Bereichen von Motivation, Vielfältigkeit der Themenangebote und der individuellen Betreuung hervorgehoben wurden.[1247]

## 2. EU-Projekt EuroPris

Einen weiteren interessanten Praxistest bildet das im Jahr 2011 gegründete und aktuell noch laufende EU-Projekt EuroPris (European Organisation of Prison and Correctional Services).[1248] Bei diesem Zusammenschluss von europäischen Vollzugsexperten, an dem auch verschiedene deutsche Landesjustizministerien beteiligt sind,[1249] geht es im Kern darum, die Kompetenzen der einzelnen Teilnehmerländer zu bündeln und insofern EU-weite Verbesserungen sowie eine Professionalisierung vollzuglicher Abläufe herbeizuführen. Ausdruck findet

News/individuelle-lernformen-fuer-strafgefangene.html?cHash=20b0b487e5dd66e3e4cf3e0b19a6881b, zuletzt abgerufen am 1.12.2018.

1245 Pressemitteilung Nr. 062 der Universität Bremen, Individuelle Lernformen für Strafgefangene vom 9.3.2011, abrufbar unter http://www.uni-bremen.de/universitaet/presseservice/pressemitteilungen/archiv-2011/einzelanzeige-2011/news/detail/News/individuelle-lernformen-fuer-strafgefangene.html?cHash=20b0b487e5dd66e3e4cf3e0b19a6881b, zuletzt abgerufen am 1.12.2018.

1246 Pressemitteilung Nr. 062 der Universität Bremen, Individuelle Lernformen für Strafgefangene vom 9.3.2011, abrufbar unter http://www.uni-bremen.de/universitaet/presseservice/pressemitteilungen/archiv-2011/einzelanzeige-2011/news/detail/News/individuelle-lernformen-fuer-strafgefangene.html?cHash=20b0b487e5dd66e3e4cf3e0b19a6881b, zuletzt abgerufen am 1.12.2018.

1247 IBI 2011, S. 29–30; siehe ferner https://www.kreiszeitung.de/lokales/bremen/strafgefangene-lernen-digital-1157765.html, zuletzt abgerufen am 1.12.2018.

1248 http://www.europris.org/, zuletzt abgerufen am 1.12.2018.

1249 http://www.europris.org/about/our-members/, zuletzt abgerufen am 1.12.2018.

dieser Ansatz auf der Homepage von EuroPris neben Verschiedenem in folgender Formulierung:

> „Improved public safety and security through improved detention standards and practice in Europe, through reduced re-offending and advanced professionalism in the correctional field".[1250]

Gearbeitet wird – aufgeteilt in einzelne Themenfelder – u. a. in sog. Expertengruppen. Eine in diesem Kontext besonders relevante Gruppe ist die „EuroPris ICT in Prison Expert Group", die sich mit dem Einsatz von moderner Technologie im Vollzug beschäftigt und hierzu bereits zwei Berichte veröffentlicht hat.[1251] Im Bericht „How can ICT make the offender better prepared for release?" aus dem Jahr 2017 finden sich mehrere Ansätze, Gefangenen den Einsatz von Internettechnik angemessen zur Verfügung zu stellen.[1252] Bereits in der Einführung des Berichts werden fünf Grundfertigkeiten dargelegt, die für eine Wiedereingliederung des Gefangenen unerlässlich sind, unter die die Experten neben Lesen und Schreiben auch „how to use digital tools" fassen und diesbezüglich noch ergänzen: „This last one is very important and may also be the key to combine the others".[1253] Ferner wird neben dem Ausbau von Infrastruktur für digitales Lernen auch auf die Vorteile internetbasierter Kommunikation – bspw. via Skype – abgehoben.[1254] Den Schlussteil bildet sodann ein Ausblick, wobei als Orientierung auch konkrete Entwicklungsvorhaben in einzelnen Ländern angesprochen werden. So heißt es etwa in Bezug auf die irischen Verhältnisse im Umgang mit moderner Technologie im Vollzug:

> „In Ireland the Prison Service is rolling out an education platform for the offenders called Secure Prisoner Academic Network (SPAN), which will allow them to access centralized learning materials, and it will allow locked down access to the internet and to email. It will be provided over wired and WIFI connections."[1255]

## 3. Strafvollzugliche Internetnutzung im europäischen Ausland

Zahlreichen Berichten zufolge besteht im Ausland – zumindest in einigen nordeuropäischen Ländern – eine „größere Offenheit" für die Nutzung des Internets

1250 http://www.europris.org/about/what-is-europris/, zuletzt abgerufen am 1.12.2018.

1251 http://www.europris.org/expert_groups/ict-in-prisons/, zuletzt abgerufen am 1.12.2018.

1252 *Wilhelmsson/Jackson/Makne* 2017, S. 2 ff.

1253 *Wilhelmsson/Jackson/Makne* 2017, S. 2 (Übersetzung des Autors).

1254 *Wilhelmsson/Jackson/Makne* 2017, S. 4–5 (Übersetzung des Autors).

1255 *Wilhelmsson/Jackson/Makne* 2017, S. 9.

durch Strafgefangene als in Deutschland.[1256] Um Anwendungsmöglichkeiten oder gar adaptierbare Ansätze aufzufinden, soll der Blick deshalb ins (nord-) europäische Ausland gewendet werden.

### *a) Norwegen*

In Norwegen zeigt sich anhand des Modellprojekts „Internet for Inmates", dass sich der Kontrollaufwand im Rahmen von Internetnutzung durch Strafgefangene in angemessenen Grenzen halten lässt.[1257] So können vor allem durch vorinstallierte Filterprogramme, bei denen Internetseiten verschiedenen Kategorien zugeordnet werden (bspw. Bildung, Soziale Netzwerke oder auch Waffen) und die im Falle gefährdender Inhalte zu einer „Blockung" führen, tatsächliche Gefahren weitgehend minimiert werden.[1258] Ebenso wird bei der Gestattung des Internetzugangs maßgeblich an die Person des Gefangenen angeknüpft („Prisoners who are considered too dangerous or are not willing to change their ways, might be denied access to the internet for inmates-solution.").[1259] Hansen fasst die – durchweg positiven – Erfahrungen wie folgt zusammen:

> „There are many reasons for giving access to a secure internet solution in prisons. Exams are not necessarily given on paper anymore. They are more often downloaded from the web and answered in a Word document and then handed in digitally. Most exams at upper secondary level were to be ICT-based from spring 2012. Students are dependent on the internet and computers to be able to participate in education. The news category has proven very popular and useful. Prisoners from all over the world feel isolated in Norwegian prisons and they do not know the Norwegian language. But when they come to school they can find their local newspaper from anywhere in the world, and that enables them to see what is happening, what is going on in their society back home. We have had IFI for five years now and the acceptance is growing."[1260]

Wie aus dem umfassenden Bericht von Hansen vielmehr auch zu ersehen ist, haben sich auf Anstaltsseite bisher keine verstärkten Sicherheitsprobleme eingestellt, was für eine weitere Ausweitung dieses Modellprojekts spricht.[1261]

---

1256 *Knauer*, Zeitschrift für soziale Strafrechtspflege 2015, 54, 59.

1257 Umfassend dazu *Hansen* 2012, S. 11 ff.; vgl. *Knauer*, Zeitschrift für soziale Strafrechtspflege 2015, 54, 59–60; *ders.*, in: AK-StVollzG, § 36 Rn. 5.

1258 *Hansen* 2012, S. 12–13; *Knauer*, Zeitschrift für soziale Strafrechtspflege 2015, 54, 59.

1259 *Hansen* 2012, S. 12.

1260 *Hansen* 2012, S. 15.

1261 *Hansen* 2012, S. 13–14.

### b) England und Wales

In England und Wales wird Gefangenen über einen „Virtual Campus“ der digitale Zugang zu vollzugsexternen Einrichtungen eröffnet. Gefangene können dabei u. a. zu Weiterbildungszwecken mit der Außenwelt kommunizieren.[1262] In Bezug auf Nutzungsmöglichkeiten ist der in englischen Anstalten genutzte Virtual Campus nach Auskunft von Hammerschick „nicht alleine auf Bildungsangebote ausgerichtet, sondern insgesamt auf die Wiedereingliederung nach der Entlassung“.[1263] Zu den Nutzungsinhalten und Angeboten von Virtual Campus führt Hammerschick weiter aus:

> „Über die lokalen Netzwerke der Anstalten wird eine sichere Verbindung zum Virtual Campus hergestellt, über den dann der Zugang zu den verschiedenen Angeboten erfolgt. Der Virtual Campus nutzt vor allem Angebote und Informationen von vollzugsexternen Einrichtungen. Einrichtungen, die ihre Angebote über den Virtual Campus zugänglich machen wollen, teilen das mit und ein eigenes Gremium überprüft dann die Eignung hinsichtlich Inhalt, technischer Voraussetzungen und Sicherheit. Wenn das Gremium zustimmt, werden die Angebote über den Virtual Campus zugänglich gemacht. D. h. es können nur Webadressen aufgerufen werden, die ausgewählt und freigegeben wurden. Interne Links auf diesen Webseiten funktionieren, aber keine Links zu externen Adressen. Genutzt werden können z.B. Kurse von großen englischen Bildungseinrichtungen wie ‚Learn Direct‘ oder ‚Open University‘. Zugang gibt es auch zu ausgewählten Websites, die allgemein Informationen über Arbeit, Wohnen, Gesundheit, Schulden oder finanzielle Angelegenheiten geben. Und es gibt Zugang zu Informationen bzw. den Websites von Einrichtungen, die speziell auf Wiedereingliederungshilfe ausgerichtet sind.“[1264]

Virtual Campus bietet neben der reinen Informationsrecherche – bzgl. Wohnungen oder Arbeit – insofern auch die „Möglichkeiten einer Lernplattform und einer Suchmaschine, zudem können über dieses System auch Online-Tests absolviert werden“.[1265]

### c) Dänemark

Peter Thrane, Mitarbeiter des dänischen Justizministeriums, hat im November 2017 auf der Fachtagung des Paritätischen Wohlfahrtsverbands Berlin zum Thema „Digitale Medien im dänischen Vollzugssystem“ darüber informiert,

---

1262 *Theine*, FS 2014, 161, 162.
1263 IBI 2011, S. 36.
1264 IBI 2011, S. 36–37.
1265 IBI 2011, S. 36.

dass im dänischen Strafvollzugssystem bereits seit Längerem beim Internetzugang für Strafgefangene auf sog. Whitelists, E-Mail und Messenager-Dienste und auf Lern-Systeme zurückgegriffen wird.[1266] In diesem Zusammenhang wies er ebenso darauf hin, dass es angesichts der schnellen digitalen Entwicklung der Gesellschaft unabdingbar sei, „auch während der Inhaftierung digitale Tools und Medien zu nutzen.“[1267]

### *d) Belgien*

Auch in Belgien ist in einigen Haftanstalten mittlerweile der Zugang zum Internet für Strafgefangene möglich.[1268] Im Beveren-Gefängnis in der Nähe von Antwerpen können Gefangene derzeit nicht nur Internettelefonie und das World Wide Web nutzen, sondern sogar Filme downloaden. Ferner wird ihnen diese Form der Internetnutzung im eigenen Haftraum gestattet.[1269] Getragen werden die hierzu notwendigen infrastrukturellen Voraussetzungen vom sog. Prison-Cloud-System, über das den Gefangenen auch Maus, Tastatur und Monitor zur Verfügung gestellt werden.[1270] Seit 2013 wurde das PrisonCloud-System dabei sukzessive in bislang fünf belgischen Haftanstalten installiert.[1271]

## 4. Strafvollzugliche Internetnutzung im nordamerikanischen Raum

Schließlich finden auch über das europäische Ausland hinaus Erprobungen zur Internetnutzung im Strafvollzug statt, wobei fraglich erscheint, ob die im Rahmen der europäischen Initiativen bestehende Offenheit dort gleichermaßen angestrebt oder toleriert wird. Für den nordamerikanischen Raum wird exemplarisch sowohl auf ein US-amerikanisches Projekt als auch den „Annual Report“ des kanadischen „Correctional Investigator“ eingegangen.

---

1266 Paritätischer Landesverband Berlin e.V. 2017, S. 17.

1267 Paritätischer Landesverband Berlin e.V. 2017, S. 17.

1268 *Tighe*, Prisoners allowed access to adult films and internet, bbc-online vom 22.4.2016, abrufbar unter http://www.bbc.com/news/world-europe-36067653, zuletzt abgerufen am 1.12.2018.

1269 *Tighe*, Prisoners allowed access to adult films and internet, bbc-online vom 22.4.2016, abrufbar unter http://www.bbc.com/news/world-europe-36067653, zuletzt abgerufen am 1.12.2018.

1270 *Tighe*, Prisoners allowed access to adult films and internet, bbc-online vom 22.4.2016, abrufbar unter http://www.bbc.com/news/world-europe-36067653, zuletzt abgerufen am 1.12.2018.

1271 https://en.wikipedia.org/wiki/Internet_in_prisons#cite_note-7, zuletzt abgerufen am 1.12.2018.

### a) *Trust Fund Limited Inmate Computersystem (TRULINCS), USA*

In den USA hat das Federal Bureau of Prisons, eine Behörde des US-Justizministeriums, am 19.2.2009 das sog. TRULINCS eingerichtet.[1272] Mit diesem wird Gefangenen der Zugang zu elektronischer Nachrichtenübermittlung durch E-Mail möglich.[1273] Die Nachricht darf freilich nur aus Text bestehen und ihre Übermittlung muss in gesicherter Weise zwischen dem Gefangenen und der Außenwelt erfolgen.[1274] Die Nachrichten unterliegen zudem der Überwachung.[1275] Gegenwärtig verfügen alle von der Strafvollzugsbehörde betriebenen Einrichtungen über TRULINCS. Die Angebote des TRULINCS-Service werden vom privaten Dienstleister Corrlinks zur Verfügung gestellt.[1276] Die reine Nutzungsgebühr liegt für die Gefangenen durchschnittlich bei 0,05 US-Dollar pro Minute, wobei zusätzliche Gebühren für das anschließende Versenden der Mail von bis zu 0,3 US-Dollar anfallen können.[1277] Außerhalb des TRULINCS-Programms verbieten fast alle Bundesstaaten ihren Insassen die Internetnutzung.[1278] Der Zugang zu internetbasierten Bildungsmöglichkeiten ist daher in den USA als stark einschränkt zu betrachten.[1279]

---

1272 https://www.prisonerresource.com/prison-survival-guide/communication/trulincs-inmate-email-system/, zuletzt abgerufen am 1.12.2018.

1273 https://en.wikipedia.org/wiki/Internet_in_prisons#cite_note-7, zuletzt abgerufen am 1.12.2018 (Übersetzung des Autors).

1274 https://en.wikipedia.org/wiki/Internet_in_prisons#cite_note-7, zuletzt abgerufen am 1.12.2018 (Übersetzung des Autors).

1275 https://en.wikipedia.org/wiki/Internet_in_prisons#cite_note-7, zuletzt abgerufen am 1.12.2018 (Übersetzung des Autors).

1276 https://en.wikipedia.org/wiki/Corrlinks, zuletzt abgerufen am 1.12.2018.

1277 https://en.wikipedia.org/wiki/Corrlinks, zuletzt abgerufen am 1.12.2018.

1278 https://en.wikipedia.org/wiki/Internet_in_prisons#cite_note-7, zuletzt abgerufen am 1.12.2018 (Übersetzung des Autors).

1279 https://en.wikipedia.org/wiki/Internet_in_prisons#cite_note-7, zuletzt abgerufen am 1.12.2018; weiterführend *Gorgol/Sponsler*, Unlocking Potential: Results of a National Survey of Postsecondary Education in State Prisons. Unstitue for Higher Education Policy May 2011, S. 5 ff., abrufbar unter http://www.ihep.org/sites/default/files/uploads/docs/pubs/unlocking_potential-psce_final_report_may_2011.pdf, zuletzt abgerufen am 1.12.2018.

### b) *Annual Report of the Office of the Correctional Investigator 2015–2016, Kanada*

In Kanada enthält der Jahresbericht 2015–2016 des sog. Correctional Investigator of Canada, Howard Sapers, eine Reihe von Empfehlungen, die auch die Zulassung von Internetnutzung im Strafvollzug betreffen.[1280] Dabei wird seitens Sapers maßgeblich Folgendes erwogen:

> „Since 2002, incoming inmates have been prohibited from bringing a personal computer into a federal penitentiary. It is increasingly challenging and expensive to repair the ever-diminishing number of personal computers still in use in federal facilities. It is difficult to see how such information-deprived environments can be considered purposeful or rehabilitative. There is simply no remaining rationale or logic behind CSC's [Correctional Service Canada] position on these matters. There is still not even limited and supervised access to the Internet or email for federal inmates, even as many other jurisdictions, including the Federal Bureau of Prisons in the United States, allow restricted forms of electronic communication, as well as use of tablets to promote contact with the outside world. These initiatives help inmates maintain familial and community connections while incarcerated, thereby serving larger reintegration aims. […]
> CSC would do well to further support inmate book clubs, expand opportunities for educational upgrading (particularly supporting inmates to acquire secondary school equivalency), partner with local libraries to allow inmates to check out books and promote parental reading programs that allow incarcerated mothers and fathers to read aloud and record books for their children. Promoting inmate literacy groups and inmate tutors are innovative ways to support literacy behind bars, initiatives that can only help self-improvement and feeling connected to the outside world.
> I recommend that CSC update and renew inmate libraries so that they are compliant with policy and comparable to the services, materials and technologies available in community libraries. […]
> I recommend that CSC implement a comprehensive pilot project providing for monitored email, tablets and laptops in the coming fiscal year to assess security issues, privacy issues and costs, with the goal of full implementation within three years."[1281]

Allerdings ist festzustellen, dass bis dato keine dieser Empfehlungen vom Correctional Service Canada umgesetzt wurde.[1282]

---

1280 *Sapers*, Annual Report of the Office of the Correctional Investigator 2015–2016, http://www.oci-bec.gc.ca/cnt/rpt/annrpt/annrpt20152016-eng.aspx, zuletzt abgerufen am 1.12.2018.

1281 *Sapers*, Annual Report of the Office of the Correctional Investigator 2015–2016, http://www.oci-bec.gc.ca/cnt/rpt/annrpt/annrpt20152016-eng.aspx, zuletzt abgerufen am 1.12.2018.

1282 *Harris*, Email from behind bars? Prisoner advocates push for access to laptop, tablets and internet, cbc news-online vom 30.7.2017, abrufbar unter http://www.cbc.

## IV. Zusammenfassende Darstellung

Der Blick auf die internationale Lage hat dazu gedient, die auf nationaler Ebene gefundenen Ergebnisse[1283] in den weiteren Kontext von Völker-, Menschen- und Europarecht einzuordnen. Die diesbezügliche Analyse hat ergeben, dass das Internet ein besonders schützenswertes und die gesellschaftliche Entwicklung in zentralerweise beeinflussendes Gut darstellt,[1284] wie es von Art. 10 EMRK und Art. 19 UN-Zivilpakt abgeleitet und von den Gremien der Vereinten Nationen, dem Europarat und dem EGMR bewertet wird.[1285] Kettemann formuliert hierzu prägnant:

> „Das Völkerrecht schützt den Zugang zum Internet als Menschenrecht."[1286]

Was die Internetnutzung im Strafvollzug angeht, werden die bisherigen Ergebnisse durch die internationale Rechtslage abgesichert. Diese stützt die geforderte Zulassung von Internetanwendungen im Strafvollzug, wie die Entscheidungen des EGMR, die Empfehlungen des Europarats zu den Europäischen Strafvollzugsgrundsätzen und die Vergleiche mit der ausländischen Vollzugspraxis verdeutlichen.[1287] Speziell das europäische Ausland tut sich in diesem Sinne positiv hervor. In Skandinavien[1288] scheint ein höherer Grad an Offenheit für eine Internetnutzung durch Strafgefangene zu herrschen als im deutschen Vollzugssystem.[1289] Einen interessanten Ansatzpunkt für die deutsche Praxis liefern in diesem Kontext vor allem Systemlösungen wie PrisonCloud oder Virtual Campus, die dem Gefangenen durch kombinierten Zugriff eine Vielzahl von

---

ca/news/politics/prison-csc-computer-internet-1.4222230, zuletzt abgerufen am 1.12.2018.

1283 Vgl. dazu insbesondere Kapitel C.IV.4.

1284 Vgl. Kapitel G.I, II.

1285 Vgl. *Esser*, NStZ 2018, 121, 121–122, 124–125.

1286 *Kettemann*, Das Recht auf Internet zwischen Völkerrecht, Staatsrecht und Europarecht (I), Völkerrechtsblog vom 7.10.2015, abrufbar unter https://voelkerrechtsblog.org/das-recht-auf-internet-zwischen-voelkerrecht-staatsrecht-und-europarecht/, zuletzt abgerufen am 1.12.2018.

1287 Vgl. auch Kapitel E.IV.

1288 Vgl. nur die Aussagen von *Thrane* in Bezug auf die skandinavischen Länder, Paritätischer Landesverband Berlin e.V. 2017, S. 17; in Finnland besteht mittlerweile sogar ein gesetzlicher Nutzungsanspruch zugunsten der Gefangenen: Paritätischer Landesverband Berlin e.V. 2017, S. 34.

1289 *Knauer*, Zeitschrift für soziale Strafrechtspflege 2015, 54, 59–60; *ders.*, in: AK-StVollzG, § 36 Rn. 5; vgl. auch *Bode*, BAG S 2018, 4, 5.

Nutzungsmöglichkeiten bieten.[1290] Auch größere Befürchtungen des Missbrauchs seitens der Gefangenen scheinen sich im europäischen Ausland nicht zu bestätigen. Schließlich gewinnt im Vergleich mit den USA die finanzielle Seite vollzuglicher Internetnutzung an Bedeutung; insofern sollte mit Blick auf die dargestellten Resozialisierungschancen eine übermäßig hohe Kostenbelastung der Gefangenen vermieden werden.[1291]

1290 Ähnlich bereits IBI 2011, S. 54.
1291 Vgl. dazu auch Kapitel E.II.5.

# H. Rechtliche und praktische Schlussfolgerungen

In einer Zusammenschau der vorstehenden Befunde wird ersichtlich, dass sich das Internet binnen eines kurzen Zeitabschnitts zu einem unverzichtbaren Kommunikations- und Informationsmedium entwickelt hat,[1292] dem über alle gesellschaftlichen Bereiche hinweg ein hoher Stellenwert zukommt – zu Recht wird inzwischen von „digitaler Revolution" gesprochen.[1293] Deutlich messen neben dem BGH auch der EGMR und das BVerfG in ihren Entscheidungen dem Internetzugang einen entsprechend hohen Bedeutungsgehalt zu.[1294] Flankierend findet diese Sichtweise in UN-Sonderberichten und Resolutionen Bestätigung.[1295]

Übertragen auf die Situation im deutschen Strafvollzug ist – den Titel der Arbeit aufgreifend – der resozialisierungsfördernden Wirkung des Internets der Vorrang gegenüber Sicherheitsbedenken einzuräumen. Andernfalls werden Strafgefangene ohne Zugang zum Internet ins gesellschaftliche Abseits gedrängt.[1296] Eine bereits bestehende „digitale Kluft" zwischen Außenwelt und intramuralem Leben wächst mit weiterem Andauern beständig,[1297] denn der Einfluss des Internets wird in kommenden Generationen noch weiter zunehmen.[1298] Es ist deshalb ein Paradigmenwechsel im Hinblick auf den Medienzugang für Strafgefangene zu fordern, um eine grundlegende Änderung des derzeitigen Status quo in Sachen „Internet im Strafvollzug" einzuleiten.[1299] Zwar bietet sich in vielen Bundesländern bereits heute die gesetzliche Möglichkeit zur Internetnutzung durch Strafgefangene.[1300] Gleichwohl werden die vielfältigen Nutzungspotentiale des Internets innerhalb der Haftanstalten überwiegend rudimentär und keinesfalls an aktuelle Gegebenheiten angepasst ausgeschöpft.[1301] Um aber

1292 *Theine*, FS 2014, 161; *Feest/Lesting/Lindemann*, in: AK-StVollzG, Teil I Einleitung Rn. 27.
1293 Vgl. Kapitel C.IV.4.
1294 Vgl. Kapitel C.IV.3 und G.II.
1295 Kapitel G.I.
1296 *Theine*, FS 2014, 161; Kapitel D.III.2.
1297 *Theine*, FS 2014, 161; Kapitel D.III.2.
1298 Vgl. Kapitel C.II, IV.4.
1299 Vgl. Kapitel D.IV.
1300 Kapitel E.II; IBI 2011, S. 21.
1301 Kapitel E.IV; IBI 2011, S. 22.

mehr Offenheit für Internettechnologie bei den Vollzugsbehörden zu schaffen, empfiehlt es sich, rechtliche und praktische Veränderungen gleichermaßen anzustreben. Als Ausgangspunkt eines zu fordernden medientechnischen Modernisierungsprozesses[1302] dienen die voran gegangenen Befunde, die im Folgenden zusammengefasst werden:

Trotz einer eher restriktiven Haltung in Schrifttum und Rechtsprechungspraxis hat sich gezeigt, dass die weitergehende Zulassung von Internetanwendungen zum Zweck der Resozialisierung des Gefangenen mit den Sicherheitsbedürfnissen der Allgemeinheit und der Sicherheit der Anstalt vereinbar ist.[1303] Insofern beinhalten bereits 14 der 16 Landesgesetze – verortet im Bereich der Außenkontakte – eigene Regelungen zur Internetnutzung.[1304] Die Analyse der ausgewählten Pilotprojekte vermittelt zudem wichtige Hinweise zur praktischen Umsetzung, vor allem in Bezug auf die Handhabung möglicher Sicherheitsgefahren.[1305]
Im verfassungsrechtlichen Teil der Arbeit konnte im Zuge einer umfassenden Analyse der grundrechtlichen Positionen festgestellt werden, dass sich für den einzelnen Verurteilten aus Art. 5 Abs. 1 S. 1 2. Alt. GG ein verfassungsunmittelbarer Anspruch, mithin ein konkretes Recht auf Internetzugang während der Zeit seiner Inhaftierung ableiten lässt.[1306] Dabei sind, vorausgesetzt es handelt sich um ausschließlich über das Internet zu befriedigende Informationsbedürfnisse, Einschränkungen immer nur dann zu machen, wenn die Erreichung des Vollzugsziels, die Sicherheit oder Ordnung der Anstalt oder der Schutz der Allgemeinheit aufgrund konkreter, individuell aus der Person des Gefangenen folgender Anhaltspunkte gefährdet werden. Den Rechtsfolgen nach hat die Behörde im Wege eines intendierten Ermessens diese Entscheidung zu treffen.

Ein solches verfassungsrechtlich abgeleitetes Recht auf Internetzugang findet schließlich auch mit Blick auf ausländische Praxis und internationale Rechtslage Unterstützung. Sowohl die Judikate des EGMR als auch die zahlreichen Erprobungen im (europäischen) Ausland lassen den Schluss zu, dass der Internetnutzung im deutschen Strafvollzug ein deutlich höherer Stellenwert beizumessen ist, als dies gegenwärtig der Fall ist.[1307]

---

1302 IBI 2011, S. 21: „Neuausrichtung".
1303 Vgl. Kapitel D.III.2.
1304 Vgl. Kapitel E.II, III.
1305 Vgl. Kapitel D.III.5.
1306 Vgl. Kapitel F.VI.
1307 Vgl. Kapitel G.IV; vgl. auch *Bode*, ZIS 2017, 348, 353.

Auf Grundlage der gefundenen Ergebnisse werden nunmehr Vorschläge unterbreitet, wie künftig in rechtlicher und praktischer Hinsicht mit dem Internet im Strafvollzug umgegangen werden soll. Dabei liegt der Fokus auf der gesetzlichen Ausgestaltung sowie der anstaltsmäßigen Umsetzung.

## I. Überlegungen zur praktischen Umsetzung

Auf Ebene der Vollzugsanstalten ist der Frage nachzugehen, wie der Internetzugang praxisbezogen umgesetzt werden kann. Hierzu lassen sich aus bisherigen Pilotprojekten und Erprobungen sowie aus anderen Gesellschaftsbereichen bereits eine Vielzahl von Anregungen entnehmen; zu denken ist bspw. an technische Lösungen am Arbeitsplatz, PC-Pools in Universitäten oder Internetcafés.[1308] In Ergänzung dazu werden zentrale Aspekte einer Praxisumsetzung behandelt und mit eigenen Vorschlägen zur Ausgestaltung versehen.

### 1. Gerätetechnische Lösungen

Im Falle der Implementierung wäre zunächst an eingerichtete Rechner (sog. Stand-alone-PCs) in der Vollzugsanstalt zu denken.[1309] Diese könnten, um mutwilliger Beschädigung vorzubeugen und die Privatsphäre der Gefangenen besser zu schützen, auch in einem gesonderten Anstaltsraum bereitgestellt werden (PC-Pool).[1310] Damit wären eine Zugangskontrolle sowie die vertrauliche Nutzung gleichermaßen sichergestellt. Solche Räume könnten mit eigenen Öffnungszeiten versehen werden, was zur besseren Steuerung der zeitlichen Rahmenbedingungen beitragen würde.[1311] Erfahrungen im Betrieb eines haftinternen PC-Pools liefern vergleichbare Projekte: So beschreibt etwa Wehrmeier die Einrichtung eines Mediencenters für Abschiebungsgefangene in der Justizvollzugsanstalt Büren.[1312] Seinen Einschätzungen nach ist bei der

1308 Dazu bereits *Knauer* 2006, S. 161; vgl. auch *Bode*, in: Medien – Kriminalität – Kriminalpolitik 2018, S. 92.

1309 Vgl. nur *Knauer* 2006, S. 161.

1310 *Knauer* 2012, S. 30; vgl. KG, Beschl. v. 18.6.2014 – 2 Ws 123/14 Vollz, BeckRS 2014, 17545, Rn. 29, dazu auch BeckOK Strafvollzug Berlin/*Wermann*, SVVollzG Bln § 37 Rn. 9, der ebenfalls einen Gemeinschaftsraum für die Internetnutzung fordert, um Sicherheitsgefahren besser begegnen zu können; zur Nutzung sog. Haftraummediensysteme ferner *Muth/Schwämmlein/Bethge/Tietz*, FS 2014, 157–158; vgl. auch Justizvollzugsbeauftragter des Landes NRW 2015, S. 152–153.

1311 Vgl. den Vorschlag von *Knauer* 2006, S. 161; *ders.* 2012, S. 30.

1312 *Wehrmeier*, FS 2014, 155–156.

Implementierung derartiger „Freiräume“ stets ein Kompromiss zwischen den Wünschen der Gefangenen und den Bedenken der Vollzugspraktiker zu schließen.[1313] Das beschriebene „Mediacenter“ wurde in den Bereich der Sport- und Freizeitabteilung eingebracht, doch bedarf es aus Sicherheitsgründen eines gesonderten Anmeldeverfahrens, um Zugang zum Internet zu erhalten.[1314] Um einen möglichst niedrigen Geräuschpegel zu gewährleisten, sind zudem die Lautsprecher der Rechner deaktiviert.[1315]

Überdies ist die Nutzung von Tablet-PCs in Betracht zu ziehen.[1316] Nach den Erprobungen im Rahmen des Berliner Projekts „Resozialisierung durch Digitalisierung“ in der JVA Heidering wird sich zeigen, ob Gefangene auch mit dieser Nutzungsform umzugehen wissen.[1317] Internetnutzung mit mobilen Geräten wie Tablet-PCs wird insofern nicht nur in der außervollzuglichen Welt immer häufiger, sondern bietet den Strafgefangenen zugleich den Vorteil einer mobilen Nutzung – auch von ihrem Arbeitsplatz aus.

Aus internationaler Perspektive kommt schließlich der Aspekt hinzu, dass vor allem kombinierte Mediensysteme wie PrisonCloud[1318] Vorteile bei der Nutzung bieten können. Die Überlassung eigener Geräte, die durch zusätzlich integrierte Technik vielseitigere Anwendungsmöglichkeiten aufweisen, erscheint als besonders wirklichkeitsnahe Umsetzungsvariante und sollte gegenüber Stand-alone-Rechnern auf Haftebene oder reinen „Lern-PCs“ präferiert werden; dabei sind Haftrauminstallationen dieser Art bereits in bauliche Erwägungen einzustellen. Eine flankierende Nutzung von Tablets ist hierdurch keinesfalls ausgeschlossen, sondern könnte – wie dies im aktuellen Berliner Projekt vorgesehen ist[1319] – vielmehr eine umfassende mediale Begleitung des Haftalltags ermöglichen und somit zusätzlichen resozialisierungsfördernden Gesichtspunkten dienen. Es erscheint vor diesem Hintergrund kaum sinnvoll, den Gefangenen technische

1313 *Wehrmeier*, FS 2014, 155.
1314 *Wehrmeier*, FS 2014, 155.
1315 *Wehrmeier*, FS 2014, 155, 156.
1316 BeckOK Strafvollzug Berlin/*Paster* StVollzG Bln § 40 Rn. 6.
1317 Paritätischer Landesverband Berlin e.V. 2017, S. 11; BeckOK Strafvollzug Berlin/*Paster* StVollzG Bln § 40 Rn. 6; vgl. ferner *Höppner/Mallwitz*, Häftlinge sollen Internetzugang und Computer erhalten, Berliner Morgenpost-online v. 11.12.2017, https://www.morgenpost.de/berlin/article212796777/Haeftlinge-sollen-Internetzugang-und-Computer-erhalten.html, zuletzt abgerufen am 1.12.2018.
1318 Vgl. Kapitel G.III.3.
1319 Paritätischer Landesverband Berlin e.V. 2017, S. 11.

Ausstattung zur Verfügung zu stellen, die ihrerseits bereits veraltet ist und nicht die aktuellen Praktiken bei der Internetnutzung widerspiegelt.[1320]

## 2. Zeitlicher Umfang der Nutzung

Was die zuvor bereits erwähnte Nutzungsdauer angeht, sollte bezüglich der Angemessenheit des zeitlichen Umfangs eine Differenzierung hinsichtlich der jeweils begehrten Art der Internetnutzung beachtet werden. Nur so ließe sich verhindern, dass der den Gefangenen gesetzte zeitliche Rahmen für diese nicht nachteilhaft beschränkt wird (etwa wenn das Stundenkonto der Internetnutzung bereits zugunsten von Fortbildungsmaßnahmen aufgebraucht ist und dem Gefangenen keine weitere Zeit zur Pflege privater Kontakte via Skype verbleibt). Was die Nutzung von Internetanwendungen zur Pflege sozialer Außenkontakte anbetrifft, könnte ebenfalls daran gedacht werden, für Gefangene, die aufgrund von Kosten für die Besucher oder entfernungsbedingter Hürden keine Besuche empfangen können, Internetbildtelefonie via Skype auf die Besuchszeiten anzurechnen.[1321]

## 3. Kosten

Bei der Zurverfügungstellung von Internetanwendungen für Strafgefangene steht die Kostenfrage gleich in zweierlei Hinsicht im Raum. Denn es geht neben den Kosten für Umbau- und Sicherungsmaßnahmen auch um die Frage, ob und wie ein Entgelt für die Nutzung des Internets seitens der Strafgefangenen zu entrichten ist. Nachfolgend sollen einige Überlegungen – differenziert nach Kostenarten – hierzu vorgebracht werden.

### *a) Nutzungsentgelt*

Eine dem Grunde nach kostenfreie Nutzung von Internetanwendungen erscheint kaum vorstellbar, wenn in die Betrachtung einbezogen wird, dass einerseits die Ausgestaltung der übrigen Kommunikationsformen (Telefonie und Schriftwechsel) in den Landesgesetzen die Kostentragungspflicht prinzipiell dem

---

1320 In diesem Sinne auch *Knauer* 2012, S. 30.

1321 Vgl. *Holt*, FS 2014, 149, 150, wonach die Zulassung zur Skype-Bildtelefonie nur unter der Voraussetzung erfolgt, dass persönliche Besuche nicht durchführbar sind; vgl. ferner *Bung*, FS 2016, 348, 350.

Gefangenen zuweist,[1322] andererseits auch in der Außenwelt die Kosten für einen Internetanschluss prinzipiell vom Nutzer zu tragen sind.[1323] Was die Kostenhöhe anbelangt, so ist allerdings darauf zu achten, dass die Kostenbelastung für die Gefangenen moderat bleibt und Ausnahmeregelungen (sog. Sozialklauseln) für bedürftige Gefangene existieren.[1324] Von der Einschaltung privater Unternehmen ist dabei abzuraten. Zwar erscheint aus verfassungsrechtlicher Sicht eine derartige Form der Teilprivatisierung der Gefangenenversorgung durchaus möglich.[1325] Allerdings wäre zu befürchten, dass sich ein bereits im Sinne des Angleichungsgrundsatzes zu forderndes verhältnismäßig ausgestaltetes Preisniveau nur schwerlich einstellt, wie bereits Erfahrungen mit Gefangenentelefonie zeigen.[1326] Insofern stehen aktuell die überteuerten Tarife für Telefonie im Strafvollzug wieder auf dem Prüfstand.[1327]

Zu der Frage, wie marktgerechte Preise für Gefangenentelefonie ausgestaltet sein müssen, führt das OLG Naumburg in seiner Entscheidung von 2015 aus:[1328]

> „Dabei sind marktgerechte Preise für die im Rahmen der Gefangenentelefonie zur Verfügung gestellten Telekommunikationsdienstleistungen weder die niedrigsten noch die höchsten am Markt für solche Leistungen vorzufindenden Preise. Wenngleich dieser

---

1322 Siehe LNNV/*Laubenthal*, E Rn. 64, 109.

1323 Dazu bereits *Knauer* 2006, S. 159–160.

1324 Vgl. zur Möglichkeit einer– pauschalierten – Beteiligung an den Betriebskosten BVerfG, Beschl. v. 16.5.2018 – 2 BvR 635/17, BeckRS 2018, 13302, Rn. 36 ff.

1325 *Lübbe-Wolff* 2016, S. 62–63.

1326 *Fährmann/Oelbermann*, FS 2014, 387; Justizvollzugsbeauftragter des Landes NRW 2015, S. 152–153; *Knauer*, Zeitschrift für soziale Strafrechtspflege 2015, 54, 64–65; *Oelbermann*, Der Preis der Gefangenentelefonie, Infobrief 111, 2015, abrufbar unter http://www.rav.de/publikationen/infobriefe/infobrief-111-2015/der-preis-der-gefangenentelefonie/, zuletzt abgerufen am 1.12.2018; vgl. auch *Bode*, HRRS 2018, 72 ff.

1327 *Fährmann/Oelbermann*, FS 2014, 387; umfassend dazu *Knauer*, in: AK-StVollzG, § 30 Rn. 23; *Oelbermann*, Der Preis der Gefangenentelefonie, Infobrief 111, 2015, abrufbar unter http://www.rav.de/publikationen/infobriefe/infobrief-111-2015/der-preis-der-gefangenentelefonie/, zuletzt abgerufen am 1.12.2018; siehe die Forderungen des Leiters der JVA Moabit, *Wolfgang Fixson*, nach denen ein wichtiger Aspekt die Bezahlbarkeit von Kommunikation ist, sodass es nicht zu Privilegien von materiell besser gestellten Gefangenen kommt, abrufbar unter http://reso-infoportal.de/kurz-und-buendig/1342-kurz-und-buendig-nr-11-30-01-2018-wir-brauchen-fuer-den-strafvollzug-eine-moderne-und-bezahlbare-medien-infrastruktur, zuletzt abgerufen am 1.12.2018; vgl. auch *Bode*, HRRS 2018, 72, 73 ff.

1328 Vgl. nur *Oelbermann*, Der Preis der Gefangenentelefonie, Infobrief 111, 2015, abrufbar unter http://www.rav.de/publikationen/infobriefe/infobrief-111-2015/der-preis-der-gefangenentelefonie/, zuletzt abgerufen am 1.12.2018.

Markt durch eine eher geringe Anzahl von Anbietern gekennzeichnet ist, kann nach den Feststellungen der Strafvollstreckungskammer nicht davon ausgegangen werden, dass eine Preisbildung nach Marktmechanismen überhaupt nicht stattfindet. Vielmehr sind auch die vom Sachverständigen benannten Anbieter in der Lage, die geforderten Telekommunikationsleistungen zu deutlich niedrigeren Preisen als die Fa. C. zu erbringen. Es begegnet daher keinen Bedenken, dass die Strafvollstreckungskammer ihren Erwägungen den Ansatz des Sachverständigen, wonach allein Leistungsangebote, die das günstigste Angebot in einem angemessenen Verhältnis von max. 100 % überschreiten, noch als marktüblich und damit marktgerecht zu bezeichnen sind, zugrunde gelegt hat."[1329]

Weiter heißt es:

„Die Beschwerdeführerin wird daher aus ihrer Fürsorgepflicht heraus zur Wahrung der finanziellen Interessen der Gefangenen und um den verfassungsrechtlichen Grundsätzen der Verhältnismäßigkeit und der Resozialisierung auch insoweit Geltung zu verschaffen, sicherzustellen haben, dass die von ihr eröffnete Möglichkeit der Gefangenentelefonie zu marktgerechten Preisen genutzt werden kann. Dass die in der angefochtenen Entscheidung angeführten Verbindungsentgelte laut Tarifbestimmung der Fa. C. dem obersten Preissegment zuzuordnen und damit nicht als marktgerecht zu bewerten sind, hat die Kammer rechtsfehlerfrei festgestellt und ist bei einer unveränderten Marktsituation auch bei der erneuten Ermessensentscheidung der Beschwerdeführerin zugrunde zulegen. Die wirtschaftlichen Interessen der Gefangenen sind auch bei einer Einschaltung privater Unternehmen zur Aufgabenerfüllung zu berücksichtigen, auch wenn der Leistungserbringung durch Dritte eine langfristige vertragliche Bindung des Justizvollzuges zugrunde liegt und auch wenn diese ohne erkennbaren vorherigen Preisvergleich etwa in Form einer öffentlichen Ausschreibung oder (anders als in § 2 Ziff. 1 S. 3 der am 12. Dezember 2008 geschlossenen Vereinbarung zwischen der Beschwerdeführerin und der Fa. C.) ohne ausdrückliche Preisanpassungsregelung eingegangen worden ist. All dies kann sich nicht derart zum Nachteil der Gefangenen auswirken, dass diese nicht marktgerechte Entgelte für Leistungen von Betreibern, auf die die Gefangenen ohne am Markt frei wählbare Alternativen angewiesen sind, hinzunehmen hätten."[1330]

Diese Erwägungen der Strafvollstreckungskammer am OLG Naumburg machen deutlich, dass es die Anstalten bisher vielfach versäumen, auf Basis ihrer Fürsorgepflicht zur Wahrung der finanziellen Interessen der Gefangenen und ihrer Pflicht, den verfassungsrechtlichen Grundsätzen der Verhältnismäßigkeit und der Resozialisierung Geltung zu verschaffen, sicherzustellen, dass die von ihnen eröffnete Möglichkeit der Gefangenentelefonie zu marktgerechten Preisen

1329 OLG Naumburg, Beschl. v. 26.6.2015 – 1 Ws (RB) 20/15, BeckRS 2015, 17753, Rn. 30.
1330 OLG Naumburg, Beschl. v. 26.6.2015 – 1 Ws (RB) 20/15, BeckRS 2015, 17753, Rn. 38.

genutzt werden kann.[1331] Denn die Telefongebühren für Strafgefangene sind – wie schon Oelbermann eindrücklich gezeigt hat – oftmals dem obersten Preissegment zuzuordnen und damit nicht als marktgerecht zu bewerten.[1332]

In den meisten Bundesländern existiert zwar ein Angebot für Gefangenentelefonie, das vielfach dadurch realisiert wird, dass die Vollzugsanstalten diese Leistung an Private auslagern.[1333] Damit beauftragt wird in den meisten Fällen jedoch die Firma Telio-Management-GmbH.[1334] Diese Telefondienstleistungsfirma verlangt nach Auskunft von Oelbermann „in allen von ihr ausgerüsteten Vollzugsanstalten seit Mai 2015 folgende Gebühren pro Minute: Sieben Cent pro Minute für ein Ortsgespräch, zehn Cent für ein Ferngespräch, 35 Cent für ein Gespräch auf ein Mobiltelefon und zwischen 19 Cent und 59 Cent für Auslandsgespräche. [...] Vor der Tarifänderung zum Mai dieses Jahres beliefen sich z. B. die Gebühren für eine Minute bei Anrufen auf eine Mobilfunknummer auf 70 Cent und für Auslandsgespräche wurden 60 Cent bis 2,40 Euro pro Minute genommen."[1335]

Angesichts der tatsächlich zu beobachtenden Entwicklungen bei Nutzungsentgelten für Gefangenentelefonie sind durchaus Zweifel angezeigt, ob sich verhältnismäßig akzeptable (marktgerechte) Preise aufgrund des Wettbewerbs

---

1331 Vgl. *Oelbermann*, Der Preis der Gefangenentelefonie, Infobrief 111, 2015, abrufbar unter http://www.rav.de/publikationen/infobriefe/infobrief-111-2015/der-preis-der-gefangenentelefonie/, zuletzt abgerufen am 1.12.2018; vgl. *Knauer*, in: AK-StVollzG, § 30 Rn. 23; OLG Naumburg, Beschl. v. 26.6.2015 – 1 Ws (RB) 20/15, BeckRS 2015, 17753, Rn. 30 ff.

1332 *Oelbermann*, Der Preis der Gefangenentelefonie, Infobrief 111, 2015, abrufbar unter http://www.rav.de/publikationen/infobriefe/infobrief-111-2015/der-preis-der-gefangenentelefonie/, zuletzt abgerufen am 1.12.2018; *Fährmann/Oelbermann*, FS 2014, 387; *Knauer*, in: AK-StVollzG, § 30 Rn. 23: „(zu) hohe Kosten"; Reichenbach, NStZ 2018, 168, 171.

1333 *Oelbermann*, Der Preis der Gefangenentelefonie, Infobrief 111, 2015, abrufbar unter http://www.rav.de/publikationen/infobriefe/infobrief-111-2015/der-preis-der-gefangenentelefonie/, zuletzt abgerufen am 1.12.2018; *Knauer*, in: AK-StVollzG, § 30 Rn. 23; *Fährmann/Oelbermann*, FS 2014, 387 m.w.N.

1334 *Oelbermann*, Der Preis der Gefangenentelefonie, Infobrief 111, 2015, abrufbar unter http://www.rav.de/publikationen/infobriefe/infobrief-111-2015/der-preis-der-gefangenentelefonie/, zuletzt abgerufen am 1.12.2018; vgl. dazu die Homepage der Telio Management GmbH, abrufbar unter http://www.tel.io/de/, zuletzt abgerufen am 1.12.2018; *Fährmann/Oelbermann*, FS 2014, 387.

1335 *Oelbermann*, Der Preis der Gefangenentelefonie, Infobrief 111, 2015, abrufbar unter http://www.rav.de/publikationen/infobriefe/infobrief-111-2015/der-preis-der-gefangenentelefonie/, zuletzt abgerufen am 1.12.2018.

zwischen den entsprechenden Anbietern ohne staatlichen Einfluss einstellen werden.[1336] Die Vollzugsbehörden sind deshalb dazu angehalten, die Zurverfügungstellung von Internetanwendungen im Rahmen interner Lösungen in Betracht zu ziehen und sie nicht gänzlich aus der Hand zu geben.

Nach bisherigen Erfahrungen dürften die reinen Bereitstellungskosten insofern wohl eher gering ausfallen; beim Betrieb eines Mediacenters in der JVA Büren lagen die Anstaltskosten für DSL-Leitungen bei monatlich ca. 60 Euro.[1337] Die Bezahlung der Internetnutzung seitens der Gefangenen könnte in der Praxis künftig mittels eines Chipkartensystems (ähnlich den bereits existierenden Telefonkarten) erfolgen.[1338] Weiterhin bestünde je nach Art der gerätetechnischen Umsetzung – etwa bei der Nutzung sog. Haftraummediensysteme – die Möglichkeit, am Monatsende eine Gesamtrechnung auszustellen.[1339]

### b) *Umbau- und Sicherungskosten*

Aber auch über reine Nutzungskosten hinaus besteht die Gefahr, dass Strafgefangenen von Anstaltsseite finanzielle Belastungen auferlegt werden.[1340] Die Sicherung des Internetzugangs sowie hieraus resultierende Kosten für Umbau- und Überwachungsmaßnahmen sind nicht unerheblich. Erneut können als Richtwert die Kosten zur Einrichtung des Mediacenters in der JVA Büren dienen. Dort beliefen sich die Kosten für die sachbezogene Ausstattung auf ca. 10.000 Euro, wobei einschränkend festzuhalten ist, dass diese Zahl abhängig von Größe und Ausstattungsumfang erheblichen Schwankungen unterliegen dürfte.[1341] Gleichwohl darf dieser organisatorische Aufwand den Gefangenen nicht in monetärer Hinsicht zur Last fallen. Es handelt sich schließlich um (Sicherungs- bzw. Förderungs-)Maßnahmen, die ureigene Aufgabenbereiche der Vollzugsanstalt betreffen.[1342] Ein länderübergreifender Zusammenschluss in sog. Verbundsysteme

---

1336 Vgl. *Knauer*, Zeitschrift für soziale Strafrechtspflege 2015, 54, 64–65; *Oelbermann*, Der Preis der Gefangenentelefonie, Infobrief 111, 2015, abrufbar unter http://www.rav.de/publikationen/infobriefe/infobrief-111-2015/der-preis-der-gefangenentelefonie/, zuletzt abgerufen am 1.12.2018; Justizvollzugsbeauftragter des Landes NRW 2015, S. 152–153; *Fährmann/Oelbermann*, FS 2014, 387; vgl. auch *Bode*, HRRS 2018, 72, 74.

1337 *Wehrmeier*, FS 2014, 155.

1338 *Knauer* 2012, S. 30, der eine Bezahlung mittels Telefonkarten in Erwägung zieht.

1339 *Knauer* 2012, S. 30; dazu auch *Wehrmeier*, FS 2014, 155.

1340 Vgl. *Knauer*, Zeitschrift für soziale Strafrechtspflege 2015, 54, 65.

1341 *Wehrmeier*, FS 2014, 155.

1342 So bereits *Knauer* 2006, S. 161; *ders.*, Zeitschrift für soziale Strafrechtspflege 2015, 54, 65.

könnte indes eine Möglichkeit bieten, Kosten und Aufwand – vor allem für die Sicherung – für die einzelnen Anstalten gering zu halten. Als Vorbild dient der eLiS-Verbund, der durch die Aufteilung von Kompetenz und die Verknüpfung von Know-how ein erhebliches Einsparungspotential für die teilnehmenden Länder bzw. einzelne Vollzugsanstalten liefert.[1343]

## 4. Kontrolle

Sofern es sich abzeichnet, dass das Internet vermehrt Einzug in den Strafvollzug hält, muss auch das Haftpersonal entsprechend geschult und weitergebildet werden – vor allem die Beamten des allgemeinen Vollzugsdienstes, da sie für die Sicherheit verantwortlich sind und in direktem Kontakt zu den Strafgefangenen stehen. Die Nutzung der in Frage stehenden technischen Möglichkeiten stellt in vielen Fällen eine starke Abweichung vom bisherigen Zustand dar.[1344] Dies bedeutet nicht nur eine Chance für die Gefangenen, sondern birgt auch Herausforderungen für das Personal, das deshalb durch gezielte Fortbildung vorbereitet werden muss.[1345] Allein der Umgang mit den verschiedenen Lernangeboten bzw. Anwendungsmöglichkeiten bei der digitalen Unterrichtsgestaltung über die eLiS-Plattform ist an gewisse Vorbedingungen gebunden, die nur durch gezielte Personalschulungen zu schaffen sind.[1346] Daneben können die Fertigkeiten im Umgang mit dem Internet je nach Alter der Nutzer stark variieren. Die Altersspanne der Gruppe der Gefangenen ist – vor allem wenn man sog. LLer[1347] einbezieht – erheblich;[1348] dies gilt auch für das Behördenpersonal. Deshalb ist zugunsten eines angemessenen Sicherheitsniveaus in den Anstalten gewissermaßen eine „zweigleisige Digitalisierung" des Strafvollzugs – auf Seiten der Gefangenen wie des Haftpersonals – erforderlich, damit sich keine zusätzlichen Sicherheitslücken auftun.

Galli/Weilandt weisen insofern zutreffend darauf hin, dass eine Reintegration dann am besten gelingt, wenn die Beamten den Gefangenen als Menschen und

1343 Vgl. Kapitel D.III.2.

1344 *Hendricks* 2012, S. 38.

1345 *Hendricks* 2012, S. 38; vgl. auch Justizvollzugsbeauftragter des Landes NRW 2015, S. 152–153.

1346 *Dathe-Morgeneyer/Pfeffer-Hoffmann*, BewHi 2010, 42, 51; vgl. auch Justizvollzugsbeauftragter des Landes NRW 2015, S. 132, 152–153.

1347 Dieser Begriff meint lebenslänglich Verurteilte, http://www.ulmerecho.de/themen/Knastleben/Haft20.html, zuletzt abgerufen am 1.12.2018.

1348 Vgl. die Altersschwankungen bei Strafgefangenen in Statistisches Bundesamt 2016, Fachserie 10, Reihe 4.1, S. 15–16.

nicht in der Rolle des Vertreters der Justiz gegenübertreten. Dafür sei es nötig, so Galli/Weilandt weiter, Kontaktmöglichkeiten und Räume für einen Austausch von Gefangenen und Personal auf Augenhöhe außerhalb eines Machtkontextes zu schaffen.[1349] Für die Internetnutzung bietet es sich von Behördenseite daher an, den Gefangenen zunächst als Ratgeber („Guide") in Technikfragen gegenüberzutreten, wobei vor allem der individuelle Nutzungsbedarf des Gefangenen ausgelotet sowie Fragen der Bedienung gemeinsam erörtert werden sollten.

## 5. Sicherheitsfragen

Bei der Handhabung von Sicherheitsfragen hinsichtlich einer vollzuglichen Internetanbindung ist von den Anstaltsleitungen zunächst mehr praktisches Verständnis zu fordern. So hat sich in der Vergangenheit vor allem der flächendeckende Einsatz von sog. Handyblockern in Anbetracht der Umstände in deutschen Haftanstalten als wenig effektiv erwiesen;[1350] gleichzeitig verursacht er eine hohe Kostenbelastung. Diese bisher im Kampf gegen einen mobilen bzw. internetbasierten Kontakt zur Außenwelt aufgewendeten Geldmittel würden besser verwendet, wenn sie in eine gesteuerte Internetaufrüstung investiert würden.[1351]

Die technische Sicherheitsstruktur bei Internetanwendungen wird bereits dadurch robuster, dass eine Trennung der Netzwerke (Behördennetzwerk und Gefangenennetzwerk) erfolgt, die Möglichkeit zum Auslesen der Serverdaten verwehrt ist, Speichermöglichkeiten ganz entfallen oder nur sehr eingeschränkt zur Verfügung gestellt werden sowie eine Nutzung nur unter direkter Aufsicht erwogen werden kann, falls im Rahmen einer zu fordernden Eignungsprüfung ersichtlich wird, dass es sich um besonders gefährdete Gefangene handelt, wie Sexualverbrecher oder Gefangene, die bereits im Zusammenhang mit Internetkriminalität straffällig geworden sind.[1352] Ebenso sinnvoll erscheint es, die bei Fragen des Nutzungsumfangs behördlicherseits vorzunehmende Verhältnismäßigkeitsprüfung unter besonderem Fokus auf die Person des Gefangenen sowie ihrem inhaltlichen Charakter durchzuführen.[1353] Weiteren Schutz können

---

1349 *Galli/Weilandt*, FS 2014, 142, 145.

1350 *Knauer*, Zeitschrift für soziale Strafrechtspflege 2015, 54, 62.

1351 In diesem Sinne auch *Knauer*, Zeitschrift für soziale Strafrechtspflege 2015, 54, 62.

1352 Vgl. Kapitel D.III.2; vgl. auch *Bode*, in: Medien – Kriminalität – Kriminalpolitik 2018, S. 88, 92.

1353 BeckOK Strafvollzug Berlin/*Paster* StVollzG Bln § 40 Rn. 6: „Nutzungsverhalten der Gefangenen bewerten"; Kapitel G.II.2; vgl. auch *Bode*, in: Medien – Kriminalität – Kriminalpolitik 2018, S. 88, 92.

spezielle Firewalls bzw. das Filtern von Internetseiten mit Gewalt- oder Sexualbezug bieten.[1354]

Letztlich wird stets eine sinnvolle Kombination von technischer und personeller Überwachung anzustreben sein.[1355] Eine gute Orientierung bieten auch die im Rahmen des eLiS-Verbunds verwendeten Sicherheitsstandards.[1356] Bei einer Neueinführung des Internets im Strafvollzug kann auf diese Erkenntnisse zurückgegriffen werden, sodass sich mit den bereits jetzt verfügbaren Sicherungsmethoden ein auch unter Opferschutzgesichtspunkten akzeptables Sicherheitsniveau erreichen lässt.[1357]

## 6. Datenschutz

Parallel zur sicherheitstechnischen Ausgestaltung sollte auch an die Gefangeneninteressen gedacht werden. Es gilt insoweit Gefangene vor den Risiken unbeschränkter Überwachung zu schützen.[1358] Denn bereits aus datenschutzrechtlichen Gründen erscheint eine vollständige Überwachung des virtuellen Bewegungsspielraums nicht unproblematisch. Schließlich wird das Recht des Gefangenen auf informationelle Selbstbestimmung, also die Befugnis über „Preisgabe und Verwendung seiner persönlichen Daten zu bestimmen",[1359] in nicht unerheblicher Weise eingeschränkt.[1360] Diesem Umstand könnte von Anstaltsseite durch eine entsprechende Risikoaufklärung entgegengewirkt werden.[1361] Sie sollte ihrem Inhalt nach jedenfalls über Art und Umfang der anstaltsseitigen Informationserhebung sowie über die Verwendung der gesammelten Informationen Auskunft geben.[1362] Nur so lässt sich dem Allgemeinen Persönlichkeitsrecht, aus dem laut BVerfG wiederum das Recht auf informationelle Selbstbestimmung abzuleiten ist, angemessen Rechnung tragen.[1363] In der Leitentscheidung des BVerfG zum Volkszählungsgesetz aus 1983 heißt es dazu:

---

1354 BeckOK Strafvollzug Berlin/*Wermann*, SVVollzG Bln § 37 Rn. 9; Kapitel D.III.2.

1355 Vgl. Kapitel D.III.2; *Wehrmeier*, FS 2014, 155, 156.

1356 Umfassend dazu Paritätischer Landesverband Berlin e.V. 2017, S. 21–22, dort wird vor allem auch von der Möglichkeit sog. Virtual Private Networks (VPNs) berichtet; vgl. auch *Bode*, in: Medien - Kriminalität - Kriminalpolitik 2018, S. 92.

1357 Vgl. Kapitel D.III.2; vgl. auch *Bode*, in: Medien – Kriminalität – Kriminalpolitik 2018, S. 92.

1358 Vgl. *Knauer*, Zeitschrift für soziale Strafrechtspflege 2015, 54, 65; Kapitel D.II.1.

1359 *Goerdeler*, in: AK-StVollzG, Teil III Rn. 1; BVerfG, NJW 1984, 419, 422.

1360 Vgl. *Goerdeler*, in: AK-StVollzG, Teil III Rn. 2.

1361 Vgl. Kapitel D.II.1.

1362 Vgl. dazu *Goerdeler*, in: AK-StVollzG, Teil III Rn. 4.

1363 Vgl. BVerfG, NJW 1984, 419, 421–422; *Goerdeler*, in: AK-StVollzG, Teil III Rn. 1.

> „Freie Entfaltung der Persönlichkeit setzt unter den modernen Bedingungen der Datenverarbeitung den Schutz des einzelnen gegen unbegrenzte Erhebung, Speicherung, Verwendung und Weitergabe seiner persönlichen Daten voraus. Dieser Schutz ist daher von dem Grundrecht des Art. 2 I i.V. mit Art. 1 I GG umfaßt. Das Grundrecht gewährleistet insoweit die Befugnis des einzelnen, grundsätzlich selbst über die Preisgabe und Verwendung seiner persönlichen Daten zu bestimmen."[1364]

Somit liegt es grundsätzlich beim Gefangenen, selbstbestimmt „über die Preisgabe und Verwendung seiner persönlichen Daten" zu entscheiden.[1365] Dabei gilt es zu beachten, dass der Gefangene nur nach – vorheriger – Aufklärung wirklich „selbstbestimmt" im Sinne von Art. 2 Abs. 1 i.V.m. Art. 1 Abs. 1 GG darüber disponieren kann, ob er eine Nutzung zu den Sicherheitsbedingungen der Anstalt möchte.[1366]

Eine endgültige Klärung, inwieweit einzelne Formen der Überwachung generell zulässig sind, ist damit zwar nicht erfolgt. Bedenkt man jedoch, dass eine unter Sicherheitsaspekten geprüfte und gleichzeitig mit potentiellen Risiken zu vereinbarende Nutzung ohne datentechnische Überwachung kaum möglich ist, sehen sich Forderungen nach einer weitgehend ungesicherten Nutzung des Internets zugunsten von Datenschutzinteressen regelmäßig dem Vorwurf der Realitätsferne ausgesetzt.

## II. Zur (künftigen) rechtlichen Ausgestaltung

Gemessen an den in dieser Arbeit gefundenen Ergebnissen zeichnet sich für die aktuellen rechtlichen Bestimmungen zur Internetnutzung im Strafvollzug weiterer Reformbedarf ab. Dies liegt, wie bereits erwähnt, insbesondere darin begründet, dass sowohl die menschenrechtliche Lage als auch das nationale Verfassungsrecht sowie der im Strafvollzug vorherrschende Zielkonflikt für eine Wende im Umgang mit Internettechnik sprechen. Das Internet hat sich insofern zu einem wichtigen Element der informationellen Grundversorgung entwickelt und nimmt aktuell (und in Zukunft zunehmend) einen so hohen gesellschaftlichen Stellenwert ein, dass der Strafvollzug diesem Fortschritt nicht länger hinterherhinken darf.[1367] Aufgezeigte Einschränkungen zugunsten berechtigter Sicherheitsinteressen müssen zwar weiterhin gelten. Die Einräumung eines

1364 BVerfG, NJW 1984, 419, 422.
1365 Vgl. BeckOK Strafvollzug MV/*Straßer*, StVollzG M-V § 36 Rn. 26.
1366 Vgl. BeckOK Strafvollzug MV/*Straßer*, StVollzG M-V § 36 Rn. 26.
1367 Vgl. erneut *Theine*, FS 2014, 161; *Feest/Lesting/Lindemann*, in: AK-StVollzG, Teil I Einleitung Rn. 27.

grundsätzlichen Rechts von Strafgefangenen auf Zugang zum Internet ist dennoch – offensichtlich – überfällig.[1368] Dabei ist grundlegend zwischen der Möglichkeit einer Novellierung bzw. des Erlasses einer entsprechenden Regelung zur Internetnutzung sowie einer verfassungskonformen Auslegung der bestehenden Gesetzeslage zu unterscheiden.

## 1. Schlussfolgerungen de lege lata

Zunächst ist der Frage nachzugehen, welche Konsequenzen sich aus den gewonnenen Erkenntnissen im Hinblick auf die bestehenden Landesregelungen ergeben. Hierfür ist zwischen Bundesländern ohne eigenständige Regelung zur Internetnutzung und Bundesländern mit einer solchen zu unterscheiden.

### *a) Bundesländer mit Regelungen zur Internetnutzung*

Für die bisherigen Regelungen auf Landesebene bleibt zu konstatieren, dass aufgrund der gewählten Form der Ausgestaltung dem Gefangenen nur ein Anspruch auf ermessensfehlerfreie Bescheidung verbleibt.[1369] Bundesländer mit eigenständiger Vorschrift haben insoweit gemein, dass auf zweiter Stufe eine offene Ermessensregelung („kann") verwendet wird. Bei dieser Form der gesetzlichen Ausgestaltung ist die Entscheidung über die konkrete Zulassung einer Internetnutzung in das behördlicherseits auszuübende Ermessen („Anstaltsermessen") gestellt. Der Anstaltsleitung steht also bei ihren Entscheidungen über Internet im Strafvollzug ein weiter Handlungsspielraum zur Verfügung.[1370] In Hessen unterliegt diese Entscheidung noch der einer positiven Bescheidung abträglichen Einschränkung, dass „wichtige Gründe" für die Nutzung vorliegen müssen.[1371]

Auf Grundlage dieser Erkenntnisse wird im Folgenden dargetan, welche Einflüsse zugunsten einer ermessensfehlerfreien Behördenentscheidung künftig zu beachten sind.

#### *aa) Ermessensreduktion kraft Informationsfreiheit*

Grundrechtliche Gewährleistungsgehalte haben auf einen behördlicherseits bestehenden Ermessensspielraum einschränkende Wirkung, „indem sie die

1368 De lege ferenda bereits *Knauer* 2006.
1369 Vgl. Kapitel E.II.2; *Knauer*, in: AK-StVollzG, § 36 Rn. 10.
1370 Vgl. Kapitel E.II.2, IV; *Knauer*, in: AK-StVollzG, § 36 Rn. 10.
1371 Vgl. Kapitel E.II.2; *Knauer*, in: AK-StVollzG, § 36 Rn. 1.

Abwägung der jeweils widerstreitenden Interessen gewichtend steuern".[1372] So gesehen streitet nach den zuvor entwickelten Maßstäben ein aus Art. 5 Abs. 1 S. 1 2. Alt. GG abgeleiteter verfassungsunmittelbarer Anspruch auf Internetzugang zugunsten der Gefangenen.[1373] Über Art. 1 Abs. 3 GG, der alle staatliche Gewalt an die Garantien der Grundrechte bindet, wird dieser Einfluss der Informationsfreiheit bei künftiger Anwendung der Landesregelungen verstärkt zu berücksichtigen sein. Dabei muss die Ausgestaltung von Ermessensspielräumen im Zuge der Anwendung einfachgesetzlicher Normen stets mit den Vorgaben übergeordneten Rechts vereinbar sein, was sich wiederum aus Art. 20 Abs. 3 GG belegt, der die „vollziehende Gewalt" an „Gesetz und Recht" bindet.[1374] Denn – so formuliert es Schmidt-Aßmann – „[n]ormintern wirken Grundrechte bei der Interpretation einfach-gesetzlicher Rechtssätze. Hier geht es um eine Verdeutlichung eines vorhandenen Garantiegehalts in positivrechtlich schon vorgeprägten und damit überschaubaren Bereichen. Eine solche Verdeutlichung des aktuellen Normgehalts kann durch ein einzelnes Grundrecht erfolgen, dem die auf ihren subjektiv-rechtlichen Gehalt zu untersuchende Norm thematisch verbunden ist."[1375]

Gemessen an diesen Erwägungen sind die Normgehalte der Landesgesetze entgegen des eigentlichen Wortlauts („kann") auszulegen: Der Ermessensspielraum bei anstaltsseitigen Zulassungsentscheidungen wird im Wege einer verfassungskonformen Auslegung der Vorschrift künftig dahin gehend reduziert, dass der Zugang zum Internet „in der Regel" zuzulassen ist. Dabei bewirkt Art. 5 Abs. 1 S. 1 2. Alt. GG in seiner grundrechtlichen Dimension als Leistungsrecht, dass eine Entscheidung zugunsten der Internetnutzung „dem Gesetz nähersteht"[1376]. Daraus folgt wiederum ein verschärfter Ermessensmaßstab, nach dem die Nutzung, sofern sie verfassungsrechtlich geschützte Bereiche des Internetzugangs betrifft, seitens der Anstalt zugelassen werden „soll". Nur noch in atypischen Sonderfällen (etwa, wenn konkrete Sicherheitsgefahren in der Person des Gefangenen angezeigt sind) ist jetzt eine Abweichung statthaft.[1377]

---

1372 Schoch/Schneider/Bier/*Gerhardt*, § 114 Rn. 23.

1373 Vgl. nur Kapitel F.VI.

1374 Mann/Sennekamp/Uechtritz/*Schönenbroicher*, § 40 Rn. 6; Huck/Müller/*Müller*, § 40 Rn. 8.

1375 Maunz/Dürig/*Schmidt-Aßmann*, GG Art. 19 Abs. 4 Rn. 123.

1376 BVerwG, Urt. v. 5.7.1985 – 8 C 22/83, BeckRS 9998, 164153.

1377 Vgl. Kapitel F.V; weiterführend BVerwG, Urt. v. 5.7.1985 – 8 C 22/83, BeckRS 9998, 164153.

Anders gewendet sorgt der originäre Leistungsanspruch aus Art. 5 Abs. 1 S. 1 2. Alt. GG ebenso dafür, dass dem im Rahmen der Landesgesetze bestehenden Problem eines zweistufigen Zulassungsverfahrens, wonach der Anstaltsentscheidung zunächst eine Entscheidung über die generelle Bereitstellung des Internets auf Ebene der Landesjustizverwaltungen vorgeschaltet ist,[1378] abgeholfen wird. Unterbleibt eine generelle Zulassung des Internets, ist – zugunsten der Informationsfreiheit – fortan unmittelbar auf den verfassungsrechtlich abgeleiteten Anspruch abzustellen. Dabei gilt, dass unter Zugrundelegung des dargelegten Maßstabs eine generelle Versagung des Internetzugangs allein aufgrund abstrakter Gefährlichkeit schlechthin nicht mehr nachvollziehbar erscheint.

*bb) Sonderfall: Ermessensreduzierung auf „Null"*

Überdies erscheint es möglich, dass es in besonders gelagerten Einzelfällen, in denen, entsprechend dem vom EGMR im Jahr 2017 entschiedenen Fall Jankovskis/Litauen, resozialisierungsfördernde, dem Schutzbereich des Art. 5 Abs. 1 S. 1 2. Alt. GG unterfallende und ausschließlich über das Internet verfügbare Informationen begehrt werden, sogar zu einer Reduzierung des Ermessens auf „Null" kommen kann.[1379] Abermals sei in diesem Zusammenhang betont, dass die Informationsfreiheit sowohl der Internetnutzung durch Strafgefangene umfassenden Schutz zubilligt als auch Art. 5 Abs. 1 S. 1 2. Alt. GG bereits seiner Stellung innerhalb der Grundrechte nach eine prägende Rolle für die freiheitlich-demokratische Grundordnung einnimmt.[1380]

Vor diesem Hintergrund kann auch eine ihrem Wortlaut nach Ermessen eröffnende Vorschrift ausnahmsweise eine gebundene Entscheidung zum Gegenstand haben, wenn – so wird es vom VG Lüneburg formuliert – „angesichts der konkreten Umstände des zu entscheidenden Falles überhaupt nur eine einzige Entscheidung ermessensfehlerfrei sein könnte und der Ermessensspielraum der Behörde auf diese Weise ‚auf null' reduziert ist".[1381] Dem folgend muss es sich aus den Besonderheiten des Falles ergeben, dass schon aus rechtlichen Gründen nur eine einzige Entscheidung in Betracht kommt, sodass die Behörde

---

1378 Vgl. Kapitel E.II.3; *Knauer*, in: AK-StVollzG, § 36 Rn. 14.

1379 Zur Ermessensreduktion auf „Null" allgemein BeckOK VwVfG/*Aschke*, § 40 Rn. 72, der von „Verdichtung" zu einem zwingenden Anspruch spricht.

1380 Sachs/*Bethge* GG Art. 5 Rn. 51; vgl. BeckOK InfoMedienR/*Kühling*, GG Art. 5 Rn. 39.

1381 VG Lüneburg, Urt. v. 12.7.2016 – 5 A 63/16, BeckRS 2016, 48969, Rn. 3; Kopp/Schenke/*Schenke*, § 114 Rn. 6; siehe auch Huck/Müller/*Müller*, § 40 Rn. 23; ferner *Hufen*, ZJS 2010, 603, 605.

gehalten ist, „die einzig zulässige Entscheidung zu treffen".[1382] Dazu wird vom BVerwG festgehalten:

> „Eine Schrumpfung des Ermessens auf ein einziges rechtmäßiges Ergebnis kann eintreten, wenn nach Lage der Dinge alle denkbaren Alternativen nur unter pflichtwidriger Vernachlässigung eines eindeutig vorrangigen Sachgesichtspunkts gewählt werden könnten".[1383]

Ein solcher Fall der Ermessensreduktion liegt – dem BVerwG folgend – insbesondere bei „außergewöhnlicher Schwere" oder „einem großen Ausmaß der Gefahr für wichtige Rechtsgüter" vor.[1384]

Da die Informationsfreiheit mit den Kommunikationsgrundrechten aus Art. 5 Abs. 1 GG zu den „wichtigsten Voraussetzungen der freiheitlichen Demokratie" zählt,[1385] ließe sich erwägen, nach den obigen Maßstäben auch in diesem Fall aufgrund der Bedeutung des Rechtsguts eine Ermessensreduktion auf „Null" anzunehmen.

Dabei könnte nach Ansicht des Bayerischen VGH zumindest „möglicherweise" die Annahme einer Ermessensreduzierung auf „Null" dann gerechtfertigt sein, wenn das Informationsbedürfnis nicht in zumutbarer Weise auf anderem Wege befriedigt werden kann.[1386] Die Zurückhaltung des Bayerischen VGH in seinem Urteil aus dem Jahre 2008, das die Überlassung von Ablichtungen der Sitzungsprotokolle der Stadtratssitzungen zum Gegenstand hatte, erklärt sich mit einer klaren gesetzgeberischen Entscheidung zugunsten eines Einsichtsrechts, ist aber gerade nicht der Tatsache geschuldet, dass die Informationsfreiheit generell keine Ermessensreduzierung auf „Null" zur Folge haben kann. Vielmehr belegt eine Entscheidung des VG Regensburg[1387], dass auch ein Informationsinteresse zu Ermessensreduzierungen auf „Null" beitragen kann.

---

1382 OVG Magdeburg, Urt. v. 5.9.2007 – 3 L 193/04, abrufbar unter https://www.judicialis.de/Oberverwaltungsgericht-Sachsen-Anhalt_3-L-193-04_Urteil_05.09.2007.html, zuletzt abgerufen am 1.12.2018: Die Behörde ist „wie bei einer durch Rechtssatz determinierten Entscheidung gehalten, die einzig zulässige Entscheidung zu treffen"; Kopp/Ramsauer/*Ramsauer*, § 40 Rn. 69.

1383 BVerwG, Beschl. v. 23.1.2014 – 1 B 16.13, BeckRS 2014, 47022, Rn. 4.

1384 Kopp/Schenke/*Schenke*, § 114 Rn. 6; BVerwG, Urt. v. 18.8.1960 – I C 42/59, BeckRS 9998, 116392.

1385 Sachs/*Bethge*, GG Art. 5 Rn. 51; ebenso BeckOK InfoMedienR/*Kühling*, GG Art. 5 Rn. 39.

1386 VGH München, Urt. v. 4.3.2008 – 4 BV 07.1329, BeckRS 2009, 31911, Rn. 20.

1387 VG Regensburg, Urt. v. 18.4.2007 – RO 3 K 06.01951, BeckRS 2007, 32886.

Für den vollzuglichen Bereich wird diese Sichtweise durch die Ausführung des OLG Nürnberg in seinem Beschluss vom 16.9.2008 gestützt. Im Kontext der Frage nach Zusendung, Annahme und Aushändigung von Entscheidungen des BVerfG in Form von Internetausdrucken an einen Gefangenen imponiert das OLG mit folgenden Ausführungen:

> „Mit der nach alledem gebotenen Berücksichtigung des Informationsrechtes des Antragstellers aus Art. 5 Abs. 1 S. 1 GG ist es zunächst gänzlich unvereinbar, die Erteilung der Erlaubnis – wie vorliegend durch die Strafvollstreckungskammer geschehen – von einem Nachweis abhängig zu machen, dass ein anderweitiger Bezug der gewünschten Entscheidungen unmöglich ist, oder den Antragsteller auf eine anwaltliche Beratung zu verweisen.
> Das grundrechtlich geschützte Informationsrecht führt im Rahmen der Prüfung des Art. 36 Abs. 1 S. 1 BayStVollzG aber auch zu einer Ermessensreduzierung dahingehend, dass dem Gefangenen grundsätzlich bereits ein Anspruch auf Erteilung der Erlaubnis zukommen kann und nicht nur ein Anspruch auf ermessensfehlerfreie Prüfung. Nur auf diese Weise wird auf der Ebene der Rechtsanwendung der wertsetzenden Bedeutung des Grundrechts hinreichend Rechnung getragen.“[1388]

Danach ergibt sich, dass der Staat zum Schutz der Informationsfreiheit grundsätzlich zum Tätigwerden verpflichtet sein kann. Wird diese Wertung auf die aktuellen Verhältnisse im Strafvollzug übertragen, so erscheint es für Informationen, die ausschließlich über das Internet („unverzichtbare Informationsquelle“[1389]) verfügbar sind, grundsätzlich möglich, dass im Falle eines überragenden Bedeutungsgehalts für die Resozialisierung des Gefangenen ein behördlicherseits veranlasstes Tätigwerden zu erfolgen hat; es kommt zu einer Ermessensreduktion auf „Null“. Diese Sichtweise stützend wird von Kett-Straub/Streng betont:

> „Erst wenn er [der Strafgefangene] geltend machen kann, dass Informationen nur über das Internet zu erlangen sind und er außerdem auf diese Informationen zwingend angewiesen ist, muss [!] die Anstalt tätig werden. Diese sehr eng gefassten Voraussetzungen werden selten vorliegen, dennoch kann davon ausgegangen werden, dass sich die Anstalten diesbezüglich künftig großzügiger zeigen müssen.“[1390]

Die Behörde ist in den vorbezeichneten Fällen deshalb gehalten, die einzig zulässige Entscheidung zu treffen, woraus ein direkter (echter) Anspruch des Gefangenen auf Internetzugang folgt.[1391]

---

1388 OLG Nürnberg, StV 2009, 199, 200.
1389 *Theine*, FS 2014, 161.
1390 *Kett-Straub/Streng* 2016, S. 130.
1391 Vgl. *Knauer*, in: AK-StVollzG, § 36 Rn. 10, der insoweit eine Ermessensreduktion auf „Null“ ebenfalls für möglich hält („liegt nicht fern“).

### *cc) Ermessenslenkende Verwaltungsvorschrift*

Vor einer an sich erforderlichen Novellierung der Landesgesetze (s. u. 2) sollte bereits jetzt eine gefangenenfreundlichere Gesetzesanwendung sichergestellt werden. Um einen progressiveren Umgang mit dem Internet im Vollzug praktisch werden zu lassen, könnte als flankierende Maßnahme deshalb an den Erlass einer „ermessenslenkenden" Verwaltungsvorschrift zu denken sein. Derartige Verwaltungsvorschriften sind interne Verwaltungsregelungen, die die Ausübung des einer Behörde eingeräumten Ermessens konkretisieren;[1392] sie stellen auf diese Weise eine einheitliche Ermessensausübung sicher.[1393]

Dabei binden Verwaltungsvorschriften, die zunächst bloßes „Binnenrecht der Verwaltung"[1394] darstellen, Gerichte und Behörden jedenfalls mittelbar über die Verpflichtung, nach Art. 1 Abs. 3 GG die Grundrechte, mithin auch Art. 3 Abs. 1 GG zu achten.[1395] Ferner sind ermessenslenkende Richtlinien – so formuliert es das VG Stuttgart – „mit der Ermächtigung einer Behörde, nach Ermessen zu entscheiden, grundsätzlich vereinbar, soweit sie sich ihrerseits am Zweck der Ermächtigung orientieren und sachgerecht sind"[1396].

Eine die aktuelle Befundlage[1397] – vor allem das individuelle Gefahrenpotential des Gefangenen – berücksichtigende Verwaltungsvorschrift zu „Andere Formen der Kommunikation" könnte daher Folgendes zum Inhalt haben:

(1) Eine Nutzung anderer Formen der Kommunikation umfasst auch die Internetnutzung durch Strafgefangene zu informationellen wie zu kommunikativen Zwecken.

(2) Die Erlaubnis zur Nutzung kann von Auflagen abhängig gemacht werden, die insbesondere die Beschränkung – u. a. durch „Tunnelung", Auslesen des Browserverlaufs oder Nutzung unter direkter Aufsicht – des Internetzugangs betreffen. Ferner kann sie an eine Kostentragungspflicht gekoppelt werden. Eine beabsichtigte Überwachung hat die Anstalt dem Gefangenen rechtzeitig vor Beginn der Nutzung mitzuteilen.

---

1392 Stelkens/Bonk/Sachs/*Schmitz*, § 1 Rn. 212, 215; VG Stuttgart, Urt. v. 10.3.2017 – 8 K 3106/15, BeckRS 2017, 150765, Rn. 25.

1393 VG Stuttgart, Urt. v. 10.3.2017 – 8 K 3106/15, BeckRS 2017, 150765, Rn. 25: „gleichmäßige Ermessensausübung"; Stelkens/Bonk/Sachs/*Schmitz*, § 1 Rn. 215.

1394 Wysk/*Wysk*, § 47 Rn. 10.

1395 Kopp/Schenke/*Schenke*, § 114 Rn. 42; vgl. BVerwG, NJW 1978, 1450, 1451.

1396 VG Stuttgart, Urt. v. 10.3.2017 – 8 K 3106/15, BeckRS 2017, 150765, Rn. 25.

1397 Vgl. insbesondere die Kapitel E.II, F.IV–V und G.II.2.

(3) Die Internetnutzung darf dem Strafgefangenen nicht alleine deshalb versagt werden, weil sich daraus abstrakte Gefahren für die Erreichung des Vollzugsziels, die Sicherheit und Ordnung der Anstalt oder den Schutz der Allgemeinheit ergeben können.
(4) Eine Versagung der Internetnutzung darf vielmehr nur dann erfolgen, wenn konkrete Anhaltspunkte in der Person des Gefangenen die Annahme rechtfertigen, dass durch den Zugang zum Internet die Erreichung des Vollzugsziels, die Sicherheit und Ordnung der Anstalt oder der Schutz der Allgemeinheit konkret gefährdet sind. Davon ist insbesondere auszugehen, wenn bestimmte Tatsachen die Gefahr begründen, dass der Strafgefangene den Internetzugang zur Begehung oder Vorbereitung von Straftaten missbraucht.
(5) Die Kosten für die Bereitstellung der Internetnutzung sind grundsätzlich vom Gefangenen selbst zu tragen. Eine Kostenübernahme ist nur auf Antrag möglich, sofern der Gefangene nach seinen wirtschaftlichen Verhältnissen die Kosten der Nutzung nicht aufbringen kann.

#### *b) Bundesländer ohne Regelungen zur Internetnutzung*

In den Bundesländern Bayern und Baden-Württemberg, die keine einfachgesetzlichen Regelungen zur Internetnutzung durch Strafgefangene treffen, wäre für einen umfassenden Schutz der Rechte des Gefangenen zuvörderst auf Ebene des Verfassungsrechts anzusetzen.

##### *aa) Analoge Anwendung der Regelungen zur Gefangenentelefonie*

Schon das BVerwG hat wiederholt deutlich gemacht, dass der Gesetzgeber aus der Grundrechtsbindung heraus verpflichtet sein kann, wichtigen Grundrechtspositionen einfachgesetzliche Geltungskraft zu verleihen und nicht „untätig" zu bleiben.[1398] Eine solche – als Forderung gegenüber dem Gesetzgeber zu verstehende – Formulierung findet sich in ähnlicher Form auch bei Schmidt-Aßmann, wenn er schreibt:

> „Sie [die Grundrechte] ergänzen und verdeutlichen den Bestand subjektiver Rechte des einfachen Rechts […], haben aber die Gewährleistungen des einfachen Rechts nicht überflüssig gemacht. Diese Erkenntnis steht in Übereinstimmung mit der Ausformungsbedürftigkeit der Grundrechte durch das einfache Gesetz."[1399]

---

1398 BVerwG, NJW 2014, 1126, 1128; BVerwG, ZUM 2013, 694, 698.
1399 Maunz/Dürig/*Schmidt-Aßmann*, GG Art. 19 Abs. 4 Rn. 121.

Da sich aus der Informationsfreiheit gemäß Art. 5 Abs. 1 S. 1 2. Alt. GG sogar ein originärer Leistungsanspruch ableiten lässt, ist die Legislative wegen der aufgezeigten Grundrechtsbindung nunmehr verpflichtet, diesen Anspruch einfachgesetzlich zu verankern. Tut der Gesetzgeber dies nicht und lässt die Vorgaben höherrangigen Rechts im einfachen Gesetz weitgehend berücksichtigt, obwohl er nach Art. 20 Abs. 3 GG und Art. 1 Abs. 3 GG dazu gehalten wäre, besteht eine planwidrige Regelungslücke. Im vorliegenden Fall ist gerade mit Blick auf die praktisch-technischen Parallelen zwischen Telefongesprächen und Internetnutzung (wechselseitiger, elektronischer Kontakt mit der Außenwelt) auch eine vergleichbare Interessenlage bezüglich der Vorschriften anzunehmen, die die Gefangenentelefonie näher ausgestalten.[1400]

Vor dem Hintergrund einer planwidrigen Regelungslücke und einer vergleichbaren Interessenlage empfiehlt sich de lege lata – bis zu einer entsprechenden Novellierung der Strafvollzugsgesetze – eine analoge Anwendung der Vorschriften über Gefangenentelefonie.[1401]

Auf Bundesebene existierte insoweit lediglich die bereits erwähnte Regelung des § 32 S. 1 StVollzG, nach der dem Gefangenen gestattet werden konnte, „Ferngespräche zu führen oder Telegramme aufzugeben". Dies gilt nunmehr auch für die aktuellen Landesvorschriften von Bayern und Baden-Württemberg. Denn sowohl Art. 35 Abs. 1 S. 1 BayStVollzG[1402] als auch § 27 JVollzGB (Buch III) beinhalten – in enger Anlehnung an den Wortlaut von § 32 StVollzG – eine Ermessensregelung im Wege einer Kann-Vorschrift für Telefongespräche.[1403] Diese Regelungen können nach vorstehender Maßgabe zugunsten einer Internetnutzung im Strafvollzug entsprechende Anwendung finden, wodurch ihr Anwendungsbereich auf Internetanwendungen ausgedehnt wird, sodass den Strafgefangenen in analoger Anwendung der Regelungen zum Telefongebrauch

---

1400 Siehe dazu auch Kapitel D.II.5 und F.IV.2.

1401 Abweichend *Knauer* 2006, S. 104, 106–107, der hinsichtlich einzelner Nutzungsformen des Internets differenziert; anders auch *Esser*, NStZ 2018, 121, 123, der bei Internetnutzung zu Informationszwecken die Regelung zum Zeitungen- und Zeitschriftenbezug für „thematisch am nächsten dran" hält.

1402 Die zusätzlich in Art. 35 Abs. 1 S. 1 BayStVollzG enthaltene Einschränkung „auf dringende Fälle" ist, da es sich um einen der Auslegung bedürftigen unbestimmten Rechtsbegriff handelt, insofern gleichfalls von den Wertungen des Verfassungsrechts determiniert; dazu auch SBJL/*Dessecker* 2019 (im Druck), 9 D Rn. 3: „Dringlichkeit des Anlasses besonders hervorgehoben"; näher zur praktischen Handhabung dieses unbestimmten Rechtsbegriffs auch *Pfalzer*, FS 2014, 151.

1403 Vgl. nur SBJL/*Dessecker* 2019 (im Druck), 9 D Rn. 3.

auch in Bayern und Baden-Württemberg der Internetzugang zunächst gestattet werden „kann".

Zwar sehen beide Landesvorschriften grundsätzlich nur eine offene Ermessensentscheidung zugunsten der Behörde vor und haben gerade kein intendiertes Ermessen zum Gegenstand, das nach den obigen Erwägungen im Hinblick auf den verfassungsunmittelbaren Leistungsanspruch der Strafgefangenen und den hohen Rang der Informationsfreiheit angezeigt wäre. Doch sind bereits mit Blick auf aktuelle Entwicklungen im Bereich der vollzuglichen Telefonpraxis günstige Bedingungen für abweichende Trends zu erkennen: Die Gestattung von Gefangenentelefonie dient nicht nur in zentraler Weise der Aufrechterhaltung sozialer Bindungen und dem Abbau angespannter Verhältnisse in Krisensituationen,[1404] sondern das Telefon ist gleichzeitig zu einem „bedeutsamen Kommunikationsmittel geworden"[1405]. Wie Dessecker aufzeigt, spielen für eine ermessensfehlerfreie Entscheidung daher mittlerweile „auch die Entfernung der Anstalt von den einzelnen Bezugspersonen der Gefangenen sowie die Besuchsmöglichkeiten eine Rolle. Wo die Kommunikationsmöglichkeiten wie im geschlossenen Vollzug weiter eingeschränkt sind, ist die Erlaubnis zum Telefonieren in der Regel eher als im offenen Vollzug zu geben, wo Gefangene schon nach den äußeren Bedingungen bessere Möglichkeiten zur Pflege von Außenkontakten haben."[1406] Einige Landesgesetze tragen den geänderten Umständen – zumindest in Teilen – sogar bereits ausdrücklich Rechnung. So „soll" in Sachsen-Anhalt und Niedersachsen dem Gefangenen „in dringenden Fällen" gestattet werden, Telefongespräche zu führen;[1407] in Bremen steht den Inhaftierten mit der Regelung des § 30 Abs. 1 S. 2 BremStVollzG sogar ein direkter Anspruch auf Gespräche mit Angehörigen zur Seite.[1408] Aber auch für alle übrigen Bundesländer, die die Zulassung von Telefonie durch Kann-Vorschriften gestalten, ergibt sich nach Knauer vor dem Hintergrund von Art. 6 GG die Möglichkeit, dass „im Einzelfall doch einmal ein echter Anspruch des Gefangenen auf das Führen eines Telefongesprächs bestehen kann".[1409]

---

1404 LNNV/*Laubenthal*, E Rn. 101; *Hirsch*, 2003, S. 174; Kapitel D.II.1.

1405 LNNV/*Laubenthal*, E Rn. 101; *Knauer*, in: AK-StVollzG, § 30 Rn. 3: „von außerordentlich großer Bedeutung"; Kapitel D.II.1.

1406 SBJL/*Dessecker* 2019 (im Druck), 9 D Rn 3.

1407 Vgl. *Knauer*, in: AK-StVollzG, § 30 Rn. 2; SBJL/*Dessecker* 2019 (im Druck), 9 D Rn. 3; Kapitel D.II.1.

1408 *Knauer*, in: AK-StVollzG, § 30 Rn. 2; SBJL/*Dessecker* 2019 (im Druck), 9 D Rn. 3; Kapitel D.II.1.

1409 *Knauer*, in: AK-StVollzG, § 30 Rn. 13.

Wenngleich dem Gefangenen nach dem Wortlaut der betreffenden Landesvorschriften also (lediglich) gestattet werden „kann“, Telefongespräche zu führen, ist über den Wortlaut hinaus durch Auslegung zu klären, ob einer Behörde bei ihrer Entscheidung tatsächlich ein derart offenes Ermessen zusteht.[1410]

Im Falle des Internetzugangs bedarf es hierzu einer verfassungskonformen Auslegung der Regelungen zur Gefangenentelefonie in Bayern und Baden-Württemberg. Dabei ist erneut das sich zugunsten der Informationsfreiheit von Strafgefangenen ergebende verfassungsrechtliche Gewicht zu berücksichtigen.[1411] Gemessen daran kann ein genereller Ausschluss des Internets aus dem Vollzug keinen Bestand haben. Insofern folgt aus den im Rahmen des verfassungsrechtlichen Kapitels[1412] entwickelten Überlegungen, dass die Anstalt über den verfassungsunmittelbaren, aus Art. 5 Abs. 1 S. 1 2. Alt. GG herzuleitenden Anspruch auf Internetzugang im Wege eines intendierten Ermessens zu entscheiden hat.

Diese grundrechtliche Vorgabe ist damit zugleich der Grund für die Annahme, dass eine verfassungskonforme Auslegung von Kann-Vorschriften bei Gefangenentelefonie – Art. 35 Abs. 1 S. 1 BayStVollzG und § 27 JVollzGB (Buch III) – ergibt, dass diese Vorschriften im Falle des Internetzugangs entgegen ihrem Wortlaut dahin gehend auszulegen sind, dass die Internetnutzung Strafgefangenen regelmäßig gestattet werden „soll“. Nur dann, wenn ein Fall konkrete Umstände aufweist, die ihn als „atypischen Fall“ erscheinen lassen, ist ein Abweichen von der regelmäßig vorgegebenen Rechtsfolge nach pflichtgemäßem Ermessen möglich.[1413] Nach den vorstehenden Ausführungen wäre eine derartige atypische Sonderkonstellation insbesondere dann anzunehmen, wenn die Sicherheit oder Ordnung der Anstalt, die Erreichung des Vollzugsziels der Resozialisierung oder der Schutz der Allgemeinheit auf Grund konkreter, individuell aus der Person des Gefangenen folgender Anhaltspunkte gefährdet sind.[1414]

Die betreffenden Landesvorschriften von Bayern und Baden-Württemberg zur Telefonie sind also analog für die Frage des Internetzugangs durch Strafgefangene heranzuziehen und im Sinne eines intendierten Ermessens zu verstehen.

---

1410 *Knauer*, in: AK-StVollzG, § 30 Rn. 3: „großzügige Handhabung der Vorschriften über Telefongespräche“ sowie Rn. 13; vgl. Kapitel D.II.1.

1411 Vgl. Kapitel F.VI.

1412 Kapitel F.V, VI.

1413 Huck/Müller/*Müller*, § 40 Rn. 9.

1414 Vgl. Kapitel D.II.6, F.VI, G.II.2.

#### *bb) Ermessensreduzierung auf „Null“*

Überdies lässt sich für die Bundesländer ohne eigenständige vollzugliche Regelungen zur Internetnutzung gleichfalls annehmen, dass Gefangene sich dergestalt auf ihre Informationsfreiheit berufen können, dass zugunsten ihres auf sonst nicht erlangbare Informationen beschränkten Internetnutzungsbegehrens eine Ermessensreduktion auf „Null“ eintritt.[1415]

### *c) Ergebnis*

Soweit das geltende Recht zugunsten des Strafgefangenen keinen oder lediglich einen Anspruch auf ermessensfehlerfreie Entscheidung über die Internetnutzung gewährt, ist dies verfassungskonform dahin gehend auszulegen, dass der Internetzugang im Wege eines intendierten Ermessens grundsätzlich gestattet werden soll. Eine Ausnahme bilden Fälle, in denen durch die Internetznutzung konkrete Anhaltspunkte in der Person des Gefangenen für eine Gefährdung der Sicherheit oder Ordnung der Anstalt, der Erreichung des Vollzugsziels und des Schutzes der Allgemeinheit bestehen.

## 2. Schlussfolgerungen de lege ferenda

Wenn aus Art. 5 Abs. 1 S. 1 2. Alt. GG ein originärer Anspruch auf Internetzugang hergeleitet werden kann, darf das einfachgesetzliche Schutzniveau nicht länger hinter den Garantien des Grundgesetzes (bzw. der EMRK) zurückstehen.[1416]

Eine Gesetzesnovellierung muss also zum Ausdruck bringen, dass die Internetnutzung im Strafvollzug dem Grunde nach gewollt ist. Im Gegensatz zu bestehenden Regelungen wäre der Vollzugsbehörde hierfür aufzugeben, dass Strafgefangenen der Internetzugang in der Regel zu gewähren ist. Abstrakt gesehen empfiehlt sich insofern eine ermessenslenkende Form der Ausgestaltung, bei der zunächst eine Regel zugunsten des Internets formuliert wird und Abweichungen nur in atypischen Konstellationen statthaft sind (sog. Regel-Ausnahme-Verhältnis).[1417]

---

1415 Vgl. erneut *Knauer*, in: AK-StVollzG, § 36 Rn. 10.

1416 Vgl. Kapitel F.VI und G.II.2.

1417 Vgl. Kapitel F.V; vgl. auch *Bode*, in: Medien – Kriminalität – Kriminalpolitik 2018, S. 101.

De lege ferenda ist die Implementierung einer Soll-Vorschrift[1418] vorzuschlagen, die sich – ihrem abstrakten Muster nach – an § 10 Abs. 1 StVollzG anlehnt, der besagt: „Ein Gefangener soll mit seiner Zustimmung in einer Anstalt oder Abteilung des offenen Vollzuges untergebracht werden, wenn er den besonderen Anforderungen des offenen Vollzuges genügt und namentlich nicht zu befürchten ist, daß er sich dem Vollzug der Freiheitsstrafe entziehen oder die Möglichkeiten des offenen Vollzuges zu Straftaten mißbrauchen werde“. Auf Behördenseite würde es somit im Regelfall auf eine gebundene Entscheidung hinauslaufen.[1419] Dabei entspricht ein – de lege lata – gefordertes intendiertes Ermessen nach Gerhardt „im praktischen Ergebnis der Handhabung von Soll-Vorschriften“[1420], wodurch ein wesentlicher Gleichlauf mit den bisher gefundenen Ergebnissen (auch auf verfassungsrechtlicher Ebene) sichergestellt ist. Freilich ist auch hier die Informationsfreiheit Kernbezugspunkt für die Ermessensentscheidung, sodass andere Elemente, wie etwa reine Unterhaltungszwecke, für die das Internet nicht zwingend gebraucht wird, in den Hintergrund treten.

Eine Ausgestaltung als Soll-Vorschrift trägt ebenso der Straßburger Judikatur, wonach die Internetnutzung über Art. 10 EMRK umfassenden Schutz erfährt und einen entscheidenden Resozialisierungsfaktor für Strafgefangene darstellt, Rechnung. Die Implementierung einer Regelvermutung neben sachlichen Voraussetzungen gleichermaßen an der persönlichen Eignung des Gefangenen zu orientieren, erscheint angesichts der Rechtsprechung des EGMR insofern nur konsequent.[1421]

Mit den angeordneten Änderungen ließe sich das bei den landesgesetzlichen Vorschriften zur Internetnutzung bestehende Problem eines sog. zweistufigen Zulassungsverfahrens[1422] ausschalten. Insofern ist aktuell noch die Gefahr gegeben, dass der Zulassung des Internets auf erster Stufe keine oder eine ablehnende Entscheidung der Landesjustizverwaltungen entgegensteht, wodurch

---

1418 Vgl. nur Kapitel F.V; ergänzend ist dabei auch auf die Tatsache hinzuwiesen, dass viele Landesgesetze im Rahmen der gesetzlichen Ausgestaltung der Sicherungsverwahrung bereits explizit eine Soll-Regelung zugunsten der Nutzung des Internets bzw. „zugelassener Formen der Telekommunikation“ (vgl. § 32 Abs. 2 S. 1 HmbSVVollzG) vorsehen.

1419 Vgl. Huck/Müller/*Müller*, § 40 Rn. 9.

1420 Schoch/Schneider/Bier/*Gerhardt*, § 144 Rn. 20; so auch Huck/Müller/*Müller*, § 40 Rn. 9–10.

1421 Kapitel G.II.2; vgl. auch *Bode*, in: Medien – Kriminalität – Kriminalpolitik 2018, S. 99–100.

1422 Vgl. nur Kapitel E.II.3.

der Gefangene mangels individueller Rechtsschutzmöglichkeiten komplett vom Internetzugang abgeschnitten wird.[1423] Diese Form der Abhängigkeit muss ersatzlos entfallen. Andernfalls wird die Anstalt der Bedeutung und Tragweite der Informationsfreiheit nicht gerecht. Denn mit Blick auf den subjektiv-rechtlichen Gewährleistungsgehalt von Art. 5 Abs. 1 S. 1 2. Alt GG muss grundsätzlich die Möglichkeit auf ein Mindestmaß an Internetzugang bestehen. Die Änderung nach vorstehendem Muster würde diesem Umstand angemessen Rechnung tragen, indem sie ein zweistufiges Zulassungsverfahren, wie es in den meisten Landesgesetzen festgeschrieben ist,[1424] obsolet macht.

Ferner lassen sich im Wege einer Ausgestaltung als Soll-Regelung weiterhin ernstzunehmende Sicherheitsinteressen ausreichend berücksichtigen: Einschränkungen aufgrund tatsächlicher Missbrauchsgefahren oder bei einer Gefährdung des Vollzugsziels können – ähnlich wie dies bereits bei § 10 StVollzG (im Rahmen einer sog. Progressionsprüfung[1425]) der Fall war – als Hürden festgeschrieben werden; sind Gefahrenlagen also tatsächlich angezeigt, kann die Anstalt durchaus von der gesetzgeberischen Empfehlung abweichen. Es ist deshalb davon auszugehen, dass sich vor dem Hintergrund des individuellen Gefahrenpotentials der Gefangenen behördliche Eingriffe praxisgerechter umsetzen lassen als bei einer möglichen Ausgestaltung nach dem Vorbild des § 23 StVollzG, der von „hat das Recht" spricht.[1426] Auch erscheint der ausschließliche Rückgriff auf die im Rahmen der landesrechtlichen Analyse identifizierten Verweisungen auf Sicherungsmaßnahmen der übrigen Außenkontaktformen unzweckmäßig.[1427] Mit Blick auf den sehr eingeschränkten Anwendungsbereich dieser Sicherungsmöglichkeiten sollte es vielmehr darauf ankommen, eigene internetspezifische Schutzmaßnahmen zu etablieren.[1428] Ein allgemeiner Verweis auf nutzungsbedingte Sicherheitsauflagen genügt insoweit zur Klarstellung.[1429]

Gleichfalls von Bedeutung ist der künftige Regelungsort. Zwar spricht zunächst einiges dafür, in jedem Vollzugsbereich eigene Vorschriften zur

---

1423 Vgl. *Knauer*, in: AK-StVollzG, § 36 Rn. 14; Kapitel E.II.3.

1424 Siehe ausführlich Kapitel E.II.

1425 Dieser Begriff wird von der Praxis vielfach als Synonym für eine Entscheidung über die Verlegung in den offenen Vollzug gebraucht.

1426 Anders der Gesetzgebungsvorschlag von *Knauer* (2006, S. 164), der eine gebundene Entscheidung („hat das Recht") vorsieht.

1427 Vgl. Kapitel E.II.4; vgl. auch Justizvollzugsbeauftragter des Landes NRW 2015, S. 129–130; *Knauer*, in: AK-StVollzG, § 36 Rn. 13; *ders.*, 2006, 111 ff.

1428 Vgl. Kapitel E.II.4.

1429 Vgl. Kapitel E.II.4.

Internetnutzung zu implementieren, sodass – etwa im Bereich von Freizeitgestaltung oder Arbeit – ausschließlich bereichsspezifische Nutzungsformen beschrieben werden.[1430] Indes muss sichergestellt sein, dass unabhängig von binnensystematischen Erwägungen sämtliche (auch bisher noch unbekannte) Anwendungsformen des Internets erfasst werden.[1431] Dabei gilt es zu vermeiden, dass bereichsabhängig unterschiedliche – und womöglich ungleich restriktive – Vorgaben zur Anwendung kommen.[1432] Folglich wird dafür plädiert, eine Regelung des Internetzugangs abschließend im Bereich der Außenkontakte zu verorten, was bedeutet, dass sich die Frage der Nutzungsgestattung für sämtliche internetbasierten Formate in einer Vorschrift konzentriert. Insoweit könnte der bereits unterbreitete Vorschlag zum Erlass einer passenden Verwaltungsvorschrift („Eine Nutzung anderer Formen der Kommunikation umfasst auch die Internetnutzung durch Strafgefangene zu informationellen wie zu kommunikativen Zwecken.") helfen, Unsicherheiten zu beseitigen.

Vor dem Hintergrund der unbefriedigenden Entwicklungen im Bereich der Gefangenentelefonie verdient die Kostenseite des Internetzugangs weitere Beachtung.[1433] Zwar wird allgemein nur von geringen Nutzungskosten auszugehen sein.[1434] Um jedoch einer übermäßigen Einflussnahme in Form von monetären Erwägungen bereits auf einfachgesetzlicher Ebene vorzubeugen, ist – ähnlich der Vorschrift des § 52 Abs. 3 LStVollzG SH – jedenfalls eine anstaltsseitige Kostenübernahme in Härtefällen zu fordern; andernfalls könnte die über Art. 5 Abs. 1 S. 1 2. Alt. GG geschützte Grundrechtsposition – faktisch – leerlaufen. Eine derartige „Sozialklausel"[1435] wäre daher für solche Fälle zu etablieren, in denen dem Gefangenen aus finanziellen Gründen eine Nutzung des Internets schlechterdings unmöglich würde. Um praktischem Missbrauch vorzubeugen, muss der Gefangene dies im Einzelfall nachweisen können. Ferner ist zur Verhinderung einer uferlosen Anwendung solchen Gefangenen kein Schutz zuzubilligen, die gemessen an ihrem in der Anstalt verfügbaren Geld sämtliche Finanzmittel bewusst anders aufwenden.

---

1430 Vgl. dazu auch *Esser*, NStZ 2018, 121, 127, der einen neu zu schaffenden Abschnitt „Telemedien" präferiert.

1431 Vgl. nur Kapitel E.II.1.

1432 Kapitel E.II.1.

1433 Siehe auch Kapitel G.III.3; vgl. ferner *Bode*, in: Medien – Kriminalität – Kriminalpolitik 2018, S. 99–100; *ders.*, Der Einsatz internetbasierter Medien im Strafvollzug (im Erscheinen).

1434 Vgl. Kapitel H.I.3.

1435 Näher dazu Kapitel H.I.3.

Nach den zuvor entwickelten Maßstäben sind schließlich auch Datenschutzaspekte angemessen zu berücksichtigen.[1436] Der Daten- bzw. Kommunikationsverkehr über das Internet darf zwar einerseits nicht unüberwacht bleiben. Dass Strafgefangene andererseits aber schutzlos gestellt sind, was die Verwendung personenbezogener Daten anbelangt, ist unbedingt zu vermeiden. Ein sinnvoller Ausgleich beider – grundrechtlich geschützter – Interessenlagen lässt sich nach dem Vorbild des § 52 LStVollzG SH, der in Absatz 2 S. 3 eine Mitteilungspflicht der Anstalt über bevorstehende Überwachungsmaßnahme statuiert, finden: Eine Überwachung des Datenflusses („Traffic") kann erfolgen, sofern die Anstalt dem Gefangenen diese Umstände im Voraus mittteilt.

Auf der Basis vorstehender Erwägungen ergibt sich als zeitgemäßer Ausgestaltungsvorschlag – in concreto – folgende Formulierung:

(1) [1]Dem Gefangenen soll die Nutzung des Internets in angemessenem Umfang gestattet werden. [2]Eine Versagung der Internetnutzung darf nur erfolgen, wenn konkrete Anhaltspunkte in der Person des Gefangenen die Annahme rechtfertigen, dass durch den Zugang zum Internet die Erreichung des Vollzugsziels, die Sicherheit oder Ordnung der Anstalt oder der Schutz der Allgemeinheit konkret gefährdet sind.

(2) [1]Die Gestattung kann abhängig von Sicherheitsauflagen erfolgen. [2]Beabsichtigt die Anstalt eine Überwachung, so hat sie dem Gefangenen dies rechtzeitig vor Beginn der Nutzung mitzuteilen.

(3) [1]Die Kosten für die Bereitstellung der Internetnutzung sind grundsätzlich vom Gefangenen selbst zu tragen. [2]Eine Kostenübernahme ist nur auf Antrag möglich, sofern der Gefangene nach seinen wirtschaftlichen Verhältnissen die Kosten der Nutzung nicht aufbringen kann.

## 3. Zusammenfassung

Was die eingangs geforderten Veränderungen betrifft, so bleibt mit Blick auf die Landesgesetze zunächst ein partieller Novellierungsbedarf zu fordern. In Zusammenspiel mit dem verfassungsrechtlich entwickelten Anspruch aus Art. 5 Abs. 1 S. 1 2. Alt. GG haben Vollzugsbehörden aus Rücksicht auf die Informationsfreiheit des Gefangenen intendiertes Ermessen bei der Anwendung von Landesregelungen zur Internetnutzung auszuüben. Bestehende Vorschriften sind – entgegen ihrem bisherigen Wortlaut – fortan zugunsten einer Internetnutzung auszulegen. Dies bedeutet, dass eine Nutzungsgewährung regelmäßig

1436 Vgl. Kapitel H.I.6.

zu erfolgen hat, sofern keine Anhaltspunkte in der Person des Gefangenen die Annahme rechtfertigen, dass durch den Zugang zum Internet die Erreichung des Vollzugsziels, die Sicherheit und Ordnung der Anstalt oder der Schutz der Allgemeinheit konkret gefährdet sind; eine ablehnende Bescheidung bleibt nur noch in atypischen Fällen möglich. Überdies entsteht im Falle einer Ermessensreduktion auf „Null" den Gefangenen sogar ein (echter) Anspruch auf Zugang. Dies gilt es durch den Erlass von Verwaltungsvorschriften (nach vorstehendem Muster) praxisnah zu flankieren. In Bundesländern ohne eigenständige Internetregelungen läuft es hingegen auf eine analoge Anwendung der Vorschriften zur Gefangenentelefonie hinaus. Auch hier kommt es kraft Informationsfreiheit zu einem intendierten Ermessen bei Entscheidungen über die Zulassung der Internetnutzung.

Diese verfassungskonforme Anwendung der gesetzlichen Vorschriften kann aber nur ein vorläufiger Behelf sein. Gemessen am Grundsatz vom „Vorrang des Gesetzes" besteht vielmehr die Pflicht des Gesetzgebers, in diesem Bereich tätig zu werden; es muss also eine gesetzliche Neuregelung des Internetzugangs in den Landesvorschriften stattfinden. De lege ferenda ist die Einführung einer Soll-Vorschrift nach vorstehendem Muster im Bereich der Außenkontakte von Strafgefangenen zu fordern. Bis dahin bleibt über die aufgezeigten Änderungen im Umgang mit den bisherigen Landesregelungen jedoch sichergestellt, dass ein Mindestmaß an Internetnutzung bereits jetzt seitens der Vollzugsbehörden zu gewähren ist.

Auf Basis der vorstehenden Befunde darf man erwarten, dass die Aussage von Kett-Straub/Streng, wonach „die Zeiten, in denen die Anstalten komplett ‚offline' sind", in „absehbarer Zeit enden",[1437] zutrifft. Es ist zu hoffen, dass die hier vertretene Rechtsauffassung in Praxis und Rechtsprechung Einzug erhält.

1437 *Kett-Straub/Streng* 2016, S. 130.

# Tabellenverzeichnis

# Literaturverzeichnis

Arloth, Frank: Grundfragen und aktuelle Probleme des Strafvollzugs, Juristische Schulung (JuS) 2003, S. 1041–1048

Arloth, Frank/Krä, Horst: Strafvollzugsgesetze Bund und Länder: StVollzG-Kommentar, 4. Aufl. 2017 (zitiert: Arloth/Krä)

Auer-Reinsdorff, Astrid/Conrad, Isabell (Hrsg.): Handbuch IT- und Datenschutzrecht, 2. Auflage 2016 (zitiert: Auer-Reinsdorff/Conrad/*Bearbeiter*)

Bachmann, Mario: Bundesverfassungsgericht und Strafvollzug. Eine Analyse aller veröffentlichten Entscheidungen, 1. Aufl. 2015, zugl. Diss. 2014

Bader, Johann/Ronellenfitsch, Michael (Hrsg.): Beck'scher Online-Kommentar Verwaltungsverfahrensgesetz und Verwaltungszustellungsgesetz, 37. Ed. 1. 4. 2017 (zitiert: BeckOK VwVfG/*Bearbeiter*)

beck-aktuell Nachrichten: EGMR: Litauischer Häftling hat Recht auf Internetzugang, abrufbar unter http://rsw.beck.de/aktuell/meldung/egmr-litauischer-haeftling-hat-recht-auf-internetzugang, zuletzt abgerufen am 1.12.2018

Benedek, Wolfgang/Kettemann, Matthias: Freedom of expression and the internet, Council of Europe 2013 (zitiert: Benedek/Kettemann 2013)

Beyler, Ole: Das Recht des Strafgefangenen auf Besitz von Gegenständen nach § 70 (i.V.m. § 69 II) StVollzG unter besonderer Berücksichtigung der allgemeinen technischen Entwicklung, Zeitschrift für Strafvollzug und Straffälligenhilfe (ZfStrVo) 2001, S. 142–151

Biiukova, Natalija: Litauen: Recht von Gefangenen auf Internetzugang für Bildung, liberties news vom 7. 2. 2017, abrufbar unter http://www.liberties.eu/de/news/litauen-egmr-internetzugang, zuletzt abgerufen am 1.12.2018

Bode, Lorenz: Anspruch auf Internet im Gefängnis? Zugleich eine Besprechung von EGMR, Urt. v. 17.1.2017 – 21575/08, Zeitschrift für Internationale Strafrechtsdogmatik (ZIS) 2017, S. 348–353

Bode, Lorenz: (Markt-)Gerechte Tarifgestaltung bei Gefangenentelefonie. Gedankensplitter rund um BVerfG, Beschluss vom 8.11.2017 – 2 BvR 2221/16 = HRRS 2017 Nr. 1102, Online-Zeitschrift für Höchstrichterliche Rechtsprechung zum Strafrecht (HRRS) 2018, S. 72–76

Bode, Lorenz: Mehr Internet wagen! – Plädoyer für eine Internetnutzung durch Strafgefangene, Informationsdienst Straffälligenhilfe (BAG S) 2018, S. 4–6

Bode, Lorenz: Im toten Winkel: Internetnutzung durch Strafgefangene, Forum Strafvollzug (FS) 2018, S. 219–221

Bode, Lorenz: Resozialisierungsfaktor Internet? Chancen und Risiken einer Internetnutzung durch Strafgefangene, in: Dessecker, A./Rettenberger, M. (Hrsg.): Medien – Kriminalität – Kriminalpolitik 2018, S. 83–104 (zitiert: Bode, in: Medien – Kriminalität – Kriminalpolitik 2018)

Bode, Lorenz: Zum Spannungsverhältnis von Internet und Strafvollzug, in: Boers, K./Schaerff, M. (Hrsg.), Kriminologische Welt in Bewegung 2018, S. 579–590 (zitiert: Bode, in: Kriminlogische Welt in Bewegung 2018)

Bode, Lorenz: Ausbildungsbeihilfe bei selbstorganisiertem Studium. Anmerkung zu OLG Hamm – 1 Vollz (Ws) 127/17, Forum Strafvollzug (FS) 2017, S. 353–355

Bode, Lorenz: Der Einsatz internetbasierter Medien im Strafvollzug, Neue Kriminalpolitik (NK) 2019 (im Erscheinen)

Böhm, Alexander: Strafvollzug, 3. Aufl. 2003

Braunberger, Gerald: Digitale Revolution. Macht der Maschinen, FAZ-online vom 27. 4. 2014, http://www.faz.net/aktuell/wirtschaft/menschen-wirtschaft/digitale-revolution-macht-der-maschinen-12910372.html, zuletzt abgerufen am 1.12.2018

Brodowski, Dominik/Freiling, Felix: Cyberkriminalität. Computerstrafrecht und die digitale Schattenwirtschaft 2011

Buermeyer, Ulf: Die „Online-Durchsuchung“. Technischer Hintergrund des verdeckten hoheitlichen Zugriffs auf Computersysteme, Online-Zeitschrift für Höchstrichterliche Rechtsprechung zum Strafrecht (HRRS) 2007, S. 154–166

Bundeskriminalamt: Bundeslagebild Cybercrime 2016, abrufbar unter https://www.bka.de/SharedDocs/Downloads/DE/Publikationen/JahresberichteUndLagebilder/Cybercrime/cybercrimeBundeslagebild2016.html, zuletzt abgerufen am 1.12.2018

Bundesministerium der Justiz et. al. (Hrsg.): Europäische Strafvollzugsgrundsätze – Die Empfehlung des Europarats Rec (2006) 2, abrufbar unter http://www.bmjv.de/SharedDocs/Downloads/DE/Service/StudienUntersuchungenFachbuecher/Freiheitsentzug_Empfehlung_des_Europarates_europaeische_Strafvollzugsgrundsaetze2006.pdf?__blob=publicationFile&v=3, zuletzt abgerufen am 1.12.2018 (zitiert: Bundesministerium der Justiz et al. 2006)

Bung, Viktoria: Landesstrafvollzugsgesetz des Landes Schleswig-Holstein, Forum Strafvollzug (FS) 2016, S. 348–351

Calliess, Rolf-Peter/Müller-Dietz, Heinz (Hrsg.): Strafvollzugsgesetz: StVollzG-Kommentar, 11. Aufl. 2008 (zitiert: Calliess/Müller-Dietz/*Bearbeiter*)

Cornel, Heinz: Die Entwicklung des deutschen Strafvollzugs nach der Föderalismusreform des Jahres 2006 mit der Verlagerung der Gesetzgebungskompetenz auf die Bundesländer, Neue Kriminalpolitik (NK) 2018, S. 16–20

Cornelius, Kai: Internetverbot als Bewährungsweisung. Anmerkung zu OLG Hamm, Beschluss vom 10.11.2015, Neue Juristische Wochenschrift (NJW) 2016, S. 582–584

Danwerth, Christopher: Die prägenden Thesen und Ideen des Georg Jellinek (1851–1911), Juristische Schulung (JuS) 2011, S. 406–410

Dathe-Morgeneyer, Sebastian/Pfeffer-Hoffmann, Christian: BLiS – Blended Learning im Strafvollzug, Zeitschrift Bewährungshilfe (BewHi) 2010, S. 42–55

Dessecker, Axel: Kriminologie und Menschenrechte, in: Dessecker, A./ Dopp, R. (Hrsg.), Menschenrechte hinter Gittern 2016, S. 17–31

Detterbeck, Steffen: Öffentliches Recht im Nebenfach. Verfassungsrecht, Verwaltungsrecht, Europarecht mit Übungsfällen, 5. Aufl. 2017

Ebert, Klaus R.: Das öffentliche Telefon im geschlossenen Vollzug. Ende oder Beginn einer Entwicklung?!, 1. Aufl. 1999, zugl. Diss. 1999

Epping, Volker: Grundrechte, 7. Aufl. 2017

Epping, Volker/Hillgruber, Christian (Hrsg.): Beck'scher Online-Kommentar Grundgesetz, 35. Ed. 1. 10. 2017 (zitiert: BeckOK Grundgesetz/*Bearbeiter*)

Erichsen, Hans-Uwe/Ehlers, Dirk (Hrsg.): Allgemeines Verwaltungsrecht, 14. Aufl. 2010 (zitiert: Erichsen/Ehlers/*Bearbeiter*)

Esser, Robert: Internet für Strafgefangene – Neue Impulse durch den EGMR, Neue Zeitschrift für Strafrecht (NStZ) 2018, S. 121–127

Europarat: Resolution 1987 (2014), abrufbar unter http://semantic-pace.net/tools/pdf.aspx?doc=aHR0cDovL2Fzc2VtYmx5LmNvZS5pbnQvbncveG1sL1hSZWYvWDJILURXLWV4dHIuYXNwP2ZpbGVpZD0yMDg3MCZsYW5nPUVO&xsl=aHR0cDovL3NlbWFudGljcGFjZS5uZXQvWHNsdC9QZGYvWFJlZi1XRC1BVC1YTUwyUERGLnhzbA==&xsltparams=ZmlsZWlkPTIwODcw, zuletzt abgerufen am 1.12.2018 (zitiert: Europarat)

Führmann, Jan/Oelbermann, Jan: Preise der Gefangenentelefonie, Forum Strafvollzug (FS) 2014, S. 387–389

Führmann, Jan: Telefonieren im geschlossenen Strafvollzug, in: Neubacher, F./Bögelein, N. (Hrsg.), Krise – Kriminalität – Kriminologie 2016, S. 257–266

Feest, Johannes/Lesting, Wolfgang/Lindemann, Michael (Hrsg.): Strafvollzugsgesetze Kommentar, 7. Aufl. 2017 (zitiert: *Bearbeiter*, in: AK-StVollzG)

Fiebig, Peggy: Resozialisierung durch Digitalisierung. Vernetzt im Knast, Podcast vom 2. 2. 2018, Deutschlandfunk Kultur, abrufbar unter http://www.deutschlandfunkkultur.de/resozialisierung-durch-digitalisierung-vernetzt-im-knast.1001.de.html?dram:article_id=409806, zuletzt abgerufen am 1.12.2018

Galli, Thomas: Sinnvolle und technikbasierte Alternativen zum Vollzug der Freiheitsstrafe in geschlossenen Institutionen, in: Reichenbach, M.-T./Bruns, S. (Hrsg.), Resozialisierung neu denken. Wiedereingliederung straffällig gewordener Menschen als gesamtgesellschaftliche Aufgabe 2018, S. 78–93

Galli, Thomas/Weilandt, Matthias: Außenkontakte im Strafvollzug – Urkonflikt von Recht und Praxis, Forum Strafvollzug (FS) 2014, S. 142–146

Gercke, Marco: Die Bekämpfung der Internetkriminalität als Herausforderung für die Strafverfolgungsbehörden, MultiMedia und Recht (MMR) 2008, S. 291–298

Gercke, Marco: Die Entwicklung des Internetstrafrechts 2015/2016, Zeitschrift für Urheber- und Medienrecht (ZUM) 2016, S. 825–834

Gerlach, Susanne: In Verbindung bleiben – Außenkontakte der Gefangenen, Forum Strafvollzug (FS) 2014, S. 141

Gersdorf, Hubertus/Paal, Boris (Hrsg.): Beck'scher Online-Kommentar Informations- und Medienrecht, 18. Ed. 1. 11. 2017 (zitiert: BeckOK InfoMedienR/*Bearbeiter*)

Goerdeler, Jochen: Internationale Richtlinien im Justizvollzug: Anwendung in der Praxis, in: Dessecker, A./Dopp, R. (Hrsg.), Menschenrechte hinter Gittern, 1. Aufl. 2016, S. 93–128

Goger, Thomas/Stock, Jürgen: Cybercrime – Herausforderung für die internationale Zusammenarbeit, Zeitschrift für Rechtspolitik (ZRP) 2017, S. 10–14

Gorgol, Laura/Sponsler, Brian: Unlocking Potential: Results of a National Survey of Postsecondary Education in State Prisons. Unstitue for Higher Education Policy May 2011, abrufbar unter http://www.ihep.org/sites/default/files/uploads/docs/pubs/unlocking_potential-psce_final_report_may_2011.pdf, zuletzt abgerufen am 1.12.2018

Grabenwarter, Christoph/Pabel, Katharina: Europäische Menschenrechtskonvention, 6. Aufl. 2016

Graf, Jürgen-Peter (Hg.): Beck'scher Online-Kommentar Strafprozessordnung Mit RisStBV und MiStra, 28. Ed. 24. 8. 2017 (zitiert: BeckOK StPO/*Bearbeiter*)

Graf, Jürgen-Peter (Hg.): Beck'scher Online-Kommentar Strafvollzugsrecht Bayern, 8. Ed. 1. 6. 2017, (zitiert: BeckOK Strafvollzug Bayern/*Bearbeiter*)

Graf, Jürgen-Peter (Hg.): Beck'scher Online-Kommentar Strafvollzugsrecht Berlin, 4. Edition 1. 7. 2017, (zitiert: BeckOK Strafvollzug Berlin/*Bearbeiter*)

Graf, Jürgen-Peter (Hg.): Beck'scher Online-Kommentar Strafvollzugsrecht Brandenburg, 9. Ed. 15. 11. 2017 (zitiert: BeckOK Strafvollzug Bbg/*Bearbeiter*)

Graf, Jürgen-Peter (Hg.): Beck'scher Online-Kommentar Strafvollzugsrecht Bremen, 8. Ed. 1. 10. 2017 (zitiert: BeckOK Strafvollzug Bremen/*Bearbeiter*)

Graf, Jürgen-Peter (Hg.): Beck'scher Online-Kommentar Strafvollzugsrecht Bund, 12. Ed. 1. 7. 2017 (zitiert: BeckOK Strafvollzug Bund/*Bearbeiter*)

Graf, Jürgen-Peter (Hg.): Beck'scher Online-Kommentar Strafvollzugsrecht Hamburg, 6. Ed. 1. 7. 2017 (zitiert: BeckOK Strafvollzug Hamburg/*Bearbeiter*)

Graf, Jürgen-Peter (Hg.): Beck'scher Online-Kommentar Strafvollzugsrecht Hessen, 8. Ed. 1. 7. 2017 (zitiert: BeckOK Strafvollzug Hessen/*Bearbeiter*)

Graf, Jürgen-Peter (Hg.): Beck'scher Online-Kommentar Strafvollzugsrecht Sachsen-Anhalt, 6. Ed. 1. 12. 2017 (zitiert: BeckOK Strafvollzug LSA/*Bearbeiter*)

Graf, Jürgen-Peter (Hg.): Beck'scher Online-Kommentar Strafvollzugsrecht Mecklenburg-Vorpommern, 7. Ed. 15. 8. 2017 (zitiert: BeckOK Strafvollzug MV/*Bearbeiter*)

Graf, Jürgen-Peter (Hg.): Beck'scher Online-Kommentar Strafvollzugsrecht Niedersachsen, 10. Ed. 15. 7. 2017 (zitiert: BeckOK Strafvollzug Nds/*Bearbeiter*)

Graf, Jürgen-Peter (Hg.): Beck'scher Online-Kommentar Strafvollzugsrecht Nordrhein-Westfalen, 7. Ed. 15. 6. 2017 (zitiert: BeckOK Strafvollzug NRW/*Bearbeiter*)

Graf, Jürgen-Peter (Hg.): Beck'scher Online-Kommentar Strafvollzugsrecht Rheinland-Pfalz, 8. Ed. 1. 7. 2017 (zitiert: BeckOK Strafvollzug RhPf/Bearbeiter)

Graf, Jürgen-Peter (Hg.): Beck'scher Online-Kommentar Strafvollzugsrecht Saarland, 6. Ed. 15. 6. 2017 (zitiert: BeckOK Strafvollzug Saarland/*Bearbeiter*)

Graf, Jürgen-Peter (Hg.): Beck'scher Online-Kommentar Strafvollzugsrecht Sachsen, 9. Ed. 1. 7. 2017 (zitiert: BeckOK Strafvollzug Sachsen/*Bearbeiter*)

Graf, Jürgen-Peter (Hg.): Beck'scher Online-Kommentar Strafvollzugsrecht Thüringen, 11. Ed. 15. 1. 2018 (zitiert: BeckOK Strafvollzug Thüringen/*Bearbeiter*)

Graf, Jürgen-Peter (Hg.): Beck'scher Online-Kommentar Strafvollzugsrecht Schleswig-Holstein, 9. Ed. 1. 8. 2017 (zitiert: BeckOK Strafvollzug SchlH/*Bearbeiter*)

Graf, Jürgen-Peter (Hg.): Beck'scher Online-Kommentar Strafvollzugsrecht Berlin, 3. Ed. 15. 6. 2016 (zitiert: BeckOK Strafvollzug Berlin/*Bearbeiter*)

Greis, Anja/Austen, Andre: Gefahren des Internets, abrufbar unter http://www.wiwi.uni-frankfurt.de/professoren/ritter/veranstalt/ws9596/thema3.htm, zuletzt abgerufen am 1.12.2018

Gruber, Angela: Häftlinge sind offline, zeit-online vom 15. 9. 2013, abrufbar unter http://www.zeit.de/digital/internet/2013-09/internet-gefaengnis-jva-tegel, zuletzt abgerufen am 1.12.2018

Gutman, Daniel: Anmerkung zu OLG Hamm, Beschluss vom 20.3.2012 - III - 1 Vollz (WS) 101/17, Fachdienst Strafrecht (FD-StrafR) 2013, 343054

Haberstroh, Dieter: Grundlagen des Strafvollzugsrechts, Juristische Ausbildung (Jura) 1982, S. 617–626

Hamm, Rainer: Vom Wandel der Strafjustiz durch den der Medien intra et extra muros, in: Dessecker, A./Rettenberger, M. (Hrsg.): Medien - Kriminalität - Kriminalpolitik 2018, S. 13–26

Hansen, Bent Dahle: Internet for Inmates in Norway 2012, in: Fraktion Bündnis 90/Die Grünen (Hg.) Strafvollzug und Internet. Wann kommt die erste E-Mail aus dem Knast? 2012, S. 11–15, abrufbar unter http://www.gruene-fraktion-berlin.de/sites/default/files/Brosch%C3%BCre_Strafvollzug%20und%20Internet_final.pdf, zuletzt abgerufen am 1.12.2018

Harris, Kathleen: Email from behind bars? Prisoner advocates push for access to laptop, tablets and internet, cbc news-online vom 30. 7. 2017, abrufbar unter http://www.cbc.ca/news/politics/prison-csc-computer-internet-1.4222230, zuletzt abgerufen am 1.12.2018

Härting, Niko: „Digitale Grundrechte" - warum eigentlich?, lto vom 1. 12.2016, abrufbar unter https://www.lto.de/recht/hintergruende/h/eu-charta-digitale-grundrechte-entwurf-kritik/, zuletzt abgerufen am 1.12.2018

Heger, Jörg: Der Planettegel: Internet aus dem Knast, in: Fraktion Bündnis 90/Die Grünen (Hg.) Strafvollzug und Internet. Wann kommt die erste E-Mail aus dem Knast? 2012, S. 17–21, abrufbar unter http://www.gruene-fraktion-berlin.de/sites/default/files/Brosch%C3%BCre_Strafvollzug%20und%20Internet_final.pdf, zuletzt abgerufen am 1.12.2018

Heger, Jörg: Diskussion, in: Fraktion Bündnis 90/Die Grünen (Hg.) Strafvollzug und Internet. Wann kommt die erste E-Mail aus dem Knast? 2012, S. 32–41, abrufbar unter http://www.gruene-fraktion-berlin.de/sites/default/files/Brosch%C3%BCre_Strafvollzug%20und%20Internet_final.pdf, zuletzt abgerufen am 1.12.2018

Hilgendorf, Eric/Valerius, Brian: Computer- und Internetstrafrecht, 2. Aufl. 2012

Hirsch, Silke: Die Kommunikationsmöglichkeiten des Strafgefangenen mit seiner Familie, 1. Aufl. 2003, zugl. Diss. 2003

Hoeren, Thomas/Sieber, Ulrich/Holznagel, Bernd (Hrsg.): Multimedia-Recht, 45. EL Juli 2017 (zitiert: Hoeren/Holznagel/Sieber/*Bearbeiter*)

Hoffmeyer, Carsten: Grundrechte im Strafvollzug: Verfassungsrecht als kriminalpolitischer Beitrag zur Reform des Strafvollzugs, 1. Aufl. 1979, zugl. Diss. 1978

Höflich, Peter/Schriever, Wolfgang/Bartmeier, André: Grundriss Vollzugsrecht. Das Recht des Strafvollzugs, der Untersuchungshaft und des Jugendvollzugs, 4. Aufl. 2014

Hohmann-Fricke, Sabine/Jehle, Jörg-Martin: Legalbewährung Strafentlassener. Ergebnisse aus der bundesweiten Legalbewährungsuntersuchung, Forum Strafvollzug (FS) 2017, S. 116–125

Höld, Florian: Das Vorabentscheidungsverfahren nach dem neuen NetzDG. Rechtliches Neuland bei der Bekämpfung von Kriminalität in sozialen Netzwerken, MultiMedia und Recht (MMR) 2017, S. 791–795

Holt, Petra: Skype in der JVA Lingen, Forum Strafvollzug (FS) 2014, S. 149–150

Holznagel, Bernd: Netzneutralität als Aufgabe der Vielfaltssicherung, Kommunikation und Recht (K&R) 2010, S. 95–100

Höppner, Yannick/Mallwitz, Gudrun: Häftlinge sollen Internetzugang und Computer erhalten, Berliner Morgenpost-online vom 11.12.2017, https://www.morgenpost.de/berlin/article212796777/Haeftlinge-sollen-Internetzugang-und-Computer-erhalten.html, zuletzt abgerufen am 1.12.2018

Huck, Winfried/Müller, Martin (Hrsg.): Verwaltungsverfahrensgesetz: VwVfG, 2. Aufl. 2016 (zitiert: Huck/Müller/*Bearbeiter*)

Hufen, Christian: Ermessen und unbestimmter Rechtsbegriff, Zeitschrift für das Juristische Studium (ZJS) 2010, S. 603–607

Hufen, Friedhelm: Staatsrecht II. Grundrechte, 6. Aufl. 2017

Hyckel, Jonas: Die bedeutung der Haushaltskontrolle für die Budgethoheit des Parlaments – Teil 2, Verwaltungsrundschau (VR) 2015, S. 325–334

Institut für Bildung in der Informationsgesellschaft e.V. (Hrsg.): Digitale Medien und Internetanwendungen im Strafvollzug. Bericht über die Fachtagung am 7. April 2011, abrufbar unter http://www.ibi.tu-berlin.de/images/Veroffentlichungen/IBI_BLiS_Fachtagung_2011.pdf, zuletzt abgerufen am 1.12.2018 (zitiert: IBI 2011)

Ipsen, Jörn: Staatsrecht II – Grundrechte, 19. Aufl. 2016

Jarass, Hans/Pieroth, Bodo (Hrsg.): Grundgesetz für die Bundesrepublik Deutschland. Kommentar, 15. Aufl. 2018 (zitiert: Jarass/Pieroth/*Bearbeiter*)

Jäkel, Florian: Internetformate und Grundgesetz – Ist eine Internetfreiheit wirklich nötig?, Zeitschrift für Medien- und Kommunikationsrecht (AfP) 2012, S. 224–233

Jehle, Jörg-Martin: Strafvollzug und Empirie, in: Feuerhelm, W./Schwind, H.-D./Bock, M. (Hrsg.), Festschrift für Alexander Böhm zum 70. Geburtstag am 14. Juni 1999, S. 235–249

Jehle, Jörg-Martin: Menschenrechtliche und grundrechtliche Schranken im Umgang mit gefährlichen Straftätern, in: Eötvös Loránd University (Hg.), Annales Universitatis Scientiarum Budapestinensis 2014, S. 165–176

Jehle, Jörg-Martin: Resozialisierung und Rückfälligkeit nach Strafvollzug, in: Koop, G./Kappenberg, B. (Hrsg.), Weichen gestellt für den Justizvollzug?: Herausforderungen und Strategien 2016, S. 70–89

Justizvollzugsbeauftragter des Landes NRW: Tätigkeitsbericht des Justizvollzugsbeauftragten des Landes Nordrhein-Westfalen (Michael Kubink) 2015, (zitiert: Justizvollzugsbeauftragter des Landes NRW 2015)

Kaiser, Günther/Kerner, Hans-Jürgen/Schöch, Heinz: Strafvollzug, 4. Aufl. 1991

Kaiser, Günther/Schöch, Heinz: Strafvollzug, 5. Aufl. 2002

Kalmbach, Peter/Krenzel, Tim: Der Strafvollzug im Zeitalter des Internets, Forum Strafvollzug (FS) 2017, S. 344–346

Kalmbach, Peter/Krenzel, Tim: Onlinebegleitung im Strafvollzug – Das Projekt „crimeic" Revolutionierung ehrenamtlicher Arbeit im Strafvollzug? 2017

Karabasz, Ina: Der schwierige Kontakt zur alten Welt, handelsblatt-online vom 26.9.2015, abrufbar unter http://www.handelsblatt.com/unternehmen/it-medien/wlan-fuer-fluechtlinge-verschiedene-betreiber-verschiedene-regeln/12366146-2.html, zuletzt abgerufen am 1.12.2018

Kaye, David: Report of the Special Rapporteur on the promotion and protection of the right to freedom of opinion and expression, in: Office of the United Nations High Commissioner for Human Rights: UN Dok. A/HRC/29/32, Bericht vom 22.5.2015; UN Dok. A/HRC/32/38, Bericht vom 11.5.2016

Kerwien, Eva-Verena: Ein digitales Schulbuch? Die elis-Plattform im Strafvollzug. Interview mit Svenje Marten, Informationsdienst Straffälligenhilfe (BAG S) 2015, S. 31–32

Kettemann, Matthias: Friedrich-Ebert-Stiftung (Hrsg.), Völkerrecht in Zeiten des Netzes 2015, abrufbar unter http://library.fes.de/pdf-files/akademie/12068.pdf, zuletzt abgerufen am 1.12.2018 (zitiert: Kettemann 2015)

Kettemann, Matthias: Das Internet als internationales Schutzgut: entwicklungsperspektiven des Internetvölkerrechts anlässlich des Arabischen Frühlings, Zeitschrift für ausländisches öffentliches Recht und Völkerrecht (ZaöRV) 72 (2012), S. 469–482

Kettemann, Matthias: Das Internetgrundrecht zwischen Völkerrecht, Staatsrecht und Europarecht (II), Völkerrechtsblog vom 9.10.2015, http://voelkerrechtsblog.org/das-internetgrundrecht-zwischen-voelkerrecht-staatsrecht-und-europarecht-ii/, zuletzt abgerufen am 1.12.2018

Kettemann, Matthias: Das Internetgrundrecht zwischen Völkerrecht, Staatsrecht und Europarecht (III), Völkerrechtsblog vom 12.10.2015, http://voelkerrechtsblog.org/das-internetgrundrecht-zwischen-voelkerrecht-staatsrecht-und-europarecht-iii/, zuletzt abgerufen am 1.12.2018

Kettemann, Matthias: Das Recht auf Internet zwischen Völkerrecht, Staatsrecht und Europarecht (I), Völkerrechtsblog vom 7.10.2015, abrufbar unter https://voelkerrechtsblog.org/das-recht-auf-internet-zwischen-voelkerrecht-staatsrecht-und-europarecht/, zuletzt abgerufen am 1.12.2018

Kett-Straub, Gabriele/Streng, Franz: Strafvollzugsrecht, 1. Aufl. 2016

Kindhäuser, Urs/Neumann, Ulfrid/Paeffgen, Hans-Ullrich (Hrsg.): Nomos-Kommentar StGB, 5. Aufl. 2017 (zitiert: Kindhäuser/Neumann/Pfaeffgen/*Bearbeiter*)

Kissau, Kathrin: Kissau, Internetnutzung von Migranten – ein Weg zur Integration?, APuZ-online vom 19.9.2008, abrufbar unter http://www.bpb.de/apuz/30968/internetnutzung-von-migranten-ein-weg-zur-integration?p=all, zuletzt abgerufen am 1.12.2018

Klatt, Matthias/Meister, Moritz: Der Grundsatz der Verhältnismäßigkeit. Ein Strukturelement des globalen Konstitutionalismus, Juristische Schulung (JuS) 2014, S. 193–199

Klocke, Daniel: Die dynamische Auslegung der EMRK im Lichte der Dokumente des Europarats, Europarecht (EuR) 2015, S. 148–169

Kment, Martin/Vorwalter, Sebastian: Beurteilungsspielraum und Ermessen, Juristische Schulung (JuS) 2015, S. 193–201

Knauer, Florian: Internet und Strafvollzug. Rechtsprobleme der Nutzung elektronischer Kommunikationsmedien durch Strafgefangene, 1. Aufl. 2006, zugl. Diss. 2006

Knauer, Florian: Wissenschaftliche Perspektiven, in: Fraktion Bündnis 90/Die Grünen (Hg.) Strafvollzug und Internet. Wann kommt die erste E-Mail aus dem Knast? 2012, S. 28–31, abrufbar unter http://www.gruene-fraktion-berlin.de/sites/default/files/Brosch%C3%BCre_Strafvollzug%20und%20Internet_final.pdf, zuletzt abgerufen am 1.12.2018

Knauer, Florian: Strafvollzug und Internet. Ein Überblick über neuere Entwicklungen mit einer kritischen Würdigung, Zeitschrift für soziale Strafrechtspflege 50 (2015), S. 54–66

Knauer, Florian: Die Rechtsprechung des EGMR zur Nutzung des Internets im Strafvollzug. Eine Besprechung der Entscheidungen Kalda gegen Estland und Jankovskis gegen Litauen, in: Pollähne, H./Lange-Joest, C. (Hrsg.), www.Wahsinn-Wohl-Wehe.de? Gefangen(e) im Netz zwischencyber-Forensik und Kriminalpolitik 2.0 2018, S. 43–56 (zitiert: Knauer, in: www.Wahsinn-Wohl-Wehe.de? Gefangen(e) im Netz zwischencyber-Forensik und Kriminalpolitik 2.0 2018)

Koch, Wolfgang/Frees, Beate: ARD/ZDF-Onlinestudie „Dynamischen Entwicklung bei mobiler Internetnutzung sowie Audios und Videos" 2016, Media Perspektiven (MP) 2016, S. 418–437

Koch, Wolfgang/Frees, Beate: ARD/ZDF-Onlinestudie „Neun von zehn Deutschen online" 2017, Media Perspektiven (MP) 2017, S. 434–446

Köhne, Michael: Resozialisierungsunfähige Strafgefangene, Zeitschrift für Rechtspolitik (ZRP) 2003, S. 207–209

Kopp, Ferdinand/Ramsauer, Ulrich (Hrsg.): Verwaltungsverfahrensgesetz: VwVfG, 18. Aufl. 2017 (zitiert Kopp/Ramsauer/*Bearbeiter*)

Kopp, Ferdinand/Schenke, Wolf-Rüdiger (Hrsg.): Verwaltungsgerichtsordnung: VwGO, 23. Aufl. 2017 (zitiert: Kopp/Schenke/*Bearbeiter*)

Kubink, Michael: Strafe und Strafvollzug, bpb-online vom 14.6.2012, http://www.bpb.de/politik/innenpolitik/innere-sicherheit/76670/strafe-und-strafvollzug?p=all, zuletzt abgerufen am 1.12.2018

Kubink, Michael: Strafen und ihre Alternativen im zeitlichen Wandel, 1. Aufl. 2002, zugl. Habil. 2002

Kubink, Michael: Einige Gedanken des neuen Justizvollzugsbeauftragten des Landes Nordrhein-Westfalen, Forum Strafvollzug (FS) 2015, S. 36–39

Kudlich, Hans: Der Strafvollzug im Spannungsverhältnis zwischen Vollzugsziel und Sicherheit, Juristsiche Arbeitsblätter (JA) 2003, S. 704–712

Kuntz, Wolfgang: EU: Bekämpfung von Hetze im Internet, Newsdienst Zeitschrift für Datenschutz Aktuell (ZD-Aktuell) 2017, 05658

La Rue, Frank: Report of the Special Rapporteur on the promotion and protection of the right to freedom of opinion and expression, in: Office of the United Nations High Commissioner for Human Rights (Hg.): UN Dok. A/HRC/17/27, Bericht vom 16.5.2011; UN Dok. A/66/290, Bericht vom 10.8.2011; UN Dok. A/HRC/23/40, Bericht vom 17.4.2013

Lackner/Kühl: Strafgesetzbuch. Kommentar, 28. Aufl. 2014 (zitiert: Lackner/Kühl/*Bearbeiter*)

Laubenthal, Klaus: Vollzugliche Ausländerproblematik und Internationalisierung der Strafverbüßung, in: Feuerhelm, W./Schwind, H.-D./Bock, M.

(Hrsg.), Festschrift für Alexander Böhm zum 70. Geburtstag am 14. Juni 1999, S. 307–322

Laubenthal, Klaus: Strafvollzug, 7. Aufl. 2015

Laubenthal, Klaus: „Ruf doch mal an" oder „Kein Anschluss unter dieser Nummer"? – Telekommunikation im Strafvollzug, in: Bannenberg, B./Brettel, H./Freund, G./ Meier, B.-D./Remschmidt, H./Safferling, C. (Hrsg.), Über allem: Menschlichkeit. Festschrift für Dieter Rössner 2015, S. 271–289 (zitiert: Laubenthal, in: FS Rössner)

Laubenthal, Klaus/Nestler, Nina/Neubacher, Frank/Verrel, Torsten (Hrsg.): Strafvollzugsgesetze: StVollzG-Kommentar, 12. Aufl. 2015 (zitiert: LNNV/*Bearbeiter*)

Lübbe-Wolff, Gertrude: Die Rechtsprechung des Bundesverfassungsgerichts zum Strafvollzug und Untersuchungshaftvollzug, 1. Aufl. 2016

Maas, Heiko: Unsere digitalen Grundrechte, zeit-online vom 10.12.2015, abrufbar unter http://www.zeit.de/2015/50/internet-charta-grundrechte-datensicherheit/komplettansicht, zuletzt abgerufen am 1.12.2018

Maas, Heiko: Grußwort, in: Dessecker, A./Rettenberger, M. (Hrsg.): Medien – Kriminalität – Kriminalpolitik 2018, S. 9–11

Mandela, Nelson: Der lange Weg zur Freiheit 2006 (Spiegel-Edition Band 7)

Mann, Thomas/Sennekamp, Christoph/Uechtritz, Michael (Hrsg.): Verwaltungsverfahrensgesetz. Großkommentar, 1. Aufl. 2014 (zitiert: Mann/Sennekamp/Uechtritz/*Bearbeiter*)

Maunz, Theodor/Dürig, Günter (Hrsg.): Grundgesetz-Kommentar, 81. EL September 2017 (zitiert: Maunz/Dürig/*Bearbeiter*)

Maunz, Theodor/Schmidt-Bleibtreu, Bruno/Klein, Franz/Bethge, Herbert (Hrsg.): Bundesverfassungsgerichtsgesetz: BVerfGG, 52. EL September 2017 (zitiert: MSKB/*Bearbeiter*)

Mayer, Nils: Internet im Gefängnis. Mehr Netz im Knast, Stuttgarter-nachrichten-online vom 12.12.2015, abrufbar unter http://www.stuttgarter-nachrichten.de/inhalt.internet-im-gefaengnis-mehr-netz-im-knast.323e81be-0761-40eb-8a07-6e1c623dfb49.html, zuletzt abgerufen am 1.12.2018

Meckel, Miriam: Aus Vielen wird das Eins gefunden – wie Web 2.0 unsere Kommunikation verändert, bpb-online vom 19.9.2008, abrufbar unter http://www.bpb.de/apuz/30964/aus-vielen-wird-das-eins-gefunden-wie-web-2-0-unsere-kommunikation-veraendert?p=all, zuletzt abgerufen am 1.12.2018

Mecklenburg, Wilhelm: Internetfreiheit, Zeitschrift für Urheber- und Medienrecht (ZUM) 1997, S: 525–543

Meier, Bernd-Dieter: Strafrechtliche Sanktion, 2. Aufl. 2006

Müller-Dietz, Heinz: Strafvollzugsrecht, 2. Aufl. 1978

Müller-Dietz, Heinz: Der Ort des Strafvollzugs in einem künftigen Sanktionssystem, in: Feuerhelm, W./Schwind, H.-D./Bock, M. (Hrsg.), Festschrift für Alexander Böhm zum 70. Geburtstag am 14. Juni 1999, S. 3–23

Müller-Dietz, Heinz: Die Öffnung des Vollzugs – Sicherheitsrisiko oder Resozialisierungsnotwendigkeit?, in: Bieschke, V./Egg, R. (Hrsg.), Strafvollzug im Wandel – Neue Wege in Ost- und Westdeutschland – 2001, S. 99–120

Müller-Graff, Peter-Christian: Das „Soft Law" der europäischen Organisationen, Europarecht (EuR) 2012, 18–34

Muth, Pierre/Schwämmlein, Sandra/Bethge, Andreas/Tietz, Doreen: Haftraummediensystem in der neuen Thüringer JSA Arnstadt, Forum Strafvollzug (FS) 2014, S. 157–158

Neuberger, Christoph/Lobigs, Frank: Arbeitsgemeinschaft der Landesmedienanstalten in der Bundesrepublik Deutschland (Hrsg.), Die Bedeutung des Internets im Rahmen der Vielfaltssicherung. Gutachten im Auftrag der Kommission zur Ermittlung der Konzentration im Medienbereich (KEK) 2010 (zitiert: Neuberger/Lobigs 2010)

Newsdienst-Redaktion MMR-Aktuell: EGMR: Internetzugang während der Haft genießt Grundrechtsschutz, MultiMedia und Recht Aktuell (MMR-Aktuell) 2016, 375532

Newsdienst-Redaktion MMR-Aktuell: EGMR stärkt Bedeutung von Online-Archiven, MultiMedia und Recht Aktuell (MMR-Aktuell) 2017, 395572

Oelbermann, Jan: Der Preis der Gefangenentelefonie. Gewinnspannen auf dem Rücken der Gefangenen, Infobrief 111 (2015), abrufbar unter http://www.rav.de/publikationen/infobriefe/infobrief-111-2015/der-preis-der-gefangenen-telefonie/, zuletzt abgerufen am 1.12.2018

Ortmann, Rüdiger: Resozialisierung im Strafvollzug. Theoretischer Bezugsrahmen und empirische Ergebnisse einer Längsschnittstudie zu den Wirkungen von Strafvollzugsmaßnahmen, 1. Aufl. 1987, zugl. Diss. 1987

Paal, Boris/Hennemann, Moritz: Meinungsvielfalt im Internet. Regulierungsoptionen in Ansehung von Algorithmen, Fake News und Social Bots, Zeitschrift für Rechtspolitik (ZRP) 2017, S. 76–79

Paritätischer Landesverband Berlin e.V. (Hg.): Digitaler Wandel im Justizvollzug? Dokumentation der Fachveranstaltung vom 9. November 2017, abrufbar unter https://freiabosdotde.files.wordpress.com/2018/01/dokumentation_digitalisierung_web-2.pdf, zuletzt abgerufen am 1.12.2018

Pasch, Gerd: Digitalisierung der Medien, bpb-online vom 6.3.2010, abrufbar unter http://www.bpb.de/apuz/27366/digitalisierung-der-medien?p=all, zuletzt abgerufen am 1.12.2018

Payandeh, Mehrdad: Einführung in das Recht der Vereinten Nationen, Juristische Schulung (JuS) 2012, S. 506–511

Perwein, Sigmund: Erteilung, Rücknahme und Widerruf der Dauertelefongenehmigung, Zeitschrift für Strafvollzug und Straffälligenhilfe (ZfStrVo) 1996, S. 16–21

Pfalzer, Stefanie: (K)Ein freier Zugang zum Telefon, Forum Strafvollzug (FS) 2014, S. 151

Pieroth, Bodo/Schlink, Bernhard/Kingreen, Thorsten/Poscher, Ralf: Grundrechte. Staatsrecht II, 30. Aufl. 2014

Pressemitteilung Nr. 062 der Universität Bremen: Individuelle Lernformen für Strafgefangene vom 9.3.2011, abrufbar unter http://www.uni-bremen.de/universitaet/presseservice/pressemitteilungen/archiv-2011/einzelanzeige-2011/news/detail/News/individuelle-lernformen-fuer-strafgefangene.html?cHash=20b0b487e5dd66e3e4cf3e0b19a6881b, zuletzt abgerufen am 1.12.2018

Preusker, Harald: Das Bundesverfassungsgericht als Motor der Strafvollzugsreform, Zeitschrift für Strafvollzug und Straffälligenhilfe (ZfStrVo) 2005, S. 195–197

Rauscher, Thomas/Krüger, Wolfgang (Hrsg.): Münchener Kommentar zur Zivilprozessordnung mit Gerichtsverfassungsgesetz und Nebengesetzen, Band 2, 5. Aufl. 2016 (zitiert: MüKoZPO/*Bearbeiter*)

Redeker, Helmut: IT-Recht, 6. Aufl. 2017

Rehn, Gerhard: Anmerkungen zur Situation des Strafvollzuges, in: Puschke, J. (Hg.), Strafvollzug in Deutschland. Strukturelle Defizite, Reformbedarf und Alternativen 2011, S. 75–83

Reichenbach, Peter: Telefongebühren für Strafgefangene. Anmerkung zu BVerfG, Beschl. v. 8.11.2017 – 2 BvR 2221/16, Neue Zeitschrift für Strafrecht (NStZ) 2018, S. 168–171

Reißmann, Ole: Adhocracy-Versuch. Bundestag bittet zur Bürger-Beteiligung, abrufbar unter http://www.spiegel.de/netzwelt/netzpolitik/adhocracy-versuch-bundestag-bittet-zur-buerger-beteiligung-a-747655.html, zuletzt abgerufen am 1.12.2018

Rolfs, Christian/Giesen, Richard/Kreikebohm, Ralf/Udsching, Peter (Hrsg.): Beck'scher Online-Kommentar Sozialrecht, 47. Ed. 01.12.2017 (zitiert: BeckOK SozR/*Bearbeiter*)

Rötzer, Florian: Die Welt im Knast, Telepolis vom 12.12.1998, https://www.heise.de/tp/features/Die-Welt-im-Knast-3412079.html, zuletzt abgerufen am 1.12.2018

Sachs, Michael: Verfassungsrecht II. Grundrechte, 3. Aufl. 2017

Sachs, Michael (Hg.): Grundgesetz, 8. Aufl. 2018 (zitiert: Sachs/*Bearbeiter*)

Sander, Wolfgang/Knab, Cornelius: Sachanalyse, bpb-online vom 18.7.2014, abrufbar unter http://www.bpb.de/lernen/grafstat/rechtsextremismus/172901/sachanalyse?p=all, zuletzt abgerufen am 1.12.2018.

Sapers, Howard: Annual Report of the Office of the Correctional Investigator 2015–2016, http://www.oci-bec.gc.ca/cnt/rpt/annrpt/annrpt20152016-eng.aspx, zuletzt abgerufen am 1.12.2018

Schaede, Sebastian/Neubacher, Frank: Podknast.de – Ein Internetprojekt im Jugendstrafvollzug, Forum Strafvollzug (FS) 2010, S. 347–350

Schlaich, Klaus/Korioth, Stefan: Das Bundesverfassungsgericht, 10. Aufl. 2015

Schmidl, Michael: IT-Recht von A-Z, 2. Aufl. 2014

Schober, Konrad: Europäische Polizeizusammenarbeit zwischen TREVI und Prüm. Mehr Sicherheit auf Kosten von Freiheit und Recht? 2017

Schoch, Friedrich/Schneider, Jens-Peter/Bier, Wolfgang (Hrsg.): Verwaltungsgerichtsordnung Band I Kommentar, 33. EL. 2017 (zitiert: Schoch/Schneider/Bier/*Bearbeiter*)

Schönke/Schröder: Strafgesetzbuch. Kommentar, 29. Aufl. 2014 (zitiert: Schönke/Schröder/*Bearbeiter*)

Schroven, Günter: „Für ein Handy zum freien Telefonieren würde ich meinen Fernseher hergeben", Forum Strafvollzug (FS) 2014, S. 147–148

Schulz, Martin: Freiheit Gleichheit Datenschutz, zeit-online vom 27.11.2015, abrufbar unter http://www.zeit.de/2015/48/grundrechte-netz-datenschutz-eugh, zuletzt abgerufen am 1.12.2018

Schwind, Hans-Dieter/Böhm, Alexander/Jehle, Jörg-Martin/Laubenthal, Klaus (Hrsg.): Strafvollzugsgesetz-Kommentar, 6. Aufl. 2013 (zitiert: SBJL/*Bearbeiter*)

Schwind, Hans-Dieter/Böhm, Alexander/Jehle, Jörg-Martin/Laubenthal, Klaus (Hrsg.): Strafvollzugsgesetze, 7. Aufl. 2019 (im Druck, Manuskriptstand 31.7.2018, zitiert: SBJL/*Bearbeiter* 2019 im Druck)

Sodan, Helge/Ziekow, Jan: Grundkurs Öffentliches Recht, 7. Aufl. 2016

Sodan, Helge/Ziekow, Jan: Verwaltungsgerichtsordnung, 4. Aufl. 2014 (zitiert: *Bearbeiter*, in: Sodan/Ziekow)

Springer Gabler Verlag (Hrsg.): Gabler Wirtschaftslexikon, abrufbar unter http://wirtschaftslexikon.gabler.de.html, zuletzt abgerufen am 1.12.2018

Statistisches Bundesamt: Ausstattung privater Haushalte mit ausgewählten Gebrauchsgütern (2016), Fachserie 15 Reihe 2, 4

Statistisches Bundesamt: Strafvollzug – Demographische und kriminologische Merkmale der Strafgefangenen (2015), Fachserie 10, Reihe 4.1

Steindorfner, Michael: Behandlung im Strafvollzug und Schutz der Allgemeinheit. Der baden-württembergische Weg im Umgang mit rückfallgefährdeten Straftätern, Zeitschrift für Strafvollzug und Straffälligenhilfe (ZfStrVo) 2003, S. 3–16

Stelkens, Paul/Bonk, Joachim/Sachs, Michael (Hrsg.): Verwaltungsverfahrengesetz: VwVfG, 9. Aufl. 2018 (zitiert: Stelkens/Bonk/Sachs/*Bearbeiter*)

Stenert, Felix: Bibliothekarische Angebote für Fernstudierende in Haft – Herausforderungen der wissenschaftlichen Literaturversorgung im digitalen Zeitalter 2018

Theine, Elisabeth: Außenkontakte der Gefangenen – Die Bedeutung digitaler Medien, Forum Strafvollzug (FS) 2014, S. 161–162

Thiele, Christoph: Ehe- und Familienschutz. Strafvollzug Rechtliche und praktische Maßnahmen und Rahmenbedingungen zur Aufrechterhaltung familiärer Beziehungen von Strafgefangenen, 1. Aufl. 2016, zugl. Diss 2016

Thiele, Christoph: Außenkontakte des Gefangenen in den Länderstrafvollzugsgesetzen, Kriminalpädagogische Praxis (KrimPäd) 2015, S. 72–85

Tighe, Siobhann: Prisoners allowed access to adult films and internet, bbc-online vom 22.4.2016, abrufbar unter http://www.bbc.com/news/world-europe-36067653, zuletzt abgerufen am 1.12.2018

UN-Menschenrechtsrat: Resolution UN Dok. A/HRC/26/L.24 vom 20.6.2014; Resolution UN Dok. A/HRC32/L.20 vom 27.6.2016

Venker, Karl: Utopische Entwürfe zur Zukunft von IuD, open Password-online vom 24.7.2017, abrufbar unter http://www.password-online.de/?wysija-page=1&controller=email&action=view&email_id=300&wysijap=subscriptions, zuletzt abgerufen am 1.12.2018

von der Mehden, Ariane/Martins, Marcela: Sitzt du noch oder lernst du schon? – Computergestütztes Lernen hinter Gittern, Report der Bundesarbeitsgemeinschaft für Berufsbildung in den Fachrichtungen Bautechnik, Holztechnik, sowie Farbtechnik und Raumgestaltung e.V. (BAG-Report) 2014, S. 24–27

von Gehlen, Dirk: Wie die Digitalisierung unsere Kommunikation umkrempelt, vocer-online vom 6.12.2013, abrufbar unter http://www.vocer.org/wie-die-digitalisierung-unsere-kommunikation-umkrempelt/, zuletzt abgerufen am 1.12.2018

von Heintschel-Heinegg, Bernd (Hg.): Beck'scher Online-Kommentar Strafgesetzbuch, 36. Ed. 1.11.2017 (zitiert: BeckOK StGB/*Bearbeiter*)

Vorwerk, Volkert/Wolf, Christian: Beck'scher Online-Kommentar Zivilprozessordnung, 27. Ed. 1.12.2017 (zitiert: BeckOK ZPO/*Bearbeiter*)

Voßkuhle, Andreas: Grundwissen – Öffentliches Recht: Der Grundsatz des Vorbehalts des Gesetzes, Juristische Schulung (JuS) 2007, S. 118–119

Voßkuhle, Andreas/Kaiser, Anna-Bettina: Grundwissen – Öffentliches Recht: Funktionen der Grundrechte, Juristische Schulung (JuS) 2011, S. 411–413

Wabnitz, Heinz-Bernd/Janovsky, Thomas (Hrsg.): Handbuch Wirtschafts- und Steuerstrafrecht, 4. Aufl. 2014 (zitiert: Wabnitz/Janovsky/*Bearbeiter*)

Walter, Michael: Strafvollzug, 2. Aufl. 1999

Wawzyniak, Halina: Ist die Verweigerung eines Internetzugangs im Strafvollzug rechtmäßig?, Kritische Vierteljahresschrift für Gesetzgebung und Rechtswissenschaft (KritV) 2012, S. 198–208

Wedekind, Olaf: „Knacki in Berlin müsste man sein... Zu Weihnachten beschenkt Justizsenator Behrendt Häftlinge mit Tablet-Computern. Natürlich auf Staatskosten!", Bildzeitung vom 11.12.2017

Wegener, Bernhard: Der geheime Staat – Arkantradition und Informationsfreiheit, 1. Aufl. 2006, zugl. Habil. 2002

Wehrmeier, Udo: Mediacenter für Abschiebungsgefangene in der Justizvollzugsanstalt Büren, Forum Strafvollzug (FS) 2014, S. 155–156

Werner, Jana: Resozialisierung durch Digitalisierung? welt-online vom 10.5.2017, abrufbar unter https://www.welt.de/print/die_welt/hamburg/article164429527/Resozialisierung-durch-Digitalisierung.html, zuletzt abgerufen am 1.12.2018

Wilhelmsson, Fredrik/Jackson, George/Makne, Ole: How can ICT make the offender better prepared for release?, September 2017, EuroPris ICT Expert Group, abrufbar unter http://www.europris.org/file/expert-group-ict-how-can-ict-make-the-offender-better-prepared-for-release/, zuletzt abgerufen am 1.12.2018

Wissenschaftliche Dienste des Bundestages: Zum „Grundrecht auf Sicherheit" 2008 (Ausarbeitung WD 3 – 3000 – 180/08), abrufbar unter https://www.bundestag.de/blob/423604/6bc141a9713732fc4bb4334b6d02693b/wd-3-180-08-pdf-data.pdf, zuletzt abgerufen am 1.12.2018

Wulf, Rüdiger (Hg.): Beck'scher Online-Kommentar Strafvollzugsrecht Baden-Württemberg, 8. Ed. 1.10.2017 (zitiert: BeckOK Strafvollzug BW/*Bearbeiter*)

Wysk, Peter (Hg.): Verwaltungsgerichtsordnung, 2. Aufl. 2016 (zitiert: Wysk/*Bearbeiter*)

## (weitere) Onlineressourcen

http://homepage.univie.ac.at/birgit.stetina/flskryspin/archiv/vornach.htm, zuletzt abgerufen am 1.12.2018

http://hudoc.echr.coe.int/eng?i=001-170354, zuletzt abgerufen am 1.12.2018 http://news.bbc.co.uk/1/shared/bsp/hi/pdfs/08_03_10_BBC_internet_poll.pdf, zuletzt abgerufen am 1.12.2018

http://reso-infoportal.de/kurz-und-buendig/1342-kurz-und-buendig-nr-11-30-01-2018-wir-brauchen-fuer-den-strafvollzug-eine-moderne-und-bezahlbare-medien-infrastruktur, zuletzt abgerufen am 1.12.2018

http://webarchiv.bundestag.de/cgi/show.php?fileToLoad=2944&id=1223, zuletzt abgerufen am 1.12.2018

http://wirtschaftslexikon.gabler.de/Archiv/9169/internet-v16.html, zuletzt abgerufen am 1.12.2018

http://www.ard-zdf-onlinestudie.de/files/2017/Artikel/Kern-Ergebnisse_ARDZDF-Onlinestudie_2017.pdf, zuletzt abgerufen am 1.12.2018

http://www.bmwi.de/Redaktion/DE/Dossier/digitalisierung.html, zuletzt abgerufen am 1.12.2018

http://www.bmz.de/de/ministerium/ziele/2030_agenda/index.html, zuletzt abgerufen am 1.12.2018

http://www.buceriuslab.de/2014/wp-content/uploads/2014/04/charta-email-versand.pdf, zuletzt abgerufen am 1.12.2018

http://www.europris.org/, zuletzt abgerufen am 1.12.2018

http://www.faz.net/aktuell/gesellschaft/internetsprache-auf-den-spuren-des-vong-hypes-15058922.html, zuletzt abgerufen am 1.12.2018

http://www.ibi.tu-berlin.de/projekte/aktuelle-projekte/199-resozialisierung-durch-digitalisierung-heidering, zuletzt abgerufen am 1.12.2018

http://www.landtag.ltsh.de/infothek/wahl18/umdrucke/6300/umdruck-18-6313.pdf, zuletzt abgerufen am 1.12.2018

http://www.management-infocenter.de/dict/vier-sektoren-hypothese.php, zuletzt abgerufen am 1.12.2018

http://www.mj.niedersachsen.de/themen/justizvollzug/justizvollzug-10505.html, zuletzt abgerufen am 1.12.2018

http://www.planet-tegel.de/portal_dt/htm/home/home1.shtml, zuletzt abgerufen am 1.12.2018

http://www.podknast.de/projekt/index.php, zuletzt abgerufen am 1.12.2018

http://www.sueddeutsche.de/digital/baden-wuerttemberg-kostenfreies-wlan-fuer-fluechtlinge-1.2610850, zuletzt abgerufen am 1.12.2018

http://www.tagesspiegel.de/berlin/polizei-justiz/berlin-tegel-ermittlungen-wegen-kinderpornos-in-jva-tegel-eingestellt/10874236.html, zuletzt abgerufen am 1.12.2018

http://www.taz.de/!5073010/, zuletzt abgerufen am 1.12.2018

http://www.tel.io/de/, zuletzt abgerufen am 1.12.2018

http://www.telespiegel.de/voip/internettelefonie.php, zuletzt abgerufen am 1.12.2018

http://www.telis.uni-bremen.de/wasisttelis.html, zuletzt abgerufen am 1.12.2018

https://de.wikipedia.org/wiki/Internet#Infrastruktur, zuletzt abgerufen am 1.12.2018

http://www.zeit.de/digital/internet/2016-11/europaeische-charta-digitale-grundrechte-hintergrund, zuletzt abgerufen am 1.12.2018

https://beck-online.beck.de/Dokument?vpath=bibdata%5Cges%5Cme_lstvollzg%5Ccont%5Cme_lstvollzg.htm, zuletzt abgerufen am 1.12.2018

https://de.statista.com/themen/2249/e-mail-nutzung/, zuletzt abgerufen am 1.12.2018

https://de.wikipedia.org/wiki/E-Mail, zuletzt abgerufen am 1.12.2018

https://de.wikipedia.org/wiki/Internetabh%C3%A4ngigkeit, zuletzt abgerufen am 1.12.2018

https://de.wikipedia.org/wiki/Netzjargon, zuletzt abgerufen am 1.12.2018

https://de.wikipedia.org/wiki/Neue_Medien, zuletzt abgerufen am 1.12.2018

https://de.wikipedia.org/wiki/Soziales_Netzwerk_(Internet), zuletzt abgerufen am 1.12.2018

https://digitalcharta.eu/, zuletzt abgerufen am 1.12.2018

https://digitalcharta.eu/hintergrund/, zuletzt abgerufen am 1.12.2018

https://en.wikipedia.org/wiki/Corrlinks, zuletzt abgerufen am 1.12.2018

https://en.wikipedia.org/wiki/Internet_in_prisons#cite_note-7, zuletzt abgerufen am 1.12.2018

https://freifunk.net/blog/2015/01/lieber-fuer-menschen-als-gegen-irgendwas/, zuletzt abgerufen am 1.12.2018

https://hudoc.echr.coe.int/eng#{%22languageisocode%22:[%22ENG%22],%22documentcollectionid2%22:[%22JUDGMENTS%22],%22itemid%22:[%22001-177697%22]}, zuletzt abgerufen am 1.12.2018

https://openaccess.mpg.de/, zuletzt abgerufen am 1.12.2018

https://www.bfdi.bund.de/DE/Datenschutz/Themen/Telefon_Internet/InternetArtikel/DatenschutzInSozialenNetzwerken.html, zuletzt abgerufen am 1.12.2018

https://www.bka.de/DE/UnsereAufgaben/Deliktsbereiche/Internetkriminalitaet/internetkriminalitaet_node.html, zuletzt abgerufen am 1.12.2018

https://www.bundestag.de/dokumente/textarchiv/2010/29545289_kw18_de_enquete/201626, zuletzt abgerufen am 1.12.2018 https://www.crimeic.de/, zuletzt abgerufen am 1.12.2018

https://www.dak.de/dak/bundes-themen/studie-so-suechtig-machen-whatsapp-instagram-und-co--1968568.html, zuletzt abgerufen am 1.12.2018

https://www.destatis.de/DE/Publikationen/Thematisch/Fachserie_15.html, zuletzt abgerufen am 1.12.2018

https://www.drogenbeauftragte.de/presse/pressekontakt-und-mitteilungen/2018/2018-1quartal/studie-so-suechtig-machen-whatsapp-instagram-und-co/, zuletzt abgerufen am 1.12.2018

https://www.elis-public.de/information/ibi.htm, zuletzt abgerufen am 1.12.2018

https://www.fernuni-hagen.de/studium/fernuni_fuer_alle/inhaftierte.shtml, zuletzt abgerufen am 1.12.2018

https://www.globalisierung-fakten.de/globalisierung-informationen/gruende/globalisierung-durch-kommunikation-und-internet/, zuletzt abgerufen am 1.12.2018

https://www.haushaltssteuerung.de/lexikon-budgetrecht.html, zuletzt abgerufen am 1.12.2018

https://www.judicialis.de/Oberverwaltungsgericht-Sachsen-Anhalt_3-L-193-04_Urteil_05.09.2007.html, zuletzt abgerufen am 1.12.2018

https://www.jugendschutz.net/politischer-extremismus/, zuletzt abgerufen am 1.12.2018

https://www.kreiszeitung.de/lokales/bremen/strafgefangene-lernen-digital-1157765.html, zuletzt abgerufen am 1.12.2018

https://www.lto.de/recht/nachrichten/n/justiz-laender-legen-musterentwurf-fuer-strafvollzugsgesetz-vor/, zuletzt abgerufen am 1.12.2018

https://www.nfon.com/de/loesungen/ressourcen/glossar/internet-telefonie/, zuletzt abgerufen am 1.12.2018

https://www.duden.de/rechtschreibung/Fake_News, zuletzt abgerufen am 1.12.2018

http://ivv7srv15.uni-muenster.de/ppi/Materialien/workingpaper_5.pdf, zuletzt abgerufen am 1.12.2018

http://www.ulmerecho.de/themen/Knastleben/Haft20.html, zuletzt abgerufen am 1.12.2018

https://www.polizei-beratung.de/themen-und-tipps/gefahren-im-internet/, zuletzt abgerufen am 1.12.2018

https://www.prisonerresource.com/prison-survival-guide/communication/trulincs-inmate-email-system/, zuletzt abgerufen am 1.12.2018